KB067430

19세기 동아시아
국제관계사

19세기 동아시아 국제관계사
— 청일·러일전쟁의 현장을 가다

2023년 9월 25일 처음 펴냄

지은이 | 홍용덕
펴낸이 | 김영호
펴낸곳 | 도서출판 동연
등 록 | 제1-1383호(1992년 6월 12일)
주 소 | 서울시 마포구 월드컵로 163-3
전 화 | (02) 335-2630
팩 스 | (02) 335-2640
이메일 | yh4321@gmail.com
인스타그램 | https://www.instagram.com/dongyeon_press

ISBN 978-89-6447-944-5 93340

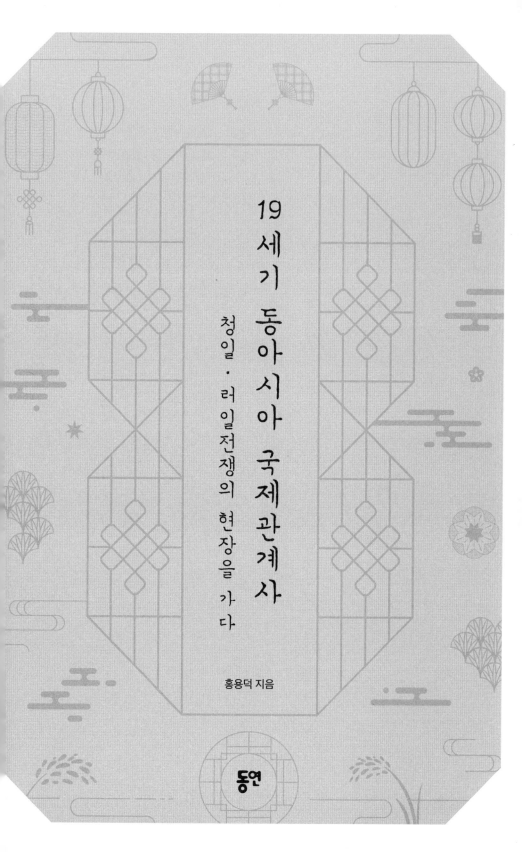

19세기 동아시아 국제관계사

청일 · 러일전쟁의 현장을 가다

홍용덕 지음

동연

"우리에게 역사란 저쪽의 세계이면서 동시에 이쪽의 세계다. 저쪽의 세계인 것은 지나간 세계이기 때문이다. 그럼에도 이쪽 세계인 것은 그것의 흔적이 지금, 여기에 남아 있기 때문이다. 이쪽과 저쪽 사이에 시간의 허공이 가로놓여 있지만 우리는 흔적을 통해 저쪽을 들여다볼 수 있다. 흔적이 우리에게 중요한 것은 저쪽을 제대로 보지 못하면 이쪽도 제대로 볼 수 없기 때문이다."[1]

이 책은 19~20세기 초 발생한 청일, 러일전쟁 전후의 한반도 국제관계사에 대한 이야기다. 청·일 양국에서 60만여 명이 동원된 청일전쟁(1894~1895)은 일본이 승리함으로써 청 주도의 동아시아 전통적 질서가 붕괴한 전쟁이었다. 각각 독립적으로 존재하여 동아시아와 유럽으로 구분되던 '지역 정치(Regional politics)'가 '세계정치(World politics)'라는 새로운 질서를 탄생시킨 전쟁이기도 했다. 전쟁에 패한 청은 동아시아 패권국의 지위에서 보통 국가가 된 반면 일본은 메이지 유신 이래 추구해온 조선의 보호국화와 만주 진출이라는 대외 웅비론을 실현하려다 열강의 저지로 무산됐다.

10년 뒤, 러·일 양국이 100만여 명을 동원해 치른 러일전쟁(1904~1905)은 일본이 메이지 영광의 실현과 함께 '제국의 정점'을 향해 나아가는 출발점이 되었다. 동아시아의 패권국에서 반식민지화의 길을 걸던 대청제국은 물론 동아시아에서 '제국의 정점'에 올랐던 러시아는 이후 몰락의 길로 떨어졌다.

이 두 개의 전쟁에서 전쟁 당사국은 아니었지만, 한국의 의사와는 상관없이 만주와 함께 주전장(主戰場)이었던 한반도는 이 두 개의 전쟁의 발화점이자 귀결점이었다. 한반도는 이 두 개의 전쟁으로 메이지 유신 이래 일본이 진행해온 보호국화 기획에서 보호국에 이은 강제 합병을 거쳐 급기야 식민지화의 길을 걷는다.

내년이면 청일전쟁이 발발한 지 130년이며 러일전쟁 발발 120년을 맞는다.

이 책은 이 두 개의 전쟁이 서로 다른 두 세계인 유럽과 동아시아 질서의 만남에서 비롯된 것에 관한 이야기이며 서로 다른 두 질서의 충돌이 만들어내는 동아시아 역내 질서의 변동 과정에서 '강권 정치(power politics)'에 희생된 한반도의 운명을 돌아보는 이야기이기도 하다.

내가 청일, 러일전쟁에 관심을 두기 시작한 것은 〈한겨레〉 기자 시절 뒤늦게 대학원에 진학해 국제정치를 전공하면서다. 취재 현장에서 만난 미군기지 이전 등 주한미군과 남북, 남남 갈등 등 문제의 근원을 추적하는 길에서 '한반도 문제'와 부닥치곤 했다.

한민족의 의지와 상관없이 획정된 분단체제에서부터, 21세기 명백한 주권 국가이지만 한국이 자국의 주요한 대내외적 문제에서 때때로 자율적이고 독립적인 결정을 내리지 못하는 이유는 무엇일까에 대한 의문과 갈증이 컸다. 그 의문에 답을 찾아 길을 나섰고 그 여정은 나를 '청일, 러일전쟁의 세기'로 이끌었다.

250여 년의 비교적 장기 평화를 누려온 한·중·일 등 동아시아의 19세기는 서로 다른 두 세계의, 서로 다른 두 질서의 충돌로 시작했다. 그것은 '만국공법'의 질서로 알려진 '유럽 중심적인(euro-centric)' 근대적 국제질서와 '화이질서'(또는 '중화질서')로 알려진 '중국 중심주의적(sino-centric)' 동아시아의 전통 질서 간의 충돌이었다.

큰 나라는 작은 나라를 보살피고 작은 나라는 큰 나라를 섬기는 중국 중심적 질서는 국가는 평등하지만 힘으로 그 우위가 결정되는 유럽의 근대 국민국가 체제에 기초한 국제질서와 길항관계였다. 강대국의 자국 이익 최우선의 원칙에 따라 약소국의 생존이 좌우되는 '강권 정치(power politics)'의 질서는 동아시아라는 '대가족(big family)' 안에서 엄격한 예의와 의례로 짜인 중국 중심의 국제질서에 도전했다.

반세기에 걸친 두 세계의 팽팽한 대치는 압도적 군사력으로 무장한 서구 열강이 동아시아에 '유럽 중심주의'를 폭력적으로 관철하면서 금이 가기 시작했다. 영국의 아편전쟁은 홉스봄(Eric J. E. Hobsbawm)이 말한 서구의 문명 세계가 비서구권인 동아시아라는 반(半)문명의 후진국을 정치·문화적으로 지배하고 동아시아의 먼 구석까지 단일한 지구 경제(a single global economy)의 창출이라는 '제국주의 시대'의 출발을 알리는 신호탄이었다.

19세기 중반 동아시아의 한·중·일 3국은 새로운 규칙 질서에 기반한 서구 질서의 기준(standard)을 수용하도록 요구받았다. 이들 국가들은 18세기 초 러시아의 표트르 대제가 러시아 제국의 정책과 관련해 당시 문명의 최고 규준이던 유럽적 스탠더드를 받아들일지 결정할 때 던진 것과 같은 질문에 직면했다. 우리는 '지금 어디에 서 있고 어디로 가야 하는가.' 이 문제는 단순히 제국의 유지나 국가 발전 전략의 문제가 아니라 자신들의 운명에 관한 질문이었다.[2]

동아시아의 전통적 질서가 붕괴하고 중국과 일본, 조선이 차례로 새로운 규칙과 규범을 받아들이면서 이들 국가는 새로운 유럽의 '신질서'에 편입되었고 이는 동아시아 역내 질서의 연쇄적 변화로도 이어졌다.

19세기 동아시아의 공간은 전통적 규범과 규칙에서 새로운 규칙에 기반을 둔 질서로 이행 중이었다. 미국의 정치학자 존 미어샤이머(John Joseph Mearsheimer)가 말했듯 '국제체제에서 한 국가가 상대 국가를 두려워한다는 것이 가장 중요한 삶의 부분이 되는 상황'이 19세기 동아시아의 일상이 되었다.

동아시아를 관통해온 중국 중심의 질서가 무너지기 시작했지만 새로운 질서는 아직 정착되지 않았다. 신·구 질서가 뒤섞이면서 동아시아 국가들은 '무정부적 국제질서(anarchical-international order)'의 두려움을 견뎌내야 했다. 아직 준비하지도 못한 상태에서 전쟁과 정복, 영토 합병이 일상화되고 국가 간 세력 우위 경쟁과 세력 균형, 동맹 정치에 따라 국가의 생존이 좌우되는 국제적 삶으로 휩쓸려 들어갔다.

중국은 이 시기에 천하의 중심이 흔들렸지만, 여전히 제국 유지에 골몰하는 '현상 유지 국가'였다. 서구의 근대적 질서를 재빨리 수용하며 동아시아의 우등생임을 자임하고 나선 일본은 중국의 패권적 지위에는 물론 서구 열강에 도전하는 '수정주의 국가'로 부상하고 있었으며 러시아는 동아시아 팽창을 통해 '제국의 정점'으로 치닫고 있었다.

청일, 러일전쟁은 이러한 19세기 동아시아 공간에서 경쟁하던 제국들이 경쟁국의 세력 증대에 따른 자국 생존에 대한 두려움에서 비롯된 전쟁이었다.

한반도는 중국과 러시아, 일본이라는 세 제국 사이에 놓인 지리적 위치 때문에 이들 제국주의 열강이 벌이는 음모와 경쟁 그리고 전쟁의 무대가 되었다.

제국들은 이 무대 위에서 동아시아에서의 자국의 세력권과 이익을 위해 한반도를 놓고 때로는 공동 관리의, 때로는 분할의, 때로는 중립화의, 때로는 보호국화의 대상으로 놓고 힘겨루기를 했다. 또 다른 제국인 영국과 제국으로 부상하던 미국은 때로는 주연으로 때로는 무대 위의 또 다른 주연 배우를 앞세워 자국의 이익을 관철해갔다.

19세기 영국 외교관이던 커즌(G. Curzon)은 이러한 조선을 하고이타(羽子板) 놀이에 비유했다. 넓은 판 모양의 하고이타로 깃털 공(羽子)을 치고 노는 일본의 전통 놀이로 배드민턴과 유사하다. 하고이타 사이에서 오가는 깃털 공처럼 조선은 여러 강국의 이해관계에 따라 보호받든지 아첨하든지 능욕당하든지 총애를 받든지 해야 할 운명이라는 것이다.

19~20세기 초 한반도는 제국의 '밀실 거래'의 대상이기도 했다. 러일전쟁을 연구한 이안 니시(Ian Nish)는 "강대국들이 조선을 체스 판 위의 저당 잡힌 담보물로 취급했다"라고도 표현했다. 강대국들은 조선을 놓고 자국의 이익에 대한 유불리를 따져가며 필요하면 금고에서 꺼내 언제든지 거래할 수 있는 대상물(代償物)로 취급했다.

러일전쟁 이후 일본의 한반도 강제 병합은 바로 이러한 강대국 거래의 결정판이었다. 미국과 영국, 러시아는 각각 필리핀과 인도, 몽골의 안전을 위해 일본이 요구한 한반도와 바꾸는 거래를 기꺼이 수용했다. 19~20세기 초 한반도를 담보물로 여긴 제국주의 열강들이 한반도 문제 해결책 중 하나로 꺼낸 한반도 분할안은 1945년 해방 이후 열강에 의한 한국 문제의 해결 방안으로 낙착되어 지금의 분단체제에 이르고 있다.

내가 이 책을 쓰고 싶다는 생각이 든 것은 한반도의 운명에 영향을 끼친 19~20세기 초 한·중·일의 동아시아 현장을 돌아보면서다. 공부를 끝내고 한동안 청일, 러일전쟁의 현장을 직접 대면하고 싶다는 열망이 있었다. 프랑스 작가 앙드레 지드가 『지상의 양식』에서 "바닷가의 모래가 부드럽다는 것을 책에서 읽는 것만으로는 만족할 수 없다. 나의 맨발이 그것을 느끼고 싶은 것이다. 먼저 감각이 앞서지 않은 지식은 그 어느 것도 나에게 소용이 없다"라고 했듯 동아시아의 현장을 눈으로 직접 보고 싶었다.

때마침 지난해 30년간의 기자 생활을 정리하는 것을 전후해 홀로 배낭을 메고 2년여 동안 동아시아에서 청일, 러일전쟁의 현장을 찾아 떠날 수 있었다.

청일, 러일전쟁과 지금의 21세기 사이에는 120∼130년의 시간이라는 간극이 존재했지만 동아시아의 한·중·일 3국에 남아 있는 청일, 러일전쟁의 흔적에서 발견한 서로 다른 두 개의 시선이 이 책을 쓰도록 나를 이끌었다. 하나는 21세기 동아시아가 국가주의에 기초한 19∼20세기 동아시아와 빼닮았다는 체험이었고 다른 하나는 동아시아에 새로 움트고 있는 글로벌 사회에서 초국가적 질서에 대한 시선이었다.

청일, 러일전쟁의 싸움터였던 중국의 뤼순과 웨이하이의 산 정상에서 바라본 서해는 가까이는 한반도와 일본에 이어 태평양으로 나아가는 웅대한 출구이며 중국으로 들어가는 입구였다. 한반도와 일본에서 이곳을 바라보던 느낌과는 전연 달랐다.

동중국해의 섬 오키나와의 슈리 성 정상에서는 19세기 일본의 팽창주의에 의해 강제 합병된 류큐 왕국이 21세기에 중국과 미국·일본의 팽창과 봉쇄 경쟁의 최전선에서 새로운 동아시아 화약고로 바뀌는 현장을 볼 수 있었다.

오늘날 동아시아는 영토 분쟁은 물론 제해권 확보를 위한 군비 확장 경쟁 그리고 근대 과거사 등의 문제가 뒤얽힌 가운데 한·중·일 간에 국가 경쟁이 갈수록 첨예화되고 있다. 이 근저에는 기존 질서와 새로운 질서와의 충돌과 변화가 있다.

시진핑 중국 국가주석은 중국이 나갈 길로 '중국몽(中國夢)'을 규정하고 미래 중국의 책임과 역할을 부여했다. 시진핑은 "중국몽은 중화민족의 위대함을 다시 일으키는 것입니다. 그것이 근대 이후의 중국몽입니다"라고 말했다.

중국은 난징 조약에서부터 미국과 영국이 중국 내 치외법권을 포기한 1943년까지 제국주의 열강에 의해 고초를 겪은 시기를 '굴욕의 100년'이라 한다. 중국몽은 이러한 근대 중국의 굴욕을 씻어내고 21세기 초강대국으로 다시 선다는 것이다. 중국몽은 굴욕의 100년으로 잃어버린 제국, 잃어버린 중국 중심의 질서로의 복귀 선언에 다름 아니다.

중국의 이러한 '굴기(屈起)'는 정상 국가화를 부르짖으며 19~20세기의 전쟁이 가능한 나라로 복귀라는 일본의 국수주의 부활로 이어졌다. 동아시아는 타이완과 센카쿠 열도(댜오위다오), 쿠릴 열도와 독도 등 영토 분쟁 위기가 첨예화되고 군비 경쟁이 가속화되면서 19세기와 같이 승자의 이득이 패자의 손실이 되는 세계로 치닫고 있다. 이른바 '제로섬(zero-sum) 경쟁'이다.

19세기에 동아시아 전통질서를 고수하는 현상 유지 국가이던 중국은 21세기에는 미국이 주도하는 기존의 자유주의적 패권 질서에 반발하는 '수정주의 국가'로 떠올랐다.

미국의 대외정책 전문가인 월터 럿셀 미드(Walter Russell Mead)는 2014년 『포린 어페어스(Foreign Affairs)』에 기고한 '지정학의 귀환(The Return of Geopolitics)'이라는 글에서 이를 가리켜 "수정주의 국가들의 복수(The Revenge of the Revisionist Powers)"라고 했다. 그가 말하는 21세기 세계에서 수정주의 국가는 중국과 러시아이며 이란이다.[3]

21세기 동아시아는 미국의 자유주의적 패권 질서와 초강대국으로 부상한 중국이 내세우는 새로운 규칙과 규범에 기반한 질서가 혼재된 시기를 지나고 있다. 지금 동아시아 곳곳에서 지속되는 갈등과 위기의 대부분은 바로 이 서로 다른 질서의 대립과 충돌에서 비롯한다.

이런 점에서 19세기 동아시아 국가들에 주어졌던 질문은 21세기에도 여전히 유효하다. 한반도는 '지금 어디에 서 있고 어디로 가야 하는가.' 또다시 강대국 거래의 산물로 전락할지 아니면 동아시아의 선도 국가로 떠오를지 선택을 요구받고 있다.

19~20세기 청일, 러일전쟁의 흔적에는 국가주의적 시선만 있는 것은 아니었다. 개방과 연대, 화합과 평화, 상생과 공존이라는 21세기 새로운 초국가적 질서에 대한 열망도 존재했다. 이는 전 세계 지구촌을 하나로 묶는 '지구촌 시선'이다.

21세기 들어 전 세계는 서로 다른 정치, 경제, 문화, 사회, 자연환경에서 시공간적으로 더 균질화되고 보편화되고 있고 이러한 현상에서 동아시아도 예외는 아니다. 한·중·일 등 동아시아는 19세기에 견줘 더 가까워졌다. 일일생활권 시대라 할 수 있을 만큼 여행과 이주는 물론 금융, 무역, 질병, 기후 등 동아시아인들의 모든 생활 문제에서 상호연관성은 더욱 증대되고 의존성은 깊어졌다.

19~20세기의 국가주의적 질서는 국가 간 배제와 차별, 봉쇄와 팽창, 영토 분쟁과 동맹 및 세력권 확대, 자국 이익 우선주의가 최고의 원칙이다. 하지만 세계화되고 세계화를 이끄는 주도 지역 중 하나인 동아시아에서는 낡은 국가의 장벽을 걷어낸 자리에 국가 간 공존과 상생이라는 초국가적 질서의 희망도 움트고 있다.

이러한 시선에서 바라본 21세기 질서 충돌의 요체는 19세기적인 수정주의 국가와 현상 유지 국가의 경쟁의 결과가 아니다. 19세기의 국가주의적 질서라는 낡은 질서와 21세기에 다가오는 초국가적 질서라는 새로운 세기의 질서 사이의 긴장이다. 이 두 번째 시선에서 보면 월터 럿셀 미드의 시선은 21세기에 여전히 19세기의 국가주의적 질서에 머물러 있는 것으로 비칠 수 있다. 이것이 21세기 동아시아 문제의 진정한 해결책이 될 수 있을까.

이 책은 19~21세기를 관통하는 서로 다른 질서의 충돌에서 오는 동아시아 위기의 본질과 동학(動學)을 이해하는 한편 21세기 한반도와 동아시아 위기를 극복할 수 있는 대안에 대한 상상력을 자극할 수 있기를 바라는 마음에서 썼다.

이 책은 모두 11장으로 구성되었으며 청일, 러일전쟁을 거치면서 해당 장의 주제와 밀접한 동아시아 도시와 섬 9곳의 현장 이야기를 보론으로 담았다. 9개 도시와 섬 이야기와는 별도로 한반도의 운명을 결정하는 데 중요했던 '한반도 중립화의 기원'과 '한반도 분할론의 역사' 그리고 19세기에 비롯된 동아시아 영토 분쟁과 관련해 '타이완과 동아시아 영토 분쟁의 기원'도 각각 보론으로 실었다.

1~3장에서는 동·서양이라는 서로 다른 두 세계의, 서로 다른 질서의 만남과 충돌 및 이에 따른 동아시아 한·중·일 3국의 위기 인식과 대응을 다뤘다. 동아시아가 어떻게 질서 변화의 이행기로 들어가는지와 이에 따른 역내 질서의 변동에 대한 과정을 청일수호조규와 조일수호조규로 담았다.

보론에서 일본 야마구치 현의 작은 도시 하기와 동중국해에 떠 있는 오키나와, 조선에서 바다의 관문(海門)으로 불리던 강화도 등 3곳을 각각 소개했다. 이들 3곳은 동아시아 역내 질서의 변동이 시작된 출발점이다. 하기는 흔히 '메이지 유신의 설계자'라 불리는 요시다 쇼인의 '쇼인 정신'—존왕양이와 대외 웅비론—이 출발한 곳이다. 하기는 일본에서는 지금의 일본을 있게 한 메이지 유신이 움튼 곳이라는 뜻의 '명치유신태동지지(明治維新 胎動之地)'라 부르는데 일본에 의해 고통을 받았던 한국 등 동아시아 입장에서는 '동아시아 고통지지(苦痛之地)'라 불러야 하지 않을까.

류큐와 강화도는 동아시아의 패권 질서를 추구하며 수정주의 국가로 떠오른 일본이 메이지 일본의 '대외 웅비론'을 실현한 곳이다. 500년 독립 왕국이던 류큐 왕국은 일본에 강제 합병돼 21세기 미·일과 중국의 패권 경쟁에서 해양 세력의 지정학적 방파제로 바뀌었다. 약소국의 비애가 담긴 땅, 강화도는 일본의 포함외교 속에서 조선이 일본과 근대적 조약을 체결하면서 부산 외에 인천과 원산을 개항하게 한 시발지다.

4~5장에서는 동아시아에서 수정주의 국가로 부상한 일본이 역내 질서의 변화를 꾀하는 데 따른 중국의 위기 인식의 결과 조선과 미국의 조약 체결 주선이라는 '신조선 정책'으로의 전환을 살펴본다. 또 영국이 거문도 점령을 통해 청·일 경쟁의 대상이던 한반도가 영국과 러시아가 관여하는 '그레이트 게임(The Great Game)'의 한복판에 놓이면서 '한국 문제'가 국제화되는 과정을 살펴본다.

보론으로 조선이 조미수호통상조약의 체결과 함께 근대적 국제질서로 진입하는 계기가 되었던 인천을 찾아간다. 서울의 관문인 인천은 청일전쟁과 러일전쟁의 중심지로 생생한 역사의 현장을 지켜본 곳이기도 하다. 한반도 남단에 위치한 거문도는 한국 문제가 열강의 이해관계에 의해 조정, 결정되는 이른바 한반도가 국제화되는 시발점이다. 영국의 거문도 점령 상황과 함께 '제2의 지브롤터'가 되지 않은 이유를 살펴본다.

6~7장에서는 동아시아 질서의 변동 과정에서 수정주의 국가로 부상한 일본과 현상 유지 국가인 중국이 동아시아 역내 질서의 개편을 놓고 맞닥트린 청일전쟁을 다룬다.

일본은 청일전쟁을 '문명과 야만의 전쟁'이라 설파했지만 그 이면에

감춰진 동학 농민 학살과 뤼순에서의 중국인 학살 사건 등 잊힌 '또 다른 청일전쟁'도 짚어본다.

이어 청일전쟁을 종결짓는 시모노세키 조약과 열강의 개입에 의한 삼국공조 그리고 러시아의 중국에 대한 평화적 침투, 동아시아 동맹의 기원인 러청동맹을 살펴본다.

보론에서는 청일전쟁의 승패를 결정지은 중국 웨이하이와 일본 시모노세키를 연이어 실었다. 21세기 중국인들이 왜 '물망국치(勿忘國恥)'를 가슴에 각인한 채 청일전쟁의 패배를 곱씹는지 현장에서 살펴본다. 반면 청일전쟁의 종전을 위한 강화회담이 열린 시모노세키에서는 시모노세키 조약 체결의 전후 과정을 되돌아본다.

8~9장에서는 제국주의 열강의 본격적인 중국 분할과 이에 따른 세력권 획정 경쟁의 내용을 살펴보고 '니시-로젠 협정(Nishi-Rosen Agreement)'을 통해 세력권 획정 경쟁 속에서 이들 열강이 한반도를 놓고 어떤 거래를 했는지 짚어본다.

특히 대륙 세력인 러시아의 팽창에 대응해 아시아-태평양 국가로 발을 내디딘 미국의 문호 개방 정책(Open Door Policy)과 영일동맹을 통해 해양 세력이 반격에 나서는 과정을 살펴본다.

보론인 '타이완과 동아시아 영토 분쟁의 기원'은 21세기 동아시아 영토 분쟁의 기원을 19세기로 거슬러 올라가 살피는 내용을 담았다. 열강이 자신들의 세력이 약할 때 한반도 문제의 해결책으로 제안한 동시에 약소국인 조선-대한제국이 강대국의 틈바구니에서 꾸준히 추구해온 중립화 정책의 내용은 '한반도 중립화의 기원'으로 담았다.

10~11장에서는 만주에서의 러시아의 팽창에 따른 미국과 영국, 일본 등 해양 세력의 반격과 압록강 위기, 마지막 러·일 협상 등 러일전쟁에 이르는 경위를 살펴본다.

러일전쟁은 대륙 세력인 러시아의 세력 팽창에 맞서 문호 개방을 주장하는 해양 세력인 영국과 미국을 대신해 일본이 벌인 '대리전(proxy war)'이었다. 러일전쟁의 경과와 그 과정에서 미국과 영국, 러시아 등의 열강이 어떻게 일본과 한반도를 놓고 거래하며 그 결과 일제에 의해 대한제국이 강제 병합되었는지 살펴본다.

보론으로 '한반도 분할론의 역사'에서는 1945년 해방과 함께 시작된 한반도 분단체제가 실은 19~20세기 초 열강의 한반도 문제의 해결을 위한 분할안에서 시작됐음을 살펴본다. 또 '중국 근대사의 절반'이라는 청일, 러일전쟁의 핵심 현장인 뤼순과 다롄에서 청일, 러일전쟁의 흔적을 뒤돌아본다.

책을 쓰면서 19~20세기 초 한반도와 관계된 주요 논의의 과정을 가능하면 대화체로 생생하게 실으려 했다. 그 현장의 살아 있는 열기와 분위기를 함께 느낄 수 있도록 하기 위해서였다. 일부 한자 등의 고문은 알기 쉽게 현재 용어로 풀어 썼다.

이 책이 세상에 나오기까지 참으로 많은 분의 도움과 격려가 있었다. 특별히 대학원 시절 '한국 문제'에 대한 학문적 아이디어를 주시고 늘 격려와 따뜻한 지도를 해주신 한신대 글로벌인재학부의 백준기 교수와 이해영 교수께 감사를 드린다. 이번 원고를 꼼꼼히 읽고 수정과 비판을 해준 장창준 한신대 글로벌피스연구원 특임교수에게도 감사를 드린다. 오랜 벗이자 풍부한 자료와 조언을 준 왕현종 연세대 교수에게도 참으로 많은 신세를 졌다. 감사를 드린다. 끝으로 이 책을 쓰도록 따뜻한 격려와 함께 원고를 기다려주신 동연출판사 김영호 대표에게도 깊은 감사를 드린다.

이 졸고(拙稿)와 관련해 미비한 부분은 오로지 저자의 책임이다.

1장

충돌하는 두 세계의 질서

동아시아와
화이질서(華夷秩序)

18세기 말 청 황제의 여름 별궁인 열하행궁에 유럽인들이 모습을 드러냈다. 청조의 건륭제는 이들의 왕에게 전해달라며 다음과 같이 말했다. "중국은 물자가 풍부하여 없는 것이 없으며 원래부터 오랑캐의 힘을 빌리지 않아도 통하지 않는 것이 없다."

열하행궁을 찾은 유럽인은 매카트니(G. Macartney)였다. 95명의 수행원을 이끌고 영국에서 출발한 그가 10개월의 긴 항해 끝에 건륭제를 만난 것은 1793년 9월 14일이었다. 매카트니는 건륭제의 80번째 생일을 축하하러 왔다 했지만, 실제는 중국 무역을 확대하기 위해 영국 정부가 파견한 최초의 공식 사절단의 대표였다.

중국에 도착한 매카트니는 영국 상인들이 광저우 외에 상하이 아래쪽의 저우산과 닝보 그리고 톈진에서의 무역 거래를 허가해줄 것과 영국 상품을 쌓아둘 수 있는 작은 섬의 할양 등의 다양한 통상 확대를 청에 요구했다.[1]

이를 전해들은 건륭제는 "중국에서 생산하는 차, 도자기, 명주실은 서양 각국과 너희 나라의 필수품이어서 마카오에 상점을 열게 해 너희 오랑캐를 잘 돌보아주려 했는데도 감사하기는커녕 법규를 넘어 여러 요구를 한다"라고 불쾌함을 드러냈다.[2]

매카트니의 중국 방문 당시 청은 1654년 강희제로 시작해 옹정제를 거치면서 건륭제까지 3대에 걸쳐 이른바 '강건성세(康乾盛世)'로 부르는 '대청제국'의 최전성기를 누리고 있었다. 중국의 오랜 문명을 놓고 볼 때 오랑캐와의 무역을 허용한 것은 중국 황제가 은혜를 베풀기 위함이라는 건륭제의 자부심이 그리 과장된 것은 아니었다.

영국의 경제학자인 앵거스 메디슨(Angus Maddison)에 따르면 지난 2,000년 가운데 중국은 무려 1,800년 동안 전 세계의 국내 총생산 가운데 어느 사회보다 제일 많은 몫을 담당해왔다. 1820년 중국의 국내 총생산은 전 세계의 국내 총생산 가운데 32.9%를 차지했는데 이는 서유럽 전체의 23%, 러시아 5.4%, 미국 1.8%보다 높았고 이것을 모두 합친 30.2%보다 더 높은 수치였다.[3]

매카트니는 빈손으로 귀국길에 올랐지만 '해가 지지 않는 제국'으로 부상 중인 대영제국과 또 다른 제국인 대청제국의 첫 만남은 19~20세기 동·서양 질서의 충돌과 변화를 알리는 서막이었다. 유럽과 동아시아에 위치한 이 두 제국은 서로 자신들의 문명이 세계의 보편적 기준이라 여겼다. 그러나 세계질서의 기초가 될 보편적 기준이 둘일 수는 없었다. 매카트니의 임무는 실패했지만 이들의 만남은 50여 년 뒤 '지역 정치(Regional Politics)'에 머물러 있던 유럽과 동아시아의 질서가 '세계정치(World Politics)'로 전환하는 시발점이었다.

동아시아는 지리적으로 서쪽의 히말라야 산맥과 타클라마칸 사막, 톈산 산맥에서 동쪽의 캄차카 반도와 오호츠크 해로 이어지고 북쪽의 고비사막과 시베리아의 툰드라 지대에서 남쪽의 태평양으로 광대하게 펼쳐져 있다. 거대한 산맥과 황량한 사막, 동토의 툰드라와 대양에 둘러싸인 천혜의 지리적 조건 탓에 중국과 한국, 일본, 몽골, 대만 등 동아시아 국가들은 수천 년 동안 사실상 거의 서구와 단절된 채 고유한 문명과 정치 질서를 형성해왔다.

하지만 서유럽 쪽에서는 18세기 말 산업혁명에 성공한 영국이 '세계의 공장'으로 부상 중이었다. 영국 경제는 19세기 후반 세계 경제가 성장함에 따라 더욱 팽창했다. 가장 번성했던 시기인 1860~1870년대에 영국은 전 세계 공업 생산의 60%를 담당했다.[4] 해양 국가인 영국은 나폴레옹 전쟁을 거치면서 80만 명 이상의 군을 보유하며 유럽의 새로운 강대국으로 부상한 대륙 국가인 러시아와 발칸 반도, 흑해, 중앙아시아에서 치열한 세력 경쟁을 벌이면서 전 세계에 '팍스 브리태니카(Pax Britannica)'를 건설해갔다.

'팍스 브리태니카'는 1890년대에 당시 식민성 장관이던 영국의 체임벌린이 쓴 말로, 원래 인도에서 영국의 통치가 가져온 평화의 효과를 의미했다. 그러나 그 뜻이 확대되어 나폴레옹 전쟁 후 해군의 보호를 받은 영국의 상업, 산업, 금융 제국의 강력한 존재가 다른 나라들에 영국의 의지를 따르도록 강요함으로써 전쟁을 억제하고 평화를 유지하는 효과를 가졌다는 것으로 정의되었다.[5]

영국이 동아시아로 본격 진출한 것은 미국과의 독립전쟁(1775~1783)에서 패배하고 식민지의 한 축인 서쪽을 잃으면서였다. 18세기 초 동인도회사를 통해 인도에서 무역을 시작한 영국은 1786년 말레이 반도의 페낭과 1819년 싱가포르에 '해협식민지'를 건설한 데 이어 중국으로 눈길을 돌렸다. 영국의 주요 수입품인 중국산 차의 공급처인 중국은 영국이 대량 생산한 제품을 소비할 수 있는 거대한 시장의 잠재력을 지녔다. 당시 전 세계 인구 10억 4천여만 명 중 중국 인구는 37%인 3억 8천만 명이었고 서유럽 인구 1억 3,300만여 명보다 3배 가까이 많았다.

매카트니에 이어 엠허스트의 좌절

청과의 협상에 실패한 영국이 다시 중국과의 협상에 나선 것은 23년이 지난 1816년이었다. 영국은 엠허스트(W. Amherst)를 단장으로 하는 2차 사절단을 청에 다시 파견해 통상 시장의 확대에 나섰지만 곧바로 청에서 추방됐다. 엠허스터가 청 당국에서 황제를 만날 때 인사 예법인 '삼궤구고두례(三跪九叩頭禮)'를 할 것을 요구받자 이를 거부해서다. 앞서 매카트니도 삼궤구고두례를 거부했지만 사절단이 타고 온 배에 조공을 바치러 온 사절임을 알리는 '조공사(朝貢使)'의 깃발을 내건 덕분에 그나마 청 황제를 알현할 수 있었다.

이와 달리 대륙을 통해 중국에 진출해온 러시아는 1727년 캬흐타 조약으로 청과의 국경을 획정한 뒤 3년에 한 번씩 200명의 무역상을 베이징에 보내 무역을 하고 베이징에 정교회를 설립했는데 이는 일시적으로 청의 삼궤구고두례를 수용해서 가능했다.

'삼궤구고두례'는 중국 황제를 만날 때 황제에게 3번 절하고 9번 머리를 땅에 조아려 인사하는 중국의 전통적 예법이다. 중국인에게 황제는 하늘의 아들(天子)이며, 중국은 이러한 천자가 다스리는 나라인 천조(天朝, Celestial Empire)다. 삼궤구고두례는 청 황제에 대한 단순한 인사 예법을 넘어서 하늘의 아들인 황제와 그 황제가 다스리는 중국에 대한 승인과 복종을 의미하는 상징적 의례 행위였다.

영국 사절단의 추방은 외면상 동·서 제국의 인사 예법의 차이에서 비롯된 단순한 오해로 볼 수 있다. 하지만 근저에는 상대 제국을 향한 근본적인 인식의 차이가 존재했는데 중국 중심의 세계질서와 유럽 중심의 세계질서의 수용과 인정의 문제였다.

보통 질서란 "혼란 없이 순조롭게 이루어지게 하는 사물의 순서나 차례"를 의미한다. 이 개념을 국제정치에 적용하면 국제질서란 국제 현실의 배열로 이해할 수 있다. 그러나 이러한 배열은 작위적이지 않고 일련의 원칙, 규범, 규칙에 따라 만들어진다. 카네기 국제평화재단의 무티아 알라가파는 국제 질서를 "개인이나 집단이 자신의 목적을 추구하는 과정에서 이들 간에 합의된 일련의 규칙에 따라 이루어지는 상호작용과 그것을 규정하는 공식·비공식 배열"이라고 정의했다.[6]

영국과 청 사이에 발생한 삼궤구고두례의 갈등은 동·서 간의 서로 다른 원칙과 규범, 규칙 간의 충돌이었으며 아직 합의되지 않은 국제질서의 대립과 갈등에서 오는 긴장과 불안 속에 19세기라는 동아시아의 '기나긴 세기'는 시작했다.

중국 중심주의 ― 중화와 오랑캐를 나누다

중국의 황제는 하늘의 아들이며 중국은 곧 천조(天朝)라는 세계질서관은 고대 중국인들에게서 비롯됐다. 세계를 단일 제국으로 간주한 고대 중국인들은 문명이 발달한 자신들을 화(華) 또는 중화(中華)라 하고 문명이 뒤떨어진 주변 이민족을 오랑캐를 뜻하는 이(夷) 또는 사이(四夷)로 구별하는 '화이질서(華夷秩序)'를 구축했다.

이러한 화이질서는 '중국 중심주의(Sino-centrism)'적 국제질서다. 문명의 중심인 중화의 주변에는 문명이 뒤떨어진 4개의 이민족이 있는데 동쪽으로는 동이(東夷), 서쪽에는 서융(西戎), 남쪽에는 남만(南蠻), 북쪽에는 북적(北狄)이라는 오랑캐가 그들이다.

고대 중국인들의 이러한 화이질서관은 오랜 시간을 거치면서 동아시아 국가와 지역의 관계와 행동을 규율하는 원칙과 규칙으로 성립했고 점차 정교한 의례와 제도화의 과정을 거쳐 동아시아의 질서로 정착되어갔는데 이를 '조공책봉체제'라고 한다.

중국 주변의 국가와 지역의 수장이 하늘의 아들인 황제의 덕을 사모하여 신하로 따르고 자국의 특산물을 바치면 답례로 물품을 주는데 이러한 체제를 통칭해 '조공체제(朝貢體制)'라고 했다. 조공을 받은 중국의 황제는 조공국의 수장을 해당 국가의 왕이나 지역의 수장으로 책봉해 통치하게 했는데 이를 '책봉체제(册封體制)'라 했다.

조공책봉제에서 문명의 중심인 중국은 종주국이 되고 주변의 모든 이민족 사회나 국가는 중국의 번속(藩屬) 또는 속방(屬邦)으로 편입된다. 조공책봉제는 종주국인 중국과 속방 또는 번속과의 관계를 조직, 관리하는 조공제도에 의해 운영, 유지되었다.[7]

중국 황제는 자신이 관할하는 직할지에는 성을 설치해 직접 통치권을 행사했지만, 중국과 인접한 조선과 류큐(현 오키나와), 안남(베트남) 등 자발적으로 중국에 조공을 바치는 조공국은 청 조정의 예부(禮部)에서 관리했다. 몽골과 신장웨이우얼 등 먼 곳의 오랑캐 지역은 무력으로 정벌한 뒤 현지인에게 통치를 맡겨 간접통치를 했는데 청 조정에 이번원(理藩院)이라는 조직을 따로 두어 관리했다.

조공책봉제는 이처럼 정치경제 체제이지만 유교적 가치에 기반해 중국과 그 주변국을 하나의 '대가족(big family)'으로 하는 윤리 체제이기도 했다. 작고 힘없는 나라는 중국을 예로써 섬기고(事大以禮), 크고 강한 중국은 약한 주변 나라를 돌보는(字小以德) '사대자소(事大字小)'의 국제질서다. 책봉을 받은 국가는 중국 황제가 준 달력과 중국 황제의 연호를 사용하며 정기적으로 조공사절단을 중국에 보내는 것이 '예의 질서'였다.

이러한 화이질서에서 국가 간 무역이란 황제를 흠모해 찾아온 조공국에 중국의 황제가 은덕을 베풀어 하사품을 내주는 결과로 발생한 조공무역을 뜻했다. 영국 사절단의 대등한 국가 간의 협약의 결과로 이뤄지는 무역과는 한참 거리가 멀었다.

화이질서는 선진 문명국인 중국을 정점에 두고 문명이 떨어진 주변 국가와 지역을 구분해 정치·경제적으로 불평등한 유기적 연관관계를 맺는다는 점에서 '위계적 질서(hierarchical-order)'다. 동시에 압도적 군사력을 갖춘 중국이 세력이 약한 주변국이나 지역을 포섭한다는 점에서 '강권 정치(power politics)'의 질서이기도 하다.

중국이 조공책봉제를 통해 화이질서를 제도화하고 사대자소의 질서를 통해 화이질서를 정당화했다면, 중국 주변 국가들과 지역은 중국의 책봉을 통해 대내외적 위협으로부터 자국 통치권의 정당성과 정권의 안전을 보장받는 계기로 활용했다.

중국에서 이러한 화이질서가 형성된 것은 6~8세기 수당제국 때였으나 당나라가 쇠퇴한 뒤 붕괴했다. 이후 명나라가 14세기 말부터 주변에 적극적으로 조공을 촉구하면서 화이질서의 재구축에 나섰다. 이때 조선, 류큐, 안남 등 주변국들과 명이 조공·책봉 관계를 맺었으며 일본도 명과 무역할 목적으로 아시카가 막부의 3대 쇼군인 아시카가 요시미쓰가 조공하고 일본 국왕에 책봉되어 일시적으로 이 질서에 참여했다.[8]

화이질서에서 중국과 주변국의 관계가 사대자소의 질서라면 동아시아 역내 국가들은 서로 대등한 '교린 관계'를 유지했다. 조선과 일본, 안남은 물론 류큐 등 역내 국가들은 일부 개항장을 열어 무역 교류를 하고 중국의 한자와 주자학 같은 언어나 사상을 공유하면서 동아시아 특유의 정치·경제·문화적 일체성을 형성했다.

하지만, 화이질서에 내재한 위계적 인식은 이들 국가에도 영향을 주어 동아시아 역내 국가 상호 간에 멸시적인 경쟁의 빌미가 되기도 했다. 조선은 정묘호란(1627)과 병자호란(1636)을 거치면서 오랑캐이던 후금에 복속을 약속했으나 명이 청에 의해 멸망하자 조선이 일본 등의 주변국과 달리 정통적인 중화를 계승한다는 '숭명배청(崇明排淸)'의 '소중화(小中華)' 의식이 커졌다.

명에 일시적으로 조공했으나 중국과 같이 황제라는 호칭을 사용했던 일본은 류큐와 에조(현재 홋카이도)를 조공국에 준하는 것으로 보는 이른바 '일본형 화이질서'를 구상했다. 17~18세기 일본에서는 더 나아가 신라 등의 삼국이 일본 조정에 입공했다는 왜곡된 기사가 실린 〈일본서기〉가 점차 유행하며 힘을 얻어가고 있었다.

중국 중심주의인 화이질서는 어떻게 동아시아의 국제질서로 작동했을까.

일반적으로 중국의 문화적 우월성을 인정한 주변 민족들이 중국 문화에 동화하기 위해 불평등한 관계를 수용하면서 자발적으로 중국에 조공을 바쳤기 때문이라는 견해도 있지만 서구에서는 서구 주권평등의 근대 국제체제를 기준으로 불평등한 조공체제를 전근대 체제이자 근대 이행의 장애라며 극복 대상으로 비판한다.[9]

문정인은 이에 "중국의 정치·군사적 우세, 유교문화에 기반을 둔 정통성, 주변국에 경제적으로 유리한 조공 관계 그리고 촘촘한 인적 연계망이 이러한 독특한 지역 또는 세계질서를 가능케 했다"라고 여긴다.[10]

화이질서는 동아시아 역내 국가들에는 조공책봉을 대가로 국가 안보를 보장받은 현실적 질서였다. 하지만 화이질서가 열강의 도전을 받게 되면서 중국은 물론 동아시아 역내 국가는 자국의 생존을 위한 안보전략의 재설정에 직면하게 된다.

아편전쟁과
베스트팔렌적 질서

대항해시대가 열리면서 16~17세기 이후 많은 서구인이 유럽에서 동아시아로 향했다. 향신료와 차, 도자기, 모피, 고래기름을 얻기 위해 아프리카의 희망봉과 인도양을 거치는 수고를 아끼지 않았다. 탐욕과 호기심에 사로잡힌 무역상도 많았지만 그 사이에는 비문명 세계에 기독교를 전파하려는 사명감에 넘친 선교사들도 있었다.

1500년에서 1599년 사이 유럽에서 아시아로 항해한 선박 수는 포르투갈과 네덜란드 2개국에서 770척이었다. 1600년에서 1700년 사이에 영국 등 서유럽 7개국에서 아시아로 항해한 배는 4배 이상이 늘어난 3,161척이었고 1701년에서 1800년까지는 6,661척으로 16세기에 견줘 10배 가까이 늘었을 정도로 서유럽 국가들의 아시아를 향한 진출 행렬이 이어졌다.[11]

서구인의 출현이 늘자 위기를 느낀 동아시아 국가들은 엄격한 쇄국정책을 폈다. 1644년 명을 무너트린 청은 일반 백성이 해상으로 나아가는 것을 금지하는 '해금 정책'을 실시했다. 청의 건국에 반발한 반청 세력이 대만으로 근거지를 옮겨 저항하자 이들과의 접촉을 막기 위한 것이었다. 반청 세력의 진압과 함께 해금 정책도 일시 완화됐으나 한족과 외국인과의 결탁을 우려한 청이 유럽인들의 통제에 있던 필리핀 루손 섬과 인도네시아 자바 섬 등지에서 무역을 금지하면서 18세기 중엽 점차 쇄국정책을 완성했다.[12]

일본은 1603년 쇼군 도쿠가와 이에야스의 막부 시대가 열린 이후 250

여 년간 쇄국정책을 시행했다. 막부는 1639년 네덜란드에 기독교 포교를 하지 않는 조건으로 나가사키 한 항구에서만 무역을 허용한 것을 제외하고는 일본인의 해외 도항 금지 등 외국인과의 접촉을 금지해왔다.

일본에서는 애초 서구의 기독교 포교에 관대했다. 1543년 일본에 온 예수회 소속의 사비에르 신부의 포교가 규슈 지역에서 큰 성공을 거두면서 신자 수가 30만 명에 이르렀다. 하지만 1637년 규슈의 시마바라에서 2만 명에 이르는 기독교도가 반란을 일으키자 이를 어렵사리 진압한 일본은 이후 '기리시탄(기독교도)'에게 극형으로 강경하게 대처했다. 또 명과의 무역에서 사치품 수입으로 자국 내 은 유출이 심해지자, 이를 막기 위해 무역 통제에 나서면서 쇄국정책을 강화했다.[13]

조선 역시 18세기 이후로 연근해에 이양선이 출몰하기 시작했다. 조선은 해상에서 표류하거나 난파되는 표착선은 먼저 공격하지 않는다는 '불선범(不先犯)' 원칙을 적용해 이들을 구조한 뒤 되돌려 보냈다. 이를 '유원지의(柔遠之義)'라고 한다. 하지만 천주교가 전파되고 신자가 늘면서 제사를 금지하는 천주교의 교리가 유교의 원칙에 배치된다며 조선 당국은 천주교를 '사학(邪學)'으로 규정하고 강경하게 대응했다.

쇄국정책 속에서도 제한적이지만 동아시아 역내 국가들의 상호 교류도 활발했다. 청은 베이징을 찾는 주변 국가와의 조공 무역 외에도 마카오 등에 항구를 열어 외국과 무역 교류를 했다. 일본 역시 임진왜란 이후 청과 공식적 외교 관계가 단절됐지만 나가사키를 개항해 네덜란드와 중국 상인들의 무역을 허용했다.

조선은 청과 정기적인 조공무역 외에도 국경지대에서 정기적으로 열리는 시장을 통해 사무역을 병행했다. 일본과는 정기적으로 사신을 보내는 '통신 관계'를 유지하는 한편 쓰시마 번이 조선의 부산에 왜관 등을 설치해 무역하도록 했다.

동아시아의 쇄국정책과 포함외교

엄격한 쇄국정책 속에 17세기 말에서 18세기 중엽까지 4곳의 항구를 개방했던 청은 1757년 이후부터는 개항장을 광저우 한 곳으로 제한하고 내항한 유럽인들의 체재 등에 대한 통제는 물론 수출품의 양적 제한 조처를 했다.[14]

외국인들은 이에 따라 광저우 한 곳에서만 무역하되 광저우에 설립된 공행(公行)과 공행 조직이 지정한 행상(行商)을 통해서 무역할 수 있었는데 이를 광둥 무역제도(칸톤 체제)라 한다. 광둥 무역제도에서 공행은 외국인과 중국의 관청 사이에 중개 역할을 맡았고 외국인과 중국 관청 사이에서의 모든 교섭과 왕래는 행상을 통해 처리가 가능했다.[15]

일본의 도쿠가와 막부도 해상을 통한 서구의 출현이 잦아지자 1825년 전국의 다이묘(번주)들에게 해안에서 서양식 선박을 목격하면 주저하지 말고 쫓아내라는 '이국선타불령(異國船打佛令)'을 내려 경계를 강화했다.

동아시아에서 통상 확대를 추구해온 영국의 중국 무역은 중국차 수입을 중심으로 발전했지만 정작 자국 내에서 생산량이 늘어난 모직물 등 면제품은 좀처럼 팔리지 않았다. 18세기 후반까지 이루어진 영국의 중국 무역은 영국 측이 일방적으로 중국차를 수입하는 소위 편무역 상태에 있었다.[16]

영국은 중국 차의 수입이 늘수록 중국으로 은 유출이 심해지자 대금 결제 수단을 은에서 아편으로 바꿔 은의 대외 유출 저지에 나섰다. 이러한 조치는 아편을 금지하던 중국에는 인도산 아편 유입을 증대시켰지만, 아편 수입이 늘면서 은의 해외 유출이라는 역전 현상으로 이어졌고 영국과 청 사이에 무역 위기를 고조시켰다.

청의 도광제는 늘어난 아편 소비와 무역 역조를 해결하기 위해 1839년 3월 호광총독 임칙서를 광저우로 보냈다. 광저우에 도착한 임칙서는 아편 상인들이 보관하던 아편 2만여 상자를 소각하고 아편의 중국 내 반입을 금지하는 서약서를 요구하며 아편 무역 근절에 나섰다. 이에 격분한 영국은 자유무역주의에 반하는 청의 '칸톤 체제'의 타파를 대의명분으로 하여 원정군의 중국 파견을 결정했다.

파머스턴 영국 외상은 "중국 당국이 중국에 거주하는 영국 시민들에게 입힌 상처와 영국 황실을 향해 그들이 저질렀던 모욕에 대해 만족스러운 시정"을 요구함과 동시에, 양국 교역의 창고로 "넉넉한 크기와 적절한 위치를 확보한 중국 연안의 섬을 한 개 이상" 영구적으로 양도하라고 요구하는 서한을 중국에 보냈다.[17]

아편 문제는 그러나 표면적 이유였을 뿐 근저에는 자유무역주의를 내세운 영국과 화이질서에서 전통적 무역체제를 고수하려는 중국이라는 두 세계 질서의 충돌이 존재했다. 매카트니 교섭 실패 이후 반세기만에 영국은 '포함외교(Gunboat diplomacy)'에 돌입했다. 1841년 47척의 군함과 수송선, 4천 명의 육군을 동원해 광저우 해상 봉쇄에 이어 광저우 만 앞 호문포대를 점령하면서 1차 아편전쟁이 시작되었다.

청은 증기선과 막강한 화력을 보인 영국의 대포 등 근대화된 군사력에 압도되었다. 영국군이 중국 경제의 대동맥이라 할 수 있는 대운하를 봉쇄하고 상류의 난징 공격을 통고하자 패배를 인정한 청은 1842년 8월 29일 장강에 정박하고 있던 영국 군함 콘워리스호 선상에서 난징 조약을 체결했다.[18]

청은 홍콩을 영국에 할양하고 1839년 3월 소각한 아편 보상금 600만 달러를 포함해 1,800만 달러를 지불하기로 약속했다. 또 광저우와 아모이(하문, 샤먼), 푸저우, 닝보(영파), 상하이 등 5개 항구를 개방하고 외국인과의 접촉 금지도 폐지했다.

난징 조약은 청과 서구 열강의 공식적 관계의 개시를 알리는 것이었다. 2천여 년간 이어져온 청국의 고립이 깨지고 국가 간 평등이라는 조건 아래 조약을 체결함으로써 서구 열강들과의 법적·정치적·경제적 관계가 시작됐다.[19]

난징 조약은 대등한 국가 간의 조약을 표방했지만 내용상으로는 철저한 불평등 조약이었다. 홍콩을 할양함으로써 중국의 영토 주권을 침해했고 영국과의 협의를 거쳐 세율을 정하기로 하면서 관세 자주권을 잃게 했으며, 조약 항에서 외국인을 중국 법률 밖에 두는 치외법권을 인정해 중국의 사법 주권을 침해했다. 이러한 불평등한 특혜는 최혜국 조항(MFN, Most Favoured Nation)을 통해 서구 열강이 고루 누릴 수 있었다.

중국은 난징 조약을 '굴욕의 100년'의 시작으로 간주한다. 난징 조약을 체결한 1842년부터 미국과 영국이 중국에서의 치외법권을 포기한 1943년까지가 '굴욕의 100년' 시기다. 첫째 시기는 1842년에서 1870년대 영국의 산업적인 자유무역 제국주의의 지배적 시기였고 둘째 시기는 1870년대에서 1905년까지 영국뿐 아니라 러시아와 프랑스, 독일, 일본 등 공업화된 열강이 중국 영토를 침범하여 제국주의적 경쟁을 벌인 시기였다. 셋째 시기는 1900년대에서 1940년대 중화인민공화국이 수립되기 직전까지였다.[20]

난징 조약에 이어 청은 1844년 미국과 왕샤 조약, 프랑스와는 황푸 조약을 체결했다. 천하의 중심인 중국은 오랑캐인 서구 열강과 평등한 관계가 되었다. 이는 중국의 광둥 무역체제(칸톤 체제)가 서구의 자유무역주의 체제로 대체되고 동아시아의 세계질서인 화이질서가 유럽의 세계질서인 베스트팔렌적 질서(Westphalian Order)로 대체됨을 의미했다.

유럽 중심주의, 평등하되 힘이 곧 정의다

종교개혁에서 빚어진 유럽 내 신·구교의 갈등은 전 유럽을 30년간 피비린내 나는 잔혹한 전쟁으로 내몰았다. 1618년 신성로마제국 황제의 신교 탄압 정책에 반발하는 유럽의 신교도와 구교도의 종교전쟁으로 시작된 30년 전쟁은 점차 영토 전쟁으로 확산됐고 1648년 베스트팔렌 조약을 체결해 전쟁을 종식했다.

유럽인들은 신·구교도들이 흘린 피 위에서 종교에 대한 자유를 인정하는 한편 신교도 국가인 네덜란드와 스위스의 독립을 승인하고 유럽의 영토를 조정함으로써 신성로마제국이 사실상 와해되고 유럽 근대국가 체제의 기틀을 마련했다.

베스트팔렌 조약은 조약 체결에 참여한 모든 국가의 근대적 주권이 확립되는 계기가 됐다. 국가의 규모와 상관없이 모든 국가는 스스로를 최고 권위로 삼고 상호 독립한 평등한 존재로 규정됐다. 이들 국가는 자국 영토의 경계선을 설정하고 경계 내 모든 주민을 배타적으로 지배한다. 대내적으로 최고의 권위를 지니고 대외적으로는 상대 국가에 대한 독립성을 뜻하는 주권(sovereignty)을 지닌 평등한 주권 국가 중심의 새로운 질서가 세속 정치를 지배하던 가톨릭이라는 최고의 권위를 대신했다.

화이질서가 중국을 정점에 놓고 국가의 규모와 문명의 정도에 따라 상하의 차별을 둔 '위계적 질서(hierarchical order)'라면 베스트팔렌적 질서는 국가의 규모와 문명의 정도와 상관없이 모든 국가가 신성불가침의 주권을 지니는 '평등적 질서(egalitarian order)'다. 화이질서가 강대국은 약소국을 보살피고 약소국은 예로써 강대국을 섬기는 '조화의 질서'라면 베스트팔렌적 질서는 국가 간 분쟁은 당사자가 해결할 문제이지만 법적으로 구속할 수 있는 상위 존재가 없기에 분쟁 해결을 위해 개별 국가가 전쟁을 선포하는 등의 물리력 사용도 용인되는 '무정부적 질서(anarchical order)'다.

무정부적인 국제사회를 특징으로 하는 베스트팔렌적 질서는 국가의 생존이 개별 국가들의 최대 목표이며 모든 국가가 자국의 이익을 최우선으로 움직이는 약육강식의 국제사회다. 토머스 홉스(T. Hobbes)가 자연 상태에서의 인간과 국가를 '만인에 대한 만인의 투쟁'으로 묘사한 『리바이던(Leviathan)』을 쓴 것은 베스트팔렌 조약 체결 3년 뒤인 1651년이었다.

국가의 독립과 평등을 기반으로 한 베스트팔렌 조약은 이후 유럽 국제질서의 기반인 '유럽 국가체제(European state system)'로 나아가는 출발점이 됐다.

화이질서와 베스트팔렌적 질서는 상호 이질적이지만 본질적으로 차별성에 기반한다는 공통점이 있다. 화이질서는 선진적인 중국의 문명과 압도적 힘을 배경으로 중화문명과 오랑캐에 차이를 둔 차등적 질서였다. 국가 간 평등을 전제로 한 베스트팔렌적 질서는 세계를 유럽의 문명 세계와 유럽 이외 비문명 세계, 즉 기독교 세계와 비기독교 세계로 구분하고 국가 간 평등은 문명 세계인 기독교 세계에만 적용되는 것으로 보았다. 유럽적 질서에 내재한 이러한 차별성은 18~19세기 서구의 문명화된 세계가 아시아와 아프리카 등 비문명화된 세계를 폭력적으로 지배하는 것을 정당화했으며 유럽 열강에 의한 동아시아의 식민지화라는 비극으로 귀결되었다.

난징 조약이 체결됐지만 기대한 만큼의 무역 확대가 이뤄지지 않자, 영국과 프랑스는 애로호 사건을 빌미로 1856년 10월 2차 아편전쟁을 일으켰다.

1차 아편전쟁이 중국에서 통상 시장의 확대를 목표로 했다면 2차 아편전쟁은 시장 확대를 저해하는 청의 화이질서 해체로까지 나아갔다. 청의 황제와 서태후는 베이징을 공격한 영국과 프랑스 연합군을 피해 여름 별장인 열하행궁으로 도망가고 황실의 별장인 원명원이 영국과 프랑스의 연합군에 의해 파괴되는 참화를 겪었다.

2차 아편전쟁에서 패배한 청은 1858년 영국과 프랑스, 미국, 러시아와 톈진 조약을, 1860년 베이징 조약을 체결하고 전쟁 패배의 대가를 치렀다.

청은 홍콩에 이어 주룽(九龍)을 영국에 추가로 할양했고 기존 5개의 개항장에 이어 추가 개항과 함께 내지의 통과세를 폐지하는 등 세율을 완화해야 했다. 청은 통상 시장의 확대 외에도 화이질서의 급속한 붕괴에 직면했다.

톈진 조약(3조)에서 청은 화이질서의 상징이던 '삼궤구고두례'를 폐지했다. 천하의 중심인 중화가 공식적으로 마침표를 찍었다. 베이징 조약에서는 더 나아가 공문서에 오랑캐를 뜻하는 '이(夷)'라는 글자의 사용을 금지했다. 베이징 조약 이후 서구에 관한 통상과 대외 교류 업무는 기존의 '이무(夷務)'에서 '양무(洋務)'로 바뀌었다. 1861년 청이 총리각국사무아문을 신설해 서양과 무역 및 외교 문제를 다루기 시작한 것은 베이징 조약의 결과였다. 하지만 조선 등 조공국의 문제는 종전대로 예부에서 다루었다.

영국과 프랑스가 중국에서의 자유무역주의의 깃발을 높이 쳐들고 세력을 확장하는 사이 영국의 주요 경쟁자인 러시아도 마침내 태평양 시대를 열었다.

2차 아편전쟁의 와중에 러시아는 청과 아이훈 조약(1858)을 맺고 아무르 강 북쪽을 획득한 데 이어 베이징 조약(1860)에서는 우수리 강 동쪽의 연해주를 손에 넣었다. 러시아는 '동방의 지배'를 뜻하는 블라디보스토크 군항 건설에 나섰으며 조선 역시 이때 처음으로 러시아와 경계를 마주하게 되었다.

아편전쟁은 19세기 동아시아에서 서구 열강이 '유럽중심주의(Euro-centrism)'를 폭력적으로 관철하는 과정에서 나타난 것이다. 중국 중심주의(Sino-Centrism)가 중국을 세계의 중심에 두고 주변 이민족을 문명이 뒤떨어진 오랑캐로 구분했다면,[21] 유럽 중심주의는 유럽을 그 중심에 두고 세계 문화 등에서 유럽의 최고 우월성을 상정했다.

청은 아편전쟁을 거치며 '중국식 기준(Chinese-standard)'인 화이질서 대신 서구 열강의 '유럽식 기준(European-Standard)'을 '만국공법'이라는 이름 아래 수용하기 시작했다. 미국 선교사로 중국에 온 W. 마틴이 헨리 휘튼(H. Wheaton)의 『국제법 원리』를 청 조정의 지원을 받아 『만국공법』으로 번역하면서 서구의 국제법과 국제질서에 대한 개념이 중국에 알려지기 시작한 것도 1865년 이후의 일이었다.

2차 아편전쟁 직후인 1863년 중국 황제는 미합중국과 우호적인 관계를 약속하는 서한을 링컨 대통령에게 보냈다. 황제는 "우주를 통치하라는 하늘의 명을 경건하게 받들어 그 중심에 있는 중국이나 주변국들이나 조금도 차별을 두지 않고 한 가족의 구성원으로 간주하겠다"라고 말했다.[22]

중국은 서구와의 조약 체결로 근대 세계로 진입했지만 동아시아 역내 국가에 대해서는 자국을 최상위로 하는 화이질서의 적용이라는 '이중적 기준(dual-standard)'을 고수했다. 중국의 이러한 이중적 태도는 동아시아에서 패권국의 지위를 유지하려는 '현상 유지(status quo)'의 의도에서 비롯됐다. 하지만 중국의 이런 이중적 기준은 19세기 중반 이후 동아시아 역내 질서를 파행으로 내모는 원인이 되었다.

위기의 동아시아와
엇갈린 선택

아편전쟁은 동·서양의 서로 다른 두 세계 질서의 충돌이었다. 서구 열강의 동아시아 진출이 유럽 중심주의 질서의 폭력적 관철로 드러나면서 동아시아에는 두려움과 위기의 그림자가 드리우기 시작했다.

쇄국정책 아래 200여 년간 비교적 장기간의 평화를 누렸던 청과 조선, 일본 등 동아시아 각국은 18세기 말에서 19세기 초 내부적으로 정치권력이 부패하고 전통적인 사회경제 구조가 와해하면서 농민 소요 등 크고 작은 내부 반란에 시달렸다. 외부적으로는 압도적 군사력을 갖춘 서구 열강의 동아시아 팽창이 본격화되자 동아시아 3국에서는 국가로서의 생존과 번영에 대한 두려움이 퍼졌다. 동아시아 3국은 이런 안보 위기를 맞아 국가의 생존 전략을 모색했고 이 과정에서 서로 다른 위기 인식과 선택이 동아시아의 국제질서 형성과 동아시아의 미래를 결정했다.

강희, 옹정, 건륭 3대를 걸쳐 제국의 전성기를 누렸던 청은 1850년 도광제의 사망과 함께 곳곳에서 농민 반란이 발생하는 등 왕조의 말기적 현상을 보였다. 1차 아편전쟁 이후 1851년 중국 광시 성에서 홍수전이 이끄는 '배상제회(拜上帝會)'의 봉기로 시작된 '태평천국운동'은 10여 년간 전 중국을 초토화해버렸다.

태평천국운동은 아편전쟁을 통해 개항한 항구와 내지 무역을 통해 서구의 상품이 쏟아지자, 생활 불안에 시달리던 민중들이 서구의 침략에 반대하며 맺은 자위적인 비밀결사 조직이었다. 이들은 국제적으로 정당한 무역 왕래에는 찬성하지만, 아편 수입에 반대하고 청국 정부와 각국 간의 불평등 조약은 인정하지 않았다.[23]

아편전쟁과 태평천국운동이라는 내우외환 속에 청의 주된 관심은 제국의 유지였다. 2차 아편전쟁 때 베이징에서 영국·프랑스와 화평교섭을 한 이신은 1861년 초에 구이량, 원상과 연명으로 다음과 같이 황제에게 상주했다.

"저희는 오늘날의 정세에 대해서 이렇게 생각합니다. 태평군(長髮賊)과 염군이 서로 호응하여 봉기한 것은 우리나라에 심장과 배의 해악입니다. 러시아가 계속해서 우리 상국을 잠식하려고 드는 것은 팔꿈치와 겨드랑이의 근심입니다. 영국의 통상 요구가 포학하고 사람의 도리를 몰라 그 요구에 제한을 가하지 않으면 자립할 수 없는 것은 팔과 다리의 병입니다. 그러므로 장발적과 염군을 멸하는 것이 첫째이고 러시아를 다스리는 것이 그다음이며 영국을 다스리는 것은 그 후입니다."[24]

중앙 정부의 무능력과 부패로 지방 통제력을 상실한 청은 한족 출신인 지방 군벌과 아편전쟁에서 승리한 영국 등 서구 열강의 지원을 받아 1864년이 되어서야 태평천국의 난을 겨우 진압할 수 있었다. 한족 출신의 지방 군벌인 쩡궈판, 리훙장, 쭤쭝탕은 지방에서 의용군을 조직해 태평천국의 진압을 주도했고 당시 실권을 장악한 서태후가 청의 난국 타개를 위해 이들을 중용하면서 청조의 신흥 주류세력으로 자리 잡았다.

태평천국운동의 진압 과정에서 서양 무기의 우수성을 직접 눈으로 확인했던 이들 지방 군벌은 청조에 진출하면서 우수한 서양 물질문명의 도입을 촉구했다. 이른바 '양무파(洋務派)'의 등장이다. 서태후의 지원 아래 이들은 2차 아편전쟁 직후인 1860년대부터 서양의 선진 기술 과학 문명을 받아들이는 개혁 운동(양무운동)을 주도했다.

1865년 상해에 병기공장인 강남기기제조국을 시작으로 1866년 푸젠 성 푸저우에 군함을 제조하는 푸저우 선정국과 항해술을 교육하는 선정학당 등 서구의 선진 군사기술이 도입됐다. 조약 체제의 진입에 따라 중국 외교 제도의 근대화도 추진됐다. 서양과의 통상·외교 업무 처리를 위해 1861년 총리각국사무아문(총리아문)이 설치되고 동문관(외국어학교)과 개항장의 세무를 총괄하는 총세무사가 임명됐다.

청은 서구 열강에 굴욕적인 패배를 당한 원인을 중국과 서구의 현격한 선진 기술과학과 군사력의 차이에서 찾았다. 따라서 양무론에서 중국의 학술을 뜻하는 '중학(中學)'은 지배체제 유지를 위한 체(體) 내지는 본(本)으로 위치 지어지고 이에 반해 서양의 학술인 '서학'의 성과인 기기(機器)는 말(末)이라 위치 지어져 있었다.[25] 중국이 양무운동을 통해 추구한 전략은 기존의 지배체제 유지를 위해 전통적 가치관을 바꾸지 않으면서 서구의 과학기술 문명을 수용하는 '중체서용(中體西用)'의 길이었다.

하지만 양무운동이 무너지는 화이질서를 지지하기에는 한계가 너무도 뚜렷했다.

헨리 키신저는 중국의 개혁에 대해 "중화 왕국은 불과 10년이란 세월 동안 지존의 자리에서 아귀다툼을 벌이는 식민 세력의 표적으로 전락하고 말았다. 두 시대의 틈바구니에 그리고 국제관계에 대해 두 개의 서로 다른 개념 사이에, 위태롭게 자리 잡은 중국은 새로운 정체성을 얻고자 노력했으며 무엇보다도 앞으로 안보의 기반이 될 기술과 상업으로써 지금까지 자신을 위대하게 만들었던 가치관을 조화시키려고 무진 애를 썼다"라고 했다.[26]

중국의 양무운동과 위기의 조선과 일본

중국에서 벌어진 아편전쟁의 소식은 중국을 오가는 상인과 사절들을 통해 빠르게 조선과 일본에도 전파됐다. 특히 1860년 9월 2차 아편전쟁에서 영국군과 프랑스 군이 베이징을 공격하자 함풍제가 열하행궁으로 도망가고 그해 10월 황제의 정원인 원명원이 연합군에 의해 완전히 파괴됐다는 소식은 조선과 일본에도 큰 충격을 주었다.

조선에 1차 아편전쟁의 소식이 전해진 것은 헌종 6년이던 1839년 동지사의 서장관으로 북경을 방문했던 이정리를 통해서였다. 이정리는 귀국 뒤인 1840년 3월 25일 헌종을 알현하면서 〈문견별단(聞見別單)〉을 제출했다.

이정리는 청은 건륭제 때부터 유행(遊幸) 등의 사치에 이어 전국의 도둑을 징벌하는 전쟁과 황하 관리에 경비가 지출되는 상황에서 서양산 사치재 매입으로 해마다 은화 1백만 냥이 유출되고 있고 사교(邪敎)의 민간 침투를 우려해 청조가 천주교를 내쫓은 사실을 소상하게 전했다. 또한 광둥 일대에서 활동 중인 영국의 "화기(火器)가 더욱 교독(巧毒)"하다는 사실과 함께 무역을 허락하지 않자 매년 변경을 어지럽히는 등 중국과 영국 간에 전운이 감돌고 있다며 전쟁을 앞둔 중국의 상황을 전했다.[27] 8년 뒤 벌어진 2차 아편전쟁으로 청의 함풍제가 베이징에서 열하행궁으로 도망가자 조선의 철종은 황제를 위로하기 위한 문안사를 파견했다.[28]

부사 박규수 등과 함께 북경을 5개월간 방문하고 돌아온 정사 조휘림은 철종에게 2차 아편전쟁의 상황을 보고했다. 첫째, 10여 년째 각성에서 비적들이 창궐하고 있지만 현재는 소강상태이며 민심이 안정되었고 둘째, 서양 오랑캐는 통행과 교역을 자유롭게 하지만 침탈하지는 않으며 천주교가 자유롭게 활동 중이고 셋째, 병중인 함풍제가 조선의 문안사에 대해 '예의지방(禮義之邦)'으로 우대의 뜻을 표시했다고 전했다.[29] 태평천국운동으로 내란에 시달리고 아편전쟁에서 패해 서구에 통상과 전교의 자유를 허용했지만 청이 점차 안정을 회복하고 있다는 기대감이 묻어나온다.

일본에서는 1780년대 이후 사할린과 홋카이도 일대에 러시아인들이 출몰하고 근해에 서구 이양선의 출현이 잦자 소수의 양학자를 중심으로 위기감이 표출되어왔다.

최초로 '존왕양이(尊王攘夷)'를 주창했던 아이자와 야스시는 1825년 『신론(新論)』에서 서구의 침입을 막고 일본을 방어하기 위해서는 일본의 지배 계급들이 천황에 대한 충성을 최정점에 두는 충성 구조에 의해 통합되어야 하고 이러한 통합은 부국강병을 성공시키는 조건이라고 말했다. 부국을 위해서는 농업력을 회복시키고 강병을 위해서는 무사 정신과 사기를 소생시키지 않으면 안 된다고 주장했다.[30] 당시 막부 체제에서 천황 친정 체제로의 전환이라는 정치 개혁의 목소리가 나오기 시작했다.

청과 나가사키를 오가던 청과 네덜란드 상인들이 막부에 제출한 풍설서를 통해 1차 아편전쟁에서 청이 패배한 소식이 전해지자 일본의 위기감은 지식인층으로 확산됐다.

군사전문가이자 막부 관리였던 사쿠마 쇼잔은 〈해방팔책(海防八策)〉에서 중국이 1차 아편전쟁에서 패한 것은 "외국 학문은 합리적이고 중국 학문은 그렇지 못하기 때문에 서양 국가들이 압도적인 물리적 힘을 행사할 수 있었다. 중국은 이 사실을 인식하지 못했기 때문"이라고 말했다. 또한 서구 열강이 중국을 침략한 뒤 일본도 침범하여 일본에 난징조약 같은 굴욕적인 '성하지맹(城下之盟)'을 체결할 가능성이 높은 만큼

대포를 주조하고 군함을 건조하고 해군을 일으키는 등 해방 강화를 주장했다.[31]

일본이 조선과 달린 유독 위기에 민감했던 이유는 무엇이었을까?

일본은 사면이 바다에 둘러싸인 천혜의 고립 조건 덕분에 13세기 몽골 침략을 빼고 외세의 침입을 받지 않았다. 이 때문에 '신주(神州)'로 여겨지던 일본의 지정학적 장점은 19세기 서구 열강이 해군력을 동원해 진출하자 지정학적 단점으로 바뀌었다.

여기에 막부가 반란을 우려해 큰 선박의 제조를 금지하면서 일본의 해군력은 극히 취약했다. 지리적으로나 해군력으로나 무방비로 노출된 일본은 조공 체제 안에서 청이라는 '안보 우산'을 기대할 수 있던 조선과 달리 고립무원의 상태였다. 18세기 들어 천황의 혈통이 한 번도 바뀌지 않았다는 이른바 '만세일계(萬歲一系)'론과 지금까지 독립을 보전하면서 다른 나라들과 달리 일본이 순결하다는 일본의 정체성이 서구의 침략으로 무너질 수 있다는 위기의식이 이들의 강한 공포감과 경계심을 조장했다.[32]

도쿠가와 막부는 외국 선박 추방령(1825)을 내리며 쇄국 체제의 강화에 열을 올렸지만 서구의 압도적 군사력에 눌린 나머지 불과 20여 년도 지나지 않아 서구의 선박들과 충돌을 피하고자 조난 선박에 보급을 허용하는 '신수급여령'(1842)으로 전환했다.

도쿠가와 막부의 쇄국정책은 1853년 미국 페리 제독이 4척의 전함을 이끌고 도쿄 만에 진입해 우호통상조약을 체결하자는 필모어 미국 대통령의 서한을 전달하는 포함외교 앞에서 무너졌다. 일찌감치 청이 아편전쟁에서 패하고 항구를 개방했다는 소식을 알았던 일본 막부는 군사력의 열세를 자인하고 1854년 2월 미·일 화친조약을 체결한 뒤 2개 항을 개항했다.

4년 뒤인 1858년 막부는 영국과 프랑스 연합군이 조약 불이행을 이유로 청을 공격했다는 미국 쪽의 위협에 눌려 6개 항을 개항하는 미·일 수호통상조약을 체결하고 같은 해 네덜란드와 러시아, 영국과 프랑스와도 조약(안세이 조약)을 체결했다.

일본이 체결한 조약은 개항과 함께 관세율은 조약으로 정하고 조약 항에서 모든 외국인에 대한 치외법권을 인정하는 불평등 조약이었다. 막부는 개항의 명분으로 서구와의 통상 교류를 통한 부국강병론을 내세웠지만 이는 서구와 군사력의 차이를 절감한 막부가 전쟁을 회피하면서 기존 막부 체제를 연명하려는 것이 그 실체였다.

일본의 존왕양이와 조선의 쇄국양이

막부가 전국의 각 번 영주들의 반대에도 서구 열강에 굴복해 쇄국정책을 파기하고 천황의 반대에도 안세이 조약을 체결해 문호를 개방하자 반막부 투쟁이 일면서 일본은 정치적 소용돌이 속으로 빠져들었다.

1859년 막부의 요인을 암살하려다 처형된 조슈 번 출신의 병학자 요시다 쇼인은 처형 직전에 쓴 글에서 "막부와 번주들은 시대가 요구하는 행동을 할 수 없고 비천한 계층의 사람들이 져야 할 과제를 남겨놓았다"라고 주장했다. 그뿐만 아니라 일본은 "썩은 기둥을 바꾸고, 낡아빠진 서까래를 버리고, 새로운 목재를 사용하는" 사회 변화에 의해서만 구제받을 수 있다고 주장했다.[33]

쇼인은 또 불평등 조약으로 서구 열강에 빼앗긴 일본의 이익을 대외 팽창을 통해 벌충하는 대외 웅비론을 촉구했다. 그는 『유수록(幽囚錄)』에서 "지금 시급히 무비를 닦아 군함과 대포를 만들어 즉각 에조(홋카이도)를 개척하여 제후로 봉하고 틈을 보아 캄차카와 오호츠크를 빼앗고 류큐를 타일러 제후로 만들고 조선을 다그쳐 인질을 보내게 하여 옛 성사와 같이 조공하게 해야 한다. 북으로는 만주를 할양하고 남으로는 타이완, 필리핀의 여러 섬을 공격하여 점차 진취 기세를 보여야 한다"라고 강변했다.[34]

19세기에 맞닥트린 위기 앞에서 현상 유지적인 중국과 달리 일본은 기존 정치체제의 근본적인 개혁을 주창하고 나섰는데 다수의 지식인들로부터 국가 번영과 생존책으로 조선 등으로의 해외 팽창정책이 구체적으로 나오기 시작한 것도 이때부터다.

막부 타도와 천황의 친정을 요구하는 '존왕양이(尊王攘夷)'론을 주도한 조슈 번과 사쓰마 번, 도사 번 등과의 치열한 권력 싸움에 밀린 막부의 마지막 쇼군 도쿠가와 요시노부가 1867년 10월 14일 통치권을 천황에게 반납하는 '대정봉환(大政奉還)'을 선언함으로써 일본은 200여 년 만에 막부에서 천황으로의 권력 교체가 이뤄졌다.

대정봉환은 천황이 쇼군에게 위임했던 정치권력을 천황에게 다시 되돌리는 것으로 천황의 전면적인 친정을 의미했다. 일본은 대정봉환 다음 해인 1868년 천황의 친정 체제 복귀를 선언한 메이지 유신을 선포하고 근대 국가 건설에 나섰다.

중국과 일본이 양무운동과 막부 타도 운동 등으로 위기 극복을 모색하던 1860~1870년대 초 조선은 서구 열강의 침입이라는 '양요(洋擾)의 시기'를 겪었다.

철종의 뒤를 이어 어린 나이에 등극한 고종은 1866년 병인박해에 이은 프랑스 함대의 강화도 원정인 병인양요와 평양 대동강에서 미국 상선이 소각되는 제너럴셔먼호 사건에 이어 1871년에는 미국 함대의 강화도 원정인 신미양요를 겪었다.

조선 말기 대표적 위정척사론자였던 이항로는 앞서 병인양요가 일어나자, 재야에서 조정으로 불려 나와 국왕에게 자문했는데 "침략자와 싸우면 나라의 문화를 보전할 수 있으며 화친하면 짐승의 구역으로 들어가게 될 것"이라고 주장했다.[35]

고종을 대신해 섭정에 나선 대원군은 선교의 자유와 통상 확대를 요구하며 밀려드는 열강에 '쇄국양이정책(鎖國攘夷政策)'으로 대응했다. 1866년 프랑스가 조선 원정에 나서자, 대원군은 의정부에 보낸 서신에서 "몇 년 전 중국이 화친을 허락한 뒤 양이는 더욱 제멋대로 날뛰어 가는 곳마다 악행을 저지르고 있다. 모든 곳이 그 피해를 보고 있지만 우리나라만 그렇지 않은 것은 기자(箕子)의 성스러운 덕이 하늘에서 돕기 때문이다. 지금 이런 상황에서 우리가 아는 것은 예의일 뿐이며 우리가 믿는 것은 한마음으로 적에 맞서는 것이다"라고 했다.[36]

서양의 포함 외교 앞에 무너진 청이나 일본과 달리 같은 시기 조선은 미국과 프랑스의 공격을 격퇴했고 이러한 '작은 승리'는 조선의 '쇄국양이정책'의 강화로 이어졌다.

1860년대 프랑스의 침입에 따른 반감이 서양 혐오로 이어졌다면 1870년대에 미국의 침입에 따른 희생과 분노는 서양을 배격하는 위정척사라는 공격적인 문화적 국수주의로 강화됐다. 조선은 이제 동양 문화의 진정한 계승자이자 보존자로 자부했다.

1871년 미국의 조선원정대를 물리친 직후 대원군은 전국에 척화비를 세워 쇄국양이정책을 강화해갔다. 척화비에는 '양이침범 비전즉화 주화매국(洋夷侵犯 非戰卽和 主和賣國)'이라 쓰였다.[37] 서양의 오랑캐가 침범할 때 싸우지 않으면 그건 화친을 주장하는 것이고 화친을 주장한다는 것은 나라를 팔아먹는 것이었다.

동아시아 국제정치 공간에서의 '화이질서'는 중국을 주축으로 하는 조공책봉 체제와 중국을 뺀 피책봉국 및 그 밖의 세력 간의 교린 관계

체제로 구성됐다.[38] 명·청 교체 뒤 성립된 중화질서는 이후 200여 년간 패권국인 청과 조공 관계를 통해 일본, 조선이 동아시아 국제공간에서 내적으로는 체제의 정통성과 외적으로는 안전보장을 유지해온 동아시아의 현실적 국제질서였다.[39] 하지만 19세기 초 시작된 서구 열강의 진출과 함께 화이질서가 흔들리면서 위기에 직면한 동아시아 3국은 안보전략을 재설정해야 했고 그 결과는 19세 동아시아 질서의 변형에 영향을 끼쳤다.

하기, 메이지 유신이 움튼 곳

"해는 떠오르지 않으면 기울고, 달도 차지 않으면 기울 듯이 국가는 번영하지 않으면 쇠퇴한다"(요시다 쇼인, 『유수록』).

어둑한 저녁 부산항 국제여객터미널을 떠나 일본의 시모노세키 항에 내린 것은 다음 날 오전 8시였다. 대한해협을 건너는 데 11시간이 걸렸다. 이곳에서 자동차로 해안가를 따라 북쪽으로 2시간여를 달려 도착한 곳은 하기 시의 어느 한적한 시골 마을이다.

한때 주민 수가 10만여 명에 육박했다지만 이제는 인구 5만여 명의 쇠락하는 일본의 여느 농어촌 도시의 모습이다. 시간의 흔적이 켜켜이 쌓인 하기 시는 상대적으로 규모가 큰 규슈의 가고시마 시와 함께 일본 '메이지 유신'(1868)과 연관이 깊다.

메이지 일본 이전의 도쿠가와 막부 시절 전국에는 270여 개의 번이 있었는데 그중 하기는 조슈 번(현 야마구치 현), 가고시마는 사쓰마 번(현 가고시마 현)의 번청이 있던 곳이다. 다른 번들에 견줘 비교적 규모가 컸던 이 두 개의 번은 메이지 유신 직전 막부 타도 운동에 함께 나선 도사 번(현 고치 현)과 함께 '서남웅번(西南雄藩)'으로 불린다. 일본의 서남쪽에 있어서 붙여진 이름이다. 도요토미 히데요시 사후 일본의 패권을 놓고 벌어진 세키가하라 전투에서 이들 번은 도요토미 쪽의 편을 들었으나 도쿠가와 막부가 승리하자 에도(현 도쿄)의 변방으로 밀려났다. 권력을 잡은 도쿠가와 직할 번이나 친도쿠가와 번과 구별해서 '도자마 다이묘(外樣大名)'로 부르기도 한다.

천하를 통일한 도쿠가와 막부의 기세에 눌려 변방에서 숨죽이며 지낸 '서남웅번'은 19세기 중엽 도쿠가와 막부를 무너트리며 메이지 유신의 주역으로 등장한다. 실로 260여 년만의 일본 근현대사 무대 전면으로의 화려한 복귀다.

조슈 번과 사쓰마 번은 19세기 중엽 번의 근대화를 놓고 경쟁하다가 때로는 싸우기도 했지만 결국 1866년 삿초 동맹을 맺고 막부 타도의 길에 함께 나섰다. 막부 타도를 주도하며 메이지 유신을 이끌어내면서 '메이지 유신 3걸'로 불리는 기도 다카요시는 조슈 번 출신이며, 사이고 다카모리와 오쿠보 도시미치는 사쓰마 번 출신이다.

시골 마을인 하기 시는 일본에서는 메이지 일본을 세운 '쇼인 정신의 탄생지'로 부른다. 하기 시에서 태어나 병학(兵學)을 가르치던 요시다 쇼인(1830~1859)의 '쇼인 정신'은 그가 죽기 직전 남겼다는 '야마토 다마시(大和魂, 일본의 혼)'라는 일본 국가 부흥의 정신과 사상을 말한다. 하기 시는 그런 쇼인의 흔적이 곳곳에 남아 있다.

하기 시청 앞의 조슈 번 성 아랫마을을 거닐다 하기 시 동쪽으로 흐르는 마쓰모토 강의 다리를 건너면 쇼인 신사가 나온다. 신사 입구를 지나면 쇼인의 역사관과 소나무 아래의 마을 글방이란 뜻의 '송하촌숙(쇼카손주쿠)'과 쇼인이 사택 감금 중 머물렀다는 '요시다 쇼인 유수 고택'이 차례로 모습을 드러낸다.

송하촌숙에 들어서면 가장 먼저 눈에 띄는 것은 '명치유신태동지지(明治維新胎動之地)'라는 커다란 바위 비석이다. 이곳이 메이지 유신이 움튼 곳임을 알린다. 1968년 메이지 유신 100년을 맞아 전후 일본의 최장수 총리를 지낸 사토 에이사쿠가 썼다. 그는 아베 신조 전 총리의 작은 외할아버지다. 사토 에이사쿠의 형인 기시 노부스케는 만주국 관료를 거쳐 태평양전쟁 직후 전범으로 체포됐다가 석방된 뒤 1957년 총리를 지내면서 전후 일본의 고도성장을 이끌었는데 아베 신조가 그의 직계 외손주다.

조슈 번의 하급 무사 가문 출신인 쇼인은 숙부의 뒤를 따라 요시다가의 양자로 들어간 뒤 1849년 19살에 조슈 번의 정식 병학 교사가 되었다. 20대 초반에 규슈 등 일본 열도를 여행하며 일본 최고의 양학자로 불린 사쿠마 쇼잔 등에게서 신학문을 배우던 중 1854년 미·일 화친조약 체결을 위해 내항한 페리 제독의 전함을 타고 밀항하려다 실패하고 투옥되었다. 쇼인은 다음 해인 1855년 12월 보석으로 풀려나 자택에 감금된 뒤 이곳에서 자신을 찾아오는 청년 등을 상대로 강의했다.

수강생이 늘자 28살의 쇼인은 숙부이던 다마키 분노신이 열었던 개인 학교인 인근의 송하촌숙을 1857년 11월 인계해서 현재의 자리로 옮겼다고 한다.

쇼인은 이곳에서 다음 해인 1858년 11월까지 1년간 '존왕양이(尊王攘夷)'와 '해외 웅비론'을 설파했다. 당시는 아편전쟁 이후 영국과 러시아 등 서구 열강이 중국에 침입하고 포함외교에 굴복해 일본도 문호를 개방하는 등 국가적 위기 앞에서 일본의 지식인들이 앞 다투어 비책(秘策)을 쏟아내던 때였다.

페리 제독의 미국 전함 앞에서 막부의 무기력함에 실망한 쇼인은 막부 타도와 천황 복귀를 통한 일본의 국가 위기 극복을 주장했다. 막부가 금지한 커다란 배의 제조 금지의 해제, 전국 각 번의 번주를 정기적으로 에도로 와서 머물게 한 참근교대의 완화, 농병제 채용(당시는 사무라이만이 군인이 될 수 있었다), 천황의 친정 등 막부의 미봉책이 아닌 일본 사회의 급진적 사회 혁신을 요구했다.[40]

쇼인은 일본의 국가적인 정치개혁에 더해 서구의 문물을 수용해 근대화를 이루고 국력을 키운 뒤에는 일본이 열강에 빼앗긴 것을 벌충하기 위해 홋카이도와 캄차카, 오호츠크를 빼앗고 류큐를 제후로 만들며 조선이 조공하도록 하고 만주를 할양하고 타이완과 필리핀을 공격해야한다는 '해외 웅비론'을 펼쳤다.

이러한 해외 웅비론은 18세기 중반 이후 시중에 퍼지면서 인기를 끈 『일본서기』의 영향에서 나왔다. 『일본서기』에는 고대에 일본의 진구황후가 신라를 정벌하고 고구려와 백제도 일본에 조공했다는 왜곡된 신화적 내용이 담겨 있다.

쇼인은 "조선을 복종시키고 만주를 접수하려 한다면 함선이 없어서는 불가능하다. 이게 내가 말하고 싶은 것이다. 지금은 아직 여기에 미치지 못하니 거함을 만들 수 있을 때까지 기다려야만 할 것이다"라고 주장했다.[41]

사쓰마 번 출신의 사이고 다카모리가 10여 년 뒤인 1873년 세계 문제로 일본과 마찰을 빚던 조선이 왜관에서 일본의 밀무역을 금지하는 고시를 내자 이를 빌미로 '정한론(征韓論)'을 들고 나온 것에 견주어보면 쇼인은 '원조 정한론'자라 할 수 있다.

깨어 있는 민중이 들고 일어나 막부를 타도하고 나라를 개혁해야 한다는 '초망굴기론(草莽崛起論)'을 설파한 그는 실제로 스스로 막부 요인암살 계획을 자백한 뒤 1859년 막부에 의해 서른 살의 나이로 감옥에서죽음을 맞는다.

요시다 쇼인의 삶은 짧았지만 제자들을 통해 전파된 그의 사상은 막부 타도와 메이지 유신을 끌어내 근대 일본이 초석을 놓고 후일 '조선침략론'의 원형이 되었다.

송하촌숙을 거친 요시다 쇼인의 제자로는 메이지 유신의 3걸 중 하나이면서 '정한론'자였던 기도 다카요시를 비롯해 다카스기 신사쿠, 구사카 겐즈이 등 막부 타도 운동의 리더들이 있다. 메이지 유신 이후 조선 통감을 지낸 이토 히로부미와 소네 아라스케, 총리대신을 지낸 야마가타 아리토모, 조선 총독이었던 데라우치 마사타케 등도 요시다 쇼인의 해외 웅비론을 실행하며 조선 침탈을 이끈 주역들이기도 하다.

쇼인은 '메이지 유신'을 설계한 인물로 칭송받지만 19세기 한반도의 강제 병합과 동아시아를 피로 몰드는 싸움터로 만드는 데 큰 영향을 주었다. 21세기에도 쇼인 정신은 일본의 정치적 위기마다 우익 정치가들에 의해 끊임없이 소환된다. 고이즈미 준이치로 전 총리는 물론 4번에 걸쳐 일본 총리를 지내고 야마구치 현이 고향인 아베 신조 전 총리는 재임 중에도 존경하는 선생으로 "고향이 낳은 위인"인 쇼인을 꼽았다.

'메이지 일본'은 일본인에게는 국격을 높여 '메이지 영광'을 가능하게 한 역사적 분기점이었다. 이러한 점 때문에 가고시마는 사이고 다카모리 등을 내세워 '메이지 유신의 고향'이라 주장하는 반면 하기 시는 '메이지 유신이 움튼 곳'이라며 경쟁한다.

'쇼인 정신'은 19~20세기 문명과 동양평화라는 거창한 명분에도 한국과 류큐, 대만, 중국 등 아시아·태평양을 전쟁터화하고 아시아 민중의 생명과 아시아 국가의 주권을 짓밟는 희생을 불러왔다. 일본에는 '메이지 영광'으로 이어졌지만 한국 등 아시아에는 150년이 지나도 씻기지 않는 '상처'의 출발점이면서 21세기 동아시아 갈등의 시발점이기도 했다.

▲ 송하촌숙(쇼카손주쿠): 일본 야마구치 현 하기 시에 있는 송하촌숙은 일본 우익들이 '메이지 일본의 설계자'라 추앙하는 요시다 쇼인이 학생들을 가르치던 개인 학교다. 숙부가 운영하던 학교를 인계받아 1857년 11월 지금의 자리에 옮겼다.

▼ 송하촌숙의 내부 모습: 송하촌숙에서 요시다 쇼인이 학생들을 상대로 일본의 대외 웅비론과 존왕양이론을 수업하던 곳이다. 목조 건물에 다다미 3칸 방이었으나 학생들이 늘자 다다미 8칸 방이 확장됐다고 한다.

▲◀ 명치유신태동지지: 송하촌숙이 '메이지 유신이 움튼 곳'임을 알리는 이 비석은 1968년 메이지 유신 100년을 맞아 전후 일본의 최장수 총리를 지냈으며 한일 수교 때 총리였던 사토 에이사쿠가 썼다.

▲▶ 요시다 쇼인 신사로 들어가는 입구: 요시다 쇼인 신사에는 쇼인 신사 외에도 쇼인이 제자들을 가르쳤던 송하촌숙, 그의 역사관을 볼 수 있는 쇼인 역사관 등이 있다.

▼ 요시다 쇼인 신사 내 있는 쇼인 역사관.

2장

일본, 화이질서에 도전하다

일본의 '복고외교(復古外交)'

"새 술은 새 부대에 넣어야 하는 것 아닌가?"

1870년 9월 27일 청의 톈진에 도착한 일본 사절단 대표 야나기하라 시키미쓰는 청의 외교·통상을 관장하는 삼구통상대신 쳉린에게 수교를 희망하며 이같이 말했다. 메이지 유신이 선포되고 2년 뒤의 일이었다. 야나기하라는 "일본은 서구 열강들과 조약을 체결했는데 중국은 가장 가까운 이웃으로서 필히 우호 관계 확립에 있어서는 일본의 첫 번째 국가가 되어야 한다"라고 요청했다.[1]

서구 열강과 조약을 체결하면서 근대적 국제질서에 진입한 청은 조선과 일본 등의 동아시아 역내 국가에 대해서는 전통적인 화이질서를 고수했다. 이러한 청에 근대적 의미의 대등한 통교를 하자는 일본의 요구는 청에 대한 도전장과도 같았다.

청과 일본의 공식 접촉은 무로마치 막부 시절(1336~1573)인 1401년 당시 쇼군인 아시카가 요시미치가 명나라에 조공한 이후 처음 있는 일이었다. 일본은 이후 조선과 더불어 화이질서에 편입됐지만 16세기 무로마치 막부가 유명무실해지면서 명과의 종속관계도 유명무실해졌고 1592년 임진왜란 이후로 청·일 간의 종속관계는 깨졌다.[2] 17세기 초반 일본을 통일한 도쿠가와 막부(1603~1867)가 새로 등장했으나 중국과의 공식 교섭은 이루어지지 않았다.

조선은 임진왜란 직후를 빼고는 일본의 실질적 통치자인 막부의 쇼군과 공식 사절단인 국왕사(國王使)가 오고 가는 '통신관계(通信關係)'를 유지했다. 양국의 국왕과 쇼군이 대등한 지위로 교류하는 '교린관계(交隣關係)'의 질서였다. 막부의 통치 기간 중 천황은 쇼군에게 정치적 실권을 위임(大政委任)하고 상징적 주권자에 머물렀다.

일본에서는 무로마치 막부 시절인 아시카가 정권 시대에 60여 차례 일본 국왕사가 한양에 파견되었다.[3] 조선은 임진왜란 이전에는 5차례 통신사를 파견했으나 임진왜란으로 중단됐다가 조선 후기인 1607년부터 1811년까지 12차례 통신사를 파견했다.[4]

쓰시마를 매개로 한 조선과 일본의 교역도 이뤄졌다. 고려 말 이후 북방에서는 여진족의, 남방 해안에서는 잦은 왜구의 침입에 시달렸던 조선은 1419년 쓰시마를 정벌하고 남쪽의 왜구를 길들이는 정책의 일환으로 1443년 쓰시마 번주와 계해약조를 체결했다. 부산과 제포, 웅천 등 삼포에서 쓰시마인들의 무역과 거주를 허용하고 조선에 오는 무역선과 일본인은 조선이 쓰시마 번주에 내려준 도항증명서인 문인(文引)을 지참하도록 했다. 이러한 조·일 관계는 1592년 임진왜란으로 붕괴했다.

임진왜란(1592~1598)이 끝나자 동아시아 각국은 새로운 대내외적 상황에 직면했다. 임진왜란 중 만주 일대에서 누르하치에 의해 진행된 여진족의 통합과 세력 팽창은 17세기 초 동아시아 각국에 압박으로 작용한 데다 전란으로 동아시아 각국의 내부 체제가 흔들리면서 각국은 평화가 필요했다.[5]

북방에서 여진족의 세력 증대에 따른 압박 외에도 조선은 일본의 재도발도 막아야 하는 상황이었다. 반면 내전을 거쳐 패권을 확보한 일본의 도쿠가 막부는 임진왜란 이후 국제적 고립에서 벗어나는 한편 새로운 정권의 정당성 확보가 시급했다. 양국의 이러한 상황은 임진왜란이 끝나고 10여 년 만에 양국 관계 개선으로 이어졌다.

조선은 일본과 1609년 기유약조를 체결하고 일본과의 관계를 정상화했다. 조선은 쇼군이 보내는 일본 국왕 사절단(國王使)과 천황을 대신해 정무를 총괄하는 관백(關白)의 명령을 받은 쓰시마 번주가 파견하는 특별사절단(特送使)의 부활과 함께 경제적 시혜 차원의 쓰시마 무역선이 오가는 것을 허용했다. 다만 매년 20척의 범위에서 한 번에 최대 3척까지만 조선에 오는 것을 허용했고 조선에 올 때는 계해약조 때처럼 조선이 쓰시마 번주에게 준 도장이 찍힌 도항증명서를 소지하도록 했다.[6]

중국과 일본의 관계는 임진왜란으로 종속 관계가 붕괴되면서 공식적으로 국교가 단절되고 조공무역도 중지되었다. 하지만 중국과 일본의 상인들은 나가사키와 광저우 등의 항구를 오가며 사무역을 이어갔는데 이때의 무역은 조공무역이 아닌 정해진 세칙에 따라 이뤄지는 조공체제 밖에서 무역이었다. 이를 '호시관계(互市關係)'라 한다.

조선은 일본과 화이질서의 한 축인 교린관계 안에서 국교와 무역을 이어갔고 중국은 일본과는 조공체제 밖에서의 호시관계를 통한 무역 활동을 허용함으로써 동아시아 각국은 250여 년이라는 비교적 장기간 평화를 누릴 수 있었다.

일본이 근대적 국제질서에 기반해 청과의 국교 수립에 나선 것은 동아시아가 누려온 장기 평화는 물론 동아시아의 역내 질서에도 점차 영향을 주기 시작했다. 일본이 청에 수교를 요구하고 나선 배경은 무엇일까. 크게 두 가지 이유에서다.

우선은 기존에 청과의 무역 관계 재편이라는 현실적 필요성이다. 아편전쟁을 통해 청의 문호가 개방되면서 기존의 중국 무역의 중심지가 광저우에서 인구가 밀집한 상하이 등 개항장으로 바뀌었고, 이에 따라 서구 국가들의 무역량이 급속히 늘고 있었다. 하지만 일본은 호시관계를 통해 청이 허용한 지역에서만 무역이 가능했다. 일본의 막부는 이에

따라 중국 경제의 중심으로 새로 떠오른 상하이에 배를 보내 일본 상품
의 수출 가능성을 알아보는 등 청과의 기존 무역 관계 개선을 필요로 하
고 있었다.

다른 하나는 메이지 유신으로 천황이 복귀해 친정에 나서면서 일본
이 기존 대외관계의 재조정에 나섰는데 그 중심에 '조선 문제'가 있었다.

일본, 조선에 왕정복고를 알리다

일본이 메이지 유신에 성공한 것은 도쿠가와 막부의 마지막 쇼군인 요
시노부가 1867년 11월 9일 자신의 정치권력을 다시 천황에게 반납하
는 '대정봉환(大政奉還)'을 선언하면서였다. 존왕양이를 주장하며 막부
타도에 나선 반막부 세력과의 싸움에서 막부가 힘의 열세를 인정하면
서 큰 내전 없이 천황의 복귀가 가능할 수 있었다.

하지만 막부의 잔존 세력이 이에 반발하자 친왕 세력은 1868년 1월
3일 무력으로 반발 세력을 진압한 뒤 쇼군인 요시노부의 권력을 박탈하
는 칙서를 하달했다.

칙서에는 국가 통치의 책임이 천황에게 귀속된다고 밝혔다. 이 사건
에는 '왕정복고(王政復古, the Meiji Restoration)'라는 명칭이 붙었다. 이것
은 곧 도쿠가와 수장들에 의해 수 세기 동안 행사되어왔던 행정권이
그해 초 부친 고메이를 승계한 젊은 메이지 천황에게 복귀되었음을 의
미한다.[7]

메이지 천황은 이에 따라 1868년 8월 27일 즉위식과 함께 명치 제국
을 선포함으로써 '왕정복고'가 됐음을 선언했다. 메이지 유신으로 막부
의 쇼군 통치를 끝낸 일본은 천황의 친정에 따라 일본의 국격(national
prestige)을 재조정하는 일에 나섰으며 여기에서 두 가지 현실적 과제에

부닥쳤다.

하나는 서구 선진 국가들의 과학기술 문명을 받아들여 봉건적 영주 체제에서 근대 중앙집권국가 체제로 전환하는 일이었다. 다른 하나는 기존의 막부 체제에서 쇼군을 중심으로 이뤄졌던 주변국들과의 관계를 천황이 친정하는 '왕정복고'의 성립에 따라 재조정하는 일이었다. 이른바 '복고외교(restoration diplomacy)'의 실현이었다.

일본이 서구 열강들과 체결한 조약은 형식상 대등한 주권 국가들 사이의 조약이라는 점에서 별 문제가 없었다. 하지만 막부 체제에서 체결된 서구 국가들과의 통상조약은 내용상 불평등했다. 왕정복고로 새 정부가 들어선 일본은 서구 국가들과 다가올 조약의 재협상 시기에 맞춰 불평등한 조약을 평등한 내용으로 개정하고자 했다.

서구와의 불평등 조약의 재협상에 앞서 일본은 우선 막부 체제에서 성립된 동아시아 역내 국가의 관계 재조정에 나섰다. 공식 관계가 끊긴 청은 물론 교린 관계를 유지해온 조선과의 관계는 메이지 유신의 '왕정복고'의 성립으로 크게 요동치게 된다.

임진왜란 이후 조·일 양국 간에 장기간의 평화가 가능했던 것은 도쿠가와 막부가 임진왜란 직후 조선과의 국교 재개를 위해 쓰시마 번에 대조선 교섭을 위임하면서였다.

하지만 섬에 농지가 부족하고 조선과의 중계무역에 의존했던 쓰시마 번은 대조선 외교 실무를 전담하고 부산 왜관에서의 무역과 도항 독점권을 허용받는 대신 조선 국왕에게 신하의 의례를 행했다. 조선은 이러한 쓰시마 번주에게 쓰시마 상인들에게 주는 도항증명서에 찍을 도장을 주었다. 도항증명서를 받은 상인들은 서계와 진상품을 들여와 조선 예조에 올리고 답서와 하사품을 취하는 조공무역과 함께 왜관에서 열리는 개시를 통해 중국산 비단과 조선 국내 산물 및 약재를 일본 물품

과 교환했다.[8]

메이지 유신 이후 쓰시마 번주가 조선 신하의 위치에서 세습적으로 장군을 대행하여 대조선 외교의 실무를 맡는 전근대적 외교 관행은 중앙 집권을 표방하는 일본의 신정권 입장에서는 허용할 수 없는 노릇이 었다.[9]

일본은 이에 따라 기존의 조일 관계를 폐지키로 하고 1868년 8월 쓰시마 번주에게 왕정복고 사실을 조선에 통보하도록 명령했다. 쓰시마 번은 이에 사절을 조선에 보내 1869년 2월 2일 조선 통역관인 안동준에게 일본의 왕정복고와 대조선 외교가 쓰시마에서 외무성으로 이관됐음을 알리는 쓰시마 번주의 '서계(書契)'를 제출했다.

서계 충돌과 정한론

'서계(書契)'는 조선과 일본 또는 대마도 사이에서 서로 주고받은 일종의 외교 문서다. 조선의 국왕과 일본의 쇼군 간에 오고 간 국서(國書)를 제외하고 조선의 예조의 판서, 참판, 참의 및 교린 업무를 분담했던 동래부사 이하 관리들이 작성해서 일본에 보낸 문서를 통칭해 서계라고 한다. 반면 일본 쪽에서는 이에 상응하는 에도 막부의 관리나 대마도주의 명의로 서계를 작성해서 보냈는데 대부분은 사절이나 일반 왜인들을 조선에 들여보내면서 이를 공증하기 위한 쓰시마 번주 명의의 신임장이었다.[10]

일본은 왕정복고를 알리는 서계에서 "우리나라는 황위가 면면히 이어져 하나의 계통으로 승계되어 대정을 주재한 지 2천 년이 넘었습니다. 중세 이후에는 군사권이 모두 쇼군 가에 맡겨져 외국과의 교제를 해왔는데 10여 세대가 지났습니다. 평화로운 나날이 오랫동안 지속되다 보니 유폐가 생겨나 그 정치는 시세에 맞지 않게 되었기에 우리 황상(皇上)은 제위에 오르자 새로 기강을 바로잡고 모든 정무를 친히 재결하기로 하고 이웃과도 크게 친하게 사귀고자 생각하였습니다."[11] 말은 완곡했지만 천황의 친정에 맞춰 기존의 조·일 관계를 다시 조정하겠다는 일방적 통보였다.

조선은 서계의 내용이 기존의 대등한 조·일 관계를 깨고 조선을 일본의 하위에 놓는 것은 물론 동아시아 화이질서의 근간을 뒤흔드는 것으로 보고 접수를 거부했다.

일본이 제출한 서계는 황(皇), 칙(勅 천자의 말과 명령), 경사(京師 황제가 있는 수도) 등 황제만이 사용할 수 있는 글자가 포함되어 있었을 뿐만 아니라 일본의 황실을 나타내는 글자를 조선 국가나 왕실보다 한 글자 높여 적어 은연중에 조선을 낮추는 태도를 취했다. 청국과의 관계에서 속방국(藩國)을 자임하던 조선으로서는 일본과 대등하게 자존하기가 어려웠고 메이지 정부에서 보내온 서계로 인해 조선과 일본의 양국 관계가 상당 기간 교착상태에 빠졌다.[12]

이러한 문제는 100여 년 전에 조선의 대표적인 실학자 성호 이익이 예견한 것이었다. 이익은 에도(현 도쿄)에 있는 쇼군과는 별도로 교토에 "왜왕"(천황)이 존재한다는 점에 주목했다. 그는 "지금은 조선 국왕이 쇼군과 대등한 관계를 맺고 있지만 장래에 천황이 국가를 통일하면 천황에게 어떻게 대응할 것인가"라고 우려했다.[13]

서계 접수를 놓고 벌어진 양국의 대치 상황에는 메이지 유신 이후 일본의 '복고외교'에 대한 양국의 뚜렷한 인식 차이가 놓여 있었다.

메이지 일본은 조선 국왕이 천황의 신하인 쇼군과 동격이었으니 천황의 아래에 서야 한다고 보았다. 여기에는 천황의 복귀와 함께 과거 조선이 일본에 조공했다는 왜곡된 고대의 전례에 따라 조선을 조공국화하려는 의도가 깔려 있었다. 하지만 조선은 일본의 이런 시도가 기존의 대등한 선린 우호 관계의 질서를 깨는 것으로 여겼다.

양국의 대치가 이어지자 일본 외무성은 1870년 2월 22일 외무성 관리들을 부산 왜관으로 보내 조선 국정을 탐색했다.[14] 외무성 일원으로 왜관을 다녀온 사다 하쿠보는 복귀해 조선을 무력으로 정벌하자는 '정한론(征韓論)'을 주장하면서 1870년대 초반 일본 내 정한론 논쟁에 불을 지폈다.

그는 자신이 제출한 건백서에서 "지금 황국은 병사가 참으로 많아서 걱정이며 병사가 적어서 걱정이 아닙니다. 각 방향의 병사들이 동북의 전쟁에 만족하지 못하고 전투를 좋아하여 난을 생각하며 혹은 사투와 내란을 걱정합니다. 다행히 조선을 공격하면 병사들의 울분을 해결할 수 있는 유일한 방법이 아닐까요. 조선과 싸움으로 우리 병사들을 훈련하고 황위를 해외에 빛낼 수 있으니 어찌 신속하게 공격하지 않겠습니까"라고 했다.[15]

정한론이 대두되자 일본 외무성은 1870년 5월 '조선 문제'의 처리를 위해 3가지 안을 내놨다.

첫째는 쓰시마를 포함한 조·일 관계를 일시적으로 단절하는 안이다. 이 안은 쓰시마와 조선 간에 조공무역을 끝낼 수 있으나 러시아가 단절 기간을 틈타 조선을 탈취할 수도 있다는 것이 단점으로 지적됐다. 그렇게 되면 (신라와 고구려, 백제에서 조공을 받은) 일본 선대의 황제들과 도요토미 히데요시 이후 일본이 조선에 공을 들여온 것이 수포가 될 수 있는 만큼 일본이 충분한 힘을 얻기까지는 보류해야 한다는 것이다.

둘째는 조선에 군함과 군대를 동반한 일본 사절단을 파송해 왕정복고를 알리고 조선 정부와 새로운 조약을 협상하는 안이다. 조선이 거절하면 무력에 호소할 수 있다.

셋째는 사절단을 조선이 아닌 청으로 보내는 안이다. 사절단이 청과 먼저 조약을 맺고 조선에 간다면 청과 일본이 대등한 관계를 맺은 상태에서 청의 조공국인 조선은 당연히 일본의 하위 국가로 취급할 수가 있다. 또 조선과 일본 사이에 서계 문제로 전쟁이 발생해도 청은 일본과 맺은 조약 때문에 임진왜란 때 명이 조선을 도운 것처럼 조선을 도울 수가 없을 것으로 보았다. 일본은 당장 청과 조약을 체결할 급박한 이유는 없지만 이러한 조약은 조선을 일본에 종속시키는 데 유익한 외교적 조치라며 외무성은 이러한 3가지 안 중 하나를 승인해줄 것을 정부에 요청했다.[16]

외무성과 정한론자 등 일본 내 대외 팽창론자들은 조선에 대한 군사적 원정이 가능한 두 번째 안을 지지했으나 일본 정부는 세 번째 안인 청과의 교섭을 택했다. 일본의 국고가 충분치 않고 자체 군대와 중앙정부를 새로 조직하는 상태에서 조선과의 전쟁은 청과의 군사적 분규로 이어질 가능성이 큰 만큼 당장은 군사적 모험을 나설 때가 아니라는 이유에서다.[17] 일본은 1870년 7월 27일 청에 교섭 사절단을 보내기로 하고 젊은 왕족 출신 외교관인 야나기하라 시키미쓰를 대표로 임명했다.

청의 연일제서(聯日制西) 전략

"조공국 중 하나였던 일본과의 조약은 치욕이 될 것입니다."

일본이 수교를 제안했다는 소식이 알려지자 청 안팎에서 반대가 빗발치는 가운데 안후이 성(安徽省)의 지방행정관이던 잉한 등 청 조정의 대신들이 황제에게 글을 올려 조공국이던 일본과 수교는 치욕이 될 것이라며 들고 일어섰다.

동아시아의 종주국을 자임해온 청은 한때 조공을 바치던 일본의 제안을 순순히 받아들이기가 쉽지 않았다. 더욱이 천하의 중심을 자처한 대청제국의 입장에서 화이질서의 변경에 있던 섬나라 일본과의 대등한 조약은 애초 성립할 수 없는 말이었다.

1·2차 아편전쟁에서 굴복한 청은 서구 열강과 대등한 자격으로 조약을 맺었지만 이는 어디까지나 서구의 힘에 눌려 강제로 체결된 것이었다. 그렇다고 근대적인 조약 체제가 청의 조공국이었거나 청을 선진 문명의 중심으로 흠모해오던 동아시아 역내 국가들에 적용되는 것은 아니라는 태도였다. 청은 여전히 동아시아의 제국이었다.

청의 이러한 태도는 아편전쟁의 패배에도 서구와 동아시아 질서를 구분하는 '이중적 기준(dual standard)'에서 비롯됐다. 양무운동을 통해 서구의 과학기술 문명을 적극 수용하고 조약 체제에 따라 외교관계의 근대화에도 나섰지만 동아시아 역내 국가들과는 화이질서 체제라는 '현상 유지(status quo)'를 고수하려 했다.

청의 냉랭한 기류에 변화가 일기 시작한 것은 일본 사절단이 온 지석 달째가 되던 1870년 10월 리훙장이 청 조정을 설득하면서다. 리훙장은 "일본은 팔꿈치와 겨드랑이와 같이 가까운 곳에 있어 오랫동안 중국의 우환이 될지도 모른다"며 서구의 조약을 따르지 않는다는 단서를 붙여 일본과의 협상에 나설 것을 요청했다.

청은 일본도 서구 열강의 '포함외교'에 굴복해 반강제적으로 개항한 만큼 서구에 공동으로 맞서는 '연일제서(聯日制西)'의 기대와 함께 일본과의 수교가 적어도 일본이 서구 열강의 중국 공격 기지로 쓰이는 것은 막을 수 있을 것으로 보았다.[18]

오랑캐로 간주했던 일본과의 제휴 가능성을 청이 고려한 것은 중국의 전통적인 '이이제이(夷以制夷)' 전략의 일환이었다. 전쟁하지 않고도 적을 통해 적을 제압하는 '이이제이'는 중국이 내우외환의 위기 때마다 적극 활용해온 전략이었다.

리훙장의 건의에 총리아문은 "중국은 서구 국가들에 통상을 허락하였기 때문에 일본과 같은 가까운 이웃을 차별대우한다는 것은 옳지 않다"며 다음 해 봄 전권대표를 파견해 양국 간 협상을 시작하겠다고 일본에 통보했다.[19]

청일수호조규를 맺다

1871년 여름 마침내 양국 간에 공식적인 수교 교섭이 직예총독 리훙장과 일본 대장경 다테 무네나리가 참가한 가운데 톈진에서 열렸다.

양국 협상 과정에서의 쟁점은 조약에 양국 국가 원수의 이름을 기재할지와 일본에 최혜국 조항을 허용할지였다. 일본은 천황과 청 황제를 조약 서문에 열거할 것을 고집했다. 양국의 원수를 서열상 동격으로 명시하고자 한 것은 섬나라 일본의 천황 지위를 하늘의 아들 천자인 중국 황제와 같은 지위에 놓겠다는 심산으로, 일본의 '복고외교'가 노리는 국격 조정의 핵심이었다.

청은 반면에 국제적인 조약의 관례에 따라 '대청국 대일본국'이라는 국호 사용을 고수해 이를 관철했다. 황제의 이름을 일본의 천황과 동격으로 명시하지 않음으로써 서구 열강과 달리 동아시아 역내 국가는 예외라는 자신의 '이중적 기준(dual standard)'을 유지하려 한 결과였다.

일본은 청이 서구 열강에 부여한 것처럼 서구 열강에 허용한 가장 유리한 대우를 일본에게도 해주는 최혜국(most-favored-nation treatment) 조항의 적용과 함께 내륙에서의 통상권 허용을 요구했다. 일본은 독일과 청이 1861년과 1863년 맺은 조약을 모델로 삼아 조약안을 설계했는데 최혜국 조항에 따라 청이 열강과 맺은 특혜를 일본도 획득함으로써 서구와의 명목상 동등성을 획득하고자 했다.[20]

그러나 청은 최혜국 조항이 지닌 폐단이 드러나는 상황에서 일본에 대한 적용에 반대했다. 리훙장이 상호 대등성에 입각해 조약 체결을 원한 것은 일본이라는 점에서 애초 의도와 다른 초안을 내는 것은 신뢰 파기라며 거부해 수용되지 않았다. 다만 호혜·평등의 원칙에 따라 개항장에 각각 이사관을 파견하고 민사를 중심으로 영사재판권을 행사하기로 했다. 또 통상장정을 통해 상호조약 관계를 인정하고 양국 교역은 조약 항으로 한정하는 한편 관세율은 상호 협정으로 시행하기로 했다.

한 달여에 걸친 협상 끝에 청·일 양국은 1871년 9월 13일 청일수호조규를 체결했다. 이는 동아시아에서 역내 국가 간에 체결한 최초의 근대 조약이었다. 일본은 중국과 대등한 지위에서 조약을 체결함으로써 메이지 유신이 목표로 한 국격 조정이라는 '복고외교'를 실현했지만 청은 하위 국가와 조약을 맺을 때 쓰는 조규라는 명칭을 사용함으로써 동아시아 국가에 대한 차별적인 '이중적 기준'을 지켜내는 데 성공했다.

전문과 18개 조로 구성된 청일수호조규는 청의 전략이 상당 부분 반영됐다.

1조에는 '소속 방토 불침월(所屬邦土不侵越)' 규정을 두었다. 이는 "중국과 일본 양국의 소속 방토에 관하여 각자 서로가 예로써 대하고 조금도 침월할 수 없어 영구적인 안전을 획득하도록 한다"라는 내용이었다.

청은 이 규정에 조공국인 조선과 류큐가 포함된 것으로 보았다. 리훙장은 조약 체결 직전인 8월 31일 조정에 보내는 예비보고서에서 이 부분은 조선이나 그와 같은 국가들을 망라한다고 밝혔다.[21] 즉 "일본은 조선과 근접하고, 양국의 강약은 명사기사본말(明史紀事本末)을 읽어보면 분명하다. 최근 들어서 일본이 다시 조선을 노리고 있다고 들었다. 그 야심을 키워서 조선을 병합하게 되면, 우리 펑톈(봉천)·지린(길림)·헤이룽 강(흑룡강)은 그 방벽을 잃어버리게 되기 때문에 새로이 대책을 세워두어야만 한다. 지금 통교를 청해왔으니 이에 편승해 조약을 체결해둔다면 영구적인 안전은 무리라도 견제의 역할에는 도움이 될 것이다. 그렇다고는 하지만 조선이라고 지칭하는 것은 보기 안 좋으므로 개괄적으로 '소속 방토(所屬邦土)'로 부르기로 했다"라고 보고했다.[22]

'소속 방토 불침월' 규정은 메이지 유신 이후 군을 근대화하고 군비확충에 나선 일본이 임의로 전통적 조공국인 류큐나 조선에 대한 침범을 사전에 막으려는 방지책이었다는 설명이다. 리훙장은 조선을 동북 3성은 물론 전체 북중국의 제1방어선으로 보았고 일본이 조선을 개항시키려는 야망이 의심스러운 상황에서 이에 따른 대비책으로 해당 조항을 의도적으로 삽입했다. 일본이 '소속 방토'에 류큐와 조선이 포함되는 것을 인정하면 류큐와 조선에 대한 청의 종주권을 승인하는 것으로 내심 기대했다.

하지만 청의 기대와 달리 '소속 방토'에 대한 일본의 인식은 전연 달랐다.

일본은 청일수호조규가 체결된 직후, 제1조의 "소속 방토(所屬邦土)는 번속토(藩屬土)를 지칭하는 것이 아니다"라고 해석하고 있었다. 이것이 청 쪽으로부터 그러한 '설명을 듣고', '속은' 결과였는지는 알 수 없지만 확실한 것은 일본이 당초부터 '소속 방토'에는 속국을 포함하지 않는다고 해석하고 있었고 조선 등 속국의 문제를 전혀 고려하지 않고 있었던 점에 청과의 근본적인 모순이 존재한다.[23]

양국의 인식 차이가 뚜렷했지만, 청이 이 조항을 고수한 것은 청일수호조규라는 근대적 조약 체제를 통해 류큐와 조선에 대한 종주권을 인정받고자 한 때문이었다.

2조에는 '거중조정(居中調整)' 조항을 두었다. 이는 "양국이 통호를 한 이상에는 반드시 적극적으로 서로에게 관여한다. 만약 타국에게서 불공정한 일이나 모멸을 받는 일이 생길 때 그것을 알려온다면 양국 모두 서로 도와주거나 혹은 중재를 맡아 적절히 처리함으로써 우의를 돈독히 한다"는 내용이었다.

청은 1858년 청과 미국 간에 체결한 톈진 조약 제1조를 참조해 이를 중국 쪽 초안에 넣었다. 일본은 이 조항을 양국 간에 일반적 우호의 표현으로 보았지만 청으로서는 일본이 서구와 제휴하는 것을 막기 위한 이른바 '연서일(聯西日)' 방지용이었다.[24]

조약 체결 뒤 주일 미국 공사 드롱이 이 조항은 앞으로 서구에 맞서는 청·일 동맹으로 발전할 수 있다고 우려하는 등 서구 각국 공사들의 반발이 심했다. 일본은 이에 해당 조항의 수정을 청에 요청했으나 청은 이를 받아들이지 않았다.

일본, 복고외교에서 탈아외교로

19세기 중반 이후 변화된 동아시아 국제환경의 변화에 맞춰 이뤄진 청일수호조규는 전통적인 동아시아의 화이질서가 근대적 조약 체제로 전환하는 첫 신호였다. 교섭 과정에서 청은 속방 체제의 보호 등 자신들의 주장을 대부분 관철하는 데 성공했다. 반면에 일본은 처음으로 동아시아 질서에서 청과 대등한 관계에 올랐다. 일본은 화이질서 중심의 동아시아 질서를 근대적 조약 체제로 재편하고 청과 조선의 속방 관계를 부정함으로써 조선에 대한 일본의 영향력을 확대하려는 발판을 마련할 수 있었다.

청일수호조규는 청·일 간 타협의 산물이었지만 근대 국제법에 기초한 근대 질서를 내세운 일본이 조공속방 체제라는 동아시아의 전통 질서에 대한 도전을 상징하기도 했다.

청·일 간 교섭이 진행되던 1871년 일본은 도쿠가와 막부의 유물인 번(藩)을 폐지하고 중앙집권적 행정제도인 군현제로 재편했다.[25] 이른바 '폐번치현(廢藩置縣)'이라 불리는 이 조처로 일본은 1869년 모든 번주가 각자의 영토와 인민을 조정에 되돌리겠다는 '판적봉환(版籍奉還)'을 완성하고 근대국가의 기틀을 마련할 수 있었다.

근대적 국민 국가로 나아가기 위한 개혁도 빠르게 시행됐다. 1872년 사무라이 계급을 해체하고 전 국민 의무교육을 도입하고 헌법 제정을 약속한 데 이어 1872년 11월과 1873년 1월에 공포된 천황의 칙유에 의해 징병령이 성립했다. 육군에 입대하는 남자들은 20세 징집에 3년간 복무하고 그 후 4년간의 예비역을 거친다고 규정되어 있었다. 이것은 평시 군사력을 3만 명 이상 보유할 것을 계산에 넣은 것이었다. 또한 1873년 7월에 조세법 최종안이 공포되어 정부는 기대했던 상당한 현금

수입을 거두었고 지주제를 합법화했다.[26]

근대적 중앙집권 국가 체제로의 전환이 어느 정도 진전을 보이자 메이지 유신 이후 추진되어온 '복고외교'에도 변화가 일었다.

메이지 유신으로 천황이 친정에 나서자, 일본은 '왕정복고'에 입각해 동아시아에서 일본의 국격을 중국과 동격으로 격상시키고자 했다. 하지만 일본은 근대적 체제로의 개편이 성과를 보이자 '복고외교'에서 점차 벗어나 서구와 대등한 지위를 추구하는 이른바 '탈아외교(脫亞外交)'라는 신외교로 이행했다. 이 배후에는 일본은 이미 조선이나 청국과 같은 후진국이 아니라 서구 문명국과 같은 선진국이 되었다는 자부심이 있었다.[27] 대청제국이 여전히 동아시아의 화이질서 내에서 패권국가를 자임하는 사이 일본은 동아시아가 아닌 서방 국제사회의 일원이 되겠다는 신호였다.

일본의 이러한 외교 전략의 변화는 개항시 체결한 불평등 조약의 적극적인 개정 노력으로 이어졌다. 일본은 1871년 12월 영국과 미국 등 12개국에 이와쿠라 사절단을 파견했다. 이와쿠라 사절단은 러시아의 표트르 대제가 후발 국가인 러시아의 개혁을 위해 서유럽에 보낸 사절단과 같은 시찰단이었다. 이와쿠라 도모미와 오쿠보 도시미치, 기도 다카요시, 이토 히로부미 등 일본 내 최고 실력자로 구성된 사절단은 1873년까지 구미 각국을 돌며 서구 선진 과학기술 문명을 견학했다. 이들 사절단은 이와 함께 개항시 서구 국가와 체결한 조약의 개정 시기에 맞춰 불평등 조약을 개정하려 했지만 서구 각국과의 국력 차를 실감한 채 성과를 내지는 못했다.

일본은 1872년 5월 청에도 사절단을 보내 청일수호조규 비준서 교환에 앞서 서구 열강이 제기한 조약 2조의 상호 거중조정의 구절 삭제와 함께 서구와 같이 최혜국 대우 지위를 재차 요구하고 치외법권 보장

등 외교와 통상 특권을 행사할 수 있도록 조규 수정에 나섰지만 이 역시 청의 반발로 크게 진전을 보지는 못했다.[28]

하지만 동아시아를 벗어나 서구 국제사회의 일원이 되겠다는 일본의 '탈아외교'는 동아시아 질서의 재편 과정에서 일본이 자신을 서구와 동일화하고 서구의 약탈적 관행을 답습함으로써 대륙팽창주의의 토대를 마련하려는 것이었다. 동아시아 국제관계에 서구적 개념을 도입한 일본의 외교적 이익과 관심이 이제는 동아시아에서 세계로 바뀌는 탈아입구(脫亞入歐)로 전환되었음을 보여준다.[29]

'정한론(征韓論)'이냐 '정대론(征臺論)'이냐?

청일수호조규가 체결되고 2년 뒤인 1873년 4월 일본은 외무경 소에지마 다네오미를 특명전권대사로 하는 사절단을 청에 파견했다. 사절단은 같은 해 6월까지 톈진에서 비준서를 교환하고 베이징에서 동치제를 만나 결혼 축하 국서를 전달했다.

소에지마와 동치제의 만남은 1873년 6월 29일 황제가 조공 사절을 만날 때 사용하던 자금성 밖 자광각에서 이뤄졌다. 당시 황제에 대한 인사는 각국 공사가 몸을 구부리는 경례인 국궁(鞠躬) 5회였던 것에 대해 소에지마는 일본에서 외국 공사가 천황을 만날 때와 마찬가지로 국궁 3회를 행했다.[30]

동치제와 일본 외무경 소에지마 다네오미의 만남은 여러모로 상징적이었다.

이날 만남은 1858년 청이 영국과의 톈진 조약(3조)에서 외국 사절이 청의 황제를 만날 때 유럽에서 행하는 것과 같은 인사를 하도록 함으로써 삼궤구고두례를 사실상 폐지한 이후 외국 사절과의 첫 만남이었다. 청은 그동안 베이징 상주 외국 공사들이 황제 면담을 요구할 때마다 동치제가 미성년자라는 이유로 기피해왔다.

이날 만남에서 화이질서의 상징인 삼궤구고두례는 실행되지 않았다. 대청제국의 황제가 변방 오랑캐인 일본의 외교사절단과 동등한 지위에서 대면했다는 점에서 획기적인 사건이었다. 청은 그러나 일본 사절단을 조공 사절을 면담할 때 쓰는 자광각에서 만남으로써 역내 국가에 대한 차별화에 애썼다. 청 황제와 외국 사절이 성 안에 있는 문화전에서 만난 것은 20여 년 뒤인 1894년으로, 그때 비로소 청 황제를 만나는 의례에서 조공적 의미가 완전히 사라지게 됐다.

비준서를 교환한 일본은 자신들의 현안이던 대만과 조선 문제의 협의에도 나섰다.

대만 문제는 1871년 12월 류큐 왕국의 미야코지마 섬 주민 54명이 대만 원주민에 의해 살해된 사건에서 비롯됐다. 미야코지마 섬에서 해마다 올리는 공물을 왕국의 수도인 슈리로 실어 나르고 돌아가던 주민 66명이 폭풍우를 만나 대만에 상륙했다가 원주민들에게 붙잡혔다. 구금 중 탈출했던 표류민의 대다수는 다시 붙잡혀 참수되고 12명만이 탈출에 성공해서 타이완부에서 푸저우를 거쳐 류큐로 송환됐다.

이 사건이 일어난 다음 해인 1872년 10월 16일 일본은 메이지 유신 축하를 위해 류큐 왕국의 사절단이 도쿄를 방문했을 때 전격적으로 류큐 왕국을 류큐 번으로 격하시키고 류큐 국왕을 류큐 번왕으로 임명한 뒤 류큐의 외교권을 외무성으로 이관했다.

류큐 왕국을 자국의 일개 지방으로 편입시킨 일본은 1년 전 류큐인을 살해한 대만 원주민들의 처벌과 피살 선원들의 보상을 청에 요구했다. 청은 그러나 류큐와 대만은 중국의 속방이고 영토이니 이 문제는 일본이 간섭할 바가 아니라며 거절했다.[31]

류큐인 피살 문제를 놓고 대립하는 사이 일본 내에서는 대만을 군사적으로 정벌해 응징해야 한다는 목소리가 높아졌다. 이른바 '정대론(征臺論)'이 일자 일본 정부는 청을 상대로 대만에 대한 독자적 응징이 가능한지 탐문해야 할 필요성이 있었다.

일본은 서계 논란으로 사실상 국교 단절 상태인 조선 문제도 테이블 위에 올렸다.

메이지 유신 이후 서계 문제로 조·일 간의 외교관계가 수년째 교착상태에 놓이자, 일본은 1872년 10월 부산에 있는 왜관을 일방적으로 접수해 외무성이 직할하는 일본 공관으로 개칭했다. 일본은 이를 '초량왜관 접수'라 불렀다. 원래 왜관은 쓰시마 사신과 상인들을 위해 조선 정부가 설치, 유지해온 것이었다. 일본 정부의 이런 조치는 불법이었고 조선 측은 이를 일절 인정하지 않으면서 양국 간의 공식 접촉은 완전히 단절되고 말았다.[32] 서계 문제가 국교 단절 상태로 번지자, 일본 내에서는 서계 접수 거부를 빌미로 조선을 무력으로 응징해야 한다는 '정한론(征韓論)'이 제기됐다.

근대 일본에서 '정한론'과 '정대론'의 분출은 하루아침에 나온 것이 아니라 메이지 유신 이전부터 지속되어온 일본의 해외 웅비론의 연장선상에서 비롯됐다. 19세기 중반 서구 열강의 침입에 위기를 느낀 요시다 쇼인 등 일본의 지식인층은 서구 열강이 지배하는 위험천만한 새로운 국제환경에서 일본 안보와 생존을 위해서는 막부 타도라는 근본적인 정치개혁과 함께 국가 생존에 필요한 부와 국력의 확충을 위해 조선 등 아시아 대륙으로의 팽창이 필수라고 여겼다.

여기에 사무라이 계급 해체에 따른 국내 불안정의 해소를 위해 해외 팽창론만큼 특효약은 없었다. 메이지 유신 이후 일본은 몰락한 무사 계급의 불만과 이로 인한 사회 불안정이 심화했다. 징병제의 채택과 조세제도 개편 등으로 일자리를 잃고 졸지에 거리로 내몰린 채 생계가 막연해진 무사 계급의 반발과 원성이 높아졌다.

야마무라가 1872년 사무라이들이 받지 못해 사라진 급료 대신 지급된 채권을 토대로 조사해 추정한 사무라이와 준사무라이(quasi-samurai) 계급의 인구는 42만 6,000명이었다. 사무라이 가족을 포함하면 이들의 인구는 194만 명으로 당시 일본 전체 인구의 5.6%를 차지했다.[33]

해외 군사 원정은 몰락한 사무라이의 불만의 출구이며 동시에 애국심을 고양하고 사회를 안정시킬 수 있는 방편으로 제시되기도 했다. 메이지 유신 이전의 초기 대외 팽창론은 메이지 유신 이후 일본의 불안한 국내 사정에 영향을 받으면서 점차 '정한론'과 '정대론'으로 구체화했다.

청·일 속방논쟁을 벌이다

1870년대 초반 제기된 정한론과 정대론은 이후 근대 일본이 국내 정치의 불안 해소를 위해 서서히 공격적인 대외정책으로 옮겨가는 시발점이 되었다.

그러나 일본이 국내외적 압력에 떠밀려 해외 원정에 나서려면 청의 사실상 영토인 대만과 조공국이던 조선에 대해 청의 사전 보증이 필요했다. 이는 1866~1871년 조선 원정에 나섰던 프랑스와 미국이 겪었던 문제였는데, 국제법상 조선의 법률적 지위가 결정되지 않은 상태였던 데서 기인한다. 청은 조선 정부의 위법 행위에 대한 책임을 거부하면서 외국 국가들이 독립된 주권국으로 협상하는 것을 허용했다.[34]

실제로 조선에서 천주교도 박해로 프랑스 신부 등이 살해되자 앙리 드 벨로네 주청 프랑스 임시대리공사는 1866년 6월 조선에 대한 보복 원정에 앞서 공친왕 혁소에게 "조선 원정을 갈 것이니 청 정부가 이를 조선 정부에 알려달라"라고 요구했다.

1871년 3월 조선과의 수교 지시를 받은 주청 미국 특명전권공사 프레드릭 로우 역시 아시아 함대 사령관 해군 소장 존 로저스와 함께 함대를 이끌고 조선으로 향하기에 앞서 공친왕에게 "조선과 수호통상조약을 맺으려는 서신을 전달해달라"라고 요구했다.

조선이 청과 종속관계를 맺고 있는 상황에서 프랑스와 미국은 조선

원정에 앞서 종주국인 청으로부터 원정의 정당성을 확인받고자 했던 것이다.

총리아문은 그러나 프랑스와 미국의 요청에 대해 "조선은 중국의 속방이지만 내치외교를 모두 그 자주에 맡긴다"라고 밝혔다. 즉 조선이 청의 조공국이고 청은 조선의 종주국이지만 정치(정교)와 법률(금령)은 조선의 자주라는 것이다.

청의 이러한 모호한 태도에 발끈한 프랑스는 "조선을 원정해 조선 국왕을 폐위하고 프랑스 황제의 칙명에 따라 따로 국왕을 책립해도 중국은 그것에 이의를 제기할 수 없다"라고 청에 강력하게 항의했다.

중국의 이러한 '자유방임주의(laissez-faire)'는 중국이 조선을 속방으로 보면서 정작 속방에 대한 자신의 책임을 소홀히 하는 결과를 초래하는 원인이 되기도 했다.

일본 역시 프랑스와 미국의 선례에 따라 조선과 대만에 대한 구체적 행동을 취하기에 앞서 조선과 대만의 자주 문제와 관련해 청으로부터 사전에 보증을 얻고자 했다.

비준서 교환을 위해 청을 방문한 소에지마는 6월 20일 외무대승 야나기와라 사키미쓰 등을 총리아문에 보내 총리아문 대신 모창희, 동순과 이 문제를 협의토록 했다.

"야나기와라: 이제 조선은 귀국과 아국 사이에 홀로 서 양국에 왕래한 것이 오래됐다. 전년에 미국 전권공사가 그 나라에서 전쟁을 일으키려고 하기 전에 그 서신을 귀 아문에 부탁해서 조선에 전해줄 것을 청구했다. 당시 귀국은 그 나라를 속국으로 칭하지만 내정과 외교(內政敎令)에는 모두 관여하지 않는다고 답변했다고 들었다. 그것이 과연 사실인가?
모창희·동순: 속국이라고 칭하는 것은 과거의 전례를 지켜서 왕으로 책봉되거나 조공의 의례만 유지할 뿐이다. 그러므로 그렇게 답했던 것이다.

야나기하라: 그렇다면 그 나라의 화친과 전쟁의 권리(和戰權利)와 같은 것도 귀국에서 절대 간여할 수 없는가?

모창희·동순: 그렇다."[35]

청과 대만의 관계도 논의됐다.

"야나기와라: 귀국의 타이완은 귀국의 영토에 속한다. 하지만 귀국은 겨우 섬의 반쪽을 통치하고 그 동부 쪽에 있는 미개한 토착민의 땅은 전혀 통치권이 미치지 않고 있다. 토착민이 스스로 독립된 모습을 하고 있다. 그런데 작년 겨울 우리나라 인민이 그 땅에 표류했다가 살해당했다. 따라서 우리 정부는 장차 사절을 보내어 그 죄를 묻고자 한다.

모창희·동순: 이 섬의 민(民)은 생(生)·숙(熟) 두 종류다. 예전부터 우리의 황제의 덕에 복종하는 자들을 숙번(熟蕃)이라 칭하고 부현(府縣)을 설치하여 통치하였다. 아직 복종하지 않은 자들을 생번이라 하고 이를 '외화(化外)'로 취급하며 법적인 조치(理事)를 행하지 않는다. [⋯] 생번의 폭횡(暴橫)을 제재하지 않는 것은 우리의 정치(政敎)가 미치는 바가 아니다.

야나기와라: 대신께서 이미 생번의 토지는 정교(政敎)가 미치지 않는 곳이라 말했고, 또한 구래(舊來)의 증좌도 있으며, 외화(化外) 고립의 번이(蕃夷)라면, 그저 우리는 독립국이 취하는 조치를 취할 따름이다."[36]

청의 총리아문 대신 모창희와 동순 두 대신의 발언은 예전에 미국 공사에게 보낸 회답과 같은 것이었다. 일본은 총리아문의 이러한 태도

는 속국에 대한 불간섭주의를 보여주는 것인 동시에 조선에 대한 자주의 보증을 한 것으로 받아들였다.[37]

일본, 최초의 해외 군사 모험에 나서다

소에지마는 6월 29일 본국 정부에 다음과 같이 보고했다.

"타이완 생번 처리에 대해서는 이번 달 20일에 야나기와라 대신을 총리각국사무아문으로 보내어 담판을 짓던 중, 청조 대신으로부터 '토번의 땅은 (청의) 정치(政教)가 미치지 않는 외화(化外)의 민(民)'이라는 답을 들었으며, 별도의 언급 없이 마쳤습니다. 또한 조선국에 대해 청 정부의 통치권이 미치는지에 대해서도 물은바, '그저 왕을 책봉하고 조공의 오래된 전례(舊例)를 지키는 것으로, 국정에는 관계하지 않는다'고 분명하게 답했습니다."[38]

청·일 간 협의가 진행되던 중 일본에서 정한론 사태가 터졌다. 1873년 5월 28일 조선 동래부사 정현덕이 왜관에 밀무역을 금한다는 내용의 고시를 내건 게 빌미가 됐다.

"최근 양국 간의 대치는 한 마디로 타파할 수 있다. 우리는 삼백 년 약조를 따르는데 저들은 바꿀 수 없는 법을 바꾸고 있으니 이는 도대체 무슨 마음인가? 전례에서 벗어난 일은 설령 본국에서 행하더라도 억지로 하기 어렵거늘 하물며 이웃 나라에 가서 오직 이를 시행하는 데 뜻을 둘 수 있겠는가? 저들이 비록 타국인에게 제압당했다고 하나 그 형체를 변하고 풍속을 바꾼 것(變形易俗)을 부끄러워하지 않는다."[39]

세계를 놓고 대치가 이어지는 가운데 "일본이 타국인에게 제압당한 뒤 자신의 풍속을 바꾸고도 부끄러움을 모른다"는 고시문이 전해지자 메이지 유신의 일등 공신인 사이고 다카모리는 조선이 일본을 모욕했다는 트집을 잡아 정한론에 불을 붙였다.

사이고 다카모리는 1873년 6월 열린 각의에서 조선에 전권대사를 보내 조선이 대사를 죽이면 이를 전쟁 구실로 삼자고 주장했다. 더 나아가 그는 자신을 전권대사에 임명해달라고 요청했는데 이러한 그의 주장은 청에서 조선과 대만 문제를 협의하고 귀국한 외무경 소에지마 다네오미의 지지를 받았다.

당시 일본의 태정대신이던 산조 사네토미는 사이고 다카모리의 제안을 수용해 그를 조선에 사절로 파견하기로 했지만 이와쿠라 사절단이 귀국하기 전에는 국가의 중대사에 대한 단독 결정은 하지 않기로 했던 만큼 최종 결정은 뒤로 미뤘다.

해외 시찰을 마친 이와쿠라와 오쿠보는 그러나 러시아와 중국의 간섭 가능성을 들어 사이고의 조선 사절 파견 안에 반대했다. 조선 정벌에 10만 명의 정병이 필요한 데다 조선과의 전쟁시 중국과 러시아와의 전쟁 가능성이 예견되는 만큼 조선 정벌의 시기를 늦춰야 한다는 이유였다.

사이고와 같은 사쓰마 번 출신이면서 절친이던 오쿠보는 "외국과의 관계를 논할 때 우리나라에서 가장 중대한 것은 러시아, 영국을 첫째로 한다. 러시아는 북방에 땅을 점령하고 병사를 내려보내서 사할린에 군림하며 일거에 남정(南征)에 나설 기세가 있다. … 아직 교섭 중이므로 결과가 어떻게 될지는 모른다. 지금 전쟁의 단서를 만들어 조선과 전쟁을 한다면 그야말로 도요새와 민물조개가 서로 싸우는 형세(蚌鷸之爭)와 같으니, 러시아는 바로 어부지리를 얻으려 할 것이다"라고 말했다.[40]

정한론을 둘러싼 일본 내 권력투쟁은 이와쿠라 사절단의 귀국과 함께 국내에 머물렀던 잔류 정부파 각료들의 패배로 끝났다. 같은 해 10월 하순에 사이고 다카모리 등 600여 명이 정부에서 총퇴진했다.[41] 이른바 '메이지 6년의 정변'이다.

이와쿠라와 오쿠보 등 이와쿠라 사절단을 이끈 정한론 반대파가 정국의 주도권을 잡았지만 일본의 해외 팽창론이 사라진 것은 아니었다. 시기가 문제였을 뿐이었다.

일본 정부는 1874년 류큐인을 살해한 대만의 원주민이 이른바 청의 통치가 미치지 않는 통치 외 지역이라는 청의 총리아문의 의사표시를 구실로 대만으로 전격 출병했다. 대만 원정은 메이지 6년의 정변으로 사퇴한 사이고 다카모리의 동생인 사이고 쓰구미치가 주도했고 일본 정부는 뒤늦게 이를 추인했다.

1874년 5월 사이고 쓰구미치가 이끄는 일본군 3,600명이 대만 남부에 상륙하고, 다음 달에는 토착민이 거주하는 '생번'의 본거지를 공략하여 군사 활동을 마쳤다.[42] 일본이 대만 원정에 나서자, 영국 등 베이징 주재 공사들이 거중조정에 나서 그해 12월 일본은 청에서 류큐인 살해에 대한 보상금 50만 냥을 받기로 하고 타이완에서 철병했다.

류큐인을 살해한 원주민의 책임을 추궁한다는 명분 아래 이뤄진 대만 원정은 일본 내에서 정한론(征韓論)과 정대론(征臺論)이 분출하던 시기 일본의 현실적인 선택지였지만 청제국의 지위와 위상은 크게 흔들렸다.

대만 원정은 동아시아를 벗어나 국제사회에서 서구의 일원이 되겠다는 '탈아외교'에 나선 일본이 19세기 서방 열강의 약탈적 수법을 모방해 이뤄진 근대 일본의 최초의 해외 군사 모험이었다. 청은 아편전쟁의 패배 이후 서구 조약 체제에 편입됐지만 서구와 동아시아를 차별하는 이중 기준으로 동아시아의 패권을 유지하고자 했다.

대만 원정은 화이질서라는 전통질서 내에서 현상 유지를 추구하는 대청제국에 대해 수정주의 국가로 부상하는 일본이 내민 첫 군사적 도전장이었다.

류큐 왕국에서 오키나와로

　동중국해에 점점이 떠 있는 오키나와의 인구는 130여만 명이지만 매년 수백만 명의 관광객이 찾는다. 수십여 개의 섬이 대만과 일본의 규슈 남부 사이에 활처럼 길게 흩어져 있는데 따뜻한 아열대성 기후에 산호가 풍부하다.

　서울을 떠난 지 2시간. 짙푸른 망망대해를 날던 비행기가 고도를 낮추면서 나하 국제공항에 착륙한다. 공항이 있는 나하 시는 류큐 왕국의 옛 수도인 슈리 성이 있는 오키나와의 관문으로, 활주로 한편에는 일본 자위대의 항공기들이 줄지어 서 있다.

　오키나와는 19세기 메이지 유신에 성공한 일본에 강제 병합되는 비극을 겪은 곳으로 당시 조선에도 큰 영향을 주었다. 1945년 태평양전쟁 막바지에는 미군이 '철의 폭풍'으로 부른 오키나와 전투가 벌어졌으며 현재는 동북아 최대 규모의 미군기지가 있다.

　오키나와가 동아시아에 큰 영향을 주었던 것은 동중국해 한가운데 놓인 지정학적 중요성 때문이다. 오키나와는 서울과는 1,240Km, 베이징과는 1,833Km, 도쿄와는 1,537Km, 대만과는 648Km의 거리로 동아시아의 한복판에 있다.

　공항에서 나와 오키나와 현청이 있는 나하 시내를 거쳐 슈리 성까지는 택시로 20여 분 거리다. 택시 안에서 오키나와 역사에 대해 대화를 나누던 60대의 택시 기사가 목소리를 높여 소리친다. "Okinawa is no Japan!(오키나와는 일본이 아니다!)"

　섬마다 별개의 공동체를 이뤄 생활하던 오키나와의 크고 작은 섬들이 류큐 왕국으로 통일된 것은 1429년이었다. 조선시대에 유구(琉球)로 알려진 오키나와는 표류민을 구조해 송환하는 등 조선과도 해상교류를 이어왔다. 류큐 국 중산왕이 1609년 조선 광해군에게 보낸 자문(외교 문서)에는 "폐방이 근년에 명나라로부터 관복을 내려 받고 왕작(王爵)을 습봉(襲封)하도록 하는 은혜를 받아, 비로소 귀국과 함께 형제 나라로서의 떳떳함을 맺을 수 있게 되었으며 같이 울타리 구실을 하는 나라로서 중임을 맡은 신하가 되었습니다. … 귀국은 형(兄)이 되고 폐방은 아우가 되어, 형제가 명나라를 부모처럼 우러러 섬기며 즐겁고 화목하게 빙문하기를 청합니다"라고 했다.[43]

통일 왕국 30년이던 1458년 칼과 창을 녹여 만들었다는 '만국진량의 종'이 슈리 성에 지금도 전해오는데 종의 겉면에 다음의 글이 있다. "류큐 국은 남해의 아름다운 곳으로 삼한(三韓)의 우수함을 한데 모았고 명나라와는 아래턱뼈와 잇몸으로, 일본과는 입술과 치아의 관계로 두 나라 사이에서 솟아난 낙원이다. 배와 노를 가지고 만국의 다리가 되니(爲萬國之津梁) 각종 물산과 보물이 가득하다." 명·청은 물론 조선·일본 등 동아시아와 베트남·인도네시아 등 동남아시아를 잇는 해상 중계 무역의 '거점'으로 번영을 누려온 류큐는 실제로 동중국해의 낙원인 '봉래도(蓬萊島)'였다.

슈리 성에 오르자, 만국진량의 평화의 종소리가 퍼져 나갔을 동중국해가 발아래 펼쳐진다. 하지만 왕이 머물던 붉은색의 정전을 비롯한 왕궁의 주요 건물은 볼 수가 없다. 2019년 10월 31일 새벽 화재로 정전을 비롯한 주요 건물이 모두 타버렸기 때문이다. 수백 년간 화재와 전쟁으로 이미 여러 차례 소실과 재건을 반복했던 슈리 성의 비극은 류큐의 비운의 역사를 닮았다.

평화롭던 류큐 왕국에 그늘이 드리운 것은 1609년 일본이 류큐 왕국을 침입하면서다. 명을 정복하기 위해 조선에 길을 빌려달라는 '정명가도(征明假道)'를 내세워 조선을 침입했던 임진왜란 당시 일본의 지원 요청을 류큐 왕국이 거절했다는 이유에서였다. 조선은 교린국이라며 일본의 지원 요구를 거절했던 류큐 왕은 사쓰마 번(현 가고사마 현)의 군사 원정에 굴복한 뒤 1611년 가고시마로 끌려가 항복 문서에 서명했다.

이때부터 중국과 일본에 동시에 조공하는 양속(兩屬) 관계로 왕국의 명맥을 이어오던 류큐는 19세기 들어 마침내 일본의 외침에 의해 국가 망국의 비운을 겪었다.

메이지 일본은 청일수호조규가 체결되고 1년 뒤인 1872년 10월 16일 독립왕국이던 류큐 왕국을 일본 지방의 하나인 류큐 번으로 격하하고 외교권을 박탈했다.

2년 뒤인 1874년 일본은 오키나와에서 150여Km 떨어진 대만 원정에 나섰다. 1872년 해상에서 표류 중 대만에 상륙했던 류큐인들이 원주민에게 떼죽음을 당했다는 이유에서다. 대만 원정은 류큐인 피살 사건을 빌미로 메이지 유신 이후 당시 일본에서 들끓던 해외 원정 열망이 처음으로 실현된 군사적 모험이었다. 대만 원정 이후 청은 일본이 조선을 노린다는 우려를 전달했고 이는 1876년 일본의 대조선 포함외교로 이어졌다.

메이지 일본은 1879년 경찰과 군을 슈리 성에 투입해 국왕을 폐위시키고 류큐 번을 오키나와 현으로 강제 편입했다. 일본이 '류큐 조처'라 부르는 류큐 왕국의 강제 편입으로 동중국해의 류큐 왕국은 450년 만에 사라졌다.

류큐 왕국의 병합은 19세기 동아시아에서 일본이 제국주의 경쟁에 첫발을 떼는 시발점이었다. 동아시아가 서구 열강의 침입으로 격동의 시간을 보내는 사이 메이지 유신을 통해 근대 국가로의 탈바꿈에 성공한 일본은 북으로는 홋카이도와 쿠릴 열도를, 남으로는 류큐 왕국을 자국 영토에 편입하고 장차 한반도와 만주로의 진출이라는 대외 팽창을 추구했다. 오키나와 출신의 학자 나미히라 쓰네오는 "메이지 일본이 황국과 제국의 개념에 기반한 대외관으로부터 처음부터 제국 건설과 대외 팽창의 야망을 갖고 있었다"라고 말했다.

류큐 왕국의 강제 합병에 충격을 받은 청은 해양 방위의 중요성을 깨닫고 북양해군 등 근대적 해군 건설을 서둘렀다. 또 조선이 일본에 병합되는 '제2 류큐화'를 우려했다. 청의 제1방어선인 조선이 무너지면 자국의 안보를 보장할 수 없던 청은 조선과 미국의 조약 체결을 주선하는 등 열강의 세력 균형에 기대 일본의 조선 침탈을 저지하고자 했다.

류큐는 메이지 일본의 야망의 출발점이자 종착점이기도 했다.

류큐 조처 이후 30여 년이 지난 1910년 일본은 대한제국을 강제 합병하고 중국과 태평양에 진출해 2차 중일전쟁(1937)과 태평양전쟁(1941)을 벌이면서 '제국의 정점'을 향해 나아갔다. 그러나 일본 제국의 '과도한 팽창'은 마침내 1945년 4월 1일부터 6월 21일까지 81일간의 오키나와 전투에서 사실상의 종지부를 찍었다.

일본 본토의 마지막 방어선이던 오키나와를 놓고 미군과 일본군의 전투로 미군 1만 2,500여 명, 일본군 9만 4천여 명과 무고한 오키나와 주민 9만 4천여 명이 숨졌다.

당시 오키나와 주둔 일본군 사령부가 있던 나하 시 남쪽 이토 만 시마부니 언덕은 일본의 패전 이후 공원으로 바뀌었다. 이곳에 오키나와 주민들의 노력으로 세워진 '평화의 주춧돌'에는 한국인 강제 동원자 341명 등 사망자 23만여 명의 이름이 올라 있다.

'평화적 교류의 섬'이던 류큐 왕국이 사라지고 2차 세계대전과 냉전 시대를 지나면서 오키나와는 21세기 들어 동아시아의 '화약고'가 되고 있다.

1945년부터 1972년까지 오키나와를 점령해 통치한 미군은 주민들의 끈질긴 저항 끝에 1972년 일본에 시정권을 넘기고 오키나와를 반환했지만, 미군 주둔은 이어졌다. 냉전시대 오키나와는 소련 봉쇄를 위한 미국의 핵심 군사기지가 되었고 한국전쟁과 베트남전쟁 중에는 미 공군이 출격하는 공격기지가 되었다.

미·일 안보동맹에 따라 오키나와 전체 면적의 15%에 이르는 부지에 31개의 미군기지가 들어서 있다. 이곳에 전체 주일미군 약 3만 7천 명의 70%에 해당하는 2만 6천 명이 주둔하는 '동북아시아 최대의 미군기지'가 됐다. 오키나와는 21세기 들어 미·중 패권경쟁이 심화되고 대만 문제가 격화되면서 미국과 일본의 중국 봉쇄 전략인 '인도–태평양전략'에 따라 중국의 태평양 진출 저지를 위한 지정학적 방파제가 되고 있다.

일본 정부의 외면 속에 류큐 왕국의 후예인 오키나와 주민들은 오늘도 섬의 동서부 해안의 미군기지 건설 현장에서 미군기지 반환 투쟁을 벌이고 있다. 오키나와가 다시금 동중국해에 만국진량의 종소리를 울리는 날이 올 수 있을까.

▲ 환회문(歡會門): 일본 오키나와 나하 시의 슈리 성에 있는 문이다. 슈리 성의 서쪽 성벽에 위치해 있으며 슈리 성의 메인 게이트로 조공 호송대를 환영하는 문이다. 1500년 전후에 만들어 졌다가 1945년 오키나와 전투에서 소실된 것을 1974년 복원했다.

◀ 슈리 성의 정전의 모습: 2019년 10월 원인 모를 화재로 정전 등 주요 건물이 모두 불에 탔다. 사진은 불에 타기 이전의 모습이다.

▼ 슈리 성에서 본 동중국해: 오키나와의 슈리 성 정상에서 내려다본 나하 시와 동중국해의 모습이다. 왼쪽의 가 건물이 현재 복원 작업이 진행 중인 슈리 성의 정전이다.

▲ 슈리성 정문: 오키나와
나하 시의 슈리 성에 가기 위
해 맨 처음 지나는 문으로 슈
레이몬이라 한다. 예를 지키
는 나라라는 문패가 이채로
운 류큐 왕국은 한때 중국과
일본에 모두 조공을 바쳤다.
▶ 오키나와 미군 신기지 반
대 구호 현수막: 오키나와 곳
곳에서는 지금도 오키나와
주민들이 미군의 신기지 건
설을 막기 위한 싸움이 매일
매일 진행되고 있다.
▼ 슈리 성 공원 안내도.

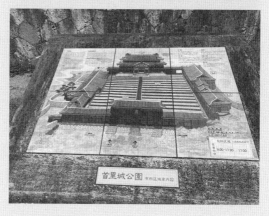

3장

자주독립국인가 속방인가
- 조일수호조규

정대론(征臺論)에 이은
정한론(征韓論)?

강화도 남쪽의 항산도에 이양선이 출현한 것은 1876년 1월 25일이었다. 이양선의 출현을 알리는 보고서(狀啓)가 밀려들자 놀란 조선 조정은 이양선의 정체와 이들의 내항 이유의 탐문에 나섰으며 수도 경계에도 비상이 걸렸다.

이 사이 조선 조정은 1월 27일 동래부사 홍우창과 일본어 통역관인 현석운이 올린 보고서를 통해 이양선이 일본의 군함이며 부산을 떠나 강화도로 향한 사실을 알게 됐다. 보고서에는 "일본이 구로다 키요타카를 특명전권변리대신으로 임명해 강화도로 가서 운요호 사건과 서계 문제에 대해 조선 대신과 회담할 것이며 대신이 나와 접견하지 않으면 곧장 경성으로 가겠다"라는 내용이 담겼다.

고종은 다음날인 1월 28일 "이처럼 변경 형편에 대한 보고가 날마다와 닿는 때에 방어를 갖추고 변란에 대처할 방책을 제때 강구하지 않을 수 없다"며 이날부터 전 현·직 대신과 정부의 관리들이 대책을 마련토록 지시했다.[1]

조선 정부는 각 도에서 화포와 소총을 다루는 포군의 징발령을 내리고 한강 일대(京江) 일대의 장졸들에게 계엄을 명했다. 1월 31일부터 2월 24일까지 거의 매일 지방의 포수들과 장졸들이 서울로 집결해서 서울 방위를 맡은 총융청 등에 배치됐는데 그 수가 2,247명에 이르렀다. 조선 정부는 1월 30일 판중추부사 신헌을 접견 대관에, 도총부 부총관 윤자승을 접견 부관에 임명해 일본 사절을 접대토록 했다.[2]

조선의 일본어 통역관리인 오경석과 안동준이 1월 30일 일본 군함 닛신 함에 올랐다. 부산 왜관에서 조선 교섭을 담당한 일본 외무성 소속의 권대승인 모리야마 시게루 등은 이들에게 강화 유수와 면담하고 수도로 진입하겠다는 뜻을 알렸다.

"모리야마 시게루: 우리나라에서 전권대신이 강화성으로 들어가 유수와 면담한 다음에 대신을 모시고 바로 서울로 들어갈 것이다.
역관 오경석: 강화는 우리나라의 바다를 지키는 중요한 지역이니 어떻게 타국인을 어려움 없이 성에 들여보내 강화 유수와 면담하게 하겠는가? 하물며 수도로 바로 들어간다는 말은 이치에 맞지 않다.
모리야마 시게루: 이는 우리가 공들과 말할 수 있는 바가 아니니 반드시 돌아가서 이러한 뜻을 귀 조정에 고하라."[3]

강화 앞바다에는 군함 닛신 함과 모슌 함에 각각 160명과 82명, 수송선 타카오마루에 405명, 겐부마루에 66명, 하코다테마루에 54명, 쿄큐마루에 42명 등 809명의 병력이 승선해 있었다.[4] 사쓰마 번 출신의 육군 중장 겸 참의인 구로다 키요타카가 특명전권변리대신으로 사절단을 이끌었고 조슈 번 출신의 이노우에 카오루가 전권부사로 동행했다.

일본 군함의 출현과 때를 맞춰 일본은 청에서 조선이 '전쟁이냐 평화냐'를 선택해야 한다고 겁박했다.

특명전권공사로 청에 파견된 모리 아리노리는 1월 10일부터 24일까지 톈진에서 리훙장과 만나 여러 차례 회견하고 총리아문에 각서를 제출했다. 각서에서 일본은 조선에 사절단을 보냈으며 일본 내 여론이 관계 수립을 거부하는 조선에 분노하고 있지만 일본 정부의 정책은 평화 추구라고 밝혔다. 조선이 예를 갖춰 사절단에 응한다면 평화를 영구

히 보존하겠지만 그렇지 않다면 조선은 화를 자초할 것이라고 밝혔다.[5]

청의 총리아문은 이에 대해 1876년 1월 14일 "청·일수호조규 1조의 '양국의 소속 방토를 서로 침월하지 않는다'는 조항을 준수하라"고 요구했다. 또 "조선이 군대를 파견해 외국 영토에서 위기를 조성하거나 타국과 조약 관계를 맺고도 일본과는 이를 거부하는 것이 아닌 만큼 일본이 조선에 대해 무력을 사용해서는 안 된다"라고 요청했다.[6]

일본, 무력시위 빌미를 만들라

대만 원정 이후 일본의 조선을 향한 무력시위는 이미 우려되던 일이었다. 청의 총리아문은 일본의 대만 원정이 있던 1874년 8월 7일 조선에 일본의 침공 가능성을 알렸다. 대만 방위를 맡은 푸저우 선정대신 심보정의 보고를 토대로 한 것이었다. "프랑스 장군 프로스페르 지겔(Prosper Giguel)은 '일본이 나가사키에 5,000명의 군사를 가지고 조선에서 일을 일으키려고 한다. 그런데 프랑스와 미국은 아직 조선과 문제가 해결된 상태가 아니기 때문에 병선을 가지고 일본을 도울 것이다. 그러니 조선은 프랑스 및 미국과 통상조약을 맺어서 일본을 고립시켜야 일본의 침략을 막을 수 있다'"라고 권고했다.[7]

조선은 그러나 자체 군사력이 충분하다며 일본 침공에 자신감을 내비쳤다.

영의정 이유원은 조정 회의에서 고종에게 "비록 예기치 못한 일이 있더라도 잘 단련된 무기와 포가 있으며 군량도 많이 비축해두어 걱정이 없다"라고 말했다. 서양과 조약 체결은 "도에 지나친 것으로 있을 수 없다"고 반대했다.[8]

조선은 오히려 일본의 세계가 전통적인 화이질서에 어긋나고 청은 조선의 종주국으로서 일본과 서구 열강에 대한 억지력(deterrence)을 행사해달라고 요구했다.

고종은 8월 9일 청에 보낸 의견에서 "일본이 얼마 전에 관제와 정령이 바뀌었다고 하면서 서계를 보냈는데 문자와 칭호가 예전과는 달라서 조선의 동래를 지키는 관리가 차마 받을 수 없어서 서로 버티고 있는 중이며 이 때문에 틈이 생겨서 5천 명의 군사로 조선에서 일을 일으킨다는 설이 있는 것 같다"고 분석했다. 이어 "일본에 대하여는 병사를 거론하면서 경거망동하지 않도록 하고, 또한 프랑스와 미국에 대해서도 조약 체결을 요구하지 않도록 권고해달라"고 요구했다.[9]

아편전쟁 이후 예기치 못한 일본의 대만 원정은 청을 궁지로 내몰았다. 청일수호조규의 '소속 방토 불침월' 규정이 일본의 침략에서 조공국인 류큐와 조선을 지킬 것이라는 청의 기대는 일본의 대만 출병으로 깨졌다.

대만 원정에 나선 일본에 배상금을 지불하자, 청 내부에서는 "마지못해 일본에 양보할 수밖에 없었던 것은 군비가 허술했기 때문이다. 군비만 충실히 갖췄다면 약속을 저버리고 군을 일으킨 죄를 지은 일본에 굴복하지 않을 수 있었다"라고 분개했다.[10]

1871년 러시아가 내륙지역인 신장웨이우얼의 이리지방을 무력 점령한 데 이어 1874년 일본이 대만을 원정하자 청에서는 '새방론(塞防論)'과 '해방론(海防論)'이라는 안보 논쟁이 격화됐다. 좌종방이 이끈 '새방론'은 러시아 등 북방 오랑캐의 저지를 위해 서북부 내륙 변경의 방어를 우선할 것을 주장했다. 반면 동남 해안에서 오는 외부의 새로운 위협에 대처하기 위해 해군 육성 등 해안 방어의 강화가 필요하다는 리훙장의 해방론이 맞서면서 좀처럼 해결책을 찾지 못했다.

일본의 대만 원정이 진행되던 1874년 조선은 정치권력의 교체기를 맞았다.

어린 나이에 왕위에 오른 고종을 대신해 섭정을 해온 대원군이 1873
년 12월 정계를 떠나면서 10여 년간 지속되어온 '쇄국양이(鎖國攘夷)'
의 대원군 정책의 변화도 예고됐다. 직접 정치 일선에 나선 고종은 서계
접수에 유연했던 박규수 등 온건파들을 중용하고 대원군의 수중에 있
던 대일 외교 라인을 문책하고 전면적인 교체를 단행했다.

청에서 일본의 조선 침공 가능성이 제기되자 고종은 청에 적극적인
억지력 행사를 요청하는 한편 조·일 관계 개선에도 나섰다. 신임 왜학
훈도 현석운에게 서계 문제로 끊긴 양국 관계의 정상화를 위해 일본과
교섭을 지시한 것이었다.

이에 따라 현석운과 일본 외무성 관리인 모리야마 시게루의 공식 만
남이 1874년 9월 3일 이뤄졌다. 양국 간 공식 관계가 단절된 지 6년 만
의 일이었다.

서계 접수를 거부하던 조선이 유연한 태도로 돌아서면서 회담은 급
진전했다. 양국은 조선이 일본의 서계를 수리한 뒤 회답서계를 발송하
고 일본은 옛 격식에 어긋나지 않게 서계를 수정해 제출하기로 하면서
조·일 관계의 개선에 대한 기대가 높아졌다.

하지만 일본 정부가 1875년 3월 조선에 수정 제출한 서계는 '천자'
등 일부 구절은 삭제했으나 '황상(皇上)'을 그대로 쓰는 등 기존 서계와
크게 다르지 않았다. 여기에 부산의 동래부사가 주최하는 연회를 앞두
고 전통 복장의 착용을 주장한 조선과 달리 일본 외교관의 동래부성 정
문 출입과 연회 석상에서 양복 착용을 주장하는 일본 쪽 주장이 맞서면
서 조·일 협상은 6개월여 만에 최종 결렬됐다.

모리야마 시게루는 이에 "조선의 서계 거부에 책임은 조선이 져야 할
것이며 이는 조선이 전쟁을 도발한 것과 같다"라고 선언했다. 또 일본

정부에 "군함을 파견하여 조선을 위협해야 한다"라고 상신했다. 조선 조정이 고종의 친정 세력과 대원군 세력이 대치하는 사이에 군함을 파견해 조선을 압박하자는 건의였다.

일본은 이에 따라 그해 5월 25일 운요호를 부산 등 조선 연안 수역으로 보내 측량과 함께 포사격 훈련을 하는 등 위력 시위를 벌였다.

이어 1875년 9월 20일에서 22일 사흘간 강화도 인근에서 조선과 일본이 충돌하는 '운요호 사건'이 발생했다. 운요호에서 내려 보트를 탄 무장 정찰병 14명이 강화도 초지진 포대에 접근하던 중 조선군과 교전이 벌어졌다. 30분간의 교전을 벌인 뒤 철수한 일본군은 21일 초지진을 재공격하고 22일에는 영종진에 일본의 무장병 22명이 상륙해 조선군 35명을 사살하고 대포 등의 노획물을 거둬 돌아갔다.[11]

운요호의 조선 방수지역 무단 침입은 명백한 국제법 위반임에도 사건 직후 일본 외무성은 식수를 구하려고 일본 국기를 달고 간 배에 조선이 포를 쏘았다는 조사 결과를 내놓았다. 2차 아편전쟁 당시 애로호 사건에서 국기에 대한 모욕을 영국이 중국에 대한 '전쟁 원인(casus belli)'으로 간주한 것과 같다.[12]

일본은 왜 이처럼 운요호 사건을 밀어붙였을까.

운요호 사건이 발생할 당시 일본은 관료 독재로 정부 주도의 근대화를 강력히 추진한 오쿠보 도시미치 정권에 대항하여 시마즈 히사미쓰 등의 봉건파와 이타가키 다이스케 등의 자유민권파가 권력투쟁을 전개한 시기였다.[13] 운요호 사건으로 인해 조성된 대외적 위기는 이러한 불안정한 국내 정치의 국면 전환을 노리던 오쿠보 정권에는 호재였다. 운요호 사건 발생 직후인 10월 19일 천황은 오쿠보 정권과 반대파들이 합의한 국내 정치 개혁을 위한 내각 분리 논의 중단을 지시했고 이에 반발한 시마즈와 이타가키가 천황에게 사직서를 내면서 반대파를 축출할 수 있었다.

운요호 사건이 조선 측의 폭거로 역선전되면서 당시의 일본 신문들은 거의 한 달 이상 매일 정한 논쟁을 전개해 잠잠해진 정한론에 기름을 붓는 역할을 했다. 이러한 정한 열기를 방치하면 일본 국내의 정한파와 불평 사족이 결합할 가능성이 높았다.[14]

국내적으로 불안한 정세의 반전을 위해 대만 원정에서처럼 일본이 대외적 위기를 활용하는 계책은 이른바 조선에 대한 '포함외교(Gunboat diplomacy)'로 이어졌다.

"고립의 시대는 지났다"

일본은 1873년 일본 내 정한론이 발생했던 당시와 달리 국제 정세상 러시아와 중국의 조선 문제에 대한 개입 가능성이 크게 낮아졌다고 여겼다.

청은 1875년 3월 윈난 성에서 발생한 영국 부영사 마가리 피살 사건으로 영국과의 분쟁에 직면한 상태였다. 또 서부 변경 지역인 신장웨이우얼에서 발생한 이슬람 반란에 힘을 쏟는 상황에서 일본은 청이 적극 개입할 가능성은 적다고 판단했다.

러시아는 1875년 5월 초 일본과 쿠릴 열도 교환조약을 체결했다. 일본은 러시아에 사할린을 넘기는 대신 쿠릴 열도를 일본의 영토로 획정하면서 러시아와의 국경 분쟁을 타결했다. 이에 따라 조·일 분쟁시 우려하던 러시아의 개입 위험이 제거되거나 많이 감소했다.[15] 당시 동아시아 외교가에서는 러시아가 사할린을 영토로 인정받는 대신 일본의 조선 침입을 양해하는 비밀 협정을 체결했다는 소문이 퍼지기도 했다.

1873년 정한론이 비등할 당시와 달리 변화된 이러한 국내외 정세의 변화는 청과 조선에 대한 일본 정부의 강경 대응으로 이어졌다.

일본이 군함을 앞세워 사절단을 강화도 앞바다로 진입시킨 1876년 1월 24일과 25일 청에 파견되어 있던 일본의 특명전권공사 모리 아리노리는 청의 직예총독 리훙장과 바오딩에서 2차례 만나 조·청 속방 관계를 따졌다.[16]

> "모리: 고려와 인도는 똑같이 아시아에 있지만 중국의 속국에 속하지 않는다.
> 리훙장: 고려는 중국의 달력인 정삭을 받는데 어째서 속국이 아닌가?
> 모리: 각국에서 모두 말하길 고려는 조공을 바치고 책봉을 받는 데 불과하며 중국은 그 세금과 곡식(전곡)을 거두지 않고 다른 정상에 관여하지 않으니 이 때문에 속국에 속하지 않는다고 한 것이다.
> 리훙장: 고려가 수천 년 동안 속국이었음을 누군들 모르겠는가? 청일수호조규에서 언급한 소속 방토에서 토(土) 자는 중국의 각 직성을 가리키는 것으로 이는 내지니, 내속이 되어 전곡을 거둬들이고 정사를 관장한다. 방(邦) 자는 고려와 다른 나라들을 가리키는 것으로 이는 외번이니, 외속이 되어 전량과 정사를 예로부터 해당 국가의 경리에 귀속시켰다. … 어째서 속국에 포함되지 않는다고 하는가?"[17]

　　청의 조·청 속방 관계에 대한 입장은 확고했지만 영국 부영사 피살사건은 물론 러시아와도 국경 분쟁이 부담이었던 청은 조·일 대립이 전쟁으로 이어져 전쟁에 연루되는 상황은 피하고자 했다. 이런 청의 우려는 조선에 대한 개방 권고로 이어졌다.
　　고종의 세자 책봉을 위해 청을 방문한 조선의 원로대신 이유원에 보낸 편지에서 리훙장은 "지금은 중국이나 조선이 결코 폐관자수할 수 없는 시대"라고 말했다. 리훙장은 이어 총리아문에도 "청일수호조규만으로는 조선에 대한 일본 침략에 효과적인 억지책이 되지 않으며, 따라서 조선에 대한 일본의 침입으로 이어지고 이는 만주에 심각한 위협이 되는 만큼 총리아문은 조선 정부에 자문해서 인내하고 예를 갖춰 맞고 운요호 사건을 설명할 사절단의 파견을 권고해야 한다"라는 서한을 보냈다.

이를 수용한 총리아문의 서한이 조·일 협상이 시작되기 직전인 2월 5일 한양에 도착했다.[18] 청의 자문은 조선 정부가 강화도로 진입한 일본 대표단에 대해 먼저 범하지 않는다는 '불선범(不先犯)'의 방침을 갖고 교섭에 나서는 데 영향을 주었다.

동아시아 경쟁의 시발점
- 조일수호조규

모리야마 시게루가 2월 5일 병사 20여 명과 통역관 등 선발대를 이끌고 강화부로 진입한 뒤 접견 부관 윤자승에게 일본의 사절단 구로다의 응접 절차와 대표 및 의장병의 숙소를 요구했다.

이에 윤자승이 "양국 대신의 접견은 옛 우호를 지속시키려는 뜻에서 비롯된 것인데 많은 군대가 무슨 소용이 있는가"라며 난색을 표하자 모리야마는 "지금 온 병졸이 4,000명이 되지만 수용하기에 어려움이 있을까 우려해 400명만 대동해서 오려는 것"이라고 겁박했다. 실제 강화도 앞바다에 대기 중인 병력은 809명에 불과했다.

강화 유수 조병식은 '먼저 침범하지 말라'는 정부의 사전 지시에 따라 이들의 입성과 접견을 허락했다. 이후 강화유수 조병식은 "해안방위를 고수하지 못해 500년의 나라의 가장 중요한 곳(寶藏)이 무너졌다"라며 고종에게 죄를 청했다.[19]

조선 조정에는 한 달 전인 12월 19일 부산 동래부에서 올린 일본의 사절단 파견 통보(구진서)가 뒤늦게 도착했다. 고종은 2월 9일 "병기를 안고서 바다를 건너와 도읍에 진입하려고 하는데 우리가 방비를 갖추지 못한 것은 한 번도 없던 일"이라며 "300년의 옛 우호를 잃게 된다면 어찌 양국이 큰 불행이 아니겠냐"라고 말했다.[20]

조·일 간의 1차 협상은 2월 11일 강화부의 서문 내 연무당에서 열렸다. 연무당에는 그동안 일본군이 가져다놓은 대포 등이 놓였다. 구로다 키요타카가 수행원과 의장병 400여 명을 이끌고 회담장으로 향하자 강화부 앞에 대기하던 일본의 함선에서 21발의 포를 발사했다. 일본 쪽은 "오늘은 우리나라 진무 황제의 즉위일이다. 매년 이날에 덕담으로 대포 21발을 발사하는데 이 관례는 본래 시행하지 않을 수 없는 것이다"라면서 자신들의 위력을 과시했다.[21]

4시간 정도 진행된 1차 회담에서 구로다는 서계 문제와 운요호 사건을 제기했다.

"수만 명 군대 상륙시킬 것"

"구로다: 우리 선박 운요 함이 작년에 뉴챵으로 향하던 중에 귀국 경내를 통과하다가 귀국인의 포격을 받았으니 교린의 우의가 어디에 있는가?

신헌: 타국 경내에 들어올 때 금지하는 바를 묻는 것(入境間禁)은 예경에 적혀 있는 바이다. … 당시 영종진수 일체를 분탕하고 군대 물자를 약탈해갔으니 이는 아마도 교린의 후의가 아닐 것이다."

운요호 사건에 대한 책임을 따지기 쉽지 않자 구로다는 서계 단절을 추궁했다.

"구로다: 사신을 접대하지도, 서계를 받지 않은 지도 7, 8년이나 되었다. 그것은 어째서인가? 그 이유를 묻고 싶다.

신헌: 거기에는 곡절이 있다."[22]

신헌은 중국 광둥 지역에서 발행하는 〈중외신보〉의 야도 마사요시의 기사를 거론했다. 1867년 4월 11일 청의 총리아문이 조선에 보낸 신문에서 야도 마사요시는 "근래 일본의 군사력이 증가하여 현재 화륜군함 80여 척을 보유하고 있으며 해외에서 조선을 토벌하려는 뜻을 가지고 있다. 조선 왕이 5년마다 반드시 에도에 와서 대군을 배알하고 조공을 바치는 것이 옛 관례(古例)인데도 조선의 왕이 이러한 예를 폐기한 것이 오래되었다. 그러므로 군대를 일으켜서 그 죄를 문책하려는 것이다"라고 주장했다.[23]

신헌은 이어 "우리나라의 조야에서 귀국이 우리나라를 크게 모함했다고 여기지 않는 이가 없었다. 또 공물을 들어오지 않았기 때문에 귀국에서 우리나라를 공격하려는 글이 있었다"라며 서계 단절 이유를 설명했다.

2차 회담은 다음 날인 12일 강화유수부 진무영 집사청에서 열렸다. 1차 회담에 이어 구로다는 이번에는 '정한론'을 내세우며 조선을 거듭 압박했다.

"무진년(1868) 이래로 우리 국가 제도(國制)가 바뀌어서 이웃 나라에 통보하지 않을 수 없었다. … 우리나라에서 사신을 여러 번 보냈음에도 접견을 받지 못했기 때문에 우리나라의 인심이 분노해서 그 곡절을 귀국에 묻고자 했다. … 귀국에서 사신을 물리친 까닭에 우리 조정의 의론이 어지러워져서 대신 4명이 파직되고 1명은 사형을 당했다. 또 수륙 군민 수만 명이 히젠 주 사가 현 등지에 집결해서 기필코 귀국을 공격하려고 했으니… 우리 조정에서는 특별히 그 사람(오쿠보)을 보내서 군민을 진무(鎭撫)했던 것이다. 이러한 후의를 혹시 알고 있었는가? … 따라서 그 잘못(悔悟)의 여부를 상세하게 말해야(質言) 한다."[24]

구로다가 언급한 정한론은 1873년 사이고 다카모리가 조선 사절을 자청하고 자신이 조선에서 죽으면 이를 빌미로 조선을 정벌하라는 주장이다. 당시 이와쿠라 도모미 등이 반대해 무산되자 정한론파 600여 명이 사임하는 '메이지 6년의 정변'이 발생했다. 사이고의 주장이 무산된 것은 조선 원정시 청 및 조선과의 전쟁이 예상되고 러시아의 관여가 우려되지만 일본의 준비는 미흡하다는 것인데 구로다는 이를 마치 조선에 후의를 베푼 것처럼 왜곡했다.

구로다는 이날 회담에서 조약 초안을 꺼냈다. 운요호 사건과 세계 문제는 조선을 위협하는 빌미였을 뿐 실제 일본의 의도는 통상 조약 체결에 있다는 것을 드러냈다.

"구로다: 초록한 조약 13개 항목을 상세히 살펴보고 귀 대신이 직접 조정에 나가서 임금께 아뢰어줄 것을 간절히 바란다.
신헌: 조약은 무슨 사안인가?
구로다: 귀국 지방에 개항장을 열어서(開館) 함께 통상하는 것이다.
신헌: 300년 동안 통상하지 않았던 적이 있었는가?
구로다: 지금 천하 각국에서 공통적으로 행해지는 일이며 일본도 각국에 이미 공관을 많이 열었다.
신헌: 우리나라는 동쪽 바다에 치우쳐 있어서 자수(自守)할 뿐이니 과연 각국의 최근 사정이 어떠한지 알지 못한다. … 이미 수백 년 동안 교역을 행해왔던 동래 왜관에서 예전과 같이 계속하는 것만 같지 못하다.
구로다: 양국이 저간에 격조하게 된 것은 바로 조례가 불명확하기 때문이다. 따라서 조약을 강정해서 영구히 변치 않는 장정으로 삼지 않을 수 없다. … 이는 모두 시행하지 않을 수 없는 만국공법이니 이로써 결정해서 조처해야 한다."[25]

개항장을 통한 통상이 만국공법에 준하는 것이라는 구로다의 주장에 신헌은 우리나라에 일찍이 없었던 일이라 반박했다. 이는 전통적인 조·일 관계를 만국공법이라는 이름 아래 서구적인 국제질서로 대체하겠다는 일본과 달리 기존의 화이질서에서 대등한 교린 관계를 고수하려는 조선과의 인식 차이를 보여주었다.

3차 회담은 13일 강화부 진무영 집사청에서 열렸다. 이날 회담에서 구로다는 운요호 사건 등에 대해 조선이 사죄하라는 요구와 함께 "일이 뜻대로 되지 않으면 장차 수만 명의 군대가 상륙하는 폐해가 있을 것"이라며 조약 체결을 압박했다.[26]

일본은 구로다를 조선 사절단 대표로 파견하면서 교섭 중 지켜야 할 원칙을 지시했다. 교섭에서 반드시 관철할 사안으로 부산 외에 강화의 개항과 조선 연해 자유항행권 및 운요호 사건에 대한 사죄를 적시했다. 그러면서 협상이 원만하지 않을 경우 절교 서한을 보내고 철수한 뒤 추가 명령을 기다리도록 했다.[27] 대외적으로는 조선과의 교섭을 무력을 동반한 '포함외교'로 선전하던 일본은 내부적으로는 조선과의 마찰을 피하고 운요호의 사과를 끌어냄으로써 '포함외교'의 정당성을 확보하려던 의도였다.

신헌은 조정에 조규 책자와 함께 조정에 올린 상소에서 "저들이 지금 사절의 이름을 칭탁해서 말로는 옛 우호를 회복하겠다고 하지만 실제로는 정예병을 이끌고 바다를 건너왔으니 그 뜻의 소재는 비록 헤아릴 수 없으나 반드시 대충 있다가 쉽게 돌아갈 자들이 아닙니다"라고 보고했다.[28]

조일수호조규를 맺다

일본의 조약 초안이 전달되자 조선 조정도 긴박해졌다. 고종은 2월 14일 오후 영중추부사 이유원, 판중추부사 박규수 그리고 영의정 이최응 등 전·현직 고위 대신들을 소집해 대응책을 논의했다. 대신들의 갑론을박이 이어지자, 고종은 "일본은 3백 년 동안 수호(修好)하던 곳인데, 이

제 서계의 일로 이처럼 여러 날 동안 서로 버티니 매우 불측하다. 정부에서 미리 강구하여 타결할 방책을 만드는 것이 좋을 듯하다"라고 말했다.[29]

일본 쪽의 초안을 검토한 조선 조정은 2월 16일 접견 대관 신헌에게 수호조규 전문 및 의정부 조회 문안에 관한 지침을 내렸다. 이 지침에서 일본 황제 폐하와 조선 국왕 전하로 되어 있는 부분을 빼고 나라의 이름과 임명된 대신의 이름만 적도록 했다.

일본 쪽 조약 전문은 "대일본국 황제 폐하께서는 특명전권변리대신 육군 중장 겸 참의 개척장관 구로다 키요타카를 간택하사 조선 국왕 전하께서는 아무개 관 아무개를 간택하셔서…"로 되어 있다.[30] 조선 조정은 이에 "말로는 '평등한 주권'과 '동등한 예의'라고 하지만 사면에 장애가 될 것"이라며 "이 단락부터 고쳐서 오직 국호만을 거론해야 비로소 하관의 여러 조목들의 가부를 논할 수 있다"라고 못을 박았다.[31]

양국 간의 협의가 길어지자, 구로다는 2월 22일 돌연 협상 중단을 선언하고 본선으로 돌아갔다. 신헌은 이에 "정부가 통상을 이미 허락했다"며 "닷새만 시한을 늦춘다면 양국이 대사를 마칠 수 있을 것"이라 설득했고 일본 측도 이에 동의했다.[32]

이날 조선 조정은 항목별로 검토한 조규 내용과 자체적으로 일본에 요구할 6가지 사안을 마련해 신헌에게 보냈다. 박규수와 오경석, 강위 등 초기 개화파가 일본 쪽에서 제시한 13개조 조약을 조항별로 따져 심의한 수정안이었다. 이 수정안은 청나라가 외국과 체결한 조약과 만국공법을 검토하여 이들이 작성한 것이다.[33] 조선이 일본에 요구한 6개 항은 개항장에서 상평전 사용 및 미곡 교역의 불허, 교역은 물물교환만 허용하고 외국인이 일본인과 섞여 입국하는 것과 아편과 기독교의 금지였다.

구로다가 2월 24일 재차 "온 나라 신민의 의론이 들끓고 있다. 그래서 육군경 야마가타 아리토모로 하여금 군대를 아카마가세키에 숙영하게 했다"며 조선을 압박하는 가운데 조약안에 대한 실무 합의가 이뤄지자 고종은 이날 비준 전교를 내렸다.

조약의 전문은 조선 쪽 수정 요구대로 상호 평등한 국가 이름을 조약 주체로 적기로 했다. 대일본국 황제 폐하와 조선 국왕 전하는 삭제되었다. 조약 체결의 목적은 조선과 일본이 옛 우호 관계를 닦아 친목을 굳건히 하는 것이라고 밝혔다. 일본 쪽이 주장했던 최혜국 대우 규정은 조선이 다른 국가와 조약을 체결할 일이 없다며 거부함으로써 삭제돼 전체 12관으로 확정되었다.

1관에서는 "조선국은 자주 국가로서 일본국과 동등한 권리를 보유한다"고 규정했다. 1관에 대해 조선은 "이의가 없다"고 밝혀 그대로 수용됐다.

2관에서 양국은 15개월 뒤 상대국 수도에 사신을 보내 교제 사무를 상의하기로 하면서 쓰시마의 중개에 의한 전통적 외교 관계에 종지부를 찍었다. 4~5관에서는 부산항 외에 경기, 충청, 전라, 경상, 함경 등 5개 도의 연해 중에서 추가로 2곳을 더 개항하기로 했다. 6~7관에서는 표류민 구조와 조선 연해 자유 통항권과 측량권을 규정했으며 8~9관에서는 개항장에서 일본 상민을 관리할 일본 관리의 주재 인정과 상민의 자유로운 거래를 인정했다. 10관에서는 조선의 개항장에서 일본인이 일으킨 범죄는 조선인에게 관계된 사건일지라도 일본 관원(영사)이 심판하도록 함으로써 편무적인 영사재판권을 인정했다.

1차 공식 회담 이후 16일 만에 타결된 조약 체결식은 27일 오전 9시부터 오전 11시 사이 강화부 내 연무당에서 열렸다. 조선 쪽에서는 신헌과 윤자승 등이, 일본 쪽에서는 구로다 키요타카와 이노우에 카오루가 70여 명의 병졸을 이끌고 참여했다.

신헌과 구로다는 수호조규 두 책에 서명하고 검인한 뒤 교환했다. 조선 쪽에서 회담 종결 시점에 요구한 6가지 금지 사안은 수석 수행원인 미야모토 오카즈가 일본 현행법상 문제가 없다고 판단한 아편과 기독교의 금지, 외국인이 섞여 입국하는 것을 금지하는 3가지에 대해 이행 약속을 담은 수기 전달로 마무리됐다.

조일수호조규가 체결되면서 조선과 일본은 메이지 유신 이후 일본의 왕정복고 통보를 놓고 8년간 이어진 양국 간의 교착 상태를 끝내고 국교를 재개할 수 있게 됐다.

수교 교섭을 마친 뒤 조선 쪽의 실무 관계자들 사이에서는 일본이 많은 군대를 동반해서 수교 교섭에 전력을 다하는 것을 보고 일본이 조선과 통상한 후 얻는 이득이 무엇인지에 대해 의문이 제기됐다. 조선이 조일수호조규에 내포된 의미를 정확히 이해하지 못한 데서 나온 무지의 결과인지 아닌지는 알 수 없다. 다만 조선은 조일수호조규를 종전의 기유약조 체제에서의 조·일 간의 옛 교린 관계를 일본의 국체 변화라는 사정에 맞춰서 수정해 정상화한 것으로 인식했다.

조선과 달리 일본은 청일수호조규에 이어 조일수호조규를 체결하면서 화이질서에 기반한 동아시아 역내 국가들의 전통적 질서가 근대적 국제질서 체제에 기반한 조약체제로 전환됐다고 여겼다.

조일수호조규에 대한 조선과 일본의 이러한 뚜렷한 인식 차이는 이후 조규 1조를 놓고 조·일은 물론 청과 해석의 논란을 낳았으며 조선 내부에서도 큰 반발을 불러왔다.

하지만 조일수호조규는 전근대적인 조·일 관계를 근대적 조약체제로 재편하면서 조·일 관계가 근대적 국제질서 체제로 편입되는 출발점이 되었다. 또한 조선이 일본에 의해 본격적으로 근대 자본주의적 세계경제체제로 편입되는 시발이 되었다.

엇갈린 인식
- 현상 유지냐 수정주의냐?

'포함외교'에 의한 조선 개항은 일본에는 '신외교'의 승리였다.

메이지 유신 이후 근대적 중앙집권국가로 탈바꿈에 성공한 일본은 1870년대 초 의욕적으로 서구 열강과 대등한 지위를 추구하는 '신외교'에 나섰지만 성과를 내지 못했다. 대외적으로는 이와쿠라 사절단의 서구 열강과의 불평등 조약 개정은 진전이 없었고 왕정복고를 알리는 서계 문제로 틀어진 조·일 관계는 수년째 교착상태였던 반면 국내적으로는 오히려 수구파와 급진파의 압박과 함께 운요호 사건으로 정한론이 재점화되면서 정치적 불안정은 더욱 심화하는 상황이었다.

조일수호조규의 체결은 일본의 이러한 국내적 불안정을 잠재우는 동시에 조선을 상대로 처음으로 서구와 같은 약탈적 성과를 끌어냄으로써 '외교적 대반전'을 이뤘다.

일본은 부산 이외에 추가로 2개 항을 더 개항하고(2조) 조약 항에서 일본의 영사재판권을 인정함(3조)으로써 서구 열강이 자신들에게 강요했던 것과 같은 편무적인 영사재판권을 조선에 적용했다. 이로써 일본이 서구 열강과 조약을 체결할 때 서구 열강이 획득한 불평등 관계를 일본도 똑같이 조선을 상대로 획득하는 데 성공했다.

일본은 전근대적인 쓰시마의 조공무역 관행을 근대적 무역체제로 대체하면서 외국 열강에 앞서 조선에 대한 선제적인 경제 침탈에 나설 수도 있게 됐다.

조일수호조규의 후속 조치로 8월 24일 체결된 조일수호조규 부록과 조일무역규칙에서 일본은 개항장에서 일본 화폐의 통용은 물론 선박의 항세와 상품의 수출입세까지 면제받으면서 일본의 경제적 침투도 합법화되었다.[34]

파크스 주영 청국 공사는 1876년 3월 25일 조일수호조규를 본국에 보고하면서 영일수호통상조약(1858)과 내용이 비슷하며 치외법권 조항은 일본이 서구 열강과의 조약 개정에서 가장 핵심적인 요구였는데 이것을 그대로 조일수호조규에 답습함으로써 서구 열강이 청과 일본에 관철한 불평등 조약을 적용하려는 뜻을 내포한 것으로 보았다.[35]

조선 정부는 협상 내내 일본의 위협과 국내 반대라는 이중의 압박에 시달렸다. 일본의 조규 초안을 전달받은 조선 조정에서는 일본의 의도에 의문을 제기하며 무력으로 일본에 맞대응해야 한다는 격앙된 주장도 나왔지만 고종과 박규수 등 조정 내 온건 개화파들이 협상을 주도해 갔다.

이때 고종 등이 내세운 논리가 '중수구호론(重修舊好論)'이었다. 일본과의 협상은 새로운 개항이 아니라 옛 우호 관계를 새롭게 고치는 것으로 양국 간 교린성신(交隣誠信)의 관계에서 벗어나지 않는다는 것이었다. 조선은 "타국과 수교하지 않는데 유독 일본하고만 수교하는 것은 300년 동안의 옛 교분 때문"이라고 주장했다.[36]

조·일 옛 관계의 복원이냐 아니냐

대원군과 유림 등의 국내 보수파들은 이러한 '중수구호론'에 대해 '왜양일체론(倭洋一體論)'을 들어 수교 협상의 중단을 압박했다. 왜양일체론은 두 차례 조선을 침입한 프랑스나 미국과 같은 서구 국가와 일본을 같은 오랑캐로 보았다.

최익현은 한 번이라도 응해주면 저들의 끝없는 욕심을 만족시킬 수 없고, 저들의 물화는 무한하고 조선의 물화는 한정되어 있기 때문에 통상은 불가하며, 저들은 왜인이 아니라 양적(洋賊)이라 조약을 맺으면 사학이 퍼져 인간이 금수가 될 것이고, 저들이 재산과 부녀자를 약탈할 것이라고 주장했다.[37]

신헌을 수행했던 강위는 이에 대해 "저쪽 사신이 왔을 때 우리가 접견한 것은 옛 우호를 중수하기 위한 것이요, 새로 강화하려는 것이 아니었다. 양국의 교시(交市)도 동래부에 왜관을 설치했던 초기부터 있었던 것이며 지금 통상을 처음 허락하면서 생긴 것이 아니었으니 2개 항구를 추가하는 데 불과할 뿐이었다. 그런데 도리어 지금 비난하는 자들이 본말을 따지지 않고 갑자기 배척하는 것이 옳은가"라고 반박했다.[38]

'중수구호론'은 '인신무외교(人臣無外交)'에 대한 대응 논리이기도 했다. 고대에 외교는 신하가 다른 제후를 사적으로 만나는 것을 의미했다. 따라서 인신무외교는 "남의 신하가 된 자는 외교를 할 수 없으며 두 군주를 섬길 수 없다"는 데서 유래한 말로 전통적 사대교린 체제에 속하지 않은 다른 나라와의 통교를 거부하는 대표적인 명분으로 사용됐다.[39] 하지만 조선은 일본이 교린 체제에 속하고 같은 제후의 관계이며 일본과의 교섭은 옛 관계를 고쳐 새롭게 한다는 의미에서 가능하다고 보았다.

조선은 따라서 조일수호조규를 외국과 맺은 최초의 근대적 조약으로 여기지 않았다. 즉 전통적 교린 관계의 수정에 불과하다는 논리였다. 1882년 미국과 조미수호통상조약을 맺자, 조선은 이 조약을 조선이 최초로 입약한 근대적 조약(12조)으로 인정했다.

조선의 중수구호론은 조일수호조규 1관을 놓고 일본과도 엇갈린 인식을 보였다.

1관은 "조선국은 자주지방으로 일본국과 평등지권을 보유한다(朝鮮

國自主之邦 保有與日本平等之權)"는 것이다. 1관은 일본이 조약 초안에 넣은 것으로 일본 요구의 핵심이었다. 하지만 조선은 군주의 이름과 지위를 적은 전문의 수정에 사활을 걸었던 것과 달리 1관은 '별 의견이 없다'며 그대로 수용했다.

조선 쪽이 1관과 관련해 참고한 1858년 중·영조약 제3관에 "영국은 자주의 나라로 중국과 평등하다"라는 대단히 유사한 구절이 들어 있어 이의 없이 수용한 것으로 보인다. 톈진 조약의 이 조항은 중국에 의해 외부의 오랑캐로 취급당한 영국이 정치적 대등성을 확보하기 위해 삽입한 것이다. 이런 점을 고려하면 이 조항은 서계로 갈등한 조선이 일본과 정치적 대등성을 확보한 의미를 지닌다.[40]

청은 그동안 청일수호조규 1관의 '소속 방토' 규정과 관련해, 청은 조공을 바치고 책봉을 받아가는 조선 등 주변 조공국이 청의 속(屬)이나 번(藩)으로서 소속 방토의 '방(邦)'에 해당하므로 이들 나라를 침범해서는 안 된다고 주장했다. 동시에 이들 조공국은 정치적·영토적 주권이 없는 예속국과 달리 정교와 금령에서 자주적이라고 공언해왔다.

일본은 이와 달리 청이 조선을 정교와 금령에서 자주국으로 인정했다는 점을 조·청 속방 관계의 부정 근거로 사용했다. 이에 따르면 조선은 청의 속방이 아니며 조일수호조규를 통해 사대교린 질서라는 전통적 동아시아의 질서에서 주권 국가들이 대등한 조약 관계를 맺는 근대적인 국제질서 체제로 진입했다는 게 일본 쪽 견해다.

일본이 제안한 1관은 바로 전통적 화이질서—이른바 조·청 속방 관계의 부정을 담고 있었다. 일본은 1874년 3월 베트남과 프랑스 간에 체결된 조약(2차 사이공 조약)에서 프랑스가 베트남을 독립국가로 승인함으로써 중국의 종주권을 부정하고 베트남 지배를 용이하게 하기 위해 취했던 조처를 조선에 적용했다.[41] 동 조약 1조는 "프랑스 대통령은 안남 왕을 왕으로서 예우하고 여러 외국에 대하여 안남이 독립인 것을 보증한다"라고 규정함으로써 베트남에 대한 청의 종주권을 명시적으로 부정했다.[42]

아편전쟁 당시 영국이 중국 전 지역을 차지할 것을 우려했던 프랑스는 베트남을 중국에 이르는 전진기지로 삼기 위해 1858년 베트남을 침략했다. 이어 1874년 베트남 남부 지역을 속국으로 하고 외교권을 차지하는 2차 사이공 조약을 체결했다. 그러나 청이 프랑스에 '베트남은 청의 제후국'이라며 2차 사이공 조약의 효력을 부정하면서 청불전쟁(1883년 12월~1885년 6월 9일)으로 이어졌고 전쟁에서 승리한 프랑스는 이후 베트남을 완전히 지배하게 되었다.[43]

일본이 이처럼 1관에서 조선의 자주지방과 평등 관계를 강조한 것은 2차 사이공 조약에서처럼 조선과 중국의 속방 관계를 단절시켜 장차 일본의 조선 침략에 대한 청의 간섭을 거부하기 위함이었다. 즉 조일수호조규는 "일본이 조선 문제를 명분으로 하여 중화체제에 균열을 일으켜서 서양 열강보다 앞서서 먼저 조선에 대한 영향력을 확보했다고 천명한 것"으로 "일본의 궁극적 목적은 반도 조선을 경유하여 대륙으로 진출해 대륙의 제국 국가가 되는 것"을 드러낸 것이었다.[44]

일본과 달리 청은 조일수호조규가 '중수구호'라는 조선의 논리를 받아들였다.

1876년 4월 말 청이 일본 공사관으로부터 조약 사본을 받았을 때 청은 아무런 문제를 제기하지 않았다. 청으로서는 1관의 자주는 독립적이라는 의미보다는 자율적이라는 말로 해석될 수 있고 이는 그동안 청이 조선의 자율성을 인정해온 역사적 맥락과 큰 차이가 없었다. 청은 조공국이 조공의 예를 준수하는 경우 정교와 금령의 자유 보장이라는 내치의 자유를 폭넓게 보장해왔다. 이 바탕에는 조선의 종주국에 대한 충성

에 대한 청의 확신이 있었다.[45]

조선의 문명 개화와 청·일 데탕트

조일수호조규는 동아시아 역내 국가인 조선과 청, 일본의 관계가 근대적으로 개편되는 역사적 과정이 본격적으로 시작됐음을 알리는 출발점이다. 하지만 조일수호조규에 내재한 조선과 청, 일본의 엇갈린 인식은 동아시아 역내 질서의 개편 과정에서 조·청·일 3국의 갈등을 촉발하고 대립을 증폭하는 주요 원인으로 작용할 소지가 컸다.

청은 아편전쟁을 통해 근대적 국제질서 체제로 편입되었지만 여전히 역내 국가를 상대로 동아시아의 전통 질서 체제의 유지를 통한 지역 패권국으로서 현상 유지를 추구했다. 반면 청과 조선 양국 간의 전통적 조공관계가 조일수호조규를 통해 근대적 국제질서로 전환되었다고 여긴 일본은 조선에 대한 정치·경제적 선점을 통해 대륙으로 나가 중국 중심의 패권에 도전하는 수정주의 국가로서 첫발을 내디딘 셈이었다.

조일수호조규가 체결되고 조선의 근대 선진문물 도입과 근대화 노력도 속도가 붙었다. 조선은 조약 체결 한 달여 뒤인 1876년 4월 1차 수신사를, 1880년 6월 2차 수신사를 일본에 보내 선진 문물을 탐색했다. 1881년에는 38명의 조사시찰단을 일본에 보내 문교·농상·재무·외무·세관 등을 시찰하기도 했다. 조선은 1880년 청의 총리각국사무아문(총리아문)을 본뜬 통리기무아문을 설치해 외교의 근대화에도 나섰다.

조선은 중국에도 통리기무아문의 실무를 담당할 유학생들을 파견하고 1881년 11월 젊은 유학생들을 중국에 파견해 근대적인 무기 제조 기술 습득에도 나섰다. 하지만 중국은 더 이상 조선의 선진 문물의 유일한 유입 통로가 아니었다.

조선에서는 젊은 관료 등을 중심으로 메이지 유신을 성공적으로 이끈 일본을 동양의 국가도 서양의 국가처럼 근대화할 수 있는 선망의 대상으로 여기며 본격적으로 일본 따라가기식 근대화가 시작되었다.[46]

이러한 변화는 19세기 중엽 서구의 침탈과 문호 개방을 놓고 위정척사파와 개화적 성향의 정치 세력 간의 갈등이 개항 이후에는 정치체제의 변화에 따른 입장에 따라 갈리면서 조선 내부의 정치적 주도권 경쟁으로 전개되면서 분열되었다.[47]

조일수호조규 협상이 마무리되면서 청·일 양국은 청일수호조규 체결 이후 지속된 이른바 '데탕트 체제'를 이어갔다. 교섭 결렬시 조·일 간의 충돌을 우려했던 청은 한반도 전쟁 연루의 가능성에서 벗어나고 러시아의 한반도 개입 우려도 덜 수 있었다.

리훙장이 1876년 11월 주청 공사 모리 아리노리와 이전 외무상 소에지마를 만났을 당시, 러시아의 팽창주의에 대한 우려를 표시하면서 러시아의 위협을 막기 위해 청과 조선과 일본이 더불어 협력하기를 바란다는 데 상호 공감했다. 리훙장은 이때까지는 적어도 서구 국가와 청의 분규시 일본이 청에 우호적으로 남아 있는 편을 희망했다. 일본과 연합해 러시아 등 서구를 제어한다는 청의 이른바 '연일제서책'은 아직은 한반도와 중국의 안정을 위해 유효한 책략이었다.

모리는 리훙장에게 "같은 가족에 속하는 세 나라 간의 알력을 러시아는 얼마나 원하고 있겠는가"라며 "일본은 러시아의 남하에 대하여 매우 우려하고 있고 청과 일본, 조선이 협력하여 이에 대처하기를 희망한다"라고 말했다.[48]

청·일 간의 '러시아 공포증(Russo-phobia)'을 매개로 한 청·일 데탕트는 수년간 이어졌다. 1877년 사이고 다까모리의 반란이 발생하자 톈진 주재 일본 영사에게 일본 정부의 원조 요구를 전달받은 리훙장은 다량의 탄약을 공급했다. 청의 산시 성에서 기근이 발생하자 일본은 국제 원조에 가담했다.

그러나 청·일 간의 데탕트는 오래 지속되지 못했다. 조일수호조규에 내재한 한·중·일 3국의 인식 차이가 드러나면서 동아시아에 찾아왔던 일시적인 협조 체제는 얼마 지나지 않아 한반도를 놓고 청·일 간의 본격적인 경쟁 체제로 바뀌었다.

1878년 5월 조선에서 선교사로 활동하던 리델 신부가 조선 당국에 체포되자 프랑스는 리델 구명운동에 나섰다.

프랑스의 구명 요청을 받은 일본 외상 테라시마는 조선 정부에 리델 신부를 풀어달라고 요청했으나 거부됐다. 그러나 프랑스 공사로부터 구명 부탁을 받은 청의 총리아문이 구명을 요청해오자, 조선 정부는 리델 신부를 풀어주고 청에 인계했다.

청의 요청으로 리델 신부가 석방되고 조선이 청을 상국(上國)으로 언급하자 일본은 굴욕감을 느꼈다. 하나부사 요시모토 공사는 "조선이 독립 국가라고 스스로 선포했다. 우리 정부는 그 말을 받아들였다. 그러나 상국을 너희가 갖고 있고 그 말에 따른다면 그런 나라는 의존국이지 독립이라 불릴 가치가 없다"라고 노골적으로 불만을 드러냈다. 조선은 이와 관련해 하나부사의 편지 수용 경과를 청에 보고하면서 "조선이 청에 종속되어 있다는 것은 천하가 다 안다"라고 언급했다.[49]

강화도, 약한 나라의 고통을 걷다

"천하의 일을 널리 논함에 약한 나라의 신하(卿)보다 더 고통스러운 이가 없다."

일본과의 조일수호조규 교섭 당시 신헌을 수행했던 강위는 당시의 기억을 되살려 쓴 『심행잡기』에서 교섭 당시의 심경을 이렇게 털어놨다.

그는 교섭 중 2차 아편전쟁에서 영국과 프랑스의 연합군에 패배하고 1860년 가을 열하의 여름 궁전으로 피신한 청의 함풍제를 떠올렸다.

"중국의 강대함으로도 오히려 이러한 고통이 있었는데 하물며 중국에 한없이 미치지 못하는 나라에 있어서겠는가! 그러나 돌이켜 생각해보면 모든 잘못은 약함에 있을 뿐이다. 약함이 쌓여 패망에 이르고 강함이 쌓여 승리를 얻게 된다. 그 기틀은 나에게 달려 있으며 적에게 달리지 않았으니 쌓은 것이 무엇인가 되돌아볼 뿐이다."

한편으로는 강화도에서 전함과 신형 무기를 앞세운 일본에게 교섭 압박과 위협을 받고 다른 한편으로는 도끼를 등에 맨 최익현 등 수구파의 유림이 일본과 교섭 중단을 요구하는 상소를 올리는 틈에 끼인 그는 '약소국의 비애'를 토해냈다.

역사적으로 한반도의 중대한 정치외교적 변동은 주로 중국과 일본의 세력 교체기에 발생했고 세력 교체기마다 국력이 빈약한 한반도의 역대 왕조는 외세의 침탈로 굴욕과 수모를 당해왔다. 강화도는 이러한 외세의 침입에서 임금이 피난을 가서 난을 극복하기 위한 장소인 '보장처(保障處)'의 역할을 했다. 남한산성과 함께 조선시대 서울을 방어하는 요충지 역할을 했던 강화도는 조선의 '2대 보장처'였다.

수도와 가까운데다 강화해협이 적의 침입을 막으려고 성 주변에 조성한 인공연못과 같이 자연 해자(垓字) 역할을 하면서 공격하기 쉽지 않았기 때문이었다.

고려시대에 강화도는 30여 년에 걸친 대몽항쟁의 근거지였다. 북방에서 세력을 키운 몽골족이 강력한 군사력을 바탕으로 중국의 중원을 정복한 뒤 고려를 공격했다. 1231년 1차 몽골족의 침입을 겪은 고려는 1232년 수도를 개경에서 강화도로 옮겼다. 이후 1259년 고려와 몽골 간의 강화가 이뤄지기까지 6차례 몽골 침입에 맞서 싸웠다.

조선시대에 명나라를 정복하고 중국의 새로운 지배 세력으로 등장한 후금의 만주족이 1627년 3만 명의 군사를 보내 조선을 침입하는 정묘호란이 발생했다. 인조는 강화도로 피신했다가 이곳 연미정에서 후금과 굴욕적인 형제 관계를 맺었다.

강화도의 지정학적 의미가 바뀐 것은 근대 이후다. 과거 한반도를 침입한 외세가 육로를 거쳐 수도로 진입했다면 화륜선 등 근대식 전함을 갖춘 서구 열강은 바다에서 수도로 진입을 노리면서 강화도는 '보장처'에서 수도 한성 방어를 위한 '제1관문'이 되었다. 강화해협은 지방에서 식량 등을 싣고 가는 조운선이 서울로 가기 위해 반드시 거쳐야 하는 곳이기도 했다.

19세기 조선의 해문(海門)이 강화도라면 중국 텐진의 다구(大沽) 포대와 일본 도쿄 만 입구의 우라가는 각각 중국과 일본의 해문으로 격동의 시기에 비슷한 운명을 겪었다.

1차 아편전쟁에서 패한 청은 연안을 통한 서구 열강의 침입에 대비해 보하이 만을 끼고 있는 텐진의 다구 포대를 강화했다. 다구 포대는 베이징에서 텐진을 거쳐 보하이 만으로 흐르는 강인 하이허의 하류에 위치한 요새다. 보하이 만에 이른 서구 열강이 베이징으로 가려면 반드시 다구 포대의 군사 방비를 뚫어야 했다. 2차 아편전쟁 때 베이징 공략에 나선 영국과 프랑스의 연합군과 청군 간에 격전 끝에 다구 포대가 점령되자 청은 이내 항복하고 톈진 조약(1858)과 베이징 조약(1860)을 체결했다.

막부의 수도인 에도(도쿄)는 도쿄 만 안쪽에 있는 항구다. 인구 100만 명에 이를 만큼 번성했지만 근대 들어 해양에서 진출해오는 서구 열강에 무방비로 노출된 상태였다. 바다에서 군함의 직접 포사격이 가능하고 상륙이 가능한데다 도쿄 만 봉쇄시 물자 공급이 중단될 수도 있다는 큰 약점을 지녔다.

이 때문에 1840년대 초에 추진된 덴포 개혁(天保改革)에서 에도 만이 봉쇄됐을 때를 대비해 에도의 동북 내륙지방에서 물자를 보급 받을 수 있는 대운하 건설을 시도했다. 막부는 또 서양 함선을 쫓아내기 위해 우라가 등 에도 만 주변에 포대를 집중적으로 배치하기도 했다.[50] 하지만 일본 역시 1853년 포함 외교에 나선 미국의 페리 제독이 흑선을 이끌고 도쿄 만 입구의 우라가로 진입하자 이에 굴복해 문호를 개방했다.

'조선의 해문(海門)'인 강화도와 김포 사이에 놓인 강화해협은 상류지역인 월곶에서 하구인 황산도까지 대략 24Km에 이른다. 강화도 남부에서 해협을 거쳐 오르면 한강과 합류하고 이곳을 거쳐 수도 한성으로의 진입이 가능하다.

조선은 강화도의 중요성 때문에 숙종 때인 1684년 진무영을 강화도에 세워 해안 방위를 담당하도록 했는데 이양선의 출몰로 19세기 들어 중요성이 더 커졌다.

1866년 9월 조선에서 프랑스인 신부 12명 중 9명이 살해되는 병인박해가 발생하자 조선 정벌에 나선 프랑스 극동함대는 강화도 갑곶돈대로 상륙해 강화부와 문수산성에서 격전을 벌인 뒤 철수했다. 당시 한

강 수로 측량에 나섰던 프랑스 군은 강화해협을 강물이 짜다는 뜻의 '염하(鹽河)'라 이름을 붙이기도 했다.

병인양요에 놀란 대원군은 강화도의 진무영을 오늘날 장관급인 정2품 아문으로 승격시키고 병력을 1천여 명으로 늘리면서 방위를 강화했다.

1871년 신미양요 때 미군이 강화도의 진지인 광성보를 점령하자 이후 조선은 진무영의 병력을 3천 명으로 증강 배치했다. 하지만 1876년 전함을 앞세운 일본의 무단 진입을 막지 못한 채 굴욕적인 조일수호조규의 체결 현장이 되고 말았다.

강화대교를 건너 강화도로 들어선 뒤 강화전쟁박물관을 끼고 왼쪽으로 향하면 강화 관측과 방어를 위한 소규모 군사시설인 갑곶돈대가 나온다.

이곳 갑곶돈대에서 강화해협을 따라 하구의 초지진까지 해안가로 이어진 거리는 대략 17Km 정도다. '호국돈대길'로 부르는 해안 길을 따라 5시간 정도를 걷다 보면 19세기 당시 외세의 침입과 조선의 끈질긴 저항의 흔적이 곳곳에 남아 있다.

호국돈대길 중간쯤에 있는 광성보는 신미양요 때 하류의 초지진과 덕진진을 차례로 점령한 미군이 상륙해 조선군과 치열한 격전을 벌인 곳이다. 미군과의 압도적 군사력 차이 끝에 1871년 6월 12일 하루에만 어재연 장군을 비롯해 조선군 243명이 죽었다. 미군 전사자는 3명이었다. 당시 조선군의 무덤이 조성되어 있다.

덕진진과 덕진돈 사이의 남장포대는 강화해협 해안가에 설치된 여러 포대 중 하나다. 자연 지형을 교묘하게 이용해 100여m에 걸쳐 해안가에 조성됐는데 강화해협을 오르는 적의 함선에서 노출되지 않도록 설치됐다.

강화해협의 초입인 초지진은 신미양요에 이어 1875년 운요호 사건 때 완파됐다가 복원되었다. 초지진 돈대 앞에 서 있는 소나무에는 당시 총탄의 흔적이 남아 있다.

강화대교를 지난 강화군청 쪽으로 4Km 가량 가면 강화산성이 나온다. 강화읍사무소 인근에는 일본이 화륜포라 불린 개틀링 기관총을 세워놓고 회담했던 진무영 부속 건물인 열무당이 있었다. 이곳은 지휘관들이 군인들을 사열하던 곳이다. 이곳에서 600여m 떨어진 서문 안에는 연무당이 있다. 1876년 2월 27일 조일수호조규가 체결된 곳으로 조선군이 훈련받던 시설이다. 연무당 옛터에는 당시 이곳이 조약 체결지였음을 알리는 표지석 하나가 덩그러니 서 있다.

▲ 초지진 소나무: 강화군 초지돈대 앞에 있는 소나무다. 1656년 초지진을 설치할 때 심은 것으로 추정되며 수령은 400년 정도 되었다. 초지돈대는 강화해협 초입에 있는 돈대로 1871년 신미양요 때 미군의 포격으로 일부 파괴되었고 1875년 일본 운요호 사건 때 일본군의 포격으로 완전히 무너졌다. 소나무에는 당시 날아온 포탄 파편에 의한 상처의 흔적이 남아 있다.

▲ 조일수호조규 체결지 연무당: 강화산성 서문 건너 쪽에 있는 연무당 옛터의 모습이다. 1876년 강화도조약이 최종 조인된 장소다. 강화도조약으로 조선은 부산 외에 인천과 원산을 일본에 개항했다.

◀ 해문방수비: 강화군 불은면 덕성리의 덕진진에 있다. 1867년에 대원군의 명으로 건립한 것으로 경고비(警告碑)라고도 부른다. 비의 규모는 높이가 147cm, 폭이 54.5cm, 두께가 28cm의 단면비로 비문에는 "해문방수타국선신물과(海門防守他國船慎勿過)"라 적혀 있다. 바다의 문을 막고 지켜서, 다른 나라의 배가 지나가지 못하도록 하라는 뜻으로 근대 시기 척화의 의지를 담고 있다.

▲ 남장포대: 덕진진에 소속
된 포대로 강화의 8개 포대 중
하나다. 대포 10문이 설치되었
으며 1871년 신미양요 때 미군
과 포격전을 펼쳤다. 당시 모
두 파괴되었다가 1977년 복원
되었다.

▶ 초지돈대를 점령한 미군:
신미양요 때인 1871년 6월 10
일 약 2시간 동안 미군이 함포
사격을 가하고 조선군 진지를
파괴한 후 상륙했다. 사진 왼
쪽에 면갑을 입고 전사한 조
선군 1명과 조선군이 사용하
던 불랑기포 1문이 놓여 있다.
(강화도전쟁박물관/홍용덕
촬영)

▲ 강화 갑곶돈대: 돈대는 해안가나 접경지역에 돌이나 흙
으로 쌓은 소규모 관측 방어시설이다 강화도에는 외적의 침
입에 대비해 5개와 진과 7개의 보, 53개의 돈대가 섬 전체
를 에워싼 모양으로 설치되었다. 갑곶돈대는 병인양요 때
프랑스의 극동함대가 600여 명의 병력을 이끌고 상륙하여
강화성과 문수산성을 점령했던 곳이다.

4장

조선 근대 조약 체제에 들어서다

청의 연일제서책의 붕괴와
신조선 정책

"일본이 그 속임수의 힘을 믿고 떠들썩하게 소란을 일으켜 류큐를 이미 폐지하였으니 조선은 쌓아놓은 장작더미 아래 불을 놓은 형세입니다."[1]

조일수호조규가 체결되고 3년 뒤 청의 조정이 발칵 뒤집혔다. 1879년 8월 30일 리훙장은 총리아문에 조선의 위기 상황을 알리며 "서양 각국 또한 빙 둘러서 살펴보다가 일어나니 자연히 중국에서 대신 대책을 마련해주지 않으면 안 될 것입니다"라고 보고했다.

청 조정을 혼란으로 이끈 사건은 다름 아닌 일본의 류큐 병합이었다. 5개월 전인 1879년 3월 일본은 소총부대 400명과 경찰 150명을 섬에 투입해 류큐를 일본에 전격 통합하고 오키나와 부를 새로 만들었다.[2]

류큐 병합은 서구 열강의 출현 이후 일본의 오랜 숙원이었다. 지금의 홋카이도인 에조치를 러시아에 뺏기기 전에 일본이 직접 통치해야 한다는 주장이 이미 18세기 말부터 제기되었고 19세기 전반 서양인들이 류큐에 출몰하자 류큐에 대한 지배 강화를 주장하는 목소리도 높아졌다.[3] 메이지 정부가 출범한 뒤에는 오키나와와 홋카이도는 외세의 위협에서 본토를 지켜내기 위해 반드시 확보해야 할 '남북의 자물쇠'였다.

메이지 일본은 류큐 병합 직전인 1875년 홋카이도 북쪽 쿠릴 열도를 점령했고, 1876년에는 동경에서 남동쪽으로 1,300Km 떨어진 태평양 상의 보닌 열도를 점령했다. 이후 류큐 국을 병합함으로써 일본은 북동쪽과 남동쪽 그리고 남서쪽으로 본섬 방위선을 구축해 세력 팽창의 지정학적 기반을 확보했다.[4]

류큐가 일본의 한 지방으로 편입됐다는 소식에 청의 젊은 관리들은 일본과의 결전을 주장하고 나섰고 청에 주재하는 외국 공사들도 일본의 행동을 비난하고 나섰다.

동중국해의 작은 섬인 류큐의 지정학적 가치는 청의 조공국의 전형적 모델이던 조선과 견줘 덜했다. 하지만 류큐 병합이 조선의 '제2의 류큐화'로 이어지면 청의 안보가 직접적 위기에 놓일 수 있다는 점에서 그 파장은 매우 컸다.

변방에서 오는 청 제국의 위기

청은 중국 역사에서 마지막 통일 왕조다. 1636년 개국 이래 만주에서 중원으로 정복과 팽창을 거듭하면서 건륭제(1711~1799)에 이르러 현재의 중국 영토까지 세력을 확장했다. '대청제국'의 전성기는 19세기 들어 1, 2차 아편전쟁을 기점으로 쇠락하기 시작했다. 변경에서 시작된 반란과 이탈은 제국 중심의 위기로 점차 번졌다.

청의 남부 지역에서는 조공국이던 미얀마가 영국에 의해 식민지화됐고 인도차이나에서는 전통적인 청의 조공 국가인 베트남이 프랑스의 위협을 받고 있었다. 청의 북서부 지역인 신장웨이우얼에서는 1864년 청의 통치 아래 있던 이슬람교도들이 반란을 일으켰다. 중앙아시아에서 러시아와 세력권 경쟁을 벌이던 영국이 이슬람 반란 세력과 손을 잡고 세력 확대에 나서자 위기를 느낀 러시아는 1871년 신장웨이우얼의 우르무치 접경지역인 이리 지역을 무력으로 점령했다.

이슬람교도의 반란이 산시 성에서 간쑤 성으로 확대되자 진압에 나선 청은 1877년 이리 지역을 빼고 신장웨이우얼 전 지역을 회복했다. 러시아가 점령한 이리 지방의 반환에 나선 청은 1879년 러시아와 리바디아 조약을 체결했다. 러시아는 이리 남부를 할양받는 조건으로 철수하기로 했지만 청이 이후 조약 내용이 불리하다며 조약을 파기하면서 러시아와 청 사이에는 군사적 긴장이 고조되었다.

변경에서 시작된 제국의 동요는 청의 '기미정책(羈縻政策)'의 한계를 드러냈다.

오랑캐를 통해 오랑캐를 지배하고 통제한다는 기미정책은 중국이 이민족 지배를 위해 써온 간접 통치 방식이었다. 청 제국은 황제의 은덕이 미치는 곳을 제국의 세력 판도로 여기고 이 중 관료를 파견하는 직할 통치지역인 성과 달리 신장웨이우얼 같은 접경지역은 현지 지배자에게 행정을 맡겨왔다. 이는 토사(土司), 토관(土官) 등으로 불리는 현지 지배자를 이용하는 명나라의 간접 지배 방식을 계승한 것이었다. 몽골이나 신장 지역에 청은 장군이라는 군관과 병사를 파견하지만 현지 행정은 현지 사회관계에 맡겨져 있었다.[5] 반면에 조선이나 류큐, 베트남과 미얀마와 같은 조공국은 청에 대해 조공책봉의 예만 유지하면 정교와 금령은 자유라는 불간섭주의를 유지했다.

조공국의 이탈과 변경에서의 반란은 청의 전통적인 지배 방식이 더는 유효하지 않다는 것을 보여주었다. 근대 국가의 영토는 청의 '세력 판도'와 같은 모호한 면(面)이 아닌 국가 사이의 조약을 통한 합의된 선(線)으로 확정되는 것이었다. 청은 '세력 판도'라는 전통적 영토 개념에서 서서히 근대적 영토 개념으로 나아가기 시작했다.

1881년 러시아와 상트페테르부르크 조약을 체결한 청은 900만 루블의 배상금을 지불하고 이리 지역을 반환받아 현재와 같은 러시아와의 서부 국경선을 확정했다. 청은 또 간접 통치를 하던 지역을 직접 통치로 전환하는 이른바 '건성(建省)' 작업에도 나섰다. 신장웨이우얼 지역은 1884년 신강성으로, 대만부를 두고 일부 지역에만 통치권을 행사하던 대만은 1885년 대만성을 각각 신설해서 직접 통치에 나섰다.

류큐 병합이 청의 분노를 유발한 것은 이리 반환 문제로 청이 러시아의 군사적 갈등에 놓인 틈을 타 이뤄졌기 때문이었지만 더 큰 이유는 '조선 문제'에서 비롯됐다.

청은 일본이 메이지 유신 이후 근대화 과정에서 소진된 국고를 채우기 위해 류큐 병합에 이어 남으로는 대만, 북으로는 조선으로의 영토 확장을 우려했다. 류큐 병합으로 초래될 "조선의 근심"은 곧 "중국의 근심"이었다.

같은 조공국이지만 청에서 멀리 떨어진 베트남이나 미얀마와 달리 조선의 위기를 청이 심각하게 받아들인 것은 조선의 지정학적 중요성 때문이었다.

조선은 청에 "러시아의 남하 정책과 일본의 대륙 진출 정책을 저지할 쐐기돌이면서 청이 사활을 건 청 왕조의 요람인 봉천과 길림 등 동북 3성의 제1방어선이고 전체 북중국의 1차 방어선"이었다.[6] 이는 남하하는 러시아나 대륙으로 진출하려는 일본에는 한반도가 반드시 확보해야 할 아시아의 요충지라는 의미이기도 했다.

주일 청국 공사인 하여장은 "조선이 망하면 우리의 왼팔이 잘리고 울타리가 모두 없어지니 후환을 더 이상 말할 필요도 없다. 그래서 서양의 논자들은 모두 '아시아에서 조선은 유럽에서의 터키와 같아서 반드시 서로 다투는 요충지'라고 말한다"라고 했다.[7]

류큐 병합으로 일본과 한동안 지속되던 '연일제서'의 환상이 사라지자 청은 기존의 조선 정책을 재검토하기 시작했다. 일본이 서구의 위협을 막기 위해 협력할 상대국이 아니라 한반도를 향해 야욕을 드러낸 청의 위협 요인으로 인식되면서다.

청의 이러한 인식은 조선에 대한 불간섭주의에서 이탈로 이어졌다.

청은 그동안 조선에서 천주교 선교사 탄압이나 제너럴셔먼호 사건과 관련해 프랑스와 미국이 조선과의 협의 중재나 주선을 요청할 때마다 불간섭 원칙을 고수했다. 조선이 청의 속방이지만 정교와 금령은 조선의 고유 권한이라는 이유에서다. 불간섭 원칙은 조선 문제에 적극적으로 관여하면 청이 떠안게 될 책임을 우려했기 때문이었지만 종주국으로서 조선에 대한 책임을 회피한다는 비난의 원인이 되기도 했다.

청일수호조규 1조에서의 '소속 방토 불침월'이라는 규정이 일본의 침략에서 류큐나 조선과 같은 조공국을 보호해줄 것이라던 청의 기대도 류큐 병합으로 산산조각이 났다. 근대적 국제질서 안에서 속방국 조선에 대한 새로운 지위 규정이 필요했다.

청, '조선은 청의 제1방어선'

류큐 병합 직후인 1879년 5월 푸저우 전 순무인 딩르창(丁日昌)이 조정에 상주문을 올렸다. 그는 "조선으로 하여금 서구 제국들과 조약 관계를 맺도록 장려함으로써 서구 각국의 통상적 이득이 일본의 정치적, 영토적 야심을 통제할 수 있도록 하자"라고 제안했다.[8]

북쪽에서는 이리 문제를 놓고 러시아와 군사적 긴장이 고조되고 류큐 병합에 이어 조선을 향한 일본이 팽창 의도가 짙어지는 상황에서 한반도에서 '통상적 균형(an equilibrium of commercial interest)'을 창출해 현상을 유지하자는 안이었다.[9]

청 조정의 안보 위기감은 조선에 대한 기존의 '불간섭주의'에서 벗어나 새로운 대조선 정책인 '신조선 정책(New policy toward Korea)'으로 이어졌다. 신조선 정책은 조선에 대해 정교 금령의 자유를 인정하며 간섭을 거부하던 불간섭주의 원칙에서 청이 직접 조선과 서구 열강과의 통

상 조약 체결을 주선하는 이른바 '입약권도책(立約勸導策)'으로의 전환
이었다.

청은 영토 확장이나 정치적 영향력보다는 통상적 이익에 관심이 더
큰 서구 열강과 조선이 조약을 맺음으로써 한반도에서 세력 균형을 유
지해 일본과 러시아의 위협을 억제하고자 했다. 이는 조선을 위한 계획
이지만 사실상 청을 위한 계획이기도 했다. 청의 '신조선 정책'의 핵심
은 현실적으로 전통적 속방 체제의 유지가 어려워지자 근대적 조약 체
제를 통한 세력 균형 속에서 조청 속방 관계를 유지하자는 의도였다.

딩르창의 상주를 받은 청 황제는 1879년 8월 22일 리훙장에게 "올
해 5월 정일창이 올린 내용을 참조하여 자신의 뜻인 것처럼 하여 조선
에 전달하게 함으로써 일을 미연에 방지하고 외부의 우환을 은근히 제
거할 수 있도록 하라"라고 지시했다.[10]

청은 이에 따라 예부가 관할하던 '조선 문제'를 리훙장의 직예 총독이
관할하도록 개편했다. 예부는 청 조정 6부 중 하나로 종주국인 청과 조
공국의 문제를 다뤄왔다. 청은 그러나 예부가 중국 중심적인 '친중주의
(Sinophilism)'여서 외교 문제를 다루기에는 적절치 않다고 보았다. 조선
에 대한 중국의 태도가 그동안의 속방이나 정교 금령의 자유라는 '자유
방임주의'에서 서서히 단호함을 띠기 시작한 것은 이때부터였다.[11]

조선과의 교섭을 넘겨받은 리훙장은 조선의 원로대신인 이유원과 비
밀 서신을 주고받으며 조선과 협의를 이어갔다. 표면상 불간섭주의를
유지하기 위해서였다.

리훙장과 이유원의 서신 교환은 1878년 12월 15일 세자 책봉을 위
해 청을 방문했던 조선 원임 태사 이유원의 서한으로 시작됐다. 이유원
은 리훙장에게 보낸 서신에서 "조선이 상국(上國)에게 속국(屬國)인 것
은 천하가 아는 바이지만 영국과 러시아, 일본이 갈등을 일으키기 일쑤"

라며 대외 관계의 어려움을 호소했다.[12]

리훙장은 류큐 병합 이후 일본이 영국이나 프랑스, 미국 등과 결탁하거나 러시아와 결탁해 영토 확장 음모로 나갈 경우 조선이 위태로울 수 있다는 정세 설명에 이어 일본의 야욕을 저지하려면 독으로써 독을 제압하는 '이독제독(以毒制毒)'의 방안으로 조선이 서구 열강과 조약 체결에 나서도록 권고했다.

리훙장은 1879년 7월 9일 이유원에게 보내는 서신에서 "정말로 시종일관 문을 닫아걸고 스스로를 지킬 수 있다면 어찌 가장 좋은 일이 아니겠습니까. ⋯ 조선은 이미 어쩔 수 없이 일본과 조약을 맺었으니 통상의 일은 이미 그 실마리가 열렸고 각국은 반드시 그 때문에 욕심을 낼 것이지만 일본은 도리어 조선과의 통상을 마치 독점물처럼 여기고 있습니다. 그러므로 현재의 계책으로는 독으로 독을 공격하고 적으로 적을 제압하는 방책을 써서 기회를 틈타 서양 각국과도 조약을 맺고 이를 통해 일본을 견제하는 편이 좋을 것 같습니다. 일본은 그 속임수의 힘을 믿고 병탄 잠식을 꾀하는데 유구를 폐멸한 일은 그런 조짐을 뚜렷하게 드러내주었으므로 조선은 진실로 이에 대비하지 않으면 안 될 것입니다"라고 했다. 또 "유럽의 벨기에와 덴마크는 모두 아주 작은 나라인데 스스로 각국과 조약을 맺은 다음 마침내 아무도 감히 함부로 침략하는 경우가 없습니다"라고 말했다.[13]

리훙장은 유럽의 벨기에와 덴마크의 사례를 들어 약소국인 조선도 각국과 조약을 맺으면 국제법의 보호를 받으며 아무도 감히 침략하지 못하는 국제적인 이익 균형(international balance of interest)을 누릴 수 있다고 설득했다.

이는 청의 외부로부터 위협을 저지하기 위해 조선을 '완충국(buffer state)'화하고 제국 질서의 현상 유지를 원하는 청을 위한 계획이기도 했다. 하지만 조일수호조규 이후 조선은 '왜양일체론'에 대한 국내 반발이 거세지면서 서구 열강과의 조약 체결에 부정적이었다. 조선은 내부 반발을 들어 청에 편승하고자 했다.

이유원은 1879년 10월 7일 리훙장에게 보낸 서신에서 "조선의 본뜻은 다른 나라와 왕래하는 것을 원치 않으며 일본에 개항한 것은 실로 부득이한 일이었습니다. 만약 서양인과 통상한다면 감히 항구를 개방하지 못할 것입니다"라고 했다. 조선이 물산이 적고 보잘것없어 상호 이익이 되지 못할뿐더러 서구와의 추가 개항은 물론 기독교와 아편 판매가 불가하다는 이유였다. 이유원은 그러나 양무운동에 따라 군 현대화에 나선 청에 조선군의 근대화를 위해 군사 교관의 파견을 요청하고 학생들을 톈진으로 유학을 보내 선진 군사 기술을 배울 수 있도록 해달라고 요청했다.[14]

이유원은 또 다음 해인 1880년 3월 19일 리훙장의 '이독제독(以毒制毒)' 논리에 대해 "지금 적을 제압하려 해도 내가 먼저 적의 공격을 받을 것이고 독을 공격하려고 해도 내가 먼저 해를 입을 것이니 진실로 한번 독을 먹고 다시 일어나지 못할까 두려운데 어찌 적을 제압할 겨를이 있겠습니까"라고 말했다.[15]

청의 전통적 정책인 '이이제이(夷以制夷)' 전략은 청에 맞는 전략일 뿐 조선과 같은 소국은 이이제이 전략을 사용하기도 전에 파멸할 것이며 일본의 류큐 강제 병합을 막지 못한 국제법이 조선의 보장책이 될 수 없다며 불신을 드러냈다.

조선은 새로운 조약의 체결보다는 종주국인 청의 안보 우산 아래에서 자국의 안전을 보장받는 현실적 선택을 하기를 원했다.

이유원은 "제 개인적으로 믿고 의지하는 것은 서양과 일본이 대인의 위엄 앞에서 감히 마음대로 행동하지 못하는 것이니 조선은 그 큰 덕에 영원히 의지하면서 중요한 일이 있을 때마다 가르침을 받을 수 있게 되기를 밤낮으로 빕니다"라고 말했다.[16]

1년여에 걸친 리훙장의 조선 설득은 진전을 보지 못하고 끝났다.

조선은 조일수호조규 체결 당시 국내 반대 여론에 대해 일본과 새로운 조약이 아니라 기존의 조·일 관계를 고치는 이른바 중수구호론을 내세워 조약을 관철했다. 하지만 이후 서구와 일본을 동일하게 보는 '왜양일체'에 따른 반발이 거센 상황에서 선뜻 서구 열강과 조약 체결은 쉽지 않았다.

리훙장은 "조선이 여러 나라와 조약을 맺고 통상하라고 권하는 일이 짧은 시간 노력으로는 이루어지기 어려울 것 같다"고 총리아문에 보고했다.[17] 그는 "국제세계로 조선을 인도하는 것은 밤을 새워도 이룰 수 없다"고 한탄했다.[18]

미국,
태평양 시대를 열다

미국 전함이 조선과 통상조약을 체결하기 위해 일본에 도착하자 나가사키 주재 청국 영사 여휴는 북양대신 리훙장에게 이 사실을 급히 알렸다.

당시 이리 지방 반환을 놓고 빚어진 청과 러시아의 갈등이 일촉즉발의 군사적 대립으로 확산하면서 급박했다. 러시아는 청이 리바디아 조약을 일방적으로 파기하자 이에 격분해 1880년 5월 20여 척의 러시아 함대를 서해에 배치하고 6월 이리 지역 인근에 러시아 지상군 9만 명을 배치했다. 러시아의 군사적 위협에 청 역시 톈진의 해안 방어를 강화하고 일전불사의 자세를 보이면서 양쪽의 긴장은 최고조 상태였다.

하여장 공사는 "미국과 영국과 프랑스와 러시아가 조만간 조선을 침공할 것"이라는 주일 영국 공사 파크스의 말을 전하면서 "조선은 이미 이 이상 더 쇄국만을 고집할 수 없으며 한두 나라와 통상 수호하는 게 유익무해하며 그렇지 않으면 러시아가 먼저 조선을 점령할 것"이라고 주장했다.[19]

청과 러시아의 강 대 강 대립 속에 미국 대표단의 일본 도착은 청을 긴장하게 했다. 조선과 수호통상조약 체결에 나선 미국이 일본 정부의 협력을 희망하는 데에는 미국이 조선은 청국의 속방이 아니라고 규정한 강화조약을 승인하고 조선 문제에 있어 청국보다 일본 측의 영향력을 한층 중시하는 것일 수도 있다고 보았다.[20]

러시아와의 대립에 이어 미국과 일본의 공동 위협까지 받게 될 경우 고립된 청은 동아시아에서 자국의 지위를 위협받게 될 수도 있다는 점을 크게 우려했다.

슈펠트 제독은 1880년 4월 15일 미국의 전함 티콘데로가호(Ticon-deroga)를 이끌고 일본 나가사키에 입항했다. 1878년 미국을 떠나 아프리카와 인도양, 홍콩을 거쳐 아시아로 항해해온 슈펠트의 임무는 미국의 통상 증진이었다. 그의 일본 방문도 조선과 통상 조약의 체결 가능성을 타진하기 위함이었다. 에바츠(W. M. Evarts) 미국 국무부 장관은 1878년 11월 9일 슈펠트에게 조선 연안을 통과하는 선박의 난파시 선원 구조와 호송을 위한 조약 체결이 가능한지 알아보도록 지시했다.

앞서 베이징 주재 미국 대리공사 윌리엄스(Williams)는 조선과 조약 체결 가능성이 높다고 미 국무부에 보고했다. 제너럴셔먼호 사건 이후 1870~1872년 청국 주재 미국 공사 로우(Low)에 의한 조선과의 개항 교섭이 성과를 이루지 못했지만 1874년 쇄국정책을 추진하던 대원군이 물러나고 고종이 친정에 나서면서 조선의 정치적 분위기가 개항 교섭에 좀 더 우호적으로 바뀌었다고 했다. 또 조선이 일본과 난파 선박과 선원의 처리 규정을 포함하는 1876년의 조일수호조규 체결로 가까워진 것도 조선의 개국 통상 외교에 활용할 수 있다고 보고했다.

에바츠 국무장관은 슈펠트의 원활한 업무를 위해 일본 외상이 조선 정부에 슈펠트를 소개하는 서한을 보내달라고 요청하라고 빙햄(J. A. Bingham) 주일 미 공사에게 훈령을 내렸다.[21]

일본에 도착한 슈펠트는 빙햄 공사의 주선으로 일본 외무경 이노우에 카오루가 주부산 일본 영사 콘도마스케에게 "일미 양국 간의 우호 관계를 고려하여 가능한 한 주선하여 주기 바란다"라는 소개장을 받을 수 있었다.

미국, 일본에 조선 수교 의뢰 실패

슈펠트는 이 서한을 가지고 조선과의 조약의 체결 가능성을 타진하기 위해 5월 4일 부산항에 입항했다. 동래부사 심동신은 그러나 "아국은 미국과 언어가 불통이요 멀리 떨어진 나라"라는 이유로 슈펠트의 서한을 정부에 전달해달라는 미국 쪽의 요청을 단호히 거절했다. 또 (일본) 영사에게 "일본인은 양이와 조선에서 싸워서 토멸 당한 것을 알면서도 이같이 미국의 수호 알선을 간청하는 것은 교린 후의를 결하는 처사이니 더 괴롭히지 말라"며 퇴거를 요구했다.[22]

1차 시도에서 실패한 슈펠트는 또다시 일본 정부에 중재를 요구했다. 빙햄은 1880년 5월 21일 일본 외무경 이노우 가오루에게 통상 교섭을 요구하는 슈펠트의 서한을 조선 정부에 보내달라는 서한을 보냈다.

빙햄은 이 서한에서 "근래의 세계 정세는 과거의 정세와 아주 다르고 외국과의 교섭을 거부하는 것이 불가능하다는 것은 다 아는 일이며 중국 역시 같은 경험이 있다. … 조선이 미국의 요구에 따르는 것이 조선의 국익과 독립에 도움이 되지만 그렇지 않을 경우 큰 해가 닥치거나 전쟁의 위험에 빠질 수 있다는 것을 알려달라며 회신이 올 때까지 60일간 나가사키에 머물겠다"라고 말했다.[23]

하지만 이러한 미국의 2차 시도 역시 무산됐다. 조선 정부는 8월 13일 2차 수신사로 일본에 파견된 김홍집을 통해 일본에 전달한 답서에서 "고려는 바로 전대 왕조의 국호로, 조선과 국호가 서로 다른데 어찌 받을 수 있겠냐"며 슈펠트의 서신 원본을 일본 외무성을 통해 빙햄 공사에게 반려했다.

미국이 이처럼 적극적으로 조선과의 수교 교섭에 나선 이유는 무엇일까.

미국이 극동으로 진출하기 시작한 것은 미국의 독립 혁명 전에 청국산 차와 면화 그리고 중국인들이 약으로 이용하였던 인삼을 통해 아시아를 알게 되고 보스턴 항을 포함한 중국으로 가는 여러 항로가 열리면서다.[24]

보스턴 항을 출발한 미국의 선박들이 남아메리카 대륙의 최남단을 돌아 태평양을 거쳐 중국으로 이어진 험난한 여정을 오가면서 중국과의 무역량은 꾸준히 증가했다.

청의 광둥 무역 체제에서 미국의 대청 무역은 아편전쟁 직후 1843년 청과 조약을 체결하기 전만 하더라도 청국으로부터의 수입에 비하여 수출이 5배나 격증했다.

1842년 영국이 청과 난징 조약을 체결해 5개 항구를 개설하자 이에 자극을 받은 미국의 웹스터 국무장관은 1844년 8월 청·미 간의 무역 문제에서 최혜국 조관을 얻도록 커싱 특사를 파견했다. 미국은 같은 해 8월 24일 청과 망샤 조약을 체결함으로써 미국 상인이 청국 광주, 복주, 하문, 영파, 상해 등 5개 항에서 통상할 수 있는 권리를 향유하게 되었다.[25]

대서양 연안에서 시작한 미국에 태평양 시대가 열린 것은 1850년대 들어서다. 멕시코와의 전쟁을 끝낸 미국은 1850년 캘리포니아를 자국의 영토로 편입하면서 대서양에서 태평양에 이르는 방대한 영토를 획득했다.

미국의 태평양 시대 개막은 1783년 미시시피 강 동쪽의 영토를 차지하고 1803년 3대 대통령인 토머스 제퍼슨이 미시시피 강 너머의 루이지애나를 매입하면서 서부로의 진출을 본격화한 지 반세기만의 일이었다.

당시 2차 아편전쟁에 관심이 쏠려 있던 영국이나 아무르 강 지역에서 자국의 지위를 확고히 하는 데 관심이 높았던 러시아와 달리 미국은 태평양의 강국으로 성장하는 과정에 있었다. 오리건과 캘리포니아는 미국 영토에 귀속되어가고 있었고 일본 연해를 미국 해운 항로에 포함하는 태평양 횡단 기선 항로를 개척하려는 미국에 일본은 석탄 공급기지로서 가망성이 있었다.[26]

태평양에 진출한 미국은 청과의 망샤 조약에 이어 1853년 포함을 동반한 페리 제독을 일본에 보내어 다음 해인 1854년 미·일 화친조약을 체결했다. 미국은 아세아와 태평양에서 상업제국으로서 기초를 굳건히 세워놓았다.

1858년 일본과의 수호통상조약 체결을 성공적으로 마무리한 이후 1861년 미국 국무장관 윌리엄 시어드는 앞으로 세계 강대국들이 태평양을 그들의 주요 무대로 삼게 될 것이라고 언급하면서 미국은 아시아로의 관심을 넓혀왔다.[27]

미국, 왜 조선과 수교 교섭 나섰나

아시아라는 '거대시장'의 상업적 가치에 눈을 뜨기 시작한 미국은 제너럴셔먼호 사건을 통해서 일본에 이어 조선에 본격적으로 관심을 두기 시작했다.

1866년 8월 평양 대동강 입구로 거슬러 올라와 통상 무역을 요구하다 배가 소각되고 선원 전원이 처형을 당하자 미국은 사건 진상을 조사하기 위해 1867년 와추셋호를, 1868년 페어버그호를 조선에 각각 보낸 바 있다.

당시 청의 미국 총영사로 있던 시워드는 1868년 9월 국무성에 제출한 보고서에서 "대조선 사절 파견의 목적은 양 국가 간의 우호 통상조약을 체결하는 데 있다. 소기 목적의 실효를 거두게 될지는 의문이나 이를

시도하여 보는 것도 좋을 것이다"라며 조선과의 통상조약 필요성을 다음과 같이 설명했다.[28]

시워드 총영사는 "우리 미국은 청과 일본 해안지에 각각 3개 항구를 보유하여 이를 이용하고 있는데 바로 이들 양국 사이에 조선 반도가 위치하고 있어 태평양 항로의 북방지점 기선들은 조선 반도 해안이 거의 보이는 거리에서 항해하고 있다"며 동아시아 연안에 길게 뻗어 중심에 자리 잡고 있는 조선의 지리적 위치로 인해 선박에 필요한 석탄 공급은 물론 앞으로 무역 발전에도 낙관적이라고 전망했다.

미국의 낙관적 기대에도 1871년 신미양요로 조선과 미국 양국이 충돌하면서 큰 성과를 보지는 못했다. 19세기 말 미국은 유럽이나 아프리카, 아시아 등지에서 강대국들의 세력다툼에 그 영향력을 행사하기에는 아직 힘이 미약한 상태였다. 특히 북미 대륙에 관한 미국의 외교정책으로 '먼로독트린'이 하나의 공인된 전통이어서 미국은 자연히 아시아에서 자국의 문제를 다룰 경우 힘을 제한하는 상태였다.[29]

일본의 주선을 통해 조선과 통상조약 체결 가능성을 타진하려던 슈펠트의 시도가 사실상 수포가 된 1880년 7월 23일 리훙장이 슈펠트를 톈진으로 초청했다. 러시아와의 군사적 대치는 물론 류큐 통합 이후 조선에 대한 일본의 위협이 높아지자 조선에 조약 체결을 권고했던 리훙장의 초청은 미국에 새로운 가능성이 열리는 것이었다.

미국이 조선과 통상조약을 체결할 수 있는 길은 첫째로 일본에서처럼 포함외교(Gun-boat diplomacy)'라는 무력시위이고, 둘째로 조선과 수호조규를 체결한 일본의 협조를 얻는 방안이며, 셋째로는 중국의 협조를 얻는 길이었다.

첫 번째 안인 무력시위는 1871년 신미양요 당시 이미 실패한 상태였고, 두 번째 안인 일본의 알선을 통한 수교는 1880년 일본에 도착한 슈펠트가 이미 2차례에 걸쳐 시도했지만 조선의 완강한 반대와 일본의 비협조 속에 무산된 상태였다.

남은 길은 조선의 종주국인 청의 중재와 알선을 받는 세 번째 안이었다. 하지만 미국은 이미 신미양요 때 조선에 군사 원정대를 보내기 전 청에 알선을 요구했으나 "조선은 속방국이나 정교 금령은 자유"라는 청의 불간섭주의로 거절당한 바 있다.

청의 조선에 대한 불간섭주의는 청이 단독으로 조선을 완전히 지배할 수 있을 때 가능하다. 당시 북쪽으로는 러시아가, 남쪽으로는 일본이 각각 한반도에 침입할 가능성이 높은 데다 병인양요, 신미양요에서 조선에서 물러났던 미국과 프랑스와 일본의 협력은 청의 고립으로 이어질 수도 있다는 점이 조·미수호조약의 체결 가능성을 열어주었다.

한 달 뒤인 1880년 8월 26일 슈펠트는 텐진에서 리홍장을 만나 세 시간에 걸쳐 미국이 조선과의 통상조약 체결에 나선 배경을 설명했다.

슈펠트는 "미국이 조선과 통상을 가지려는 목적은 극동 제국과의 무역에서 그의 중간을 횡단하는 조선의 지정학적 위치 때문"이라며 "조선 해안에서 난파되어 표류하는 미국 선원의 생명 재산의 보호를 규정한 조약을 조선 정부로부터 획득하는 것이 중요하다"라는 본국 정부의 희망을 전달했다.

리홍장은 이에 조미조약의 교섭을 추진하기 위하여 조선 정부에 대하여 그의 영향력을 발휘할 것을 약속하고 이 뜻을 본국 정부에 전달해 줄 것과 조선 정부와의 교섭 결과는 주북경 미국 공사를 통해 알려주겠다고 약속했다. 리홍장의 주선 약속을 받은 슈펠트는 1년 9개월간의 긴 여정을 마치고 1880년 11월 8일 샌프란시스코에 도착한 뒤 워싱턴으로 직행해 조·미 통상의 가능성을 보고했다.[30]

"앞으로는 양(洋)'이니 '왜(倭)'니 떠들지 마라"

"황준헌: 오늘날 세계 상황은 4천 년 역사에서 전례가 없던 것이며 더 이상 고대의 치료제를 갖고 현재의 질병을 치료하는 것은 불가능하다.

김홍집: 조선이 어떻게 러시아의 위협을 피할 수 있는가.

황준헌: 세력 균형의 권리, 즉 서구 국가들이 하는 전략인바 강력한 이웃 국가에 의해 위협받는 나라는 세력 균형을 만들기 위해 다른 나라들과 동맹을 맺는 것이다.

김홍집: 이 충고를 조정에 전달하겠다."[31]

조일수호조규 체결에 따라 1876년 4월 일본을 방문한 1차 수신사에 이어 조선의 2차 수신사가 일본에 도착한 것은 1880년 7월 6일이었다. 당시 일본은 하나부사를 조선 공사로 파견해 원산과 인천 등의 개항을 요구하고 있었다. 수신사를 이끈 예조참의 김홍집은 일본의 의중과 국제 정세를 탐문하는 한편 조·일 무역 규칙에서 무관세 조항으로 논란이 된 불평등한 관세 문제를 일본 쪽과 협의해야 했다.

조선의 무관세 조항의 개정 요구에 일본 쪽은 김홍집이 전권을 부여받지 않았다며 거부해 진전을 보지 못했지만 김홍집은 별도로 4차례 청 공사관 관계자들을 만났다.

1879년 청의 리바디아 조약 파기 이래 지속된 러시아와 갈등이 동아시아 전쟁 위기로 확산하면서 러시아의 조선 침략 가능성에 대한 논의가 이어졌다.

일본 일정을 마친 조선의 2차 수신사가 9월 6일 도쿄에서 출발하기 이틀 전 황준헌은 자신이 쓴『조선책략(*A Strategy for Korea*)』을 김홍집에게 건넸다.

황준헌은『조선책략』에서 러시아의 동방정책을 탐학의 상징인 중국 고대 진나라에 빗대어 '낭진(浪秦) 같은 정복욕'이라고 비난했다. 황준헌은 "표트르 대제에 이어 알렉산드르 2세에 이르러 중앙아시아를 차지한 뒤 오스만 튀르크 병합에 실패한 러시아는 동쪽으로 영토를 확장하려 하였다. … 러시아가 강토를 공략하려 한다면 반드시 조선부터 시작할 것"이라고 주장했다. 러시아의 위협을 피할 대책을 묻는 김홍집에게 황준헌은 '친청(親淸), 결일(結日), 연미(聯美)'의 세력 균형책을 제시했다. "중국과 친하고 일본과 맹약을 맺으며 미국과 연계함으로써 자강을 도모하는 길뿐"이라고 말했다.[32]

조선책략과 청의 주선

김홍집은 고종에게『조선책략』을 전달했고 이는 조정 안팎에서 큰 논란을 불러왔다.

1880년 10월 11일 열린 어전회의에서 다수의 대신이 서구의 종교는 거부해야 하지만 서구와 분쟁으로 이어질 필요는 없고 미국과 조약에 우호적인 대응이 필요하다는 의견들을 내놨고 고종은 대신들의 의견에 동의했다. 조선이 긴 고립의 시기를 끝내고 청을 포함한 외교 관계에서 혁명적 변화를 가져오는 역사적인 첫발을 떼는 것이었다.

조정의 변화와 달리 조정 밖에서는 유림에서『조선책략』에 대한 반대가 거셌다. 1881년 2월 26일 만인소에 이어 5도 유생들이 개화정책을 반대하는 상소를 했고 같은 해 8월 29일 미국과의 수교 협상에 우호적인 고종을 폐하고 대원군의 서자 이재선을 추대하려다 미수에 그치는 사건도 발생하며 조선을 긴장으로 몰아갔다.

영남 유생 이만손 등이 1881년 2월 26일에 연명으로 올린 '영남만인소'는 '원교근공(遠交近攻)'의 논리를 세워 황준헌의 '친청, 결일, 연미책'을 정면으로 반박했다.

이들은 "중국은 우리가 섬겨온 나라로 신의가 서로 두터운지가 거의 2백 년이나 되었다. 일본은 우리의 기미국(羈縻國)인데 관문과 요새의 험하고 평탄함을 저들이 이미 익숙히 알고 있으며, 수륙의 요충지를 저들이 이미 점거하고 있으니, 만에 하나라도 우리나라가 대비가 없음을 엿보고 제멋대로 쳐들어온다면 장차 어떻게 저지하겠는가. 미국은 우리가 평소 잘 모르는데, 풍랑을 헤치고 와서 우리 신료들을 피폐하게 하고 우리 재물을 자꾸 없애니, 만에 하나 우리나라가 비었음을 엿보고 우리의 약함을 업신여겨 따르기 어려운 청을 강요하고 계속 대기 어려운 비용을 떠맡긴다면 장차 어떻게 응할 수 있겠는가. 러시아는 우리가 본래 혐의하지 않던 나라인데 공연히 남의 이간질하는 말을 믿고서 우리의 체면에 손상을 주면서 먼 나라는 치고 가까운 나라와는 친교를 맺어 조처가 전도되었으니, 헛소문이 먼저 퍼져 이것을 구실삼아 틈을 만들어 전쟁의 단서가 이어진다면 장차 어떻게 구원할 수 있겠는가"라고 주장했다.[33]

『조선책략』으로 조선 내부 대립이 격심해진 가운데 조선과의 수호통상조약 체결 교섭을 준비하라는 훈령을 받은 슈펠트는 샌프란시스코를 떠나 1881년 7월 1일 텐진으로 돌아온 뒤 리훙장을 만나 미국 정부의 서한을 제출했다.

슈펠트에게 조선과의 통상조약 주선을 약속했던 리훙장은 진퇴양난에 빠졌다.

병인양요와 신미양요에서 프랑스와 미국의 침공으로 희생당한 조선 인들이 반감이 크게 남아 있었던 데다 하루아침에 서구 오랑캐에 대한 정책을 바꾸는 데 따른 국내 반발 여론을 의식한 조선은 『조선책략』이 후 소극적 자세로 바뀌었다.

조선이 주춤한 가운데 러시아의 해군 장관이 10월 일본을 방문하기 로 하자 주일 청국 공사 하여장은 〈주지조선외교사의〉를 작성해 청 주 도의 조약 체결을 촉구했다. 더 나아가 "만약 조선으로 하여금 스스로 조약을 체결케 하면 각국은 조선을 자주국으로 인정할 것이고 중국의 속국이란 명칭은 홀연히 없어지게 될 것이다. 이러한 이유 때문에 청정 은 조선에 대해 속방이란 명칭을 유지하고 동시에 노국의 남하책을 방 지하기 위해서는 반드시 조미조약을 이용해 주도권을 장악하여야 한다" 라고 강조했다.[34]

리홍장은 이에 황제에게 조선을 대신해 청이 조약 체결을 대행하는 안을 제시해 승인을 받으면서 미국과 청의 교섭이 본격화됐다. 조선이 조약 체계와 서구 관례에 취약하기 때문에 서구 국가들과 조약을 체결 키로 한다면 청이 대신 협상하고 분규를 막기 위해 중재자로 나서야 한 다는 것이었다.[35]

리홍장은 1881년 12월 15일 슈펠트에게 "조선에서 사신을 파견하 여 미국과 조약 교섭을 하겠다는 통고가 왔고 그 시기는 내년 봄을 희망 한다"는 사실을 통보했다.[36]

미국 정부는 조미 간이 교섭 체결 가능성이 높아지자 조난 선박의 구 조를 중심으로 한 협상 지침을 내렸다. 미국 국무장관 프릴링하이젠(F. T. Frelinghuysen)은 1882년 1월 6일에 슈펠트에게 "조선과의 조약 체결 시 반드시 조난 선박의 구조를 집어넣어야 한다"라고 강조했다. 또 "통 상조약과 관련해 미국과 통상을 하지 않는 조선과의 조약 체결시 문호를 여는 첫 발걸음인 만큼 처음에 지나치게 많은 이익을 획득하려고 하지 말며 조선 조정과 사람들에게 불신을 주지 않게 조약의 조항을 단순하고 소수로 할 것 그리고 작게 양보하지만 절대적 이익을 획득하며 이 조약이 미래 이익을 보호할 것"이라고 방향을 제시했다.[37]

조선의 수교 방침이 정해지면서 슈펠트는 1882년 3월 25일 리훙장과 만나 본격적인 사전 교섭에 나섰지만 처음부터 어려움에 직면했다. 청 쪽이 미국 쪽에 조선이 청에 종속되어 있다는 사실과 함께 거중조정 조항을 명기할 것을 주장했기 때문이다.

사전 면담에 대해 슈펠트는 다음과 같이 국무장관에게 보고했다.

"나는 리훙장에게 정부 훈령에 부합하는 것으로 여겨지는 조약 초안을 전달했고 리훙장도 반대로 초안을 제시했는데 그 초안에는 조선의 '유사-정치적 의존(the quasi-political dependence of Korea)'을 규정하고 있었지만 그것은 결코 우리의 요구와 화해할 수 없는 것이다."[38]

슈펠트가 문제를 제기한 청의 조약 초안 중 1조는 조선이 청의 속방국(Chosen, being a dependent state of the Chinese Empire)이지만 정교 금령의 자주 국가라는 점과 거중조정 조항을 담고 있다.

리훙장은 2월 초 황제에게 올린 상주문에서 "일본 국서 1절(강화조약 제1관에 조선을 자주로 규정)에 다소 애매한 데가 있어, 즉 속방 체제에 장애가 되고 있다"며 "조선 왕은 오래 중국의 책봉을 받았으니 조선이 일본국과 타국에 주는 공문서에 (중국의) 봉호를 사용하게 하면 국정은 비록 전선에 의하여 자주적으로 한다 해도 중국 속방의 명칭은 잃지 않는다"라고 보고했다.[39]

슈펠트는 그러나 조선 속방 조항의 삭제를 요구했다. 그 이유로 첫째, 반(半)주권국가는 조약 체결시에 원래 자주로 할 수 있으며 조선과 조약을 체결하는 데 굳이 중국의 속방임을 명문화할 필요는 없다고 했다. 둘째는 조선과 미국 양국이 평등한 위치에서 의약하는 데에 중국이 내세우는 '조선 속방' 삽입 운운은 조약의 본뜻과는 서로 관련되지 않는 것이다. 셋째 원래 토의한 조약 초안에 서로 돕고 보살피는 원호(援護) 조항이 있는데 이번 본국 정부의 훈령을 받을 때 전적으로 통상조약 체결만을 지령받았기에 원호 조약을 협의하여 체결할 권한은 없다고 했다.[40]

양쪽의 견해 차이로 2차례 회담이 결렬되고 열린 4월 4일 슈펠트와 리훙장과의 2차 본회담에서 리훙장은 "만약 제1관이 허가되지 않는다면 중국은 이 일에 관여하지 않겠다"며 강하게 반박했고 슈펠트는 이를 논박한 영문 조회 초안을 남겨둔 채 자리를 박차고 떠났다. 미국과 견줘 청의 조약 체결 필요성이 높았던 상황에서 슈펠트의 완고한 태도에 청은 물러설 수밖에 없었다.[41] 이에 따라 양쪽은 속방 문제를 제외한 나머지 조항에 대해 세부 논의를 진행하되 속방 조항은 미국 정부의 회신을 기다려 재의하기로 합의했다.

슈펠트의 보고에 미국 정부의 회신이 늦어지자 리훙장은 속방 조항을 조약 내에 명백히 기재할 수 없다면 조인을 기다린 뒤 조선이 따로 미국 국무부에다 보내는 조회 내에 "조선은 자고로 중국의 속방이나 내정 외교는 항상 자주에 귀임한다"라고 명시하여 수교하기로 타협을 보았다.[42]

조약 1조는 거중조정 조항으로, 타국의 어떠한 불공평이나 경멸하는 일이 있을 때 일단 통지하면 서로 도와주며, 중간에서 잘 조처하도록 했다. 이 조항은 리훙장에 의해 삽입된 것으로 조선에 대한 일본과 러시아의 음모를 저지하기 위한 것이었다. 조약 2조는 양국 전권대신의 수도 상주를, 3조는 조난 선박에 대한 구조를 규정했다. 4조는 미국인에 대한 치외법권을 인정하지만 조선이 사법 개혁을 완성하면 특권을 없애는 데 합의했다. 5조는 해관세와 수출입품에 대한 세금을 내되 조선에서 관세는 조선의 규칙에 따르고 조선의 징세권을 인정함으로써 관세 자주권을 허용했다.

7조와 8조는 인천항에서 미곡 수출 금지와 비상시 미곡 수출을 금할수 있게 하고 아편 수입을 금지하는 한편 14조에서는 미국의 최혜국 대우 규정을 인정했다.[43]

미국과 청은 개략적 합의가 끝나자 1882년 5월 22일 제물포항에 입항해 조선 쪽 대표인 신헌과 조미수호통상조약을 체결했다. 조선은 청의 요구에 따라 슈펠트에게 미국 대통령에게 보내는 속방 조회문을 건넸다.

조미수호통상조약 체결과 척양비 제거

고종은 5월 24일 서한에서 "비록 조선이 이제껏 청의 번국이지만 조선의 내정과 외교에 대한 행위는 전적으로 독립된 주권 국가로서 조선의 수중에 달려 있다"며 조선이 청에 속국인 것과 관련해 미국은 조선이 이런 점에서 받게 될 의무가 무엇이든 간에 절대 우려할 필요가 없다"고 밝혔다.[44]

아서(Chester A. Arthur) 미국 대통령이 1882년 7월 29일 상원에 조미수호통상조약안을 송부했고 1883년 1월 9일 비준됐다. 비준서는 1883년 5월 19일 서울에서 교환되었고 조·미 조약은 1883년 6월 4일 선포됐다. 이미 미국의 초대 공사 푸트(Lucius H. Foote)는 서울에 도착해서 왕과 왕비의 극진한 대우를 받았다.[45]

아서 대통령은 푸트를 통해 전달한 회답 국서에서 "조선과 중국과의 관계는 미국 상민의 활동에 지장을 주지 않는 한 관여하지 않을 것이다.

미국은 귀 군주가 내치외교와 통상을 자주(自主)하고 있음을 잘 알고 있다. 의회는 조선과의 수호에 동의하였으며 본인도 이를 비준하였다. 미국은 조선이 자주국이 아니라면 조약을 체결하지 않았을 것이다"라고 밝혔다.[46]

미국은 청에 이어 일본의 개항과 조선의 개항을 이끌어내는 최초의 통상조약을 주도하면서 마침내 태평양을 건너 동아시아에서 주요 행위자(actor)로 등극하는 첫발을 내디뎠다. 당시 조선에 파견된 미국 공식 외교사절의 지위는 청과 일본과 같은 특명전권공사로 미국의 조선에 대한 기대를 엿볼 수 있다. 미국의 해군사 학자 폴린(Charles Oscar Paullin, 1869~1944)은 미국 독립전쟁과 스페인-미국 전쟁 사이 3/4세기 중 극동에서 미 해군의 가장 중요한 일은 조선 개항이었다고 평가했다.[47]

조미수호통상조약의 체결 직후 조선과 서구 각국의 조약 체결이 이어지면서 조선은 서구 열강들의 진출 무대로 바뀌었다.

조미수호통상조약이 체결되고 2주 뒤인 6월 6일 조선은 청의 주선 아래 조영수호통상조약을 체결한 데 이어 같은 달 28일 조독수호통상조약을 체결했다. 2년 뒤인 1884년 7월 7일 러시아와 조러수호통상조약을, 다시 2년 뒤인 1886년 6월 4일 프랑스와 조불수호통상조약을 체결한 조선은 본격적인 근대적 국제질서로 진입했다.

조영수호통상조약 체결 뒤 조선이 속방 조회문을 보내자 영국 외교관인 허츨렛은 "우리가 어떻게 이러한 유사 의존 상태를 인정하면서 동시에 조선 왕이 영 여왕과 같은 위치를 지닌 대등한 조선으로 취급할 것인가는 혼란스러운 문제(puzzling problems)"라고 지적했다.[48] '속방이면서 자주국'인 조선의 이러한 이중적 지위는 이후 한반도에 진출한 열강들의 경쟁과 음모를 촉발하는 원인 중 하나였다.

주청 영국 공사 파크스는 "청의 안보에 핵심적인 조선을 서구 열강에 개방하는 것 외에도 이들 조약에는 청이 일본의 접근뿐 아니라 청에서 서구 열강의 접근을 염두에 둔 것으로 보인다. 청에 대한 조선의 의존 선언은 조일조약에서 조선을 독립 국가로 선포하도록 설득하고 류큐에서 보여준 일본의 행위에 대한 응수다. 그것은 베트남에서와 같이 조선이 전적으로 청에 독립해 행동하지 못하도록 또한 의도된 것이다"라고 분석했다.

서구와의 조약 체결이 이어지자 고종은 8월 5일 척양비를 제거토록 했다.

"근년 이래로 천하의 대세는 옛날과 판이하게 되었다. … 우리나라도 병자년(1876) 봄에 거듭 일본과 강화도 조약을 맺고 세 곳의 항구를 열었으며, 이번에 또 미국·영국·독일 등 여러 나라와 새로 화약(和約)을 맺었다. … 상대 쪽에서 화의를 가지고 왔는데 우리 쪽에서 싸움으로 대한다면 천하가 장차 우리를 어떤 나라라고 할지를 어찌하여 생각하지 않는단 말인가? … 다시는 '양(洋)'이니 '왜(倭)'니 하면서 근거 없는 말을 퍼뜨려 인심을 소란하게 하지 말라. … 이미 서양과 수호를 맺은 이상 서울과 지방에 세워놓은 척양에 관한 비문들은 시대가 달라졌으니 모두 뽑아버리도록 하라."[49]

근대적 조약 체제로 조선의 진입은 류큐 왕국의 일본 편입과 이리 지방을 놓고 러시아와 청의 긴장이 고조되면서 조선에 대한 러시아와 일본의 침입 가능성을 견제하기 위한 청의 외교적 책략에 상당 부분 기인했다.

리훙장으로서는 중국의 전통적인 '이이제이(以夷制夷)' 정책이 조선에서 훌륭하게 실현된 것으로 믿을 수밖에 없었다. "외교의 지평선은 맑다"라고 한 그의 호언은 당시 이런 정황을 상징한다.[50]

근대적 조약 체제로 진입은 이후 조선에는 본격적으로 근대적인 선진 과학기술 문물의 수용과 함께 근대적 국가로 나아가는 계기가 되었다. 동시에 조선이 19세기 한반도에 진출한 열강의 경쟁 무대로 바뀌면서 열강의 패권 경쟁과 음모에 휘말리는 출발점이 되기도 했다.

인천, 조미수호통상조약의 현장을 가다

인천의 옛 도심에 있는 응봉산은 해발 69m의 낮은 구릉이지만 이곳에 오르면 서해가 눈앞에 펼쳐진다. 산 정상에는 자유공원이 있고 바로 앞으로는 옛 제물포항인 인천항 내항이, 그 옆으로는 월미도가, 좀 더 멀리는 영종도가 손에 잡힐 듯 가깝다.

미국 전권대사 슈펠트를 태운 전함 스와타라호(Swatara)가 중국 지푸를 떠나 제물포항 앞바다에 도착한 것은 1882년 5월 12일 오후 2시였다. 이곳에는 하루 전에 먼저 출발한 청의 위원함이 있었고 멀리 하나부사 공사가 탄 일본 함정도 닻을 내렸다.

슈펠트의 조선 방문은 15년 만의 일이었다. 1866년 제너럴셔먼호 사건이 발생한 다음 해 1월 미국 아시아 함대의 와츠셋호(Wachusett)가 황해도에 상륙해 제너럴셔먼호 사건에 항의하는 서한을 전달하고 갔는데 당시 와츠셋호의 함장이 슈펠트였다.

조선과 미국의 첫 만남은 이틀 뒤 이뤄졌다. 조선 쪽 전권대표로 임명된 신헌 정사 등이 이날 오전 위원함에 오를 예정이었으나 신헌을 태운 조선의 배가 거센 파도에 밀려 휘청이자 청국 함정이 끌고 가는 소동 끝에 이날 오후에야 만남이 이뤄졌다.

조·미 양쪽은 1주일 뒤인 20일 인천부행관(仁川府行館)에서 신임장을 교환했다. 조인식은 이틀 뒤인 22일 오전 9시 30분 제물포항 산기슭의 임시 막사에서 열렸다. 청의 마젠중과 딩루창 제독이 제물포에 상륙하고 이어 슈펠트 미국 전권대사가 상륙했다. 스와타라호의 쿠퍼 함장 등 수행원 15명과 호위병 20명도 뒤를 따랐다.

슈펠트는 조선에서 준비한 가마 사용을 거절하고 걸어서 미국 성조기와 '태극도형기'가 게양된 임시 막사가 있는 조약 체결지로 향했다. 청국 쪽 대표들이 별실로 퇴장한 가운데 신헌 정사는 막사를 찾은 슈펠트와 차를 마시고 이어 한자와 영어로 된 조약 정문 각 3통에 서명 조인했으며 속방 조회문 1통을 슈펠트에게 건넸다.

조인식이 진행되는 동안 미 해병대는 미국 독립전쟁 당시 애국가인 '양키 두들(Yankee Doodle)'을 합창했다. 단국대학교 김원모 교수는 그 이유로 "미국 독립군은 양키 두들을 부르면서 영국군과 항전했다. 슈펠트는 한·청 종속관계를 타파하고 신생 독립 국가 출범을 강조하기 위해 이 노래를 합창하게 한 것"이라고 밝혔다.[51]

조인식이 끝나자 쿠퍼 함장이 나무에 불을 붙여 미국 전함을 향해 신호하자 미국 전함에서 21발의 축포를 발사했고 조선 대표들도 일어나 답례했다. 이어 25발의 축포를 발사해 청의 협조에 경의를 표하자 위원함에서도 15발의 축포를 발사해 답례했다.

제물포항을 떠난 슈펠트는 상해를 거쳐 7월 29일 미국 샌프란시스코로 돌아갔다.

조미수호통상조약 체결지를 놓고 한동안 논란이 일었다. 당시 조약 체결 사진 등의 기록이 없어서다. 인천시는 동구의 화도진공원을 체결지로 보고 표지석과 함께 조약 체결 모습을 재현해 전시했지만 이후 추가 자료가 나오면서 중구의 올림포스호텔 터로 변경됐다. 하지만 2013년 옛 제물포 지도의 발견과 함께 조미수호통상조약 체결지가 현재의 옛 인천 해관장의 관사 터로 확인되면서 논란은 일단락됐다.

자유공원 입구의 조약 체결지는 2019년 인천시가 옛 인천 해관장의 관사 터로 확인한 곳으로, 이곳에는 현재 가로 1.6m, 세로 1.5m 규모의 표지석이 세워졌다.

조미수호통상조약 체결 이후 곧바로 영국, 독일 등 열강과의 조약 체결이 이어지면서 제물포항은 근대 개항장으로 변모했다. 미국과 영국, 프랑스, 일본, 청, 러시아, 독일 등의 건물들이 들어섰는데 그중 일본인과 청국인의 수가 많았다. 조약 체결지 오른쪽으로는 청 조계지가, 왼쪽으로는 일본 조계지가 자리를 잡았는데 지금도 당시 모습이 많이 남아 있으며 청 조계지는 인천 차이나타운으로 명맥을 잇고 있다.

서구인들의 진출과 함께 서구 문물도 쏟아졌다. 응봉산 기슭에 들어선 외국인을 위한 만국공원(현 자유공원)은 한국 최초의 서구식 정원이었다. 1882년 영국 군함 플라잉피쉬호의 수병들이 제물포항에 상륙해 벌인 축구 시합은 한국 근대 축구의 기원으로 알려져 있다. 한국 최초의 우체국인 인천우체국(1884)과 아펜젤러 선교사가 세운 최초의 감리교 교회인 내리교회(1891), 최초의 서양식 등대인 팔미도 등대(1903) 등도 당시 모습 그대로 남아 있다.

인천은 조미수호통상조약을 시작으로 19~20세기 한반도 격동의 산 증인이었다.

1891년 응봉산 기슭에 들어선 성공회 내동교회의 사제관 외벽에는 2004년 러시아 정부가 보내온 동판이 있다. 동판에는 "1904년 이 자리에서 진료를 받았던 순양함 바랴크호와 포함 코레에츠호 러시아 선원들을 추념하며"라고 적혀 있다.

청일전쟁에 이어 한반도의 지배권을 놓고 벌어진 러일전쟁에서 러·일 간에 최초의 해상 전투가 벌어진 곳이 제물포항이었다. 1904년 2월 8일 서울로 진입할 육군이 승선한 일본 전함과 이곳에 정박 중이던 러시아의 순양함 바랴그호와 포함 코레에츠호와 사이에 해상 전투가 벌어졌다. 교전 끝에 일본 해군의 화력에 밀려 기동성을 잃은 러시아 전함들은 항복하는 대신 스스로 함선을 자폭하는 결정을 내렸다.

당시 침몰된 바랴그호의 함기는 현재 인천시립박물관 수장고에 보관 중이다. 러시아 황제 니콜라이 2세는 생존한 바랴그호의 함장을 불러 이들의 용맹함을 치하했다. 러일전쟁에서 태평양함대가 제대로 싸워보지도 못한 채 괴멸된 상황에서 제물포해전은 러시아 해군이 벌인 전투다운 전투로 기록되고 있다.

바랴그호에서 숨진 러시아 장병의 추모비가 설치된 인천의 연안부두에는 2003년 하루 일정으로 한국을 방문한 푸틴 러시아 대통령이 찾기도 했다. 옛 소련은 바랴그호로 명명한 항공모함을 새로 건조 중이었는데 옛 소련이 망하면서 우크라이나를 거쳐 중국으로 인도된 뒤 2012년 항공모함으로 취역했다. 이 항공모함이 해양 강국을 내세운 중국의 1호 항공모함인 랴오닝 함이다.

청일전쟁에서 북양함대가 일본 해군에 궤멸됐던 중국에 랴오닝 함은 21세기 미·중 경쟁과 고조되는 동아시아 위기에서 중국 '해권(Sea Power)'의 상징이 됐다.

인천은 조선이 서구 여러 나라 중 미국과 최초의 근대적 조약을 체결하면서 쇄국정책을 청산하고 본격적으로 문호를 세계에 개방하는 시발점이 되었다.

슈펠트는 조약 체결을 앞두고 스와타라호 함상에서 조선 대표에게 "동양에는 조선이라는 나라가 있는데 문물과 예의가 어느 나라보다 앞선다고 하기에 본국 정부에서 본 사신을 파견하여 먼저 우호를 공고히 하고 안락을 함께 누리자는 뜻"이라고 조약 체결의 취지를 밝혔다.[52]

청의 압박에도 조선이 청의 속방임을 부인하고 주권 독립국가임을 고수하던 미국이었지만 23년 뒤에는 을사늑약으로 주권 박탈의 위기에 처한 대한제국의 도움 요청을 외면한 채 보따리를 싸서 제일 먼저 인천을 거쳐 한반도를 떠난 것도 미국이었다.

1905년 을사늑약을 체결하고 대한제국의 외교권을 박탈한 일본 정부는 주한 공사관 철수와 관련해 다카히라 주미 일본 공사에게 미국 정부가 솔선하여 공사관을 철수시키도록 교섭하라는 훈령을 내렸고 그 결과 미 국무장관은 11월 24일자로 가장 먼저 공사관 철수 의사를 밝혔다.[53] 미국은 앞서 같은 해 7월 필리핀의 안전을 도모하는 대가로 일본에 한국의 주권을 침탈할 수 있는 보호권을 승인해주었다(가쓰라-태프트 밀약). '양키 두들'과 함께 들어온 미국이었지만 제일 먼저 공사관을 철수하는 모습은 마치 "침몰하는 배에서 달아나는 생쥐 떼와 같았다"라고 미 공사관 직원은 고백했다.

한반도를 떠났던 미국은 1945년 일제 패망과 함께 한반도로 복귀했다. 미국이 마련한 38도선 분할 점령안을 갖고서다. 북한은 소련군이, 남한은 미군이 일본군의 항복을 접수한다는 명분이었다. 40년 만의 한반도로의 귀환이었다.

▲ 조약 체결지에서 내려다 본 옛 제물
포항의 모습(인천시/홍용덕 촬영).

▶ 조약 체결지에서 본 제물포항: 인
천의 자유공원 입구에 있는 조미수호
통상조약 체결지에서 내려다본 옛 제
물포항(현 인천항 내항)의 모습. 가운
데로 난 길을 따라 왼쪽이 일본 조계
지, 오른쪽이 청 조계지였는데 당시 모
습이 많이 남아 있다.

▼ 조약 체결지 기념비: 인천의 자유
공원 입구에 설치된 조미수호통상조
약 체결지 비석. 조약 체결지를 놓고
논란이 있었으나 2013년 조약 체결지
인 옛 인천 해관장 사택 터가 명기된 지
도가 발견되면서 체결지임을 알리는
기념비가 새로 세워졌다.

◀ 바랴그호 선원 추모비: 인천의 연안부두에 설치된 러시아 순양함 바랴그호 해군 장병들의 추모비. 러일전쟁 중 제물포항에서의 러·일 간 첫 해전에서 러시아 전함 바랴크호와 코레에츠호는 일본 해군과의 전투 중 항복을 거부하고 자폭했다.
▶ 인천 자유공원 기슭의 내동 성공회 성당 사제관 벽에 내걸린 러시아 정부의 감사 동판의 모습. 바랴그호 선원을 치료해준 데 대해 감사의 마음을 담고 있다.

◀▼ 청 조계지와 일본 조계지: 조미수호통상조약 체결지 인근에는 인천항 개항 이후 조성된 당시 청 조계지와 일본 조계지가 들어섰는데 당시 조계지의 현재 모습이다. 청 조계지는 차이나타운으로 명맥을 잇고 있다.

5장

펜제(Panjdeh)와 거문도

'나는 조선의 왕이다'

조일수호조규의 체결에 이어 미국 등 서구와의 조약 체결 압박을 받으면서 조선은 안팎의 도전에 직면했다. 개항 이후 조선 내에서 일본이 세력을 확장하고 밖으로는 러시아와 일본의 조선 침입 가능성이 제기되는 등 조선의 위기감이 높아졌다.

급변하는 동아시아 질서 속에서 조선이 정부 주도의 부국강병을 위한 근대화에 나선 것은 이때부터다. 약소국으로서 독자 생존을 찾는 자주적인 모색의 시작이었다.

근대 국가는 상비군과 관료제를 갖추고 조세제도 등의 수단을 통해 일정한 지역 내에서 중앙 집중화된 권력을 행사할 수 있어야 한다.[1] 1880년대 들어서면서 조선은 통상 외교를 담당할 기관의 신설과 근대적인 상비군의 양성, 대외 통상을 통한 국가재정 확충의 중요성에 눈을 뜨기 시작했고 이는 통리기무아문의 탄생으로 이어졌다.

고종은 1880년 12월 17일 정부 중앙 기관인 의정부와 별도로 외교와 통상, 군의 근대화를 맡을 기관을 설치하도록 명했다. 외교 문제를 위한 사대사와 교린사, 어학사 외에 근대적인 군의 양성을 위한 군무사와 기계사, 통상 문제를 다룰 통상사 등 12사를 두었다. 청이 외교와 통상의 업무를 전담할 총리각국사무아문(총리아문)을 설치한 것은 1861년이었다. 2차 아편전쟁의 결과 베이징 조약을 체결한 뒤였다.

청의 총리아문과 달리 일부 내정 업무도 포함한 통리기무아문은 근대 조선이 주도한 첫 제도적 개혁이었다. 통리기무아문 설치는 "한국에

서 처음으로 정부가 서양 문화를 수용하겠다는 태도를 보인 것"으로 "정부 주도의 개화운동"이었다.[2]

통리기무아문 설치는 조선의 '무비자강(武備自強)' 의지에서 비롯됐다. 조선은 일본이 조일수호조규를 강제하고 이후 조선에서 세력을 확대할 수 있던 것은 조선의 군사력이 일본에 견줘 약했기 때문으로 여겼다. 여기에 1789년 류큐를 통합한 일본과 이리 지방을 놓고 갈등 중인 러시아가 조선을 침입할 가능성을 청이 경고하자 조선은 선진 군사기술을 통해 국방력을 근대화할 필요성을 절감하기 시작했다.

러시아와 일본의 조선 침략에 대비해 청이 전통적인 이이제이 정책에 따라 미국 등 서구 열강과의 조약 체결을 권고하자 조선은 청에 신무기 제조법의 학습 등 무비자강을 갖출 수 있는 지원을 요청해 청과 합의를 이뤄냈다.

통리기무아문은 1881년 2월 유학생 38명을 청의 톈진 기기국에 보내 화약과 신무기 등 근대 신무기 제조법을 배우도록 하는 한편 유학생을 이끌 영선사 김윤식에게 청과 조미수호통상조약의 사전 교섭에 나서도록 했다. 같은 해 5월에는 일본의 개화 문물의 조사와 수용을 위해 '한국판 이와쿠라 사절단'인 조사시찰단을 일본에 보내고 80여 명의 양반으로 이뤄진 신식 군대인 별기군을 창설했다. 조미수호통상조약을 비롯해 이후 서구 각국과의 조약 업무도 통리기문아문이 담당했다.

조선은 무비자강과 함께 일본과는 무관세 규정의 개정에 나서는 한편 청을 상대로 전통적인 무역 체제를 근대적 무역 질서에 맞춰 개정하는 통상 부강책도 추진했다.

고종은 1881년 2월 말 직예총독 겸 북양통상대신 리훙장에게 8개 조항의 〈청시절략〉을 건네고 조선과 청 두 나라의 해금(海禁) 해제 및 통상과 사절의 수도 체류를 요구했다. 조공무역과 국경 일대에서 열리는

사무역을 개항장으로 확대해서 일본을 견제하고 관세를 거둬들여 국가
재정을 확충하자는 것이다.

황준헌은 『조선책략』에서 '친중국책'의 일환으로 조선에 "봉황청(鳳
凰廳)의 무역을 확장하고 중국 상인이 배로 부산·원산·인천 등 각 항구
에 와서 통상하게 함으로써 일본 상인의 농단을 막고, 또한 국민이 나가
사키·요코하마에 가서 무역을 익히게 한다. … 이같이 할진대 조선 자강
의 터전은 이로부터 이룩될 것이다"라고 제안했다. 『조선책략』을 건네
받은 조선이 이를 검토해 무역의 근대적 재편에 나선 것이었다. 그러나
이러한 자주적인 근대화 시도는 임오군란으로 좌절의 위기를 맞는다.

임오군란과 조선의 자주적 근대화의 좌절

1882년 7월 19일 경성 이태원과 왕십리에 살던 조선 구식 군대 병사들
은 군중과 함께 일본공사관을 방화하고 조선의 신식 군대인 별기군의
일본식 군사훈련을 맡던 호리모토 레이조 육군 소위 등 일본인 20여 명
을 살해했다.[3]

임오군란은 13개월 치 봉급을 받지 못한 구식 군인들이 1개월 치 봉
급의 쌀을 받았으나 정량은 부족하고 돌까지 섞여 있는 것에 분노해 일
으킨 폭동이었다. 하지만 그 이면에는 조선의 봉건적 정치체제에서 비
롯된 반감이 누적되어 폭발한 것이다.

1873년 대원군이 물러나자 왕비 민씨의 척족을 중심으로 한 세력이
대원군 세력을 대체하면서 세도정치가 득세했다. 대원군의 쇄국양이 정
책도 문호 개방 정책으로 바뀌며 조일수호조규가 체결됐지만 준비 없
던 시장 개방은 국내 쌀값 폭등으로 이어지면서 민중의 불만을 불러왔
다. 1881년 군제 개편과 함께 신식 군대인 별기군이 창설됐지만 기존의

구식 군대의 차별과 부패 관리들에 대한 원성이 높아지고 별기군 훈련을 일본 군인이 맡는 등 일본의 영향력이 확대되면서 국내적 반발이 확산했다.[4]

군란의 통제가 어려워지자 고종은 7월 25일 대원군을 입궐하게 하고 "이제부터 대소 공무를 모두 대원군에게 품결하라"고 명했다.[5] 1873년 정계에서 밀려난 뒤 10여 년 만에 권력의 전면에 재등장한 대원군은 '조선인을 위한 조선 정책'의 선포와 함께 고종의 개혁 조치를 중단하고 별기군을 해산시켰다.[6] 이때 통리기무아문도 폐지됐다.

군란이 확산되자 일본은 조선에 군함을 급파했고 청은 모친상으로 고향에 있던 리훙장을 긴급 소환했다. 군란이 발생하고 열흘 뒤인 8월 5일 청은 일본에 '육해군을 파병해서 종주국의 의무로서 속방을 구제하고 아울러 속방 안에 있는 조약국 일본의 공사관 보호 임무를 맡는다'며 대규모 병력을 파병했다.[7]

청의 이례적인 군 파병은 서구 각국과 조선의 근대적 조약 체결을 통해 구축한 열강의 세력 균형책이 대원군의 등장으로 헛수고가 될 수도 있기 때문이었다. 청의 신속한 군사적 개입은 이리 사건에서 거둔 외교적 승리의 영향도 컸다. 러시아와 이리 지방의 반환을 놓고 벌인 줄다리기 끝에 1871년 청은 상트페테르부르크 조약에서 러시아에 땅을 할양하는 것 없이 이리 철수를 끌어내는 데 성공했다. 청은 외교가 무력으로 뒷받침되어야 한다는 사실을 처음 알게 되었다.

청은 청국령 투르키스탄을 군사적으로 재정복한 데 이어 통킹, 안남, 미얀마, 티베트, 조선, 만주에서 위축되거나 동면 상태에 처한 자국의 위신과 영향력을 회복하는 데 목표를 두고 막대한 정치적·외교적 공세를 취하기 시작했다.[8]

임오군란은 청의 군사 개입으로 진압됐지만 일본은 임오군란을 조선에서 자국 영향력의 확대 구실로 삼았다. 일본은 8월 30일 제물포 별관에서 조선과 6개조의 제물포조약과 2개조로 조일수호조규 속약을 체결했다. 범죄인의 체포와 처벌, 유족과 일본 출병비에 대한 보상금 지급과 함께 일본은 공사관 보호를 빌미로 일본군의 조선 주둔권을 인정받았다.[9] 일본군의 조선 주둔은 이때가 처음이었다.

반면 청은 일본의 영향력 확대에 맞서 임오군란을 조선에서 자국의 종주권을 강화하는 구실로 활용했다. 군란으로 중단됐던 무역 협상이 재개되자 양국은 1882년 10월 1일 기존의 '해금(海禁) 정책'을 풀어 개항장에서 양국 상인이 자유로이 통상하는 등 무역 관계를 근대적으로 전환하는 조청상민수륙무역장정(조청장정)을 체결했다.

교섭을 주도한 청은 조청장정에 "조선은 청의 속방"이라고 못을 박았다. 따라서 조청장정은 국가 간 조약이 아닌 종주국-속방 간의 장정으로 공포됐다. 속방의 명문화는 청이 마침내 조선을 국제법상 청의 '속국'으로 전환하는 데 성공했다는 것을 알렸다. 이는 전통적으로 '사대이례 자소이덕(事大以禮 字小以德)'이라는 청·한 종속관계의 유교적 도덕 기초의 완전한 붕괴를 의미했다. 청이 조선에 대한 불간섭주의에서 벗어나 실질적인 정치적 지배를 시작했다는 걸 알리는 신호탄이기도 했다.

청의 조선 정책은 1882년을 기점으로 전통적인 화이질서에서 벗어나 모든 수단을 다해 조선에서 외교와 경제적 특권과 이익을 추구하는 제국주의적 성격으로 변질됐다. 청과 일본에 대한 서구의 정책이 '일차적 제국주의(primary Imperialism)'라면 청과 일본의 조선 정책은 '이차적 제국주의(secondary Imperialism)'다.[10]

조선은 근대적 통상 체제를 도입해 국부를 확장하고 양국의 사절이 서로의 수도에 상주하는 등 근대적 국가 관계로 재편을 희망했지만 청은 이를 외면했고 1880년대 들어 부국강병을 위한 조선의 자주적인 근대화의 시도는 좌절되었다.

리훙장은 조청장정을 체결한 뒤 양국이 청의 북양대신과 조선 국왕의 명의로 각각 상무위원을 파견할 수 있다는 규정(1조)에 따라 마젠창(마건상)과 묄렌도르프를 조선에 파견했다. 조선에 주둔하던 청 제독 우창칭(오장경)은 군사상의 사항은 위안스카이(원세개), 외교 재정 사항은 마젠창과 묄렌도르프를 통해 결정하도록 해 사실상 조선의 전권을 장악했다.[11] 일본 교관의 지휘를 받던 별기군은 해체되고 조선 군대는 신건친군영으로 재편됐으며, 일본의 경제적 진출을 막기 위해 50만 냥의 차관이 조선에 제공됐다.

조청장정이 체결되고 조선에 대한 실질적인 통제에 나선 청의 리훙장은 1883년 베이징 주재 미국 공사에게 "나는 조선의 왕"이라고 말했다.[12] 조청장정 8조에 장정을 수정할 때 북양대신과 조선 국왕이 협의한 뒤 청나라 황제의 재가를 받아 시행하도록 규정했다. 이는 조선 국왕을 격하해 북양대신과 동격의 지위에 놓은 것이었다.

조청장정은 청일전쟁으로 조청 종속관계가 붕괴되는 1895년까지 12년간 조선과 청의 대외관계를 규정했다. 조선의 국제질서가 일본, 서구 열강과 평등한 조약을 체결하고도 청과는 화이질서를 유지하는 이러한 양상을 유길준은 '양절체제'라 불렀다.

현실 국제관계에서 조공을 받는 청국이 여러 나라에 대해 동등의 예도를 행하면서 조공하는 조선에 대해서는 '독존한 체모'를 강요하는 현실을 지적한 것이다. 유길준은 "이는 조공하는 증공국의 체제가 조공을 받는 수공국과 모든 타국을 향해 전후의 양절이오, 수공국의 체제도 증공국과 제 타국을 향해 역 전후의 양절이라"고 하여 '양절체제(double system)'로 규정했다.[13]

갑신정변과 톈진 협정

청이 조선에 대한 실질적 지배에 나서자 일본과 한반도 내 주도권 경쟁도 가열됐다.

청의 조선 예속화 정책은 조선 내 '개화파'를 중심으로 청의 종주권을 깨고 조선의 자주적 근대화로 나아가려는 반발로 이어졌다. 김옥균은 개화당의 목표를 "조국인 조선 왕국을 힘 있는 현대적 국가로 쇄신하고 조선을 아시아의 프랑스와 같은 나라로 만들어서 외국의 침략을 막아내려는 것"이라고 밝혔다.

일본의 이노우에 외상은 청의 조선 예속화가 심화하자 1882년 10월 태정대신 산조 사네토미에게 3개조로 된 대한 정책을 제출했다. 첫째는 관계 열강과 협력해 조선의 독립을 승인시키거나, 둘째는 청한종속 문제에 대해 청국과 직접 교섭하는 안이며, 셋째는 조선국의 혁신파(개화파)에게 원조를 제공해서 자발적으로 독립의 실제를 거두게 하는 안이었다. 이 중 청·일 간 충돌이 예상되는 2안을 제외하고 청국과의 협력을 유지하면서 조선의 자주독립을 완성하는 1안과 3안의 추진 방침이 확정됐다.[14]

임오군란이 발생하고 2년 뒤인 1884년 8월 조공국인 베트남의 주도권을 놓고 벌어진 청불전쟁에서 프랑스 함대에 의해 청의 복건함대가 괴멸되는 참패를 겪었다.[15] 조선에 주둔한 청군의 일부가 청불전쟁에 대비해 철수하며 정세가 급변하면서 1884년 12월 4일 개화파가 우정국 준공을 계기로 갑신정변을 일으켰다.

개화당은 12월 6일 발표한 14개조의 정령에서 청에 대한 조공과 허례의 폐지를 1조에 내세움으로써 청의 속국화 정책을 반대했다. 2조에서 문벌 폐지와 인민 평등을 제시하고 3조에서는 토지세의 개혁을, 13

조에서는 의정부 중심의 정치 등 근대 국가로의 전환을 꾀했다. 하지만 1,500명의 병력을 동원한 청국의 개입으로 개화당이 진압되며 일본의 힘을 빌려 근대 국가로 개혁하려는 정변은 3일 만에 무산됐다.

갑신정변은 조선 국내 정변이지만 실제로는 청·일 양국이 '친청당'과 '친일당'을 각각 원조, 조종하는 결과 발생한 변란이었다. 따라서 갑신정변의 사후 처리를 위해서는 청·일 양국의 교섭 타결 없이 조·일 간의 선후 처리인 한성조약만으로는 근본적인 해결이 될 수 없었다.[16] 더욱이 러시아의 남하에 위협을 의식하던 청과 일본은 한반도 안정화를 서둘러 러시아의 위협에 대응할 필요가 있었다.

이토 히로부미는 1885년 2월 27일 주일 청국 특명전권공사 쉬청쭈(서승조)에게 "양국 군대의 충돌에도 계속 조선에 군 주둔시, 일·청 양국의 교전으로 인해 러시아가 어부지리를 얻는 것을 방지해야 한다"라고 말했다.[17] 일본은 주청 영국 공사 파크스를 통해 청이 공동 철수에 동의할 수 있다고 하자 이토 히로부미를 전권대사로 임명해 텐진에 파견했다.

리훙장과 이토 히로부미는 1885년 4월 3일부터 15일까지 텐진에서 6차례 협상을 벌여 텐진 협정을 체결했다. 이들은 청과 일본 군대의 조선에서 상호 철수와 조선의 제3국에서 군사 훈련관을 초빙하는 것 외에 조선 내 소요로 파병시 사전에 문서로 이를 알리고(行文知照) 문제 해결시 군대를 철수한다는 3개 항에 합의했다.[18]

텐진 협정에서 조선에 대한 간섭권을 얻어냈다는 점에서 일본의 승리였지만 갑신정변을 통해 조선에서 우월성을 확보하려던 일본의 노력이 수포가 되었다는 점에서 일본의 패배였다. 오히려 이 협약은 조선이 제3국으로부터 군사 교관을 초빙할 수 있게 해 러시아가 마침내 한반도에 연루되는 길을 열어놓았다.[19]

청은 일본과 조선에 대한 사실상의 공동관리라는 조선 보장체제를 마련함으로써 조선에서의 현상 유지에는 성공했지만 러시아와 일본의 개입을 막지는 못했다.

량치차오는 『리훙장 평전』에서 1894년의 청일전쟁에 이르게 한 리훙장의 3가지 잘못 중 첫 번째 잘못으로 톈진 조약 체결을 꼽으면서 '톈진 조약'이 '시모노세키 조약'으로 바뀌었다고 평했다. 량치차오는 "청·일 양국이 파병시 사전 고지의 약속으로 조선은 마치 중국과 일본이 공동으로 보호하는 국가처럼 되었고 청·일 양국이 자기만의 의견을 고집하면서 마침내 청일전쟁에 이르렀다"라고 비판했다.[20]

'개의 목을 졸라
뼈다귀를 뱉게 하라'

갑신정변 사후 처리를 놓고 톈진에서 청·일 간의 교섭이 진행 중이던 1884년 4월 15일 영국의 전함 3척이 거문도로 향했다. 이들 전함은 하루 전인 4월 14일 '거문도를 점령하고 그 처분을 보고하라'는 본국의 훈령을 받고 일본 나가사키 항을 출발했다.[21]

영국 전함이 거문도를 점령하자 영국 외상 그랜빌은 4월 17일 "영국 정부는 다른 강대국이 이 섬들을 점령할 가능성에 비추어 거문도를 임시로 점령하도록 해군에 승인했다"라며 영국 주재 청 공사 증쩡쩡에게 점령 사실을 통보했다.[22] 다른 열강의 거문도 점령을 막으려는 '방어적인 조처(defensive measures)'라고 설명했다.

영국의 거문도 점령은 펜제(Panjdeh)에서 비롯됐다. 펜제는 거문도에서 5,200여Km 이상 떨어진 아프간 북부에 있는 작은 마을이다. 지금의 투르크메니스탄의 고대 도시 메르프와 아프가니스탄의 헤라트 중간쯤에 있다. 작은 오아시스에 불과하지만 펜제는 메르프에서 헤라트와 칸다하르를 거쳐 인도 국경 지대인 인더스 강으로 직행하는 선상에 놓여 있는 전략적 요충지다.

러시아가 펜제를 차지하면 남쪽의 아라비아 해와 인도로 진출할 수 있는 교두보를 확보하는 동시에 영국이 헤라트를 점령해 중앙아시아에서 러시아가 새로 획득한 영토를 위협할 가능성을 미리 차단할 수 있었다.

러시아가 메르프에 이어 인접한 펜제의 소유권을 주장하자 영국은 인도 방어에 위협이 될 수 있다며 즉각 반발했다. 영국의 강경파들은 러시아의 메르프 점령을 "러시아가 인도를 향해 진군하는 과정에서 단연 가장 중요한 발걸음"이라며 "오래지 않아 코사크 병사들이 인더스 강둑에서 말에게 물을 먹일 것"이라고 경고했다.[23] 인도는 영국이 18세기에 최대 식민지인 미국을 잃은 뒤 19세기 들어서 식민제국을 위해 반드시 지켜내야 할 '제국의 왕관'이었다.

그레이트 게임과 거문도 점령

19세기 유럽의 최강대국이던 영국과 러시아는 전 세계 곳곳에서 패권 경쟁을 벌이며 충돌했다. '그레이트 게임(The Great Game)'은 아프간을 비롯해 중앙아시아에서 세력권 확대를 위한 영국과 러시아의 경쟁을 말한다. 이러한 영·러의 패권 경쟁은 뿌리 깊은 이들의 전략적 상호 불신의 결과이기도 했다.

1725년 러시아의 표트르 대제(1672~1725)가 죽은 뒤 오랜 세월이 지나 그의 유언장과 관련하여 이상한 이야기가 유럽 전역에 나돌았다. 그가 임종 직전 상속자와 후계자들에게 은밀하게 러시아의 역사적 운명인 '세계 지배'를 따르도록 유언을 남겼다는 것이다. "가능한 한 콘스탄티노플과 인도의 방향으로 전진해야 한다. 이곳을 통치하는 자가 세계의 진정한 주권자가 될 것이다."[24] 이 문서를 본 사람도 없고 대부분의 역사가들 또한 그런 문서가 존재한다고 믿지 않았지만 이 소문은 이후 러시아에 대한 서유럽의 전략적 불신의 근원이 됐다.

1836년 파머스톤의 요구에 따라 익명으로 출간된 『동양에서 러시아의 진출과 현재 위치(*The Progress and Present Position of Russia in the East*)』라는 책이 발간되자마자 영국 내에서 선풍적 인기를 끌었다.

이 책의 저자 맥닐은 표트르 대제 이후 150년 동안 러시아 짜르의 신민은 1,500만 명에서 5,800만 명으로 거의 4배 늘었고 러시아의 국경은 콘스탄티노플 쪽으로 800Km, 테헤란 쪽으로 1,600Km나 뻗어 나왔다고 분석했다. 그는 "이런 엄청난 영토 획득의 모든 부분이 영국의 의견, 소망, 이익에 반하여 이루어졌다. 스웨덴의 해체, 폴란드의 분할, 터키 여러 지방과 페르시아에서 분리된 지방의 정복은 모두 영국의 이해관계에 해를 끼쳤다"라고 말했다.[25]

영국의 러시아에 대한 전략적 불신은 영국과 러시아의 팽창이 상호 이해관계의 침범하에서 가능한 데서 비롯됐다. 당시 영국의 세계 전략이 유럽에서의 현상 유지와 인도라는 영국 최대의 식민지를 지키기 위해 동지중해에서 인도양을 지나 중국에 이르는 '동진정책(東進政策)'의 추구였다면, 러시아의 세계 전략은 유라시아의 중심부에서 유라시아 주변부의 연안과 해양으로 진출하기 위해 흑해와 발칸 반도 그리고 동지중해와 태평양을 향한 '남진정책(南進政策)'으로 표출되었다.

상호 경쟁적인 이 두 라인은 유럽과 아시아의 3개 지역—동유럽의 발칸, 중앙아시아의 아프가니스탄, 극동의 만주—에서 충돌하여 각각 '발칸과 동방 문제', '그레이트 게임', '만주와 한국 문제'로 외연되었다.[26]

'그레이트 게임' 속에 펜제 분쟁이 터지자 1884년 10월 영·러 양국은 아프간 국경합동위원회를 구성해 새로운 국경선을 획정하기로 했다. 이 과정에서 1885년 3월 31일 펜제에서 러시아와 아프간 군 사이에 총격전이 벌어져 아프간 군 2개 중대가 전멸했다.

펜제에서의 충돌 소식이 전해지자 유럽에는 두 제국 간 전쟁이 벌어질 것이라는 위기론이 확산했다. 영국의 증권거래소는 거의 공황 분위기였고 영국의 글래드스턴 정부는 의회로부터 전시 예산을 얻어낼 수 있었다. 영국 외무부는 선전포고문을 준비했으며 경계 태세에 들어간 해군은 모든 러시아 전함의 이동을 감시했다.

영·러 간의 대치가 극동으로 확대되고 전쟁 가능성이 커지면서 영국은 태평양의 해군기지를 새로 확보해야 했다. 전시에 청이 중립을 유지할 경우 청의 항구를 사용하는 것이 어려워질 수 있기 때문이었다. 영국은 1845년 영국의 탐사선이 발견해 해군 장관의 이름을 따 '포트 헤밀턴(Port Hamilton)'으로 명명한 거문도를 점령 대상으로 지정했다. 3개의 섬으로 이뤄진 거문도는 부동항이며 공간이 넉넉하고 좋은 항구인데다 '대한해협의 열쇠'로 여겨졌다. 거문도는 러시아가 블라디보스토크에서 중국과 태평양으로 진출하는 것을 봉쇄하기에 적절했다.[27]

이는 영국 등이 1856년 크림 전쟁을 통해 흑해를 중립지대화해 흑해 일대에서 러시아의 해군 배치를 불가능하게 하고 보스포루스와 다르다넬스 해협을 폐쇄해 러시아의 남진을 저지한 것과 같은 효과를 낼 수 있을 것으로 기대됐다.

러시아 해군은 당시 블라디보스토크에서 태평양으로 가장 빨리 출항할 수 있는 항로 확보가 필요했다. 이런 상황에서 최단 노선에 경제적·군사적으로 최고의 가치를 지닌 곳이 대한해협이었고, 러시아는 한때 제주도 점령을 고려하기도 했다.[28]

렌젠은 영국의 거문도 점령 전략을 "개의 목을 졸라 입에 물고 있는 뼈다귀를 뱉어 내게 하는 것"이라고 말했다. 거문도를 점령해 대한해협을 '제2의 보스포루스화'함으로써 러시아의 펜제 점령을 저지하려는 의도였다.

거문도를 점령하자 영국은 청에 임대 협정을 제안했다. 거문도 점령의 불법 논란을 피하려는 의도였다. 청은 이에 영국의 제안을 들어주는 대신 조선에 대한 청제국의 종주권을 인정하라고 요구했다.[29] 영국은 청이 거문도 점령을 반대하지 않으면 점령 때부터 12개월 단위로 조선 정부가 섬에서 거둬들인 세수 전부를 조선에 지불하되 조선이 조공국으로

청에 지불했던 세수는 청에 지불하겠다고 제안했다.[30]

쩡지쩌는 5월 1일 영국과의 협정 초안에 서명할지 총서에게 물었다. 일본이 여러 가지로 상방(上邦)인 중국의 권한을 저해하는데 영국과 이 문서를 합의해 종주국의 권한을 만회하는 것이 좋을 것이라는 의견을 개진했고 리훙장도 이를 빌미로 조선에 대한 종주권을 국제적으로 인정받는 방향으로 대처했다.[31]

러·일 반발과 철군 교섭

영·청의 이러한 거문도 거래 시도는 러시아와 일본의 반발로 무산됐다. 거문도 사건으로 촉발된 한국 문제(조선 문제)는 더 이상 양자 간의 거래로 합의될 문제가 아니었다. 영·러 간의 그레이트 게임이 극동으로 확산되는 징후들이 표면화되었고 '한국 문제'가 중국과 일본의 범위를 넘어서 국제문제로 전환되기 시작했다.[32]

'한국 문제'는 국제정치상 한반도를 중심으로 복잡하게 전개된 열강의 세력 관계나 세력 질서의 문제를 일컫는다. 19~20세기 국제체제에서 한국의 근대적인 주권국가 수립 문제는 주변 이해 관련국의 세력 질서에 따라 역사적으로 다양하게 구성되어왔다.

당시 청은 한국 문제에서 일본과 러시아를 견제해 동아시아 패권국으로서 현상을 유지하는 것이 최우선 과제였다면 조일수호조규를 통해 한반도에 진입한 일본은 청과의 세력 균형을 당분간 유지하면서 궁극적으로 조선을 청으로부터 분리 독립시킨 뒤 조선을 자국의 세력권에 편입하는 계획으로 나아가고 있었다.

톈진 협정은 이러한 조선의 이해 관련국이던 청·일 양국이 동아시아에서 사실상 조선의 공동관리에 상호 합의한 국제적 보장체제였다. 이와 달리 거문도 사건은 당시 세계 초강대국인 영국과 러시아가 조선의 이해 관련국으로 새롭게 등장하면서 한국 문제의 성격이 동아시아의 차원을 넘어 국제적으로 결정되는 계기가 되었다.

영국이 거문도를 점령하자 러시아는 청에 "영국처럼 조선의 섬들을 점령하겠다"라고 협박했다. 러시아 내에서는 영국의 점령에 따른 균형추로 조선 내 부동항을 점령하라는 요구가 제기됐다. 러시아 언론 〈노보예 브레먀(Novoe Vremya)〉는 러시아가 조선에 대한 영향력 강화를 위해 제주도를 확보해 영국에 보복해야 한다고 촉구했다.[33]

러시아는 조선에도 만약 영국에 거문도 점령을 승인하면 러시아는 보상책으로 포트 라자레프(Port Lazareff)로 명명된 함경남도 영흥군의 송전만 등 조선의 일부 또는 다른 섬을 점령하겠다고 위협했다. 포트 라자레프는 라자레프 만의 북쪽에 있으며 같은 만의 남쪽 부분인 원산과 같이 연중 얼지 않는 부동항이다.[34]

영·러 경쟁에 연루되는 것을 피해온 일본은 일본인 인부 수백 명이 거문도에 가는 것을 허용해 영국 해군의 시설을 세우는 데 기여했다. 하지만 일본은 영·러 간에 전쟁이 발생하면 일본에 미칠 곤경을 우려했다. 조선 진출을 추진해온 일본은 거문도 점령이 영국과 러시아에 의한 조선의 분할로 이어져 자신들이 계획에 차질을 빚거나 러시아가 쓰시마나 나가사키 인근의 섬 고토(Goto)를 탈취할 가능성을 우려했다.[35]

러시아의 반발이 거세지자 청은 영국과의 교섭을 중단했다. 청이 거문도 점령을 인정하면 러시아의 조선 침입을 불러와 청의 종주권은커녕 조선에서 현상 유지가 어려운 데다 청이 속국의 영토 점령을 외국에 허락할 수 없다는 이유에서다.

청은 이에 따라 영국에 철군을 요구하는 입장으로 선회하는 한편 같은 해 5월 조선과 함께 본격적인 거문도 현장 조사에 나섰다.

리훙장은 딩루창(정여창)을 보내 조선 정부와 거문도로 가서 사실 여부를 조사토록 했다. 조선에서는 의정부 유사 당상 엄세영과 교섭통상 사무협판 묄렌도르프가 딩루창의 군함에 동승했고 이들이 거문도에 도착한 날은 1884년 5월 16일이었다.

"묄렌도르프: 귀국의 깃발을 세워놓았는데 무슨 의도인지 알지 못하겠습니다.

맥클리어 대령: 우리 수군 제독의 명령을 수행한 것입니다. 본국 정부에서 러시아가 이 섬을 차지하려 한다는 말을 들었기 때문입니다. 현재 영국이 러시아와 분쟁이 생길 기미가 있기 때문에 먼저 와서 이 섬을 잠시 지킴으로써 보호하는 데 도움이 되려고 하려는 것입니다."[36]

이날 영국 해군 대령 맥클리어를 만난 이들은 남의 나라를 점령한 이유를 따져 물은 뒤 이틀 뒤인 5월 18일 나가사키로 가서 영국 해군 제독 도웰 사령관에게 섬 점령에 대해 항의하고 영국군의 거문도 철군을 요구했다.

리훙장 역시 조선에 외교 문서인 자문(咨文)을 보내 거문도 점령을 반대하도록 요청했다.

"단연코 경솔히 허락해서는 안 됩니다. … 이 섬은 동해의 요충지로서 중국과 일본의 쓰시마, 부산과 다 거리가 매우 가깝습니다. … 만일 귀국이 빌려준다면 반드시 일본은 물론 러시아도 징벌하기 위한 군사를 출동시키지는 않더라도 역시 부근의 다른 섬을 꼭 차지하려고 할 것이니 귀국이 무슨 말로 반대하시겠습니까?"[37]

조선 조정은 영국의 거문도 점령에 대해 3차례에 걸쳐 영국에 항의 서한을 보내고 거중조정 조항을 이용해 열강에 거문도 철수 중재를 요청했다.[38]

거문도 점령으로 고조된 동아시아 긴장은 중앙아시아 펜제 문제가 해결 기미를 보이면서 새로운 국면을 맞았다. 영국 외무장관 그랜빌과 러시아 외무상 기예르스는 아프간을 포함한 영국과 러시아가 그 미래를 결정할 때까지 펜제를 중립지대로 놓아두기로 합의했다. 그때까지 러시아 군은 마을로부터 약간 물러나기로 했다. 또 국경 협상을 가능한 한 빨리 시작하기로 합의하면서 즉각적인 전쟁 발발의 위험은 사라지고 영국 해군과 인도의 영국군 모두 경계 태세에서 벗어났다.[39]

양국이 같은 해 9월 10일 런던에서 국경 획정 협정을 체결하면서 아프간 위기는 해소됐다. 영국은 러시아의 투르키스탄 합방을 인정하고 러시아는 아프가니스탄에서 영국이 우월한 지위를 갖는 데에 합의했다. 그리고 아프가니스탄 국경을 일단 확정하고 국경을 더 명백하게 설정하기 위한 위원회를 구성키로 합의했다. 1885년의 이 양국 협정은 1873년, 1907년 협정과 함께 두 나라의 기본적인 3대 합의의 하나였다. 9월의 합의로 전쟁 위험이 사라지게 되자 거문도 점령 문제는 다른 차원의 성격으로 변하게 된다. 이미 점령했으니 어떤 대가를 받고 철수하느냐 하는 영국식 외교의 전형이 나타났다.[40]

시베리아 횡단철도와
일본의 두려움

중앙아시아의 펜제 문제가 해결되자 영국에 대한 철군 압박도 본격화 됐다.

리홍장은 1885년 10월 13일 주청 영국 공사 오코너에게 "러시아와의 문제가 해결된 상황에서 영·청 간의 우의가 손상될 수 있는 현재의 불만족스러운 상황을 영국 정부가 종결지어야 할 때다. 이렇게 질질 끌려가는 것을 허용해서는 안 된다"라고 재촉했다.[41]

영국이 철군 교섭에 응한 것은 펜제 사태가 해소되고 청과 각국의 철군 압력 탓도 있었지만 거문도 점령에 대한 영국 해군 내부의 부정적 의견도 영향을 끼쳤다.

거문도 점령 초기 거문도가 전략적 요충지이면서 앞으로 싱가포르나 홍콩처럼 영국이 무역을 확대하는 동아시아의 중요한 거점이 될 것이라는 기대감도 컸지만 실제로는 거문도 점령에 여러 장애가 드러났다.

1886년 1월 거문도를 현지 조사한 해밀턴 제독은 거문도에서 해상 운송은 적국의 전투함 공격에 쉽게 노출될 수 있고 거문도 방어를 위해서는 상시적으로 전함 2척이 주둔해야 하는 방어상 약점을 지녔다고 해군성에 보고했다. 거문도 점령에 상당한 대가가 감수되는 만큼 점령보다는 철수가 낫다는 결론이었다.[42]

철수 압박을 받던 영국 정부는 1886년 1월 6일 총리아문에 청이 거문도를 점령할지 또는 다른 유럽 국가가 점령하지 못하도록 약속할지를 문의했다.[43] 이어 3월 11일에는 "철수 이후 청 정부는 다른 유럽 국가의 거문도 점령을 허용하지 않겠다고 보장하라"는 조건도 제시했다. 영국은 "만약에 그런 보장이 어렵다면 청이 러시아와 다른 강대국과 함께 조선의 영토 보전을 보장하는 국제적 협정을 체결하자"라고 제의했다.[44]

거문도 문제와 관련해 이해 관련국의 합의에 의한 조선의 국제적 보장 체제를 마련하자는 요구였다. 영국이 거문도 철수시 러시아가 전략적 기지로 점령하는 것을 차단함으로써 중국과 동아시아에서 현상 유지를 꾀했다면 러시아는 청이 조선을 점령하고 이로 인해 극동아시아에서 러시아의 위치가 위협받게 될 것을 우려했다.

리훙장-라디젠스키 협상과 러시아의 동아시아 정책의 전환

한반도의 현상 유지가 목표였던 청의 리훙장은 영국의 철군을 이끌어내기 위해 영·러·청이 합의한 한반도의 새로운 국제적 보장 체제의 마련에 착수했다.

리훙장은 1886년 8월 25일 주청 러시아 대리공사인 라디젠스키와 만나 영국이 거문도를 철수할 경우 제3국의 거문도 점령 방지를 요구했다는 사실을 전하며 러시아가 이를 약속해달라고 요구했다.[45] 이어 8월 29일 리훙장은 라디젠스키에게 (1) 조선이 청의 조공국가인 동시에 러시아의 이웃 국가이며 (2) 러시아는 조선 영토를 영원히 점령하지 않을 것이며 (3) 청은 조선에서 영토적 야심이 없음을 선포하자고 제안했다.

라디젠스키는 그러나 (1) 러시아는 조선 영토의 점거 의도를 가진 바가 없고 (2) 러시아의 문제 제기는 영국이 거문도를 점령한 때문이라며 리훙장의 제안을 거부했다. 라디젠스키는 특히 "청이 조선에 대한 불가침 서면 보증을 러시아에 요구하는 것은 정직한 사람에게 도둑질을 하지 않겠다고 약속하라는 것과 같다"며 반대했다.[46]

양국의 의견차가 크자 라디젠스키는 11월 11일 리훙장에게 양국은 조선 영토에 대해 침략을 하지 않으며 조선에서의 현 상황을 변경하지 않을 것이라는 1개 항의 합의안을 제안했다.[47] 청 정부는 이에 조선과 청국 간의 종속관계를 명시하고 조선에 대해 청조가 특별한 의무를 갖는다는 조항을 추가하거나 아니면 양쪽 모두 조선의 불가침권을 보장하는 것이 아니면 안 된다는 주장을 고수했다. 러시아 외무부 역시 애초 합의한 내용의 변경을 거부하면서 톈진 회담은 막을 내렸다.[48]

양국의 합의 도출은 실패했지만 리훙장은 영국에 라디젠스키의 조선 불가침 약속과 함께 러시아 정부가 조선 보호국화 의도가 없음을 알려왔다며 거문도 철수시 그 어떤 조선 땅도 외국 열강에 의해 점령되지 않도록 보장하는 각서를 영국에 보냈다.[49]

영국 정부는 리훙장에게 11월 20일 청의 보장에 대한 신뢰에 기초해 철수를 바라는 청 정부의 바람에 따르기로 했다고 통보한 뒤 1887년 2월 27일 거문도에서 철수했다.

영국의 거문도 점령은 이로써 22개월 만에 종료됐다. 하지만 거문도 철수가 청과 러시아, 영국이 조선의 영토 보전과 불가침성을 확인하고 현상을 유지하기로 한 3자 간 국제적 합의의 결과라는 점에서 한국 문제의 국제화가 이뤄지는 계기가 됐다.

한반도 주변 이해 관련국들이 한국 문제(조선 문제)에 대해 다자간 상호 승인에 의한 국제적 보장 체제를 마련한 것은 이때가 처음이다. 그 결과 영국의 거문도 철수가 이뤄지면서 조선은 정상을 되찾았으나 이때부터 한반도 주변 이해 관련국들이 한국 문제의 성격을 결정짓는 주요 변수이자 행위자(actor)로 등장하기 시작했다.

영국이 거문도에서 철수했지만 영국의 거문도 점령 사건은 러시아가 새로 획득한 방대한 영토인 동아시아령의 방어상 문제점들을 고스란히 노출했다.

영국 해군이 철수하기 20일 전 러시아 정부는 특별회의를 열어 극동 상황을 점검했다. 1884년 프리아무르 초대 총독으로 부임한 코르프 장군은 당시 극동 상황과 관련해 청국의 육군과 영국의 해군이 동아시아에서 러시아에 심각한 위협을 가할 수 있으며 '한국 문제'에서 분규를 초래할 수 있다고 여겼다.[50] 러시아는 동아시아령의 방어에서 청과 영국의 육·해군력이 위협을 줄 수 있다는 점을 깨닫기 시작했다.

러시아는 16세기 중반 이반 4세의 치하에서 시베리아와 동아시아 지역으로 팽창에 나섰다. 이후 1644년 마침내 태평양의 오호츠크 해에 도달한 러시아는 17세기 중엽 중국과 국경을 마주한 아무르 강까지 진출했다. 러시아는 아편전쟁으로 청이 정치사회적으로 혼란한 틈을 타 1858년 청과 아이훈 조약을 맺고 아무르 강 좌안을, 1860년 베이징 조약에서 우수리 강 동쪽 연해주를 획득하며 조선과도 경계를 마주한 상태였다.

하지만 러시아의 동아시아령은 사실상 버려진 것과 같았다. 크림 전쟁(1853~1856)에서 패하면서 발칸 반도와 흑해에서의 남진 정책이 좌절되자 동아시아로 눈길을 돌린 러시아는 1861년 농노해방을 단행하고 이민법을 공포해 농민들을 시베리아와 극동으로 이주시키는 정책을 폈으나 진행은 지지부진했다. 동아시아 진출을 통해 새로 획득한 막대한 영토에 견줘 주민 수는 턱없이 적었고 진흙과 눈으로 범벅이 된 툰드라로 이어지는 시베리아의 열악한 교통로는 최대 문제였다.

당시 러시아의 극동 병력은 1만 5천 명 정도였고 그나마 약 1만 1천 명은 블라디보스토크 인근의 연해주에 집중되어 있었다. 따라서 비상사태시 병력을 요청할 수 있는 유럽의 군사기지는 약 4,000마일 밖에 있었으므로 극동 연해주까지 병력의 이동 기간은 육로로 18개월이 소요될 것으로 예상되었다.[51]

이에 반해 청은 만주 지역으로 주민들의 이주를 장려하고 군비 증강에 나서면서 만주 동북 3성에 주둔 병력이 8만 5천 명이 되었으며 1883년 북양함대의 창설과 함께 해군을 증강하기 위해 요동반도의 뤼순 구에 요새화된 해군기지를 건설했다.[52] 또 1871년 신장웨이우얼에서의 이슬람교도의 반란을 틈타 이리 지역을 무력 점령하자 청은 동투르키스탄에 쭤종탕의 군대를 보내 이슬람교도의 반란을 무력으로 진압하고 1881년 2월 러시아와 상트페테르부르크 조약을 맺어 국경을 확정했다. 쭤종탕의 군대 14만 명은 동투르키스탄에 주둔하며 러시아 군과 대립했다.

중국에서 러시아는 통상무역의 확대에 주력한 영국과 달리 탐욕스럽게 영토를 늘린 진나라에 빗대 '낭진(狼秦)'이라 불릴 정도로 불신의 정도가 높았다. 거문도 점령 기간 중 러시아가 영국의 점령에 대한 보상책으로 부동항인 조선의 라자레프(영흥만)를 요구하자 부동항을 찾아 남하하려는 러시아에 대한 청의 경계심은 더 커졌다.

시베리아 횡단철도와 일본의 이익선

영국의 거문도 점령은 다른 한편으로는 동아시아에서 러시아 함대가 대한해협에서 출구가 막히면 얼마나 쉽게 봉쇄될 수 있는지 보여주었다. 또 전시에 일본의 나가사키 같은 중립 항구를 이용할 수 없는 러시아 전함들은 중간에 전함의 연료로 사용하는 저탄 기지를 확보하지 못하게 돼 방어적인 역할로 활동이 국한될 수밖에 없다.

함대의 전력에서도 러시아는 중국 해역에 배치된 영국 함대는 물론 1880년대 들어 상당 정도로 성장한 일본과 중국 해군을 격퇴할 정도로 강력하지도 못한 상태였다.

메이지 유신 초기 자체 연안 경비 정도의 수준이던 일본 해군은 임오군란 직후인 1883년 6척의 대형 군함을 비롯하여 20척 이상의 군함을 6년 이내 건조한다는 함선 건조 계획에 착수한 이후 1880년대 말에 이르러 쓰시마 해협에서 러시아 해군의 태평양 진출을 독자적으로 차단할 수 있는 정도의 해양력을 갖췄다.

동아시아에서 떠오르는 국가인 일본 해군이 대한해협을 봉쇄하면 블라디보스토크에서 태평양과 중국에 이르는 길이 막혀 '제2의 보스포르스화'에 대한 우려가 컸다.

러시아 내부에서는 이러한 동아시아령의 방어상 약점을 극복할 대안으로 철도 건설의 필요성이 꾸준히 제기되어왔다. 따라서 영국의 거문도 점령은 러시아가 해군력 의존 정책에서 육군 정책으로 동아시아 정책을 전환하기는 계기로 이어졌다.

온건한 코르프 남작과 이르쿠츠크 총독인 육군 중장 이그나쩨프는 시베리아 횡단철도의 부설을 짜르에게 청원했다. 이들은 유럽령 러시아에서 동아시아령 러시아로 물품과 병력을 수송하는 데 1년 반에서 2년이 걸리는 것에 비해 시베리아 횡단철도라면 1개월 반에서 2개월이면 충분할 것이라고 주장했다.

이들의 건의를 검토해온 알렉산드르 3세는 1886년 시베리아 횡단철도 계획에 착수한다는 칙령을 공포했다. 그는 "가능한 한 시베리아를 최단 거리로 횡단하는 철도를 부설하라"고 포고했다.[53]

러시아의 시베리아 횡단철도 건설 추진에는 1885년 캐나다의 태평양철도 완성도 영향을 미쳤다. 당시 전 세계에서 영국과 경쟁 중이던 러시아는 영국의 식민지인 캐나다의 태평양철도의 완성을 영국이 동아시아로 가는 지름길로 이용하지 않을까 우려했으며 이는 러시아로 하여금 시베리아 철도 건설에 나서도록 촉진했다.[54]

시베리아 횡단철도의 건설은 러시아 동아시아령의 새로운 핵심 정책으로 부상했다. 짜르는 시베리아 횡단철도 부설을 위한 측량을 실시하도록 교통상에 명령했다.[55] 러시아의 시베리아 횡단철도 부설 결정은 가능한 한 빨리 적극적인 동아시아 정책으로 전환하겠다는 러시아 정부의 의지 표명이었다.[56]

시베리아 횡단철도는 서쪽의 모스크바에서 동쪽의 블라디보스토크에 이르기까지 7,000Km가 넘는 거리를 달릴 계획이었다. 철도 건설은 양쪽 끝에서 동시에 시작되었고 완공까지 12년은 걸릴 것으로 예상됐다. 이는 곧 러시아가 1903년까지는 동아시아에서 지위에 큰 변화를 기대할 수 없다는 것을 의미했다.[57]

영국 해군의 거문도 철수 다음 해인 1888년 5월 8일 러시아 정부는 프리아무르(Priamur, 러시아령 극동)의 총독 겸 방위군사령관 코르프(A. N. Korf)와 외무성 아시아국장 겸 추밀원 고문관 지노비에프(I. A. Zinovieff)가 참가한 가운데 러시아의 조선에 대한 기본 정책을 검토하면서 다음의 3가지 질문을 던졌다.[58]

(1) 러시아의 조선 획득은 바람직한가? 만약 그렇다면 그런 행위의 결과는 무엇인가?

(2) 조선이 다른 강대국의 수중에 놓인다면 러시아에 위협이 되는가?

(3) 러시아가 조선에 대한 청의 계획에 대응하기 위해 취할 조처는 무엇인가?

이날 회의에서 조선은 경제적으로 가치가 낮고, 조선 점령은 영국과 청, 일본의 적개심을 불러올 뿐이며 삼면인 조선을 점령해도 방어에 어려움이 크다고 보았다. 그러나 조선의 지정학적 위치는 동아시아에서 러시아의 정치적 이익의 핵심을 이룬다는 점에서 타 열강에 의한 조선 병합에는 반대하기로 했다.

러시아는 이에 따라 라디젠스키와 리훙장 간에 구두 협상을 유지하는 한편 시베리아 횡단철도가 완성될 때까지 평화적 현상 유지인 '신중정책'을 고수하기로 했다.

러시아는 시베리아 횡단철도가 중앙아시아를 가로지르는 트란스카스피아 철도처럼 동아시아의 전략적 균형을 바꿀 수 있을 것으로 기대했다. 이는 동아시아령의 약점을 보완해 영국과 일본, 청에 대한 군사적 열세를 일시에 뒤집을 만병통치약이었다.

시베리아의 모피와 산림, 광물 자원을 채취하기 위해 시작된 러시아의 동진정책은 시베리아 횡단철도의 건설 추진으로 전연 다른 차원으로 진입하게 되었다. 철도가 통과하는 곳에 새로 거주지가 형성되고 엄청난 자원이 활용되며, 유럽에서 아시아로, 아시아에서 유럽으로 상품을 실어 나르는 젖줄이 될 터였다. 이것은 영국에게 경제적 동맥 역할을 하는 바닷길에 심각한 위협을 줄 수 있었다.

시베리아 횡단철도를 구상한 비테의 계획에는 인도 정복보다 훨씬 원대한 야심이 있었으니 동아시아 지배였다. 재무장관인 비테의 영향을 받아, 풍부한 자원과 시장을 지닌 극동 전체가 다른 침략자들의 손에 넘어가기 전에 러시아에 문을 열게 할 꿈을 꾸게 된 것이다. 그렇게 되면 극동이 그의 인도가 될 터였다.[59]

국제정치학자 A. 웬트는 국제적 삶의 성격은 상대적 힘의 분포 외에 국가들이 서로에 대해 갖는 믿음과 기대에 의해 결정되며 이것들은 물질적 구조보다는 사회적 구조에 의해 구성된다고 밝혔다.[60] 시베리아 횡단철도를 거쳐 태평양을 통한 세계 진출과 동아시아 지역을 보호하겠다는 러시아의 야심 찬 계획에 동아시아 각 제국은 불안해했다. 러시아의 동아시아에서 세력 증대는 이들 제국에는 위기였다.

일본의 야마가타 아리토모는 1888년 1월의 '군사의견서'에서 청의 군비 증강과 함께 러시아의 시베리아 횡단철도와 영국의 캐나다 태평양철도가 곧이어 동양에 대변동을 초래할 것이라고 예견했다.

"영국과 러시아의 이익은 대립하고 서로 충돌하는 분쟁, 갈등의 요소는 실로 많다. 대륙상의 교통 운수가 편리해지면 충돌의 시기는 점점 가까워진다. 캐나다 태평양철도의 부설은 영국의 동양 항로를 단축하고 시베리아 철도 부설은 러시아 군대의 동쪽으로 향하는 것을 빠르게 한다. 영·러 양국은 아시아에서 충돌하지 않을 수 없으며 수년 내에 동양에는 일대 파란이 일어난다. 그때 조선은 영·러 충돌의 대립점이 된다. 그뿐만 아니라 조선은 청·일 양국의 분쟁의 요소이다"라고 내다봤다.

야마가타 아리토모는 또 "우리나라의 정략은 조선을 청으로부터 완전히 분리된 자주독립의 한 나라로 하고 유럽의 강대국이 이 일에 편승해 탈취할 염려가 없도록 하는 것이다. 그러기 위해서도 군비의 강화가 최대 급무이다"라고 밝혔다.[61]

시베리아 횡단철도의 건설은 청, 일본, 서구 열강 등 다수 국가의 이해관계가 밀접하게 연관된 초국가적 문제였으며 한국 문제에도 영향을 주었다.

야마가타 아리토모는 2년 뒤인 1890년 12월 6일, 수상으로서 제1회 제국의회에서의 시정 방침 설명에서 명확한 형태의 동아시아 질서 구상을 제기한다. 국가 독립 자위의 길에는 주권선의 수어(守禦)와 이익선의 방호(防護) 두 개가 있다고 밝힌 그는 이익선, 즉 조선 확보의 의의를 강조하고 그를 위한 군비 확충을 제기한다.[62]

19세기 말 동아시아 국제공간은 점차 제국들의 긴장과 불안의 열기로 팽팽하게 차오르기 시작했다. 이는 제국의 현상 유지를 원하는 대청제국과 이에 맞서는 대영제국 등 서구 열강, 새로운 강자로 부상하려는 일본제국과 동아시아의 강자로 진출하려는 러시아 제국들이 뿜어내는 상호 의심과 두려움에서 비롯된 것이었다.

거문도, '제2의 지브롤터'가 될 뻔했던 사연은

거문도(Port Hamilton)는 다도해해상국립공원의 가장 남쪽 끝에 솟아 있다. 여수연안 여객선터미널에서 거문도까지 거리는 대략 106Km. 2시간여 정도 쾌속선을 타고 짙푸른 다도해의 물살을 헤쳐 나가면 멀리 거문도가 다가온다.

거문도를 이루는 3개의 섬 중 하나인 서도와 동도 사이로 방향을 튼 배가 서서히 속도를 줄이더니 고도의 거문도항 여객선터미널에 멈춰 선다.

여객선터미널을 나와 부두를 걷다가 산 쪽으로 400m 정도 오르면 거문초등학교가 나타난다. 운동장 아래로는 '도내해(島內海)'가 펼쳐진다. 거문도의 서도와 고도, 동도가 병풍처럼 에워싸면서 형성된 섬 안의 바다로, 잔잔한 파도에 햇살이 평화롭다.

일본 나가사키 항을 출발한 영국 전함 아가멤논(Agamemnon), 페가수스(Pegasus), 파이어브랜드(Firebrand)가 거문도에 도착한 것은 1885년 4월 15일이었다.

거문도에 영국 국기인 유니언잭이 게양된 것은 이로부터 20여 일이 지난 5월 11일이었다. 5월 10일 근방을 지나던 러시아 상선 블라디보스토크호가 '보일러가 샌다'며 영국 해군에 24시간 거문도 체류를 요구해왔다. 자신들의 거문도 점령을 드러내기를 꺼려하던 영국 해군은 러시아가 선수를 쳐서 섬에 러시아 깃발을 내걸려는 것이 아니냐고 의심한 나머지 부랴부랴 국기를 내걸고 영국의 점령 사실을 알렸다.

영국 해군은 그로부터 1887년 2월 27일까지 22개월여간 섬에 머물렀다. 점령 중 영국 해군 수가 많을 때는 800여 명에 이르렀다. 현재 거문도 주민 수가 2,000여 명인 것을 보면 상당한 병력이었던 셈이었다.

섬을 점령한 영국 해군은 방파제와 막사와 같은 해군 주둔에 필요한 여러 시설물의 구축에 나섰다. 일본인 인부 외에도 항구를 보호하는 방파제 건설에는 현지 주민 300명이 고용됐다. 주민들은 쌀과 콩을 봉급으로 받았는데, 영국 해군이 약속한 봉급을 떼먹지 않고 꼬박꼬박 지급해 주민들의 반응이 좋았다고 한다.

조선의 경성에 주재하던 영국 영사관은 1885년 8월 21일 한국어를 할 줄 알던 영사관 직원 제임스 스콧(James Scott)을 거문도에 보냈다. 병원과 막사 시설에 필요한 2곳의 부지를 빌리기 위한 주민들과의 협상을 그가 맡았고 연간 50달러를 내고 빌리기로 합의가 이뤄졌다. 중국의 영국 해군 본부와 교신을 위해 거문도에서 상하이까지 600Km를 잇는 해저 통신선이 설치됐는데 통신선은 상하이를 거쳐 홍콩으로 이어졌다.

점령 기간이 장기화되면서 영국 해군에게 다가온 가장 큰 곤란은 러시아라는 적이 아니라 병사들에게 제공할 음식의 식재료 공급과 병사들의 사기 문제였다.

영국 해군은 거문도에서 많은 수의 병사를 위한 충분한 양의 소와 닭, 거위 등 가축을 구하기 어려웠다. 그래서 생각한 것이 식재료로 나가사키와 상하이에서 필요한 가축을 구입한 뒤 거문도로 산 채로 들여와 키우는 것이었다. 그런데 거문도를 배회하는 매들이 병사들이 먹을 닭과 거위를 자주 낚아채가는 일이 발생하자 영국 해군은 새총을 쏴서 매들의 공격을 막느라 진땀을 흘렸다. 거문도에서 '러시아와의 전쟁'이 아니라 '매와의 전쟁'이 벌어진 셈이었다.

점령이 길어지고 도중에 아프가니스탄 위기가 해소되면서 러시아와의 긴장도 완화되자 무료한 병사들의 사기를 올리는 일이 영국 해군의 최우선 과제가 됐다.

영국 해군은 병사들을 정기적으로 중국 상하이와 일본 나가사키에 보내 며칠간의 육상 휴가를 허용하기도 했다. 또 현재 고도의 거문초등학교 옆에는 테니스장도 지었다. 우리나라 최초의 테니스장으로 알려진 해밀턴 테니스장은 장교들의 운동시설로 쓰였는데 지금도 테니스장의 온전한 모습을 볼 수 있다.

이에 만족하지 못한 일부 사병들의 일탈로 익사 등 사고도 발생했다. 지금은 서도와 동도 사이에 길이 560m의 사장교가 연결돼 두 섬을 걸어서 다닐 수 있지만 당시에는 보트를 이용해 오가야 했다. 어민으로 가장한 한 일본인이 여자들을 데리고 섬에 들어와 어판가게를 내자 병사들은 해가 지면 보트를 타고 이곳 가게를 찾아 여흥을 즐겼다. 이 과정에서 보트가 바다에 전복돼 물에 빠진 병사 중 1명이 익사하기도 했다.

거문초등학교에서 산 쪽으로 200여m를 더 가면 영국군 묘지가 나온다. 영국 쪽 자료는 거문도에서 사망자가 10명이라고 한다. 처음에는 이들 군인들의 묘비나 나무 십자가가 있었을 것으로 추정되지만 현재는 묘비 1개와 나무 십자가 1개만 남아 있다.

화강암으로 세워진 묘비에는 "1886년 6월 11일 일어난 폭탄 폭발 사고로 하루 사이를 두고 죽은 영국 군함 클레오파트라호(Cleopatra)의 수병 토마스 올리버(23)와 헨리 그린(30)의 이름을 새겼다"라고 쓰여 있다. 나무 십자가는 1903년 10월 영국 해군 알비온호(HMS Albion) 소속 수병 알렉스 우드의 묘비로 되어 있다.

영국 해군이 철수한 뒤 이를 확인하러 조선 조정에서 보낸 경락사 이원희의 보고에는 당시 영국 해군 병사의 무덤이 9기라고 밝혔다. 영국군은 철수하면서 해저 케이블은 모조리 상하이로 가져가 팔았고 영국군의 묘지만이 당시 흔적으로 남아 있다.

거문도는 지정학적 중요성 때문에 영국령인 지브롤터와도 비교된다. 거문도가 동해에서 태평양과 동중국해를 잇는 관문이라면 지브롤터는 대서양과 지중해를 잇는 관문이다. 쓰시마와는 100마일, 나가사키와는 160마일 거리다.

거문도의 남북 길이는 3.75Km, 최대 폭은 1.75Km이며 바다의 수심은 최대 6.2m에 면적은 12Km²에 이른다. 조선을 강제 합병한 일본은 거문도를 어업의 전초 기지로 개발했고 1905년 남해 연안 최초의 등대를 이곳에 세우기로 했다.

스페인 이베리아 반도 남단에 위치한 지브롤터는 길이 5Km, 너비 1.3Km에 면적은 5.8Km²다. 1704년 스페인 왕위 계승 전쟁에 참가했던 영국은 1713년 유트레히트 조약으로 지브롤터를 할양받은 뒤 300여 년간 영국령으로 유지하고 있다. 지브롤터는 2차 세계대전 중 미군의 아프리카 작전기지로 사용되어 독일 공군의 폭격을 받기도 했다.

거문도는 영국이 예상한 대로 대한해협의 관문이다. 20년 뒤인 1905년 러시아의 발트 함대가 일본의 연합함대에 의해 괴멸된 곳은 거문도 앞 대한해협이었다. 영국은 거문도 점령 초기만 해도 거문도의 지정학적 중요성은 물론 장차 영국의 동아시아의 무역 거점으로 가치를 높게 보았다.

하지만 시간이 흐르면서 이러한 기대는 흐릿해졌다. 해군 내부의 반대도 컸다. '천혜의 항구'라던 처음 기대와 달리 거문도에 해군기지를 구축하고 이를 방어하기 위해서 드는 비용이 너무 커서 군사기지로 효용성이 떨어졌기 때문이다.

도웰에 이어 영국의 중국해 사령관이 된 해밀턴 제독은 "6척의 전함이 거문도 방어력을 형성하는데 이 중 3척은 항시 방어를 위해 거문도를 드나드는 3개의 입구에 정박해 있어야 한다. 그 사이 대영제국의 통상과 이익에 중요한 홍콩과 싱가포르는 사실상의 무방비 상태에 놓이게 된다"라고 보고했다.

'제2의 지브롤터'가 될 뻔했던 거문도. 19세기 영국과 러시아라는 두 초강대국의 경쟁이 한반도에 남긴 생채기를 간직한 채 대한해협을 지켜보고 있다.

▲ 하늘에서 내려다본 거문도의 모습. 동도(오른쪽)와 서도(왼쪽) 그리고 고도(가운데) 3개의 섬으로 이뤄진 거문도와 그 내항의 모습이 또렷하다. (이재언 광운대학교 해양섬정보연구소 소장 제공)

▲ 영국군 묘지: 영국 해군이 주둔 전후로 거문도에서 숨진 영국 해군 병사들의 묘지. 거문도 내 고도의 산기슭에 있다. 영국 해군이 거문도에 주둔하던 1885년에서 1887년 사이 숨진 7명의 영국 해군의 추모비와 함께 화강암 묘비 1개와 나무 십자가 1개가 있다.

◀ 영국군 묘지에서 내려다 본 거문도 내항: 영국군 묘지에서 내려다본 거문도 앞 바다의 모습이다. 고도와 서도 사이에 있다.

◀ 해밀턴 테니스장: 영국 해군이 1885년 거문도를 점령했을 당시 조성된 해밀턴 테니스장. 우리나라 최초의 테니스장인 해밀턴 테니스장은 고도의 거문초등학교에 당시 모습 그대로 남아 있다.

6장

청일전쟁

화약고가 된 한반도

1891년 3월 31일 동아시아를 여행 중이던 러시아 황태자 니콜라이
(Nicholas)는 자갈이 가득 담긴 첫 번째 외바퀴 수레를 시베리아 철도의
동쪽 종착역인 블라디보스토크의 제방에 몸소 쏟아 부었다.[1]

모스크바에서 블라디보스토크까지 7,000Km를 달릴 시베리아 횡단
철도의 착공이었다. 완공까지 12년이 예상된 시베리아 횡단철도는 러
시아의 새로운 꿈이었다.

새로운 짜르 니콜라이는 재무장관인 비테 백작의 영향을 받아 풍부
한 자원과 시장을 지닌 극동 전체가 다른 침략자들의 손에 넘어가기 전
에 러시아에 문을 열게 할 꿈을 꾸게 된 것이다. 그렇게 되면 극동이 그
의 인도가 될 터였다. 러시아는 군사적 대국만이 아니라 경제 대국의
자리에 올라서게 되는 것이었다. 비테는 이렇게 말했다. "러시아는 태
평양 연안과 히말라야 꼭대기에서 아시아만이 아니라 유럽도 지배하게
될 것이다."[2]

하얀 수증기를 내뿜는 육중한 열차가 우랄 산맥을 넘고 시베리아를
지나 향할 곳은 만주와 조선이었다. 해군력이 우세한 영국과 일본이었
지만 육로를 통한 러시아의 동아시아 진출은 막기 어려운 당혹스러운
일이었다. 만주와 조선은 점차 열강의 전략적 이해가 중첩되는 동아시
아의 '핵심 지역(focal point)'으로 부상하기 시작했다.

19세기 이후 동아시아에서 열강의 세력 팽창은 증기선과 철도, 전신
과 같은 서구의 과학기술력과 이를 바탕으로 한 압도적 군사력 덕택이

었다. 그중 철도는 제국주의 시대에 한 국가가 자신의 영토를 확장해가는 수단이었다.[3] 수송 수단이 발달하지 못한 시기에 수송용 해상 선박이나 육상 철도는 열강이 자국의 세력을 확대할 수 있는 최대 수단이었다. 철도는 제국주의 경쟁 시기 국가의 세력을 자국의 영역 밖으로 전달하는 구체적인 수단이다. 어느 철도를 어디에서 누가 건설하느냐에 따라 개별 국가의 세력 범위가 결정되었다.[4]

시베리아를 가로지를 러시아의 시베리아 횡단철도는 동아시아에 진출한 제국주의 국가들과 청과 일본에 지정학적 갈등과 위기감을 고조시켰다. 러시아는 시베리아 횡단철도를 통해 유라시아 대륙을 가로지르는 물류 수송과 농노에서 해방된 노동자들을 확대하는 것에 더해 러·청 국경 지역에서 점증하는 청의 군사력에 대비한 방어력을 증대해 동아시아에서 일본과 영국의 우세한 군사적 지위를 일시에 뒤집고자 했다. 시베리아 횡단철도가 가져올 러시아의 군사력 강화는 일본과 영국의 군사 대응과 철도 부설 경쟁을 촉발했다.

열강의 철도 경쟁과 일본의 군비 확장

리훙장은 북쪽 변경에서 남하하는 러시아의 위협에 대비해 1889년 청의 최초 철도인 톈진~가이핑(開平) 구간을 완공했다. 이 노선은 1891년 만리장성이 끝나는 산하이관(山海關)까지 연장되었다. 리훙장의 철도 건설은 시베리아 횡단철도 건설에 따른 청의 대응이었지만 청의 철도 건설로 아무르 강과 우수리 강 지역의 영토에 위협을 느낀 러시아가 시베리아 횡단철도 건설을 서두르는 계기가 됐다.[5]

영국은 청을 지원해 러시아 견제에 나섰다. 양쯔 강을 중심으로 중국에서의 세력권을 확장하던 영국은 청이 청국철로총공사를 설립하고 톈진~산하이관 구간의 철도 건설에 나서자 철도 기술 인력의 공급과 함께 영국계인 홍콩상해은행을 통해 자금을 지원했다. 톈진~산하이관 구간의 철도는 러시아의 만주 침투 위협에 대비해 신속한 군대 이동을 위한 것으로 수도 베이징에서 만주의 중심 지역인 펑톈(奉天)으로 이어지는 경봉철도의 시작점이기도 했다.

러시아의 남하에 위협을 느끼던 일본은 1875년 사할린과 쿠릴 열도의 교환 조약을 체결해 러시아와 국경을 획정했다. 하지만 시베리아 횡단철도는 조선을 이익권으로 설정하고 조선과 만주 진출을 노리는 일본의 구상과 정면으로 충돌하는 것이었다.

일본 군부는 러시아의 시베리아 횡단철도가 베이징에서 진저우를 거쳐 조선의 서울까지 이어지기 전에 러시아의 팽창 정책을 중단시켜야 한다고 목소리를 높였다.[6] 군부의 우려는 1894년 1월 야마가타 아리토모의 〈조선정책 보고〉에서 서울과 평양을 거쳐 의주에 이르는 한반도 종단철도의 건설 제안으로 이어졌다. 시베리아에서 만주로 진출할 러시아 철도가 압록강을 넘어 일본의 이익선이면서 생명선인 한반도까지 연장되는 것을 저지하는 한편 일본의 대륙 팽창을 위한 수단으로 삼겠다는 의도였다.[7]

일본의 한반도 종단철도 구상은 1890년 12월 야마가타 아리토모가 제국의회에서 행한 시정 방침에서 조선을 이익권으로 밝힌 것에 더해 조선을 일본의 세력권으로 선점하고 대륙으로 나아가겠다는 확고한 의지의 표현이었다. 야마가타 아리토모는 1894년 9월과 12월 이토 히로부미에게 보낸 서한에서 "한반도 종단철도가 장차 단둥을 지나 랴오둥 반도까지도 진출이 가능할 것"이라고 예상했다. 천황에게 보낸 서한에서는 "후일 중국을 지나 인도에 이르는 길임을 믿어 의심치 않는다"라고도 확신했다.[8]

일본의 이러한 동아시아 질서 구상의 실현을 위한 선결 조건은 조선에서 청의 세력을 축출하고 조선을 확보하는 것이었다. 점증하는 러시아의 위협 앞에서 일본은 동해, 대한해협, 서해를 포함해 한반도와 그 주변 지역이 러시아, 청국 등 제3국의 지배하에 놓이는 상황은 자국의 안보를 위해서 반드시 피해야만 하고, 이를 위해 청에 대한 무력행사를 통해서라도 조선에 진출해야 한다고 여겼다.[9]

하지만 임오군란과 갑신정변을 거치며 일본은 조선에서 좌절감을 느꼈다. 일본 정부 지도자들은 이런 실패의 원인이 군사력 부족에 있다고 인식했고 러시아 외에 청을 상정하여 일본은 외부 군사 원정(外征)을 고려한 군비 확산을 추진하게 되었다.[10]

군부 내 대청주전파를 중심으로 청을 가상적국으로 상정한 군비 확장이 추진되었다. 임오군란이 있던 1882년 자체적으로 군비 확장 계획을 입안했던 일본은 1885년부터 실행에 옮기려던 계획을 1년 앞당겨 10개년 계획으로 시행하기로 했다. 육군 병력으로 보병 28개 연대 외에 조선의 군사적인 원정에 필요한 야전포병 7개 연대와 기병과 공병, 병참을 각각 7개 대대씩 확장하는 것이 목표였다.[11]

일본은 청의 조선 속방화 정책이 강화되자 조선의 내정과 외교 등 정무를 공동 관리하자는 8개조를 제안했다. 톈진 협정에서 양국이 유사시 한반도에 파병할 때 사전 통보 등의 대등한 지위를 얻어냈던 일본은 외교적 후속 조치로 청에 조선에 대한 공동관리 체제를 제안한 것이었다.

리훙장은 그러나 일본의 제의를 거절하고 1885년 10월 위안스카이를 주차조선총리교섭통상사의(駐箚朝鮮總理交涉通商事宜)로 임명한 뒤 조선에 파견해 단독 지배의 강화로 나아갔다. 위안스카이는 청일전쟁이 일어나는 1894년까지 '조선의 감국대신(監國大臣)'으로 불리며 10년간 조선에 대한 청의 정치경제적 적극책을 주도해갔다.

동학농민혁명과 청·일 파병

조선에 대한 청의 실질적 지배가 강화되고 시장 개방과 세도정치로 사회적 불안이 높아지던 1894년 초 발생한 동학농민혁명은 한반도를 격랑으로 내몰았다.

동학의 창시자인 최제우의 교조신원운동에서 시작된 동학농민혁명은 1894년 2월 17일 전라남도 고부에서 농민 1천여 명이 고부 관아를 습격하며 시작됐다. 조선 내 민씨 척족의 내정부패 척결과 함께 '제세안민, 축멸왜이, 진멸권귀' 등의 구호를 내세우면서 반제국주의, 반봉건의 농민봉기로 발전했다.[12]

개항장을 통해 값이 싼 외국 물품이 쏟아져 들어오고 미곡 등의 일본 유출이 심해지면서 민중들의 생활이 어려워진 데다 세도정치에 따른 내정의 폐단으로 곪을 대로 곪은 민중들의 불만이 폭발한 것이었다. 동학농민혁명은 초기에 잘못된 정치를 바로잡는 패정(弊政) 개혁으로 출발했지만 점차 기층 민중인 농민이 중심이 되어 근대적 국가 개혁과 함께 반제, 항일운동으로 확산했다.

고부 관아 습격에 이어 1894년 4월 25일 전봉준의 지도하에 대규모로 농민혁명으로 확대되자 자력으로 농민군 진압이 어려워진 조선 정부는 6월 4일 청에 군사를 빌려달라고 요청했다. 청은 톈진 조약에 따라 일본에 "조공국 보호를 위해 군 파병을 해온 중국 관습에 부합하는바 청 황제는 즉시 반란군을 진압해 조공국에서 평화를 회복하고 외국 상인들이 조선에서 안정적으로 통상하는 것을 허용하도록 군 파병을 명령했고 질서가 회복되는 즉시 군 병력을 철수하겠다"라고 통보했다.[13]

청의 파병 소식이 전해지자 일본의 무쓰 무네미쓰 외상은 "일본은 조선을 포기하든지 청국과 싸워 조선으로부터 그 세력을 쫓아내는 수

밖에 조선 문제의 해결이 수단은 없다"라고 판단했다. 참모차장 가와카미 소로쿠는 청군을 격파할 자신이 있다고 밝혔다.[14] 이에 따라 일본 정부도 톈진 조약에 따라 "자국민 보호를 위해 약간의 군대를 조선에 파견한다"라고 청 정부에 통보했다.

청이 1,600명의 육군을 충남 아산으로 상륙시키자 일본은 혼성 제9여단과 군함 9척을 출동시켰다. 총인원 7천 명에 이르는 사단 규모에 가까운 이 여단은 6월 중순 인천에 상륙한 뒤 경성 일대를 장악했다.[15]

청일 양국이 군을 파병하면서 서울, 아산, 공주, 전주를 잇는 도로상의 요충지를 따라 조선에는 농민군과 정부군 및 청·일 양군 등 4종의 군사력이 존재하게 되어 극히 위험한 상황이 전개됐다. 민씨 일파의 외병 차용 정책은 조선 사회의 모순을 내적으로 해결하려 했던 농민혁명의 길에 중대한 지장을 초래하게 된 것이다.[16]

일본은 군을 파병하면서 청의 속방 보호론을 정면으로 반박했다. 무쓰 외상은 "청국 정부의 '보호 속방'이라는 표현은 아직도 조선국이 청국의 속국이라는 인식을 하는 것 같은데, 우리 제국 정부는 이러한 인식에 동의하지 않는다"라고 밝혔다.[17] 일본 정부의 이러한 강경한 태도는 군비를 갖출 때까지 청과의 충돌을 피한다는 그동안의 '전략적 인내'를 동학혁명을 계기로 탈피하겠다는 의지의 표현이었다.

무쓰 외상은 6월 2일 출병 결의안을 채택하는 과정에서 "기실 이것은 쉽게 보아 넘길 사건이 아니라 생각했다. 만일 이 일을 무시하게 되면, 이미 편향되어 있던 일·청 양국의 조선에 대한 권력의 상관관계가 한층 더 심화되어, 우리나라가 후일 조선에 대해서 오직 청국이 행하는 대로 맡기는 수밖에 없게 될 것"이라고 주장했다.[18] 동학농민혁명은 일본에는 "1884년 갑신정변 당시 일본의 불명예를 한꺼번에 씻는 계기"였다.[19]

1880년대 후반 내내 군사력을 강화하고 조선 문제를 둘러싼 정치적 영향력 확대를 위해 경쟁을 벌여왔던 청과 일본은 이 사건을 정치적으로 이용하려고 했다. 청은 조선을 청의 속방으로 취급하면서 개입하려 했고 일본은 청을 한반도에서 축출하여 조선을 장악하려 했다.[20]

일본이 전략적 인내를 탈피한 강경한 자세로 나아간 것은 그동안 군비 증강 계획이 완성된 자신감의 결과였지만 당시 일본 내부의 불안한 정치 정황도 요인이 되었다.

메이지 일본의 최대 숙원이던 서구와의 불평등 조약 개정이 지지부진한 가운데 황실 및 행정부 간 불화로 1894년 6월 1일 일본 중의원의 내각 탄핵에 이은 일본 정부의 의회 해산 조칙이 내려지면서 일본의 국내 정치 정황은 극도로 불안한 상태였다.[21]

조선 농민의 봉기는 정권 붕괴 위기에 놓인 이토 내각에게 해외 파병을 통해 국내 불만 세력을 잠재울 기회였다. 일본군의 파병 2주 뒤 워싱턴 주재 일본 공사는 미국 국무장관 그레샴에게 "우리의 국내 상황은 위기이며 청과의 전쟁은 우리 일본인들 사이에 애국적 정서를 일으킴으로써 위기를 해소할 것이고 일본 국민들이 정부에 더 강력하게 따르게 할 것"이라고 말했다.[22] 일본의 해외 파병은 메이지 유신 이래 조선을 대상으로 대내적 국민 통합용으로 활용되어왔다. '판적봉환'과 '폐번치현' 과정에서 대두된 불평 무사의 관심을 해외로 돌리기 위한 정한론과 대만 출병, 청일전쟁, 러일전쟁 등 일련의 전쟁들과 표리관계를 이루었다.[23]

일본의 파병에 놀란 조선 정부는 6월 11일 농민군과 폐정 개혁과 집강소 설치, 농민군 해산을 골자로 전주화약을 맺고 청·일 양국의 철병을 요구하며 사태 수습에 나섰다. 일본의 대규모 파병은 청도 예상치 못한 일이었다. 청의 리훙장은 파병의 불씨가 됐던 동학농민혁명을 서둘러 진화시켜 청·일 양국 군의 조기 철병에 주력했다.

전주화약으로 파병 명분이 약화하자 일본은 6월 15일 청·일 공동으로 조선 내정개혁을 실시하자고 청에 역제안했다. 동학농민군이 해산한 만큼 텐진 조약에 따라 양국의 동시 철병을 주장한 청에 맞서 일본은 농민혁명의 재발 방지를 위한 조선의 내정개혁이 필요하다며 청·일 양국이 조선에 공동위원을 파견하자고 주장했다.

무쓰 무네미쓰는 6월 16일 청국 특명전권공사인 왕펑짜오(왕봉조)와 담판에 나섰다. 담판은 이날 오후 8시부터 다음 날 새벽 1시까지 5시간 동안 이어졌다.

> "왕펑짜오: 조선의 선후책을 강구하기 전에 일·청 양국 서로가 조선에서 군대를 철수하고 천천히 협상하자는 것이다.
>
> 무쓰: 조선의 형세는 그 재난의 근원이 몹시 깊기 때문에 그 뿌리부터 개혁하지 않으면 결코 장래의 안녕을 기할 수 없다. … 이러한 때에는 어떤 사정이 있더라도 군대를 철수해서는 안 된다. 나아가 청국 정부가 만약 우리 정부의 진의를 이해해주어 우리의 제안에 찬동한다면 이러한 걱정들을 덜게 되는 것이다."[24]

일본은 내정개혁위원회 안을 농민군 해산에 따른 자신들의 외교적 궁지를 벗어날 대반전의 기회로 보았다. 청은 일본이 제안한 조선 내정개혁안을 수용할 경우 청 스스로 조청 속방 관계를 부정하는 일이어서 수용하기 어려운 일이었다.

반면에 일본은 청이 거부하면 조선에 대해 단독으로 내정개혁을 강제함으로써 조청 속방 관계를 주장하는 청과 개전의 명분으로 삼고자 했다. 실제로 일본은 청이 내정개혁위원회 수용을 거부하자 6월 22일과 7월 14일 2차례 "조정의 실패는 청의 책임이며 이후 예측할 수 없는 변은 일본의 책임이 아니다"라는 절교서를 청에 보냈다.

일본은 조선에도 내정개혁위원회의 수용을 요구했다. 하지만 조선은 일본의 선철병과 함께 조선의 내정개혁은 조선이 할 일이라며 일본의 간섭을 거부했다.

청의 위안스카이가 7월 19일 제물포항을 통해 청으로 도주하면서 '한반도의 권력추'는 이후 일본으로 급속하게 기울기 시작했다.

불타는 한반도

청·일 양국이 조선에 대규모로 출병하자 열강들도 긴장했다. 영국과 러시아는 청과 일본을 상대로 파병 의도와 파병 규모 파악에 나섰다. 주일 러시아 공사 히뜨로보는 영국이 거문도에 태평양 함대를 위한 3개월 치 식량을 비축했다는 소문을 보고하는 등 영국의 동태 파악에 나섰고 러시아는 군함 코레쯔호를 제물포로 출항시켰다. 동아시아는 서서히 '불타는 한국 문제(burning Korean Question)'에 빠져들고 있었다.[25]

전주화약 뒤 조선 정부와 청은 농민군이 해산한 만큼 청일 양국의 공동 철병을 요구하는 한편 열강의 중재를 요청했다. 리훙장은 일본이 공동 철병에 응하지 않자 열강의 중재를 통한 공동 철병 전략을 추구했다. 공동 철병의 전제는 동학농민군을 진압하여 조선을 안정시킴으로써 일본 철병을 독촉하는 데 있었다. 이는 분명히 톈진 조약에 근거한 것으로 이 조약 3관에는 "일이 끝난 후 즉시 철수한다"라고 규정되어 있었다.[26]

히뜨로보는 6월 30일 무쓰 무네미쓰 일본 외상에게 "일본이 청·일 양국의 동시 철병을 고의로 방해하면 중대한 책임을 져야 한다"라고 압박했다.[27] 영국 외상 킴벌리도 주영 일본 공사 아오키에게 청·일 양국이 속히 타결하지 않으면 러시아가 유럽 각국에 요청해 연합 중재를 시도할 것으로 예상되는 만큼 청에 명목적 종주권은 양보하고 일본이 제안한 조선 내정개혁 문제만을 제기하도록 권고했다.

영·러가 일본에 공동 철병을 압박했지만, 속셈은 달랐다. 러시아는 시베리아 철도가 완공되기 이전에 동아시아에서 원치 않는 전쟁에 연루되는 것을 피하고자 했다.[28] 영국은 조선이 독립하면 조선에서 러시아 세력이 확대되고 일본 세력은 쇠퇴할 것이기에 조선이 청국의 보호국임을 묵인함으로써 러시아의 남하를 막고자 했다.[29]

일본은 이에 "조선 영토 점령과 같은 침략적 의도는 없다"면서도 "조선에 내정개혁과 종속 문제와 관련해 회답할 것을 요구한 상태로 평화가 회복되면 즉시 철병할 것"이며 영·러의 공동 철병 요구를 거부했다.[30]

열강의 중재와 고조된 전쟁 위기

공동 철병이 무산되고 청·일 양국의 군사적 대치가 이어지자 킴벌리 영국 외상은 7월 14일 주일 영국 공사를 통해 일본 정부에 '청·일의 한반도 공동점령안'을 제안했다. 일본의 조선 내정개혁안이 논의되는 동안 서울과 제물포를 기준으로 일본군은 남쪽을, 청군은 북쪽을 점령하되 서울과 제물포 점령을 자제한다는 것이었다.[31] 청·일 양국 군의 동시 철군 가능성이 불가능하다면 양국 군대를 남북으로 분리해 유지함으로써 군사적 충돌을 막고 협상 시간을 벌자는 의도였다. 한국 문제 해결을 위한 한반도 분할안이 한반도와 관계된 서구 열강에 의해 제기된 것은 근대 들어 이때가 처음이었다. "분단 고착화의 깊은 뿌리는 이미 구한말 시대부터 배태되고 있었던 것"이다.[32]

한반도 분할안은 한국 문제의 해결을 위해 열강들이 한반도의 중립화(neutralization)와 공동 통치(joint-control), 보호국화(protectorate)방안과 함께 19~20세기 초 제안한 해결책 중 하나다. 1945년 해방과 함께 시작된 한반도의 분단체제는 역사적으로 보면 19세기 열강들이 제기한 한국 문제 처리방안 중 하나인 분할안까지 올라갈 수 있다.

영국의 공동점령안에 대해 일본은 청이 조선에서의 내정개혁에 간섭하지 않는 조건하에 수용 의사를 밝혔다. 청은 내정개혁을 위한 공동위원회는 수용하지만 개혁안을 조선에 강요할 수 없으며 조·청 간의 종주권 문제는 제외할 것을 요구했다.[33] 청·일 간 합의가 어렵게 되자 프랑스 공사 제라드는 "조선과 극동의 평화는 동학혁명에 의해 위협받는 게 아니라 청·일 간 정치적 우월성 때문에 위협받는다"라고 일갈했다.[34]

영국 중재가 진행되는 사이 일본은 조선에 조일수호조규를 들어 청군의 퇴거를 압박했다. 오토리 주한 일본 공사는 7월 19일 조선 정부에 첫째, 경성-부산 간 군용전신 가설은 일본 정부가 착수하며 둘째, 조선 정부는 제물포조약에 따라 일본 군대를 위한 병영을 지을 것이며 셋째, 아산에 주둔 중인 청병은 원래 정당하지 않은 명분으로 파견된 것이므로 철퇴시키고 넷째, 조청상민수륙무역장정(조청장정) 등 기타 조선의 독립에 저촉되는 청·한 간 조약을 폐기할지를 22일까지 회답하라고 요구했다.[35]

일본의 이러한 최후통첩성 요구는 사실상 청과의 전쟁을 전제로 한 것이었다. 조청장정의 폐기는 청과 조선의 속방 관계의 단절을 요구한 것으로 조선과 청이 수용할 수 없는 것이었다. 경성-부산 간 군용전신 가설은 전시에 군 정보의 신속한 전달을 위해 필요했다. 당시 일본은 서울에서 청국을 돌아 상해를 거쳐 일본에 연결되었던 전선을 사용했는데 전시에는 사용할 수 없었기 때문이었다.

조선은 이에 7월 22일 "조선은 자주적이고 조일수호조규를 위반한 적도 없으며 청병의 출병은 조선의 요청에 의한 것이나 반란 진정 후 철병을 요구하는데도 귀국처럼 철병하지 않기 때문에 고심한다"라고 답했다.[36]

조선이 일본의 요구를 거부하자 일본은 1894년 7월 23일 새벽 오오시마 혼성 9여단을 투입해 경복궁을 점령해 친청 세력인 민씨 정권을 축출하고 흥선대원군을 섭정으로 불러온 뒤 김홍집, 어윤중, 박영효, 서광범 등을 중심으로 한 친일 내각을 세웠다.[37] 공식 개전에 앞서 일본의 군사력을 동원한 조선 왕정 점령과 내각 교체는 조선에서의 정치적 우월성을 확보하기 위한 것으로 청일전쟁은 실제 경복궁 점령에서부터 이미 시작됐다. 열강의 중재를 통한 청·일 양국의 공동 철병 전략을 고수하던 리훙장도 본격적인 일본 저지로 전환했다.

리훙장은 7월 23일 영국 상선 코우싱호에 청군의 추가 병력을 승선시켜 조선으로 보냈다. 이틀 뒤인 7월 25일 아산만의 풍도에 도착한 코우싱호는 일본 연합함대와의 교전 끝에 침몰당했다. 풍도 앞바다에서 청일 간의 첫 해상 교전에 이어 7월 29일 일본군과 청군 사이에 최초의 지상 전투인 성환전투가 벌어져 청군이 패배했다.

청·일 간에 전쟁이 가시화되면서 양국은 전시를 대비한 작전 계획을 마련했다.

일본군의 작전 계획은 육군의 주력을 산하이관 부근에 상륙시켜 직예 평야에서 청국 야전군과 결전을 시도하기로 하였으며 이를 위해 우선 제5사단을 조선 방면에 진출시키고 해군이 신속히 서해 및 발해만의 제해권을 장악하게 하는 것이었다.

청군의 작전 계획은 평양 부근에 육군 병력을 집중시켜 전진함으로써 한국에 있는 일본군을 격멸하고 해군으로 하여금 발해만 입구를 점거케 하여 육군의 수송을 엄호하고 동시에 한국에 있는 육군과 협동하는 것이다.[38]

청·일의 선전포고와 청의 한반도에서 축출

풍도와 성환에서 전투 직후인 7월 31일 일본은 각국에 청국과 전쟁 상태에 돌입했음을 통고하고 8월 1일 메이지 천황의 선전 조칙을 발표했다. 천황은 청과의 전쟁을 선포하며 "조선에서 백성을 괴롭히고 나라를 그르치는 정치(秕政)의 개혁과 치안 유지, 독립 옹호가 일본이 성취하고자 하는 목적"이라고 주장했다.[39]

청도 7월 30일 총리아문을 통해 주청 각국 공사에게 국제법을 위반해 먼저 개전한 일본에 개전의 책임이 있다고 주장했다. 청의 광서제는 8월 1일 개전의 칙유에서 "전쟁의 목적이 일본의 군사적 침략을 물리쳐 조선과의 조공관계를 지키기 위한 데 있다"라고 밝혔다.[40]

코우싱호의 침몰 등 일본의 국제법 위반의 책임을 묻고 조·청 속방관계의 유지를 전쟁의 명분으로 내세운 청과 달리 일본은 조선의 독립옹호를 청일전쟁의 대의명분으로 내세웠다. 당시 일본 천황의 선전포고를 살펴보면 "조선이 화란(禍亂)을 영원히 면하게 하고 치안을 장래에 보존하여 동양 전국의 평화를 유지하고자 하여"라고 되어 있다. 동양의 평화를 유지하고 특히 이웃 나라 조선의 치안을 염려하여 어쩔 수 없이 청국과 전쟁을 할 수밖에 없다는 내용의 선전포고다.[41]

일본은 자국의 독립 자위를 위해 조선의 독립을 확보하는 길이 곧 동양의 평화를 유지하는 길이라고 주장했다. 이를 위해 일본은 조·청간의 종속관계를 없애기 위해 청을 한반도에서 축출하고 조선의 봉건적인 폐정(弊政)을 개혁해 문명화의 길로 이끄는 것이 전쟁의 목적이라는 점을 대내외적으로 전파했다.

일본이 선전포고를 하기 전인 7월 29일 일본의 〈시사신보〉는 '청일의 전쟁은 문명과 야만의 전쟁이다'라는 사설을 싣고 "청국인들은 청국과 같은 부패한 정부하에서 태어난 불운한 운명을 스스로 체념하는 것 외에 방법이 없다. 어쩔 수 없는 전쟁이지만 문명의 기치 아래 철저히 싸워야 한다"라고 했다.[42]

일본의 개전 선언 이틀 뒤인 8월 3일 〈마이니치신문〉은 사설에서 "청국과의 전쟁은 빈궁한 상황에 처해 있는 조선 국민을 구하고, 민비

일족에게 지배당해 부패한 관계를 불식하고 근대적 발전을 저해하는 봉건적 체제를 개혁하고 청국의 침략으로부터 조선을 돕기 위한 것"이라고 밝혔다.[43] 일본에 청일전쟁은 조선의 독립과 동양의 평화를 위한 '의로운 전쟁(義戰)'인 동시에 문명국인 일본이 봉건 야만국인 청과 조선을 문명의 길로 이끄는 '문명과 비문명의 전쟁'이기도 했다.

일본은 1894년 7월 16일 런던에서 영국과 개정된 영·일 통상조약을 체결했다. 조약의 개정은 1858년 미국과 영국 등과 통상조약을 체결하면서 개항 당시 비문명 국가로 취급되어 불평등 조약을 체결해야 했던 메이지 일본의 숙원이었다. 메이지 유신을 통해 근대 중앙집권 국가로 탈바꿈한 일본은 1872년 11월 이와쿠라 사절단을 구미 각국에 파견해 이러한 불평등 조약의 개정에 사활을 걸었다. 일본이 근대 중앙집권 국가로 탈바꿈했지만 유럽 열강과 정치외교적으로 대등한 문명국의 반열에 오르기 위해서는 서구 각국과의 법적인 평등이 전제돼야 했기 때문이다.

영국과의 개정 통상조약의 체결은 개항 이후 30여 년 만에 일본이 서구 국가와 같은 문명국 지위에 오른 것을 의미했다. 이는 청일전쟁을 문명국인 일본이 반(半)문명국인 청을 상대로 벌이는 '문명과 비문명의 전쟁'으로 주장할 수 있는 근거가 됐다.

양국의 개전 선언이 이뤄졌지만 전쟁 초기에 청일 양국의 인구와 국가 규모, 자원 등을 놓고 볼 때 공격보다는 방어하는 청이 장기적으로 이 전쟁에서 승리할 것이라는 견해가 우세했으나 전쟁의 승패는 쉽게 예측할 수 없는 상황이었다.

당시의 일본 육군의 총동원 병력은 야전 7개 사단, 장병 약 12만 3천 명, 군마 3만 8천 두였으니 실제 전투원은 보병 약 6만 3,300명, 기병 약 2,100명, 야·산포 240문이었다. 해군은 군함 28척(5만 8,600톤), 수뢰정 24척(1,400톤)을 보유했으며 그 외에 기선 4척을 무장하여 군함으로 대응하여 사용했다. 청국 육군은 보병 862영과 기병 192영으로 총 병력은 약 35만 명이었으며 일본 육군의 약 3배로 추산되었다. 해군의 북양수사는 군함 22척과 수뢰정 12척(총 8만 5,000톤)을 보유하고 있었으며 그 외에 광동수사의 광갑, 광을, 광병의 3척이 참가했다. 북양수사의 훈련 상태는 양호한 가운데 보유 함정의 총톤수는 일본 해군을 상회하고 있었다.[44]

개전이 이뤄지자 일본은 서둘러 조선의 병참 기지화와 대한정략 수립에 나섰다.

일본은 1894년 8월 17일 각료회의를 열어 대한정략안을 논의했다. 조선의 처리와 관련해 (1) 조선의 자력에 맡기기 (2) 조선의 보호국화 (3) 청·일의 조선 공동 통치 (4) 조선의 중립국화라는 4가지 안에 대한 논의를 벌여 (2)안인 조선의 보호국화를 일본의 대조선 정책으로 결정했다. 무쓰는 "장래 조선을 명의상 하나의 독립국으로 만들기 위하여, 직접 혹은 간접으로 영구히 또는 장기간 동안 그 독립의 의지가 정착화되도록 외부로부터의 간섭이나 권리 침해를 지키는 일을 한다"는 것으로 설명했다.[45] 조선의 보호국화는 일본의 개전 명분인 조선 독립과 모순됐다. 일본의 의도는 조선 독립을 빌미로 영구히 또는 장기간 조선을 일본의 보호국으로 두는 것이었다.

일본은 8월 20일 조선과 잠정합동조관 형태의 조약을 체결한 데 이어 8월 26일 조선과 공수동맹조약을 맺고 첫째, 청군을 조선 국경 밖으로 철퇴시켜 조선의 자주독립을 공고히 하고 둘째, 조·일 양국의 이익 증진을 도모하며 예상되는 청군의 공격시 일본이 전쟁을 담당하고 조선은 일본군의 활동에 전폭적으로 협조하며 셋째, 청과 일본 간에 화약(和約)이 성립되면 조선과 일본 간의 조·일 맹약을 파기하기로 했다.[46] 무쓰 외상은 이에 대해 "조선에서 청병 퇴거로 청의 종주권 주장을 폐기

하고 조선을 독립 국가로서 주장하되 조선을 일본의 수중에 두는 일거 양득의 방책"이라고 주장했다.[47]

일본은 청을 축출하기 위한 군사적 공세도 본격화했다. 이토 수상은 개전 후 "열강이 머지않아 간섭하려 할 것이다. … 따라서 목전의 급무 는 이와 같은 열강의 합동적 무력 간섭에 앞서 신속하게 청국을 향해 일 대 대첩의 승리를 쟁취하고 언제라도 적국에 대해 우리의 요구를 제출 할 수 있는 지보를 확보하는 것"이라고 말했다.[48]

청·일 양국의 본격적 개전은 9월 1일 평양성 공격으로 시작됐다.

청·일 간의 첫 대규모 지상 전투인 평양성 전투는 1894년 9월 14일 평양성을 포위한 일본군의 야간 공격으로 시작됐다. 당시 평양은 보병 1만 5천 명에 포 32문과 기관포 6문의 청군 병력이 지키고 있었다. 15 일 아침 평양성 4개 방면에서 일본군의 포위 공격이 본격화됐지만 일본 의 돌파 공격이 지체되던 와중에 저녁 무렵 청군이 스스로 성에 백기를 게양하고 도주하면서 16일 평양성이 점령됐다.

이틀 뒤인 1894년 9월 17일 압록강으로부터 서남쪽에 있는 해양도 부근 서해에서는 청·일 간의 본격적인 해전인 '황해해전'이 치러졌다. 이날 해전에 투입된 일본군 연합함대의 군함은 12척(배수량 총 4만 톤)이 었으며 청은 딩루창 제독이 이끄는 북양함대 군함 14척(배수량 총 3만 6천 톤)이었다. 이날 해전에는 당시 아시아의 제1장갑함인 북양함대의 정원 함과 자매함인 진원함이 참여했다.

이날 6시간여에 걸친 교전 끝에 일본 연합함대는 4척의 순양함이 피 해를 입고 300여 명의 사상자를 낸 반면 청의 북양함대는 5척의 전함이 손실되고 800여 명의 사상자가 발생하면서 북양함대가 완패했다. 이에 따라 청일전쟁 개전 1개월 보름여 만에 청의 세력은 한반도에서 완전 축출됐다.

'리훙장 전쟁' VS '일본의 총력전'

청일전쟁이 선포되자 조선의 전 국토는 전쟁터로 바뀌었다. 조선은 사실상 남북 양쪽으로 분할되어 청·일 양국 군대가 각각 절반씩을 점령하는 양상이었고 각 지방에서는 군수품 징발로 인한 혼란 상황이 되면서 조선 전체가 아수라장이었다.[49] 청일전쟁에 대비해 조선을 병참 기지화한 일본에 대한 조선 민중과 농민군의 저항도 거셌다.

일본은 개전 전인 7월부터 전시에 사용할 경성~부산 간 군용 전선을 설치하고 내륙 지역에 병참부 설치와 도로 보수를 실시했다. 일본은 서해의 제해권을 확보하지 못한 상태에서 해상으로 식량과 탄약 등의 군수 물자 수송이 어렵게 되자 조선 내륙으로 군수 물자를 보급할 수 있는 병참부 설치에 나서 청일전쟁 개전 이전에 서울~부산 사이에 20곳의 병참부를 설치할 수 있었다.[50]

일본의 조선 병참 기지화에 경상·전라도 일대에서는 8월부터 농민과 동학농민군들이 일본의 군용 전선 절단과 전신주 파괴, 병참부 신설 저지에 나섰다. 농민군의 재봉기도 이뤄졌다. 고부 관아 습격 사건 이후 동학농민군의 1차 봉기(1894. 4. 25.~6. 10.)가 주로 봉건적 폐정 개혁에 주력했다면 전주화약 이후 일시 소강 상태였던 동학농민군의 2차 봉기(1894. 9. 13.~1894. 12.)는 반제, 항일운동으로 재점화됐다.

전라도를 중심으로 하는 동학의 남방파는 10월 전봉준을 중심으로 1만여 명의 농민군이 봉기하고 공주 점령과 서울 제압을 목표로 공주 공격에 나섰으나 일본군 1천여 명과 조선 정부군 9,500여 명에 밀려 전투에서 패배한 뒤 전봉준은 12월 체포됐다. 전봉준은 이노우에 주한 일본 공사의 전향 요구를 거절하고 1895년 4월 23일 "나라 생각하는 진심을 누가 알랴"라는 한마디를 남기고 형장의 이슬로 사라졌다. 반란 진압의 통일 지휘소였던 순무영은 1895년 1월 말에 폐지되어 약 1년간에 걸친 갑오농민전쟁은 조선 민중의 유혈 가운데 종결했다.[51]

'또 하나의 청일전쟁' — 민중 대학살과 여론전

일본은 청일전쟁을 '의로운 전쟁', '문명 대 비문명의 전쟁'으로 선전했지만 한강 이남 지역에서는 일본이 토벌대를 보내 대대적인 농민군 토벌에 나서면서 조선 민중의 피해도 극심했다. 청일전쟁 개전 이후 5개월 동안 농민군이 치른 전투는 46차례, 농민군 참가 인원은 연 13만 4,750명으로 추정된다. 또 하나의 청일전쟁이었다.[52]

당시 일본군의 병참총감은 군용 전선 등을 파괴하는 농민군에 대한 토벌대 파견을 요청하면서 "동학당에 대한 처치는 엄히 처리할 것을 요한다. 향후 모두 살육하라"는 명령을 내렸다.[53]

일본의 역사가 하라다 게이이치는 청일전쟁 당시 전사자를 "일본인 약 2만 명, 중국(청)인 약 3만 명, 조선인(동학농민전쟁 전사자) 3만 명 이상"으로 추산했다. 또 다른 일본 역사학자인 나카쓰카 교수는 동학농민전쟁 학살을 "일본군 최초의 제노사이드(대량학살)"로 규정했다. 중일전쟁과 '난징 학살' 등 일본군이 20세기에 저지른 집단 인종학살의 시초가 19세기 말 동학농민혁명 진압 때부터 시작됐다는 것이다.[54]

조선은 전쟁의 직접 당사자가 아니었지만 청일전쟁의 최대 희생자는 실은 한반도 사람이었다. 이들은 주로 동학농민군과 항일운동에 나섰던 조선 민중이었으며 이들의 희생이 컸던 것은 일본의 반문명적 전쟁 행태에서 비롯됐다.

청군을 한반도에서 축출한 일본군 3만 명이 기세를 몰아 베이징에 진출할 것이라는 정보가 떠돌면서 유럽인들은 경악했다. 청 정부의 붕괴와 혁명적 분위기 속에서 외국인들의 대학살로 이어질 수도 있다는 우려 속에 중국 내 외국인들의 보호를 위해 열강들의 공동 철수 작전과 전함 배치가 긴급히 논의됐다.

수세에 몰린 청의 총리아문은 강대국을 상대로 조선의 독립국 인정과 전쟁 배상금을 지급하는 내용의 조기 종전을 위해 일본과의 강화 조정을 요청했다.

영국은 이에 10월 6일 조선의 독립과 일본에 대한 전쟁 배상을 기본으로 하는 5개국 공동개입안을 제안했다. 일본이 압도적으로 청국을 패배시키고 중국에 진출할 경우 중국에서 열강의 세력 균형이 흔들릴 수 있고 영국의 세력권에 부정적인 영향을 미칠 수 있다는 판단에서 내린 조치로 해석할 수 있다.[55]

일본은 그러나 전쟁에서 상당한 승리를 거둔 데다 중국의 포트 아서 (뤼순)와 웨이하이 공격을 앞둔 시점에서 청이 패배를 자인하지 않는 만큼 전쟁은 이어질 것이라며 열강의 조정을 거부했다. 일본은 "(청이) 우리의 (강화) 조건을 알아보려고 중재를 애걸한 것"이라며 전쟁 성과 획득에 골몰했다. 이토 총리는 무쓰 외상에게 "외국 간섭이 다시 시작된 만큼 군대의 행동을 더욱 신속히 해 어떤 지방이라도 점령하는 게 필요하다"라고 밝혔다.[56]

평양성 전투를 승리로 이끈 일본의 1군은 압록강을 넘어 북경을 향해 진격했다. 서해 제해권을 장악한 일본 대본영은 10월 15일 뤼순 공략을 위해 2군을 새로 편성했다. 2군은 10월 24일 랴오둥 반도의 화원구에 상륙한 뒤 11월 22일 뤼순을 하루 만에 점령했다. 당시 종군기자

클리만이 뤼순 점령 과정에서 일본군이 비무장 죄수들을 도살한 사실을 뉴욕의 〈더 월드(The World)〉지에 보도해 파장이 일었다. 비무장 죄수들에 대한 대량학살은 문명과 진보의 이름 아래 그 전쟁을 수행해온 일본 정부를 당혹하게 했다.

일본은 청일전쟁 당시 국제 여론전을 성공적으로 이끌기 위해 외국인 기자를 초빙해 종군기자를 활용했으며 뉴욕 〈더 월드〉지에 대해서는 기자를 회유하여 기사 수정을 요청했다. 일본은 청일전쟁 기간 중 서방기자 114명을 포함해 종군기자 1,114명을 파견했다. 부상당한 청나라 군사를 치료하여 방면하는 장면도 보여주었으며 영국 중앙통신사가 일본에 유리한 기사를 발표할 때마다 2,000엔씩, 로이터 통신사에는 607파운드를 지급했다.[57]

뤼순은 산둥 반도의 웨이하이와 함께 청국 북양함대를 위한 군항으로서 중요한 역할을 담당했다. 청국 정부는 뤼순에 거액의 자금을 쏟아부어 16년에 걸쳐 약 149문의 신식대포를 설비했다. 따라서 뤼순은 동양 제일 난공불락의 요새라고 일컬어졌으나 교전 후 예상 외로 손쉽게 함락되자 세계의 군사전문가들이 경악했다.[58]

뤼순을 점령한 일본 대본영은 1894년 12월 제2군과 연합함대가 협력해 베이징에 이르는 또 다른 관문인 산둥 반도의 웨이하이를 점령하도록 명령했다. 웨이하이의 앞 류궁다오는 아시아 제일의 북양함대 사령부가 있는 곳이었다.

1895년 1월 20일 2군은 산둥 반도 영성만에 상륙작전을 감행했다. 일본군은 상륙이 끝나자마자 웨이하이로 진격해 2월 3일 웨이하이를 공략했다. 북양함대는 일본군에 맞서 싸웠지만 웨이하이를 점령한 일본 육군과 류궁다오 앞 해상에 포진한 일본 연합함대의 협공을 막기에는 역부족이었다. 1895년 2월 5일 일본 수뢰정(水雷艇)의 어뢰 공격으로 아시아 최대 규모의 철갑선이던 정원함이 침몰됐고 이후 추가 병력의 지원을 받지 못하고 고립된 채 계속된 일본의 공격을 받던 북양함대 딩루창 제독은 패배를 직감하고 12일 항복과 함께 아편을 과다 복용하여 자결했다.

웨이하이를 점령하자 일본 천황은 "웨이하이는 포트 아서와 함께 중국의 관문이다. 이제 웨이하이를 점령함으로써 적의 문을 전복시켰다"라고 선언했다.[59]

개전 초기 장기적으로 보면 병력 수나 북양함대의 규모에서 중국의 우세가 예상됐던 청일전쟁은 불과 6개월여 만에 일본의 일방적 승리로 끝났다. 중국 현대 해군의 기원인 북양함대는 속사포를 갖춘 일본 연합함대와 전투에서 기동성에 밀려 궤멸의 패배를 당했다. 청일전쟁에 동원된 육군 주력부대는 회군과 봉군, 정정연군 등으로 리훙장이 심혈을 기울여 서양식으로 훈련한 군대였지만 연이어 패배했다.

『리훙장 평전』을 쓴 량치차오는 당시 서양 신문의 평론을 빌려 "일본은 결코 중국과 전쟁을 한 것이 아니다. 실제로는 리훙장 한 사람과 전쟁을 한 것이다"라고 청의 패전 원인을 분석했다.[60] 일본에 청일전쟁이 통일적 지휘체계를 갖춘 국가 총력전이었다면 청에는 통일적 지휘체계도 없고 전 중국의 지원 없이 직례 총독을 맡은 지방 군벌인 리훙장이 홀로 고립되어 싸운 분열된 전쟁이었다.

일본은 청일전쟁을 앞둔 1894년 6월 5일 처음으로 전시 육군과 해군을 총괄 지휘할 수 있는 대본영 체제를 구축했다. 천황에게 육군과 해군에 대한 최고의 지휘권을 부여함으로써 청일전쟁을 천황의 전쟁으로 규정하고 통일적 지휘체계를 구축했다.

반면에 청은 육군과 해군의 상비 전력에 대한 지휘권이 분산되어 있었고 상당수가 지방 군벌의 손아귀에 놓이는 등 사병화되어 있었다. 리홍장은 발해 연안 3성의 해양 방어를 위한 병권과 조선 출병권을 지닐 뿐이었다. 또 청의 외교와 군사 조직의 양분화는 전시 통일적 지휘체계를 구성하는 데 실패하게 만들었다. 외교와 양무는 광서제의 수중에 놓인 반면 군무는 군기처가 분리해 관리했는데 외교와 군사를 총괄하는 부서인 독변군무처가 신설된 것은 청일전쟁 이후였다.[61]

뤼순, 웨이하이 점령과 1차 강화회의

뤼순이 함락되고 열강의 조기 종전 중재가 무산되자 다급해진 청은 미국에 거중조정을 요청했다. 무쓰 일본 외상은 11월 21일 미국 대통령의 거중조정 제안에 대해 청이 강화를 원한다면 협상을 위한 전권대사를 보낼 것과 현 상황에서 외국 간섭에는 동의할 수 없다고 답했다.[62] 일본이 강화 협상에 응한 것은 표면상 미국의 거중조정을 받아들인 데 따른 것이었지만 일본의 군사 전략적 이유도 있었다. 전쟁이 지속되면서 일본의 병참 보급에도 심각한 문제가 발생하고 있었고 청국과 같이 큰 나라와의 장기전에 따른 위험성도 커졌기 때문이었다.[63]

미국의 주선에 따라 1895년 2월 1일 히로시마에서 청·일 양국의 1차 강화회담이 열렸다. 청은 강화회담을 위해 장인형과 샤오유롄(소우렴)을 전권대표로 임명해 일본에 파견했다. 일본군이 웨이하이 공격에 나선 1895년 1월 26일 이들은 상해에서 출발했다.

일본 정부는 1월 27일 청과의 강화 조건을 심의하기 위한 어전 회의를 소집했고 무쓰는 강화예정조약을 제출했다. 그것은 조선의 독립, 랴오둥 반도의 할양, 전비 배상, 통상조약의 개정이 주요 골자였다. 일본은 일본국 전권대사로 이토 수상, 무쓰 외상을 지명했다.[64] 1차 강화회담에서 일본의 강화 요구는 전쟁 명분이었던 조선 독립에서 한발 더 나아가 랴오둥 반도의 할양이 포함되었다.

2월 1일 히로시마 현청에서 열린 1차 회담에 이어 2일 속개된 2회 회담에서 이토 전권대사는 청국 전권대표의 위임장이 제대로 갖춰지지 않았다고 트집을 잡은 뒤 체결한 조약의 실행을 보증할 수 있는 명망 관작의 인물을 선택해 보낸다면 담판에 응할 용의가 있다고 통보했다. 담판은 결렬되고 청국의 양 전권대표는 12일 나가사키에서 귀국했다. 당시 이토 히로부미는 청국 대표에게 리훙장이 오면 회담이 가능하다고 넌지시 말했다.

청일전쟁에서 일본의 승리가 확실해지고 일본이 전쟁 승리의 과실로 랴오둥 반도 할양을 요구했다는 소식이 알려지자 영국과 러시아의 움직임도 빨라졌다.

러시아는 2월 1일 특별회의를 열었다. 청일전쟁이라는 동아시아 위기와 관련해 짜르가 주관한 세 차례의 특별 각료회의에서 향후 한반도와 동아시아의 운명과 결부된 러시아의 대외 전략의 기초가 결정됐다. 첫 번째 특별회의는 알렉산드르 3세가 생전에 마지막으로 주관했다. 이어진 두 차례 회의는 새로 황제에 즉위한 니콜라이 2세가 주관했다.[65]

이날 회의에서는 1894년 8월 9일 특별회의에서 확정된 바와 같이, '한국 문제'에서 러시아가 타국과의 협력 정책을 지속할지 아니면 상황 변화에 따라 독자적 정책으로 전환할지를 놓고 논의했다.

카피니스트는 "일본에 실질적 압력을 가할 충분한 수단이 부족한 상태에서 영국과 합의가 필요하고 동북아시아에서 현존하는 세력 균형을 유지할 뿐 아니라 그 어떤 영토 침탈 의도가 없음을 확신시킴으로써 모든 열강들이 참여하는 조선 독립을 보장해야 한다"라고 주장했다. 러시아가 조선 독립이라는 현상 유지에 힘을 쏟은 것은 청일전쟁의 나쁜 결과를 예방하는 한편 러시아가 실질적 무장을 갖추고 태평양에서 적절

한 위치를 점유하게 할 시베리아 횡단철도의 완성까지는 시간이 필요했기 때문이었다.[66]

토론 끝에 특별회의는 짜르에게 (1) 태평양 해역에서 일본 해군력 이상으로 우리의 해군력을 증강할 것 (2) 외무성에 지시해 영국과 다른 유럽 열강, 특히 프랑스와 협정을 맺는 것을 추구하도록 할 것, 그리하여 평화 타결시 일본의 주장이 러시아의 주요 목적인 조선의 독립 보전이라는 러시아의 중요한 이익에 영향을 미칠 경우 일본에 집단적 압력을 넣을 수 있도록 할 것 (3) 영국과 다른 열강과 위에서 언급한 원칙에 입각해 협정을 맺지 못한다면, 또 외국 열강들에 의한 조선 독립의 공동 보장이 필요하다면 다른 회의에서 변경된 정책을 논의키로 했다.[67]

영국의 관심은 청일전쟁의 결과로 인한 청제국의 해체 여부에 쏠렸다. 청제국의 해체는 러시아의 태평양으로의 남진에 맞서 완충국 역할을 해온 청이 사라지는 것을 의미했으며 이는 영국이 독자적으로 러시아에 맞서야 하는 불안감으로 이어졌다.

양쯔 강 유역을 중심으로 이뤄지는 영국의 대중국 무역 등의 통상이익에도 직접 영향을 줄 것으로 우려됐다. 난징 조약 이후 청에서 통상을 확대해온 영국은 1894년에 중국의 대외무역의 약 65%를 차지했고, 이듬해에는 중국에 있는 무역회사 중 절반을 소유할 정도였다. 청일전쟁에 따른 동북아 정세 변동에 영국이 민감하게 반응한 것은 영국의 러시아 전략과 청에서의 이해관계 때문이었다.[68]

청일전쟁의 결과 일본이 중국의 영토 할양을 요구했다는 소식이 전해지자 청일전쟁에서 중립적 입장이던 영국과 러시아 등 열강들의 움직임도 서서히 변하기 시작했다.

1차 강화회담이 무산된 직후인 1895년 2월 7일 영국의 〈런던 타임즈〉는 러시아와 영국, 프랑스 3국은 공동 간섭을 통해 중국 대륙을 조금이라도 일본의 영토로 편입시키는 것은 용납하지 않을 계획이라고 보도했다.

보도에 놀란 무쓰 일본 외상은 주일 영국 공사 트랜치에게 영국이 우려하는 바와 같은 청제국의 해체나 현재 청왕조의 전복과 같은 일을 원하지 않는다고 답했다. 또 히뜨로보와의 만남에서는 일본은 결코 조선을 영구히 병합하지는 않을 것이며 조선을 청으로부터 보호하기 위해서 개혁을 도입하는 것이라고 강조했다. 일본은 그러면서 청·일 간 2차 강화협상을 앞두고 이미 청의 영토 점령을 승리의 과실로 챙기는 것은 일본의 당연한 권리라는 입장과 함께 일본은 자신의 이익이 무엇인지 스스로 판단할 것이라고 주장했다.[69]

웨이하이가 함락되고 일본에 보낸 화평 사절이 축출되자 청의 광서제(덕종 황제)는 "전쟁, 화평 어느 것도 기대할 수 없다"라고 슬퍼하면서 장래의 일을 생각하며 눈물을 흘렸다. 모든 방책이 다한 청조는 패전의 책임을 물었던 리홍장을 복권시켜 일본과의 2차 강화회담의 전권대사에 임명하기로 했다.

1894년

❶ 2. 17. 동학농민 고부 관아 습격

  6. 4.   조선 정부 청에 군사 지원 요청

  6. 11. 조선 정부, 동학농민군과 전주화약

  7. 23. 일본군 경복궁 무력 점령

❷ 7. 25. 풍도 해전으로 청의 코우싱호 침몰

  7. 29. 청·일 성환전투로 청 패배

  8. 1.   청·일 양국 선전 포고

❸ 9. 16. 일본군, 평양성 점령

❹ 9. 17. 황해해전에서 일본 해군에 북양함대 대패

❺ 11. 22. 일본군 뤼순 점령

1895년

  2. 1.   1차 청일 강화회담(히로시마) 무산

❻ 2. 5.   일본군 웨이하이 점령 및 북양함대 궤멸

  3. 20. 2차 청일 강화회담(시모노세키)

❼ 4. 17. 시모노세키 조약 체결

  4. 23. 러시아, 프랑스, 독일 3국 공조

  12. 25. 일본군, 중국에서 완전 철수

웨이하이, '물망정원(勿忘定遠)'과 '물망국치(勿忘國恥)'

중국 산둥 반도의 웨이하이 시는 인천에서 비행기로 1시간여 거리다. 1398년 명나라 당시 왜구를 방어하는 전초기지로 세워진 웨이하이에는 청나라 때는 청 해군의 주력이던 북양함대의 사령부가 있었다. 청일전쟁 당시 일본에 점령되었던 웨이하이는 1899년 러시아가 랴오둥 반도의 뤼순을 임대하자 위기감을 느낀 영국에 의해 1899년부터 32년 간 조차지가 되었다가 1930년 중국에 반환됐다.

웨이하이는 '베이징의 2대 관문'으로 불린다. 보하이 만(발해만) 사이로 오른쪽이 랴오둥 반도의 뤼순이며 왼쪽이 산둥 반도의 웨이하이다. 이 두 곳이 무너지면 톈진과 청의 수도인 베이징은 보하이 만을 통해 다가오는 외부 침입에 무방비 상태로 노출된다.

공항에서 웨이하이로 이동해 해안가에 우뚝 서 있는 시의 랜드마크인 '행복문'에 오르면 눈앞에 섬이 하나 다가온다. 중국인에게는 '비운의 역사 현장'인 류궁다오(유공도)다. 중국에서는 갑오년에 일어났다고 해서 중일갑오전쟁이라는 부르고 일본에서는 일청전쟁(日淸戰爭), 서양에서는 제1차 중일전쟁(First Sino-Japanese War)이라 부르는 청일전쟁의 승패를 가른 곳이다. 뤼순을 점령한 일본이 베이징 진격을 위해 웨이하이 공략에 나서면서 청일전쟁의 최대 격전지가 됐다.

당시 류궁다오에는 아시아 최대 규모의 철갑함(ironclad)인 정원(定遠)함과 자매함인 진원(鎭遠)함 등 여러 척의 전함이 있었다. 정원함은 총길이 94.5m, 너비 18.3m, 배수량 7,335t, 항속 14.5노트에 331명의 병력이 승선한 북양함대의 기함이다. 정원함은 서구에서 최고의 전함

을 사들여 해군력을 강화한다는 리훙장의 야심 찬 계획에 따라 1881년
3월 독일 선박 제조사인 불칸사(Vulcan A. G.)에 의뢰해 건조됐다.

1884년 인도될 예정이었으나 청불전쟁 중인 프랑스가 청의 해군력
증강을 우려해 반발하면서 무산됐다. 다음 해 7월 청과 프랑스의 평화
조약이 체결되고 같은 급의 진원함과 함께 독일을 떠나 지중해와 수에
즈 운하, 인도양을 거쳐 톈진에 도착했다.

청일전쟁 직후 황해해전에서 북양함대는 일본 연합함대에 패했지만
류궁다오에 집결한 다수의 전함은 건재했다. 하지만 섬 앞에는 일본의
연합함대가, 뒤로는 산둥 반도에 상륙한 일본 육군의 협공 속에 2월 5
일 정원함이 일본 해군의 어뢰 공격으로 좌초했다. 함장 류부잔(유보섬)
은 일본에 전함을 내주지 않으려 스스로 침몰을 선택했다. 병력의 추가
지원이 끊긴 채 전투를 벌이던 북양함대의 딩루창 제독은 패배를 직감
하고 아편을 먹고 자결했으며 여러 고위 장교도 뒤이어 자결했다. 북양
함대의 상징인 용기(龍旗)가 내려졌다. 류궁다오에서 일본군의 포로가
된 청군은 해군 3,079명, 육군 2,040명 등 모두 5,137명이었다. 진원함,
제원함, 광병함 등 10개 군함이 나포되었다. 이로써 청의 북양해군은 궤
멸했다.[70]

행복문에서 내려와 해안공원을 따라 가면 류궁다오로 가는 선착장
이 나온다. 15분간 배를 타고 류궁다오의 선착장에 도착하니 앞으로 장
대한 건물이 손님을 맞는다.

청일전쟁 100년을 앞둔 1985년, 중국인들이 류궁다오에 세운 '갑오
전쟁박물관(Museum of The Sino-Japanese War 1894-1895)'이다.

박물관 입구의 '환기오국천년지대몽(喚起吾國千年之大夢), 실자갑오
일역시야(實自甲午一役始也)'라는 글이 방문객을 맞는다. 청 말 사상가인
량치차오가 쓴 글로 "우리에게 천 년의 큰 꿈을 되살려준 것은 갑오전쟁

의 패배에서 시작되었다"라는 뜻이다.

대지 면적 1만m^2, 건축 면적만 8,800m^2의 웅장한 규모의 박물관은 찬란한 승리를 거둔 '승자의 박물관'이 아니다. '패배자의 박물관'이다. 중국인들은 이곳에 '물망국치(勿忘國恥)'를 새겨 넣었다. 갑오전쟁에서 일본에 패한 국가의 치욕을 잊지 말자는 말이다.

박물관을 가득 채운 사진과 유물 등 1천여 점 이상의 자료는 청일전쟁에서 패배한 청의 당시 굴욕적 모습을 사실적으로 재현한다. 평양과 '황해해전'에서 청국군의 패전, '뤼순 대도살'이라는 일본군에 의한 뤼순 대학살 사건, 류궁다오에서 궤멸한 북양함대와 굴욕적인 시모노세키 조약에 이르기까지 패배와 치욕의 기록으로 가득하다.

류궁다오의 바다에 침몰한 정원함의 비운의 역사도 복원됐다.

중국인들은 류궁다오로 가는 선착장 바로 옆에 류궁다오 바다에서 침몰한 정원함을 2004년 복원해 일반인에게 공개하고 있다. 침몰 110년 만이다.

선체 내부로 들어서면 '물망정원(勿忘定遠)'이라는 글귀가 눈에 들어온다. 해양 강국을 꿈꾸던 근대 중국의 '해권(Sea Power)'의 상징이었으나 고철 덩어리로 해체돼 낯선 일본 땅을 떠돌던 정원함의 비극을 기억하자는 뜻이다.

'아시아 제일의 거함'이던 정원함의 비극은 패전국으로서 청이 치른 대가만큼이나 가혹했다. 승리한 일본은 정원함에서 쇠닻과 키 등 잔해물을 수거해 일본으로 가져가 민간에 팔았다. 쇠닻은 탁자로, 포탄은 오락용 볼거리로, 갑판과 구조물은 해체돼 후쿠오카 시의 한 별장 건물의 건물 자재로 쓰였다. 자매함인 진원함은 나포돼 일본 해군의 일원으로 활동하다 1912년 요코하마에서 해체됐다.

2차 세계대전 이후 정원함의 쇠닻을 회수한 청은 2014년에는 황해

해전에서 침몰한 북양함대 소속의 치원함을 랴오닝 성 단둥 앞바다에서 발견해 복원 작업 중이다.

황해해전에서 일본 전함의 포격으로 침몰 위기에 몰린 2,300톤급 순양함인 치원함은 일본 군함을 향해 돌진해 충돌한 뒤 함께 침몰하려 했으나 충돌 직전에 침몰했다. 함장 덩스창(鄧世昌)은 수병 350명과 함께 전사했다. 후세 중국인들은 제대로 싸워보지도 못한 채 류궁다오 제독서(사령부)에서 아편을 먹고 자결한 딩루창 제독보다 끝까지 일본군에 맞서 항전하려다 숨진 덩스창을 더 높이 평가한다.

웨이하이의 중심대로는 덩스창의 이름을 가져와 '스창 대로'로 불린다. 시민들이 많이 찾는 웨이하이 시내의 환취루 공원에는 애견과 함께 웅장한 덩스창의 동상이 있다.

중국인들은 왜 청일전쟁의 패배와 굴욕을 기릴까.

중국은 1994년 8월 '애국주의실시요강'을 발표한 뒤 각종 항일 기념관과 박물관을 조성하고 각급 학교의 근·현대사 교육에서 국가의 수난을 중요하게 부각하고 있다. 국가 정체성을 강화하는 데 전통과 영광 못지않게 중요한 역할을 담당하는 것이 '수난'이라는 집단 기억이다.[71]

미·일과 중국의 패권 경쟁이 격화되고 동아시아에서 대만해협 위기가 고조되는 안보 위기의 상황에서 마오쩌둥 이데올로기는 효력을 다한 것일까?

21세기 중국인들은 그 답을 애국주의에서 찾는 듯하다. 수난으로 다져진 국민적 일체성은 중국이 대외 안보 위기를 뚫고 초강대국으로 성장하는 힘의 원천이다. 류궁다오와 정원함이라는 치욕의 역사를 바로 세우는 '역사굴기(歷史屈起)'는 21세기 미래 대국을 향해 나아가는 중국의 '대국굴기(大國屈起)'와 맞닿아 있다.

갑오전쟁박물관을 나서는 출구에 '원몽중화(圓夢中華)'라는 글과 함께 항공모함의 모형이 가는 이들을 배웅한다. 중국의 꿈(中國夢)을 이루자는 말이다.

아시아 제일의 함대이던 북양함대의 궤멸의 현장에서 '중국몽'은 무엇일까?

중국은 2012년 옛 소련이 건조하다 포기한 바랴그호를 개조해 만든 중국 최초의 항공모함인 6만 7천 톤급의 랴오닝함을 취역시켰다. 중국 건국 70년인 2019년 자체 개발한 6만 6천 톤급 항공모함 산둥호의 취역에 이어 2024년 8만 톤급의 푸젠호를 취역한다.

산둥함 취역식은 시진핑 중국 국가주석이 참가한 가운데 2019년 12월 17일 남중국해의 하이난다오(해남)에서 열렸다. 이날은 류궁다오에서 궤멸한 북양함대가 근대 해양 강국을 꿈꾸며 1888년 12월 17일 류궁다오에서 출범한 날이다. '치욕의 현장'인 류궁다오는 21세기 중국의 '해권(Sea Power)' 회복을 알리는 출발지로 재탄생했다.

'물망국치'의 결기 속에 지나간 제국의 꿈을 다시 꺼내든 '중국몽'은 한국과 일본 등 동아시아 주변 국가는 물론 주요 경쟁국인 미국의 위기의식을 고조시키고 있다.

▲ 웨이하이 시와 류궁다오: 중국 웨이하이 시의 공원에 있는 환취루에서 바라본 웨이하이 시내 전경과 그 너머로 류궁다오(유공도) 섬이 보인다. 중국 근대 해군의 상징이던 북양해군의 사령부가 있던 곳으로 현재는 중국 해군기지로 사용 중이다.

▶ 정원함: 중국 북양함대의 상징인 정원함의 복원된 모습. 총길이 94.5m, 배수량 7,335t으로 1880년대 당시 아시아 제일의 철갑함이었다. 현재 웨이하이 시에서 류궁다오로 가는 선착장 옆에 복원되어 박물관으로 개방되고 있다.

▲ 중국갑오전쟁박물관: 1985년 청일전쟁 100돌을 앞두고 류궁다오에 세워진 중국갑오전쟁 박물관의 모습. 대지 면적 1만m²의 웅장한 모습에 1천여 점의 청일전쟁 관련 자료와 유물을 전시하고 있다.

▲▲ 류궁다오 청군의 항복: 청일전쟁 당시 류궁다오 전투에서 패배한 청군이 항복을 위해 줄지어 서 있는 모습. (갑오전쟁박물관/홍용덕 촬영)

▲ 뤼순 대도살: 청일전쟁이 발생했던 1894년 뤼순을 점령한 일본군은 뤼순에서 중국인들을 학살했는데 중국에서는 이를 뤼순 대도살이라 한다. 당시 일본군이 중국인을 살해한 모습. (갑오전쟁박물관/홍용덕 촬영)

◀ 갑오전쟁 박물관 입구의 량치차오의 글: 갑오전쟁 박물관에 들어서면 량치차오의 '환기오국천년지대몽(喚起吾國千年之大夢), 실자갑오일역시야(實自甲午一役始也)'라는 글이 방문객을 맞는다. "중국에 천 년의 큰 꿈을 되살려준 것은 갑오전쟁의 패배에서 시작되었다"라는 뜻이다.

7장

동북아 동맹의 시대를 열다

전쟁으로 얻은 승리,
외교로 잃다

청일전쟁의 종전을 위한 2차 강화회담이 열린 것은 1895년 3월 20일 시모노세키에서였다. 1차 강화화담이 결렬되고 한 달여 뒤에 열린 2차 강화회담은 일본군의 공세로 청의 수도 베이징이 풍전등화의 위기에 놓인 가운데 시작됐다.

뤼순과 웨이하이 점령으로 1기 작전을 끝낸 일본군은 베이징으로의 진격을 위한 2기 작전을 준비했다. 청·일 강화회담 직전인 3월 15일 일본 대본영은 참모총장인 아키히토 친왕을 정청대총독(征淸大總督)으로 임명하고 중국 본토 공격에 나섰던 1군과 2군의 전투 편성을 변경하여 직예평야에서 청과의 결전을 준비 중이었다.[1]

2차 강화회담의 일본 쪽 전권대표인 이토 히로부미는 4월 1일 청 전권대표인 리훙장에게 강화 요구안을 건넸다. 조선의 독립과 3억 냥(4억 5천만 엔)의 군비 배상금 지급 외에 펑톈(봉천)의 남부인 랴오닝 만 동쪽과 서해 북쪽 지방에 속한 모든 섬과 대만, 평후 열도의 할양을 청에 요구했다. 베이징 등 7곳을 추가 개방하고 일본을 최혜국으로 대우하는 등의 통상 요구도 담겼다.[2] 4일이라는 촉박한 답변 시한과 함께 주어진 일본의 강화 조건은 청의 예상을 뛰어넘었다. 연간 세입이 8천만 냥 이던 청에 3억 냥의 배상금도 과중했지만 랴오둥 반도의 할양은 베이징에 직접 위협을 주는 것을 넘어 랴오둥 반도가 청제국을 탄생시킨 만주족의 발상지라는 점에서 청에는 치욕과도 같은 것이었다.

강화회담에 나선 일본은 열강의 개입을 피하고자 담판 초부터 중국을 압박해 일본의 조건을 신속히 수용하도록 해 이를 기정사실로 만들려 했다. 반면에 청은 강화회담의 성사를 위해 조선의 독립을 승인하고 적절한 군비 배상금은 지급하되 영토 할양과 같은 강화 조건은 최대한 빨리 확인해 이를 빌미로 열강의 간섭을 끌어내는 데 주력했다.

일본의 강화 조건이 알려지자 열강들의 이해관계가 크게 엇갈렸다. 러시아는 랴오둥 반도의 할양은 일본이 약속한 조선의 독립을 무력화하고 만주는 물론 청의 수도인 베이징을 지속적으로 위협할 것이라고 비난했다. 하지만 만주는 일본뿐 아니라 러시아도 중국 진출을 위해 노려온 이른바 교차권익 지역이라는 점에서 일본의 선점을 달가워하지 않았다. 주러 일본 공사는 랴오둥 반도의 할양을 추궁하는 로바노프 러시아 외상에게 청이 후일 전쟁을 재개할 때를 대비해 병참부를 두려는 것이라고 말했다.[3]

독일은 '동양의 지브롤터'인 뤼순의 양여는 일본에 발해만은 물론 청에 대한 통제권을 주는 것이며 일본의 영토 확장으로 자신들의 동아시아 확장 계획이 차질을 빚을 것을 우려했다. 독일은 평화협정을 이용해 열강들이 중국 내 분할 경쟁에 뛰어들 경우 자오저우 만(膠州灣)이나 펑후 열도(Pescadores)를 획득해 중국 내 기반으로 삼고자 했다. 프랑스는 대만과 펑후 열도를 일본에 주는 것은 인도차이나에서 광시·윈난·광둥성 등 청의 남서부 쪽으로 세력을 확대해온 자국의 이해를 침해할 수 있다고 우려했다.

이와 달리 영국 내에서는 청일전쟁에서 동아시아의 거인인 청을 무너트린 일본에 대한 우호적인 정서가 커졌으며 일본에 대한 열강의 무력 간섭에 부정적이었다. 러시아가 4월 8일 일본이 영토 할양 요구를 철회하도록 열강이 공조하자고 제안하자 독일, 프랑스와 달리 영국은 불간섭 원칙을 내세워 이를 거절했다.

영국은 강화조약에서 일본이 얻게 될 통상 혜택을 영국도 최혜국 조항에 따라 누릴 수 있는 데다 쇠락한 청을 대신해 일본이 러시아의 남하 정책을 저지할 수 있다고 보고 러시아와의 공조를 거부하면서 영국과 러시아의 동맹 가능성도 붕괴했다.[4]

영·러의 분열은 일본이 강화조약을 밀어붙일 수 있는 자극제가 되었다. 독일 주재 일본 공사 아오키는 랴오둥 반도 할양에 대해 러시아가 부정적 반응을 보이자 영국 대사 고셀린에게 "러시아가 발을 들여놓기에는 너무 늦었다"라며 "러시아의 남진 저지가 영국의 관심인 상황에서 러시아를 막을 유일한 길은 청국을 조선에서 몰아내고 강력한 독립 국가로 대체하는 길뿐"이라고 설득했다. 아오키는 "만약 러시아가 9만 명의 군인을 아무르 지방에 보내도 식량을 제대로 공급할 수도 없고 일본이 대한해협을 봉쇄하면 러시아 군사는 아사할 것"이라며 자신감을 보였다.[5]

청일전쟁이 조선에서 청과 일본의 정치적인 우월성 경쟁에서 비롯됐다면 청일전쟁의 전후 처리는 영·러의 상호 견제와 분열 속에 일본의 요구가 상당 부분 반영됐다.

리훙장은 일본의 제안에 군비 1억 냥을 배상하고 펑톈 성 남부 쓰팅 현(四廳縣)을 할양하겠다는 내용의 수정안을 냈지만 일본 쪽은 이를 거절했다. 무쓰는 조건 완화를 요구하는 청에 "담판이 결렬되면 중국의 전권대신이 이곳을 떠나 편안하게 북경 성문으로 들어갈 수 있을지 보장할 수가 없다"라고 협박했다.[6]

시모노세키 조약과 삼국공조

양쪽의 줄다리기와 일본의 협박 속에 리훙장과 이토 히로부미는 4월 17일 마침내 시모노세키의 슌판로(春帆樓)에서 전문 11개조로 이뤄진 시모노세키 조약을 체결하고 5월 8일 비준서를 교환해 9개월에 걸친 청일전쟁을 종결짓기로 합의했다.

조약의 1조는 "청은 조선이 완전무결한 독립 자주국임을 인정한다"는 것이었다. 이로써 조선은 청과의 종속관계를 끝내고 자주독립 국가로 인정되었다. 조선의 "자주독립에 해가 되는 청에 대한 조선의 공헌(貢獻) 전례(典禮) 등은 장래에 완전히 폐지"됐다.

시모노세키 조약으로 청은 동아시아에서 패권적 지위를 잃은 반면 일본은 동아시아의 신흥 패권국으로 부상했다. 청이 주도해온 동아시아의 전통적 질서인 '화이질서'는 마침내 유럽의 제국주의를 등에 업은 일본의 '2차적 제국주의'에 의해 종언을 고했다. 아편전쟁 이후 서구 각국과는 대등한 조약을 맺고도 조선 등 주변 조공국에 대해서는 여전히 속방 관계를 유지 강화하고자 했던 청의 동아시아에 대한 이중적 질서 인식(dual standard)도 청일전쟁을 거치면서 무너졌다.

일본은 청일전쟁을 통해 한반도에서 청을 축출하고 조선에 대해 독점적으로 정치·군사적인 우월성을 확립하게 되었다. 이는 조일수호조규 이래 20여 년간 조·청 종속관계를 부정하고 조선의 독립을 요구해온 일본 외교의 승리였다. 하지만 조선의 독립 인정은 '청에 부과된 사항'일 뿐 일본에는 적용되지 않는 조항이었다. 조선 독립이라는 이름 아래 청의 영향권에서 조선을 분리하는 것은 일본이 조선을 자신의 배타적 영향권 아래 두기 위한 선결 조건이었다. 일본은 이미 청일전쟁 기간 중 장기적 또는 영구적으로 조선을 일본의 보호국화하는 정책을 대한정략으로 정한 바 있다.

청은 애초 3억 냥이던 군비 배상금을 1억 냥이 깎인 2억 냥을 지불(4조)하면서 배상금을 줄였지만 패전의 대가로 막대한 영토를 일본에 영구히 할양해야 했다(2조). 펑톈 성 남부의 랴오둥 반도와 대만과 그 부속 도서, 평후 열도가 일본에 할양됐다. 메이지 일본이 조선을 확보해 중국에 진출하고 대만 할양을 통해 남중국해로 진출하겠다는 해외 팽창전략은 청일전쟁과 시모노세키 조약으로 그 발판을 마련할 수 있었다.

중국의 젖줄인 장강(양쯔 강)이 지나는 내륙 지역인 후베이 성 사스, 쓰촨 성 충칭, 장쑤 성 쑤저우와 함께 저장 성 항저우 등 4곳의 도시를 추가 개방하고 서구 열강의 숙원이던 개항장 내 외국인 제조공장의 설립도 허용하기로 했다(6조).

시모노세키 조약이 체결되자 승전의 환희가 일본 전역을 뒤덮었다. 하지만 그 광기의 열기는 곧 사그라들었다. 시모노세키 조약이 체결되고 1주일 뒤인 1895년 4월 24일 트랜치 주일 영국 공사가 하야시 일본 외무성 차관을 급히 방문했다.

"트랜치: 3개국이 전달한 비망록의 내용이 동일한가?
하야시: 그렇다. 그중 독일 비망록의 어조가 가장 강했다. 이들 공사에게서 사전에 청·일 간의 강화 조건들을 받아들일 수 없다는 암시를 그 누구에게서도 받은 적이 없다.
트랜치: 비망록의 어투가 혹시라도 강대국 경고를 무시할 경우 발생할 수 있는 위협이 있었는가?
하야시: 거의 협박 수준이었다."[7]

트랜치 공사가 하야시 차관을 찾기 하루 전인 4월 23일 주일 러시아,

독일, 프랑스 공사들은 일제히 일본 외무성에 강화 조건을 수용할 수 없다고 통보했다. 이른바 '삼국공조'였다. 영국과 일본을 궁지로 내몬 러시아의 비망록은 다음과 같았다.

"러시아 황제의 정부는 일본이 청에 부과한 강화 조건 중 랴오둥 반도를 일본이 소유하는 것은 청 정부의 수도인 북경을 상시 위협하는 두려움이 될 뿐 아니라 조선 독립을 유명무실하게 하는 것으로 장래 극동의 항구적인 평화에 대해 장애를 줄 것으로 본다. 따라서 우리 정부는 일본 황제의 정부에 거듭 성실한 우의를 표하기 위해 일본 정부에 권고하건대 랴오둥 반도를 영유하려는 의도를 확실히 포기하기 바란다."[8]

비망록은 랴오둥 반도 할양이라는 일본의 최대 전쟁 성과를 전면 부정했다. 강화조약 체결 직후인 4월 20일 러시아와 프랑스, 독일 정부는 일제히 일본에 랴오둥 반도의 영구 점령 의도를 단념하라는 의사를 전달하도록 자국 공사에게 훈령을 내렸다.[9]

삼국공조를 주도한 러시아는 청·일 강화회담이 진행되던 4월 11일 특별회의를 열었다. 격렬한 토론 끝에 (1) 러시아는 중국의 북쪽 지역 (북중국)에서 '전전 상태 유지(戰前 狀態 維持, status quo ante bellum)'를 추구하되 이를 위해 우선은 평화적 방법으로 일본의 남만주 점령이 러시아의 이익을 침해하는 것은 물론 극동의 안정에 대한 항구적 위협이므로 자제하게 한다. 일본이 이를 거절하면 러시아는 행동의 자유를 지니고 있고 러시아 국익에 따라 행동할 것임을 선언한다. (2) 러시아는 청뿐 아니라 강대국들에 그 어떤 영토의 점령도 추구하지 않으며 러시아의 이익 보호를 위해 일본이 남만주 점령을 보류하는 게 필요하다는 의견을 모아 황제에게 제출했다.[10]

이날 회의에 참석했던 비테는 "일본이 청일전쟁을 일으킨 근본 원인은 러시아가 시베리아 철도를 통해 동아시아로 다가오는 것에 대한 두려움(fear) 때문"이라고 주장했다.[11] 러시아의 세력 확대에 대한 '일본의 두려움'이 청일전쟁의 원인이라는 것이다. 하지만 러시아 역시 일본에 청일전쟁 이전 상태로 복귀를 요구한 것은 한반도를 지나 유라시아 쪽으로 세력을 증대하려는 일본에 대한 '러시아의 두려움'이 반영된 결과였다.

존 미어샤이머(John J. Mearsheimer)가 지적했듯 국제 체제에서 한 국가가 상대 국가를 두려워한다는 것은 국제 체제의 삶에서 가장 중요한 부분이다. 청일전쟁과 삼국공조를 거치면서 러시아와 일본은 그동안 지켜오던 동아시아에서의 '신중 정책'과 '전략적 인내'에서 각각 벗어났으며 양국은 이후 점차 위험한 정책의 추구로 내몰리고 있었다.

러시아 주도의 삼국공조가 가시화되자 영국은 부동항이 필요한 러시아가 시베리아 횡단철도를 추진하면서 그 종착점을 조선의 동쪽 해안이나 발해만으로 둘 것으로 여겼다. 영국은 일본같이 강력하고 잘 조직된 국가가 먼저 이 두 지역을 선점한다면 러시아의 반대는 당연한 것 아니겠냐고 보면서도 러시아가 무력에 호소할 것으로 예상했다.[12]

강대국 정치의 승리와 일본의 굴복

하지만 영국 예상과는 달리 러시아는 무력이 아닌 열강과의 공조를 택했다. 러시아는 시베리아 횡단철도가 공사 중인 상태에서 일본을 상대로 한 전쟁은 군사 전략상 불리했다. 4월 11일 러시아 특별회의에서 오브루체프 러시아 총참모장은 "(일본과의) 전쟁시 러시아는 3천 마일 떨어진 곳에서 4천만 명의 인구와 고도로 산업화한 문명국과 맞서야 하지만 러시아는 인구가 50만 명도 안 되는 열악한 곳에 전투에 필요한 모든 것을 보급해야 하고 군대를 보내는 데만 3~5개월이 걸린다"라며 외교

적 해결을 촉구했다.[13]

독일, 프랑스와 외교 공조를 추진했던 러시아는 랴오둥 반도의 점령 철회 요구가 자칫 일본과의 전쟁으로 이어질 것을 우려했으나 유럽의 동맹 정치에서 소외되지 않으려는 프랑스와 독일의 참여로 무력 대신 외교에 의한 삼국공조의 길을 열 수 있었다.

러시아와 동맹을 체결한 프랑스는 동맹을 유지하기 위해 러시아의 공조 제의에 참여했다. 반면에 청일전쟁 초기 중립을 유지하며 일본에 탄약을 판매하고 병원을 제공하며 일본에 우호적이던 독일은 점차 러시아와의 공조로 방향을 틀었다. 동아시아에서 러프동맹의 강화로 독일이 소외될 경우 유럽에서의 세력 균형에 악영향을 줄 것을 우려했기 때문이다. 특히 러시아와 영국의 공조 가능성을 우려했던 독일은 비스마르크의 전통에 따라 독일과 인접한 대륙 국가들과의 적대감을 피하고자 러시아의 힘을 동아시아로 다변화해 유럽 국경에서 러시아의 압력을 완화하고자 했다.[14] 삼국공조와 관련해 하츠펠트 주영 독일대사는 가토 주영 일본 공사에게 "유럽 정치에 대한 고려야말로 러시아와 프랑스, 독일의 협력 이면에 숨겨 있는 것"이라고 말했다.[15]

삼국공조가 본격화되자 일본 정부는 4월 24일 히로시마에서 어전회의를 열었다. 이토는 이 자리에서 3가지 안을 내놓았다. 첫째는 새로운 적을 만들더라도 단연코 삼국의 권고를 거절하는 것과 둘째는 랴오둥 반도 문제 처리를 위해 열강 회의를 여는 것이며 셋째는 삼국의 권고를 수용해 청에 랴오둥 반도를 되돌려주는 것이었다.[16]

청일전쟁으로 군비가 바닥난 일본은 삼국이 공동 해상 작전에 나설 경우 중국과 일본을 잇는 서해의 해상 교통로가 단절돼 청에 파견된 지상군이 위험해 빠질 수 있으며 삼국공조는 단지 엄포에 그치지 않을 수도 있다고 보았다.

이토 히로부미는 이에 두 번째 안인 열강 회의를 통해 이 문제를 처리하기로 결정하고 4월 25일 당시 마이코에서 요양 중이던 무쓰 무네미쓰 외상을 찾았다. 무쓰는 그러나 "열국회의는 유럽 열강들이 새롭게 간섭해오도록 끌어들임으로써 시모노세키에서 협정 전체를 파괴할 염려가 있다"며 반대해 열강 회의 개최 건은 무산됐다.

일본은 대신 러시아에 입장 재고를 타진하고 삼국공사들에게 수정안을 제출했다. 일본이 4월 25일과 4월 30일 낸 수정안은 (1) 일본 정부는 뤼순과 진저우를 제외한 랴오둥 반도의 점유권을 포기하는 대신 포기한 영토에 상응하는 배상금을 청구하며 (2) 일본 정부는 청국이 강화조약의 의무를 다 이행할 때까지 위 영토를 담보로 점령한다고 했지만 러시아는 "일본의 영구 점령 의지와 같다"며 거절했다.[17]

무쓰 외상은 "이러한 외교적 형세가 지속된다면 결국은 등에도 벌도 모두 잡지 못하는 어리석음을 초래할 것"이라고 말했다.[18] 무쓰는 5월 4일 교토에서 열린 어전회의에서 "지금 상황에서는 삼국의 권고안을 전격적으로 들어주기로 하고 다른 한편으로는 비준 교환의 일을 조금도 늦추지 말고 이를 결행하는 것이 득책"이라고 진언했다.[19]

일본 정부는 이에 "삼국 정부의 우의 있는 충고에 따라 봉천반도를 영구히 소유함을 포기할 것을 약속한다"는 내용의 각서를 각국 정부에 제출했다.[20] 청일전쟁에서 승리한 일본은 삼국공조라는 강대국 정치에 굴복했다.

러시아의 평화적 침투와 조선

러시아가 주도하는 삼국공조로 랴오둥 반도의 할양이 무산되자 러시아는 청의 영토를 노리는 탐학의 상징인 진나라와 같은 '낭진(狼秦)'에서 단숨에 중국의 '구세주(savior)'로 떠올랐다.

삼국의 공조가 존재한다는 것은 일본에는 대륙에서의 축출은 물론 보호국화를 목표로 했던 조선에서 일본 세력의 약화를 의미했다. 청은 삼국공조로 랴오둥 반도의 할양이라는 최악의 상황은 피했지만 제국의 노쇠함을 드러낸 채 '아시아의 또 다른 병자'로 전락했다. 대청제국은 이제 아시아의 패권국에서 내려와 열국(列國) 중 하나인 '보통 국가'가 되었다.

아편전쟁 이후 동서양 질서의 충돌로 혼재되어 있던 동아시아 질서는 청일전쟁에서 청의 패배와 함께 만국공법의 질서인 베스트팔렌 체제라는 단일체제로 수렴되었다. 이는 동아시아 정치가 유럽 정치로 편입되면서 이른바 '세계정치(World Politics)'의 하위 정치에 놓이는 새로운 질서로 진입했음을 알리는 것이었다.

동아시아에서 새로운 질서의 탄생에 따라 국가의 최우선 목표도 달라졌다. 기존의 전통적인 동아시아 '화이질서'는 마치 큰 가족(Big family)에서와 같이 강대국은 약소국을 덕으로 살피고 약소국은 강대국을 섬기는 자소이덕(字小以德)의 사대질서였다. 하지만 새로운 동아시아 질서에서 개별 국가의 최우선적인 목표는 개별 국가의 생존(국가안보)이었다. 이른바 '약육강식, 적자생존'의 '무정부적 국제질서'였다.

이제 동아시아는 개별 국가들이 생존을 위한 쟁투를 벌이는 경쟁의 무대로 바뀌었다. 약소국은 강대국을 섬김으로써 자국의 생존을 모색하는 것이 아니라 위협 국가에 대비해 타 국가와의 동맹에 의한 적절한 세력 균형을 창출해 자국의 생존을 모색하는 이른바 '동맹(Alliance)의 시대'에 놓이게 됐다.

삼국공조 이후 청의 전후 처리 과제는 군비 배상금 지급과 일본군의 철병이었다.

1895년 일본에 1차 전쟁 배상금을 지불해야 하는 청은 재정난에 직면했다. 전쟁 이전에 청의 당시 연간 세입은 8천만 냥이었다. 전쟁 중 이미 4천만 냥의 외채를 차입했던 청으로서는 2억 냥의 전쟁 배상금 지급은 재정적으로 큰 부담이었다.[21]

배상금 지급을 위해 추가적인 외채 조달이 필요했던 청은 1895년 7월 6일 러시아의 주도 아래 러시아의 각 은행과 러청차관협정을 체결했다. 차관 총액은 4억 프랑(약 은 1억 냥)으로 연리 4%에 상환 기간은 36년이었다. 상환금은 중국 세관의 수입을 담보로 하며 대부금은 프랑스 은행 6곳과 러시아 은행 4곳이 분담하는 조건이었다.[22]

러시아 정부가 상환을 보장하고 돈은 프랑스가 제공하는 것이다. 러시아와 프랑스의 동맹과 자본의 협력은 중국 침략을 결탁한 첫걸음이자 영국에 대한 중국에서의 침략상의 우세한 진격을 발동했던 첫 번째 발포였다.[23]

로바노프 러시아 외상은 1895년 5월 23일 모렌하임 주불 러시아 대사에게 "우리가 바라는 것은 청이 가능한 한 빨리 일본의 존재를 청 영토에서 몰아낼 수 있도록 하고 이런 목적을 수월하게 하기 위해 청이 차관을 얻도록 하는 것이다. 이러한 목적은 우리의 미래 계획을 위해 청을 우리에게 의존 상태에 놓이도록 하는 것이며 청에서 영국이 세력권

을 확장하지 못하도록 하는 것"이라고 말했다.[24]

러청은행, 평화적 침투 수단

차관협정이 성립하자 비테 러시아 재무상은 1895년 7월 6일 러시아와 프랑스 은행 대표단과 함께 러청차관에 서명하는 자리에서 프랑스 금융가들에게 차관을 조달할 러청은행의 설립을 제안했다. 러청은행은 그해 12월 10일 설립됐다.[25]

러청은행은 은행 정관에서 통상적 금융업무 외에도 청의 영토 내에서 철도 건설에 필요한 특허권 획득 및 전신선 가설 등의 권한을 부여했고 북경의 고위관리들을 유인할 뇌물의 적정액을 책정해 전달하는 일도 명시했다.[26]

비테는 1895년 7월 26일 짜르에게 올린 보고서에서 "러청은행이 청국에서 러시아의 경제적 영향력을 강화해줄 것"이며 "시베리아 횡단철도의 완공과 밀접하게 연계된 조치를 이행하는 데 러시아 정부에 유용한 도구임을 입증하게 될 것"이라고 낙관했다. 이때 비테는 처음으로 시베리아 횡단철도의 만주 관통 노선의 필요성을 제기했다.[27]

프랑스는 삼국공조와 대청 차관을 빌미로 1895년 6월 청 정부와 협정을 맺어 (1) 청-안남 경계에 개항장을 4개로 늘려 관세 감세를 허용하고 (2) 윈난(Yunnan), 광시(Kwangsi), 광둥(Kwangtung) 광산 개발시 프랑스의 우선 참여를 보장하며 (3) 이미 개설했거나 안남에 계획된 철도를 중국 영토와 이을 수 있도록 승인을 받는 등 서남 지역 3성은 프랑스의 세력 범위가 되었다.[28]

프랑스는 또 1896년 3월 베트남의 랑선에서 청의 렁차우를 잇는 철도 승인을 청에서 얻어냈다. 제라드 주청 프랑스 공사는 '중국 개방 역사에서 기념비적 날'이라고 의미를 부여했다. 이는 청제국 내에서 외국 회사가 철도 건설이 가능한 특권을 최초로 획득한 것인 동시에 프랑스의 청제국 침투를 실현해가는 첫걸음이었다.[29]

러시아가 러청은행을 통해 중국 내에서 러시아의 침략 목적을 이루는 '평화적 침투(peaceful penetration)' 계획을 추구했다면 은행을 통해 자본을 수출한 프랑스 정부는 러시아 정부의 배후에서 러청은행의 중개를 통해 자국의 이권 확보에 주력했다. 당시 청에서 이러한 평화적 침투를 주도한 제라드 주청 프랑스 공사와 카시니 주청 러시아 공사는 북경 외교가에서는 '북경 외교의 삼쌍둥이'로 불렸다.[30]

러청은행의 설립과 함께 일본군의 랴오둥 반도 철군에 대한 열강의 압박도 이뤄졌다.

러시아는 프랑스, 독일 공사와 1895년 5월 30일 일본에 다음의 3개 조항을 문의했다. (1) 일본 정부가 랴오둥 반도의 철수 대가로 청 정부에 요구하는 보상 금액은 얼마인가, (2) 랴오둥 반도에서 일본은 언제 철수할 것인가, (3) 일본 정부가 대만해협의 자유항행권을 보장할 것인가였다.[31]

일본은 열강의 요구에 대해 철군을 늦추기 위해 다음과 같이 회답했다. 배상금 액수는 5천만 냥이며 대만해협에서의 자유항행권을 보장한다. 철수 시기와 관련해서는 5천만 냥의 배상금과 시모노세키 조약에 의해 규정된 전쟁 배상금 1차분이 지급될 때 금주(Kinchow) 이내로 철수하고 2차 배상금이 지급되고 시모노세키 조약에서 약속한 통상과 항행 조약의 비준이 교환되면 완전히 철수하겠다고 답했다.[32]

러시아가 보상금이 너무 많다며 이를 거부하고 철군을 압박하자 일본은 결국 10월 7일 보상금을 3천만 냥으로 줄이고 보상금이 지급되면 3개월 이내에 철군하겠다고 통보했다.[33] 이에 따라 청과 일본 사이에

10월 8일 철군 협정이 체결됐고 12월 25일 다롄에 주둔한 일본군의 철수로 랴오둥 반도에서 일본군의 철군은 완결됐다.[34]

일본의 세력 약화와 명성황후 시해

청일전쟁의 승전국인 일본이 열강에 의해 랴오둥 반도를 포기한 것은 청과 조선에서는 일본 국력의 취약성으로 인식됐다.[35] 일본의 조선 내 영향력이 약화되면서 조선에서도 청일전쟁 이전 상태(status quo ante bellum)로의 복귀 조치가 이뤄졌다.

러시아와 미국은 1895년 6월 주한 일본 공사 스기무라를 방문해 일본이 청일전쟁 중 수립한 박영효 친일 내각의 사퇴와 함께 일본이 주도한 훈련대의 왕실 경호계획의 철회를 요구해 이를 관철했다. 김홍집 등 일본의 한반도 정책에 제동을 걸었던 정치권 인사들의 복귀와 함께 명성황후의 외척들의 복권의 길이 열렸다.[36]

만주에 이어 조선에서 일본의 영향력이 약화된 일본은 청일전쟁 중 수립한 조선 정략의 수정에 나섰다. 무쓰 일본 외상은 1895년 6월 각의에서 앞으로 조선 정책에 대해 가급적 간섭하지 않고 조선을 자립시키는 방침, 즉 '타동(他動)의 방침'을 취하기로 결의했다. 아울러 각의에서는 이 결의의 결과로 조선의 철도·전신 건은 강하게 실행하지 않을 것을 바란다고 결정했다. 일본의 이러한 결정은 1894년 8월 각의에서 결정된 조선 보호국화안에서 명백한 후퇴였다.

러시아가 조선 독립의 약속 이행을 압박하자 이토 히로부미는 7월 31일 "조선에서의 복잡성이 일본에 가장 불행한 일이 되었다"라고 토로했다. 한반도에서 일본의 세력 약화는 일본이 조일수호조규 이래 20여 년간 추구했던 조선에 대한 독점적 지배력의 상실은 물론 대륙 진출의 교두보인 조선을 잃는 절망적 상황이었다.

아오키 독일 주재 일본 공사는 "시모노세키 조약을 통해 청에 대한 조선의 종속을 없앴지만 조일관계는 전쟁 이전과 달리 변한 게 없다"라고 말했다. 청일전쟁 이전 일본은 청과 공동으로 한반도에 대해 공동 보호를 유지했으나 시모노세키 조약으로 바뀐 것이 없는 데다 조선이 독립할 능력이 없는 상태에서 일본의 퇴각은 조선을 러시아의 수중에 떨어지게 할 수 있다고 우려했다.[37]

일본의 세력 약화에 따른 일본의 최대 문제는 원산과 부산, 제물포, 서울에 거주하는 1만 5천 명의 일본인의 안전 유지였다. 일본 정부는 1895년 8월 이노우에 주한 일본 공사의 후임으로 미우라 고로를 조선 공사로 임명했다. 이노우에는 청일전쟁 중 조선호보국화와 내정개혁을 주도한 인물이었던 반면 미우라 고로는 군 출신이었다. 삼국공조 이후 한반도에서 세력 쇠퇴를 절감하고 있던 일본은 미우라 고로의 공사 부임 이후 세력 만회를 위해 명성황후의 시해에 나서면서 한반도에는 새로운 정국이 조성되었다.

일본은 자신들이 곤경에 처한 이유가 주한 러시아 공사 베베르가 배후에서 민비에게 랴오둥 반도를 반환한 일본이 조선을 지배하는 일을 허용하지 않을 것이며 러시아가 왕실의 신변 보장을 약속하고 이를 신뢰한 민비의 러시아 의존도가 높아진 때문으로 여겼다.[38] 이 와중에 1895년 10월 6일 일본인들이 훈련시킨 훈련대 해산설이 제기되자 일본의 긴장은 극에 달했고 이러한 위기감은 극단적 모험주의로 표출됐다.

미우라 고로 주한 일본 공사는 일본이 추구한 조선의 개혁 포기는 조선의 독립을 위험에 빠트리게 하고 결국 일본의 안보도 위협할 것으로 여겼다. 청일전쟁 이후 조성된 '한국 문제(The Korean Question)'의 복잡성을 해결하기 위해 신속하고 단호한 행동이 필요하다고 생각한 그는

10월 8일 '명성황후 시해'를 감행했다.[39]

일본이 명성황후를 시해한 것으로 드러나자 열강들이 반발했다. 10월 11일 러시아와 미국은 공사관 보호를 위해 인천에서 대기 중이던 양국의 군함으로부터 각각 20명씩 수병을 입경시켰다. 미국과 러시아는 더 나아가 시해 사건의 진상 규명과 시해된 명성황후의 폐비 조처에 대한 항의를 위해 서울 주재 외교사절 회의를 소집하고 사건의 진상 규명과 관련자의 처벌 및 폐비 조처의 취소를 요구했다.[40]

명성황후 시해 사건으로 열강의 반발과 조선 내 반일 감정이 격화되자 일본 정부는 10월 17일 미우라 공사를 소환하고 고무라 주타로 정무국장을 조선에 보내 사태 해결에 나서는 한편 일본은 조선의 중립국화 방안을 제안했다.

조선이 독립할 능력이 없으므로 열강들이 '보호국(protectorate)'이나 '공동 통치(joint control)'를 하자는 안이었다. 조선의 중립국화 안에서 군대와 경찰은 소국이지만 중립적 국가인 벨기에 같은 나라의 외국인들 아래에 놓되 국가의 다른 부분은 열강들이 참여하는 '최고위원(High Commissioners)'들의 통제 속에 둘 것을 제의했다.[41]

일본의 중립국화 제안은 한반도에서 일본 세력의 퇴출이라는 최악의 상황을 피하려는 일본의 고육지책이었다. 하지만 러시아 등 열강들은 일본의 제안을 일축하고 명성황후 시해 이전 상황으로 복귀를 요구했다. 명성황후 시해 사건으로 야기된 정치적 곤경에서 탈출하고 조선에서 자신들의 정치군사적 우월성을 유지하려던 일본의 시도는 열강의 거부에 직면했다.[42]

베베르의 뒤를 이어 조선 주재 러시아 대리공사로 임명된 스페이에르는 당시 조선 상황에 대해 "일본 정부가 조선의 독립을 마침내 이뤄냈다고 주장했지만 조선 독립은 어릿광대극에 불과하다"라고 평했다.[43]

스페이에르는 더 나아가 1896년 1월 22일 본국 정부에 "조선에서의 일본 정책에 단호히 반대한다는 입장을 보여줄 것"을 요구했다.

로바노프 러시아 외상은 그러나 "러시아의 직접 개입은 조선에서 일본과 다른 서구 열강과의 직접적 충돌로 이어질 수 있고 조선뿐 아니라 청에서 러시아 영향력을 강화하는 일에 걸림돌이 될 수 있다"라고 말했다. 청일전쟁 이후 '평화적 침투'를 통해 만주 경영에 착수한 러시아는 극동에서 새로운 충돌을 일으키기를 원치 않았다.[44]

삼국공조 이후 러시아 등 열강의 만주 진출이 본격화되면서 한반도 문제는 서구 열강들의 이해의 초점이 된 '중국 문제(Chinese Question)'와 연동되어 처리되기 시작했다.

열강들은 중국 문제라는 체스 판 위에서 경쟁하며 중국 잘라먹기라는 자국의 세력권 확대에 몰두했고, 한반도는 이를 위해 필요에 따라 살리거나 내칠 수 있는 체스 판 위의 '졸(卒)'로 취급되기 시작했다.

러청동맹과
한반도 분할의 기원

러청은행의 설립 협상이 마무리되면서 러시아의 청으로의 '평화적 침투' 계획도 본격화됐으며 그 가운데는 만주 관통철도 계획이 있었다.

비테 러시아 재무상은 1895년 10월 30일 시베리아철도위원회에 만주 관통철도 계획안을 제출했다. 1891년 착공된 시베리아 횡단철도는 바이칼 호수 동쪽 지역인 트랜스바이칼(Trans-baikalia)까지 진행된 상태였다. 여기에서 블라디보스토크까지 나머지 구간에 대한 노선을 어떻게 할 것인가를 놓고 비테는 3가지 안을 제시했다.

첫째 안은 아무르 강의 굽은 곳을 따라가는 것이고 둘째 안은 캬흐타(Kiakhta)에서 북경으로 가는 것이며 셋째 안은 북만주를 관통하는 안이었다. 비테는 1안은 거리가 긴 데다 공학적으로 어렵고, 2안은 강대국들의 반발이 우려되는 반면 3안은 블라디보스토크까지 수백 마일의 거리를 단축하고 북중국의 평화적 정복(The Peaceful Conquest of Northern China)을 실현해줄 수 있다고 여겼다.[45]

러시아의 시베리아 횡단철도의 만주 관통 계획은 1895년 10월 25일자 〈런던 타임즈〉 보도로 처음 알려졌다. 러·청이 조약을 맺어 러시아에 청 영토를 지나 블라디보스토크에 이르는 만주 관통노선과 뤼순까지 지선을 허용하는 철도 부설권을 준다는 내용이었다. 시베리아 횡단철도가 만주를 관통하게 되면 러시아는 만주를 자신의 세력권 안에 놓을 수 있었다. 〈런던 타임즈〉는 같은 날 사설에서 러시아의 행위는 동북아시아에서 현존하는 세력 균형을 깨는 유례없는 행위라고 비판했다.[46] 일본 정부도 랴오둥 반도의 반환 과정에서 일본이 뤼순을 점령하면 한편으로는 북경을, 다른 한편으로는 조선을 지배할 것이라며 주둔을 반대하던 러시아가 이제 똑같은 곳을 취하려고 한다고 비난했다.[47]

러시아는 관련 보도 내용을 부인했지만 프랑스는 영국이 중국에 군사 거점을 두고 있는 만큼 러시아도 그럴 권리가 있다고 거들었고 독일은 자신들도 중국 내 군사적 거점을 마련해야 한다고 주장했다. 독일의 카이저는 러시아가 극동에서 청 영토 일부를 병합하는 것을 지원하고 독일도 영토 인정을 위한 거래에 나서야 한다고 했다.[48]

동청철도와 일본의 비참한 고립

영국의 솔즈베리는 1895년 11월 9일자 〈런던 타임즈〉 기사를 언급하면서 '우리는 평정심을 잃지 말아야 하며 아시아에서 우리 모두를 위한 공간은 있다'며 진화에 나섰고 벨포어 외상도 1896년 1월 연설에서 솔즈베리와 동일한 원칙을 강조하고 나섰다.

영국이 동아시아에서 진행 중인 사안의 급박성에 대해 제대로 대처하지 못했던 것은 당시 영국의 상황 때문이었다. 영국은 1896년 1월 크루거 전보사건(Kruger telegram)으로 독일과 사이가 악화됐고 미국과는 베네수엘라 문제로 긴장관계였으며, 아르메니아 문제와 관련해 당시 영국 내각은 러시아의 지원을 바라는 등 국제적으로 불리한 상황이었다. 러시아는 이러한 영국의 처지가 러시아의 지원에 대한 보상 차원의 제스처이며 만주에서 상업적 목적의 철도라면 영국의 반대를 피할 수 있을 것으로 내다봤다.

러시아는 1896년 2월 만주 관통철도에 대한 기술 조사에 나섰으나 청국과 협의는 순탄치 않았다. 카시니 주청 러시아 공사는 1896년 4월

18일 청의 총리아문에 "일본 또는 여타 열강과의 새로운 분규 위험으로부터 청국을 보호하기 위해서 만주 내의 여러 지선과 함께 만주를 가로지르는 관통철도가 필요하다"라고 설득했다. 시베리아 횡단철도가 경제적으로 비용이 싼데다 군사적으로는 청국 방어를 위한 접근로 구실을 할 것이라는 요지였다.[49] 삼국공조로 러시아에 대한 중국의 인식이 바뀌었지만 열강의 이해관계가 걸린 철도 부설권은 청도 쉽게 결정하지 못했다.

청일전쟁 이후 청 정부의 대외정책의 중심은 영국에서 점차 러시아로 바뀌었다.

청일전쟁 이전에는 청은 영국과 협력해 러시아를 제어하는 이른바 '연영거아(聯英拒俄)' 정책을 추구했다. 하지만 삼국공조에 소극적이고 일본에 우호적인 영국과 달리 러시아가 나서서 랴오둥 반도의 할양을 저지하자 청조의 분위기가 바뀌었다. 러시아와 연합하여 일본을 제어하는 '연아거일(聯俄拒日)' 정책이 청조 내에 부상하기 시작했다.

하지만 러시아에 철도 부설 특권을 허용하면 다른 열강들의 압박과 요구를 감당할 수 없었던 청은 러시아의 요구에 결론을 내지 못했다. 카시니는 이에 "위협만이 청국 정치가들을 설득할 수 있을 것"이라고 본국 정부에 보고했다.[50]

만주 관통철도 논의가 이뤄지던 1896년 2월 11일 조선의 고종이 러시아 공사관으로 거처를 옮겼다. '아관파천'은 명성황후 시해사건 이후 고종이 일본으로부터 생명의 위협을 받아온 이유도 있었지만 시해사건 이후 성립한 친일 내각에 대한 불만이 더 컸다. 러시아 공사관으로 옮긴 고종은 곧바로 김홍집 친일내각을 해체하고 친러파 중심의 내각을 구성하면서 한반도에서 권력의 중심은 러시아로 급속히 옮겨갔다.

아관파천 직후인 1896년 2월 영국과 러시아의 군함들이 속속 제물포로 집결했고 서울에서는 군중의 동요가 이어졌다. 일본이 명성황후를 시해한 이후 일본은 조선 곳곳에서 민중들의 저항을 받고 일본 거류민은 공격을 겪었다. 다급해진 일본은 400명의 군인과 130명의 헌병을 추가 파병하고 일본 정부와 중의원의 자유당은 러시아를 가상의 적으로 상정해 6개 사단 증설안을 통과시켰지만 당장의 실질적 대책이 되지는 못했다.[51]

청일전쟁 이후 청과 조선에서 밀려난 일본을 러시아가 대체하면서 '비참한 고립(pathetic isolation)'에 내몰린 일본은 대조선 정책을 재검토하기 시작했다.

일본은 1896년 3월 '한국 문제'의 3가지 처리 방안을 놓고 논의를 벌였다. 첫째는 일본 정부 단독의 힘으로 '한국 문제'를 처리하든가 둘째는 열강과 협의한 뒤에 '한국 문제'를 처리하든가 셋째는 이해관계가 밀접한 어느 한 나라와 '한국 문제'에 대한 협의를 하는 안이었다.[52] 일본은 첫 번째 안은 '말할 수는 있어도 도저히 행할 수 없는 일'이며, 두 번째 안은 '하나의 방법일 수는 있지만 재외 공사들의 최근 보고에 따르면 어느 나라든 지극히 냉담하며 특히 영국과 같이 실로 이해관계가 큰 나라에서조차 매우 무관심하다'는 것이 자명하며 따라서 세 번째 안인 이해관계가 큰 러시아와 협의가 최선이라고 보았다.

일본은 두 달 뒤인 5월에 있을 니콜라이 러시아 황제의 즉위식에 대표를 보내 러시아와 한국 문제의 협상에 나서기로 했다. 하지만 일본은 2월 19일 주일 러시아 공사 히뜨로보에게 한국 문제와 관련한 협상을 제안했다. 당시 조선에 있는 1만 5천여 명의 일본 거류민의 안전이 일본의 최우선 관심사였다. 고종의 아관파천으로 한반도에 우월한 정치적 교두보를 장악한 러시아는 일본의 회담 제의를 수용해 일본과 직접적 충돌을 피하는 범위 내에서 최대한의 권익 확보에 주력했다.

양쪽은 두 달여의 협의 끝에 1896년 5월 14일 '베베르-고무라 의정서'에 서명했다.

"(1) 환궁은 고종의 판단에 일임하되, 안전이 보장됐다고 판단될 경우 양국은 환궁을 충고하고 일본은 장사(壯士) 단속을 보증한다. (2) 양국은 고종이 관대 온화한 인물을 대신으로 임명하고 신민을 관인(寬仁)의 태도로 대하기를 권고한다. (3) 일본은 서울~부산 간 전신선 보호를 위해 3개 중대 병력은 조속히 철수하고 헌병으로 교체하되, 대구와 가흥(Kaheung)에 각각 50명, 서울과 부산 사이 10개 초소에 각 10명 등 200명을 넘지 않는다. (4) 일본인 거류지 보호를 위해 서울에 2개 중대, 부산에 1개 중대, 원산에 1개 중대를 둘 수 있고 1개 중대는 200명을 넘지 않는다. 러시아도 공사관과 영사관 보호를 위해 일본병을 초과하지 않는 위병을 둘 수 있다."[53]

일본은 러시아와 타협을 통해 한반도에서 '완전 퇴각'을 피할 수 있었다. 러시아는 조선에서 러시아의 우월적 상황을 일본이 자연스럽게 인정하게 하는 한편 일본과 동일 범위 내에서 러시아 군의 주병권을 획득함으로써 한반도에서의 러·일 간 군사적 형평을 유지했다. A. 말로제모프는 "이 협정은 하나의 대상협정(代償協定, quid pro quo agreement)이나 러시아의 승리였다"라고 평가했다.[54]

로바노프-야마가타 협정

청일전쟁이 끝나고 1년 뒤인 1896년 5월 러시아 황제 니콜라이 2세(A. Nikolai II)가 황위에 올랐다. 러시아 제국의 마지막 황제의 대관식은 당시 세계적 흥미를 유발했지만 막후에서는 현재까지도 동아시아에 영향을 남긴 2개의 주요한 협정이 체결됐다.

러시아 황제의 대관식에 참여하는 특별 사절단 대표로 임명된 리훙장은 1896년 3월 28일 상해를 출발했다. 주청 프랑스 공사 제라드는 리홍장의 러시아 순방을 중국이 오랫동안 추구해온 '영광된 고립(splendid isolation)'을 종식하기 위한 것으로, 과거 러시아 표트르 대제의 유럽 대순방에 비유했다.[55] 리홍장은 독일과 영국을 방문해 비스마르크와 솔즈베리 영국 수상을 만나고 프랑스와 미국을 거쳐 귀국했다.

리홍장은 러시아에 도착해 러시아와의 비밀 협상에 돌입했다. 비테 재무상이 5월 3일 리홍장에게 제시한 러시아의 원칙은 3가지다. (1) 러시아는 청제국의 영토 보전 원칙을 준수할 것이며 (2) 이런 원칙을 유지하려면 비상시 러시아는 청에 대한 무장 지원이 가능한 위치에 있어야 하고 (3) 그런 지원은 유럽의 러시아 군을 파병해야 하는데 이를 위해서는 중국 철도를 유럽의 러시아와 블라디보스토크 철로와 연결하는 게 필요하다는 것이었다.[56] 하지만 리홍장은 러시아의 안에 대해 중국의 안전 보장이 우선이며 철도 문제는 열강의 반발을 들어 난색을 표했다.

양쪽의 입장 차이는 러시아의 니콜라이 2세가 5월 7일 철도의 궁극적 목표는 중국의 국방에 있으며 열강의 반발을 피하고자 철도 부설권을 러시아가 아닌 러청은행에 주되 청이 통제권을 행사하는 타협안을 내놓으면서 타결의 실마리를 찾을 수 있었다.

리홍장은 1896년 6월 3일 비테 재무상, 로바노프 외상과 러청밀약을 체결했다. 청의 안전을 보장하는 대신 러시아에 철도 부설권을 주는 조약의 유효기간은 15년이었다.[57]

조약은 (1)항에서 일본 혹은 일본의 동맹국이 러시아의 동쪽 영토나 중국 혹은 조선의 영토를 침범하면 상대국을 원조하도록 했다. (2)항은 공동의 행동이 일단 시작되면 양국은 평화적 해결을 모색하고 (3)항은 일본에 대한 군사 작전을 전개하는 동안 중국의 모든 항구를 러시아 함대에 개방해 필요 물품을 조달할 수 있도록 했다.

러청밀약은 일본을 주적으로 상정한 청이 러시아와 함께 일본의 침략을 막겠다는 이른바 '연아제일(聯俄制日)' 전략의 관철이며 러시아와의 방어동맹을 통해 청은 안전을 보장받을 수 있었다. 러시아의 안전보장에 대한 청의 대가는 다음의 (4)항에 담겼다.

"러시아 지상군의 접근을 확보하기 위해 청국 정부는 블라디보스토크 방향으로 길림과 아무르 강 지역의 청국 영토를 가로지르는 철도 노선의 부설에 동의한다. 러시아 철도와 이 철도를 연결하는 것은 청국 영토에 대한 어떤 침해나 청국 황제의 주권에 손상을 주기 위한 구실이 될 수는 없을 것이다. 이 철도의 부설권과 이용권은 러청은행에 부여한다."

또 (5)항에서는 평화시에 이 철도로 이동하는 러시아 군대는 필요에 따라 정당하다고 간주할 때에 한해 정차할 권리를 갖도록 했다. 청의 안전 보장을 대가로 철도 부설권을 확보한 러시아는 만주에서의 '평화적 침투'를 위한 닻을 올릴 수 있게 되었다.

러청밀약은 1910년 2월 열린 21차 워싱턴 회의에서 공식 확인됐다. 방어조약의 일부로서 청의 영토 내에 철도회사를 운영할 특권을 부여했던 청의 입장은 "당신들에게 우리의 땅을 쓰는 것을 허용할 터이니 당신들은 우리 제국의 영토 보전을 보장하라"였다.

러청동맹은 21세기 동아시아에서의 대륙 및 해양동맹의 기원이다. 청일전쟁 이후 화이질서가 붕괴되고 '보통 국가'화된 청이 무정부적인 국제질서 속에서 자국의 안보를 위해 체결한 최초의 대륙동맹이다. 러청동맹은 이후 해양동맹인 영일동맹의 결성에 영향을 주었고 21세기 동아시아에서 대륙 세력과 해양 세력의 대립의 출발점을 이룬다.

러청동맹이 성사된 데에는 러시아에 대한 중국의 달라진 인식의 영향이 컸다. 한때 러시아의 위협에 대처해 영국 의존을 주장했던 중국의 관리들 사이에서는 '일부 인사들은 러시아를 청에 상처를 입힐 호랑이나 늑대로 여긴다. 그러나 주목해야 할 것은 중국은 일본에 대처할 군사력이 충분하지 않다는 것이다. 이런 상황에서 중국이 러시아와 적대관계를 가질 여력이라도 있는가'라고 할 정도로 삼국공조 이후 분위기가 바뀌었다.

러시아와 청의 비밀동맹과는 별도로 한국 문제에 대한 러·일 담판도 열렸다.

야마가타는 러시아로 출발하기 전 도쿄 주재 러시아 공사 히뜨로보와의 회담에서 한국 문제의 해결을 위해 "러시아와 일본이 조선을 완전히 분할할 것"을 제안했다. 일본은 서울을 포함하는 한반도의 남부만을 자신이 차지하고 러시아에 조선의 서부와 동부 연안을 양보할 준비가 되어 있다는 것이었다.

러시아는 그러나 조선의 완전한 독립을 포고한 원칙을 고려할 때 그리고 러시아와 일본 간의 조선 분할이 당시의 정치적 상황에서는 매우 위험한 동아시아 지역 분규로 이어질 수 있다며 거부했다. 러시아는 야마가타의 제안대로 일본인들에게 한반도의 남쪽을 허용할 경우 만약에 일본과 오해가 발생하면 러시아의 태평양으로 이어지는 동해 출구가 막혀버릴 수 있다는 점을 더 우려했다.[58]

러·일 양쪽은 한 달여의 협의 끝에 6월 9일 야마가타-로바노프 협정에 서명했다.

(1)항에서 양국은 조선이 지출을 줄이고 수지의 균형을 맞추도록 조언하며 조선에 대외 경제 원조가 필요할 경우 양국은 그 지원을 위해 공동으로 노력하며 (2)항에서는 양국은 자체의 군대와 경찰력을 스스로 보유하고 유지할 수 있는 권한을 조선에 남겨두기로 했다. (3)항에서 조선에서 일본이 관할하고 있는 전신선의 관리는 일본이 유지하되 서울과 조·러 국경선까지의 전신선 구축은 러시아에 맡기는 데 합의했다.

러·일은 이와 별도로 다음의 비밀 합의문도 작성했다.

(1)항에서 양국의 군대가 추가로 배치되어야 할 경우 양 군대의 충돌을 막기 위해 양국은 양국 군대 사이에 일정한 공간을 두고 배치한다. (2)항에서는 공개 합의문 2항에서 언급하고 있듯이 조선이 군대를 보유할 때까지 양국 군대는 서울 각서에서 명시하고 있는 바대로 동등한 수와 권리를 갖고 병력을 유지한다. 조선 국왕의 신변 보호와 관련해 자체의 근위병을 마련할 때까지 마찬가지의 원칙을 유지하기로 합의했다.

야마가타-로바노프 협정은 러·일이 한반도 공동 관리에 합의한 것으로, 한반도 분할이 확정된 최초의 문서로 평가된다.[59] 청일전쟁 발발 직전 열강은 청이 서울 이북 지역을, 일본이 서울 이남 지역을 각각 점령하는 공동 점령안을 제시해 전쟁 발발을 막으려 했지만 합의에 이르지 못했다.

하지만 러시아와 일본은 한반도 남쪽인 서울~부산의 전신선 관리는 일본이, 한반도 북쪽인 서울~북쪽 변경까지의 전신선 신설은 러시아가 맡도록 함으로써 자국의 세력권을 나누고자 했다. 비밀 조항에서는 비상시 양국 군대의 한반도 추가 배치시 충돌을 막기 위해 중간에 일정한 공간을 둘 수 있도록 함으로써 일본이 제안했던 한반도 분할론의 내용을 사실상 협정에 포함했다.

'야마가타-로바노프 협정'은 성격상 러·일의 한반도에 대한 공동 관리를 의미했고 조선은 러·일 양국의 '공동 보호령(a condominium, a joint protectorate)'이었다.[60]

이 협정을 통해 러시아는 만주로의 평화적 진출을 위한 한반도의 현상 유지를 확보했다면, 청일전쟁 이후 세력 후퇴를 절감했던 일본은 고무라-베베르 협정에 이어 한반도에서 축출이라는 최악의 경우를 피하고 한반도 진출의 불씨를 남겨둘 수 있었다.

시모노세키 – '총상으로 얻은 평화'

1895년 3월 19일 일흔셋의 노구를 이끌고 리훙장이 낯선 땅 시모노세키에 내렸다. 청 대표단이 타고 온 배는 독일 깃발을 단 2척의 상선으로 이 중 리훙장이 탄 배에는 청제국을 상징하는 깃발 용기(龍旗)가 내걸렸다.

리훙장이 일본과의 친선을 위해 아시아 최대의 철갑함인 정원함 등 직접 육성한 북양함대를 나가사키와 고베에 보내 일본을 놀라게 한 것이 불과 4년 전의 일이었다. 이제 그는 청일전쟁에서 강화를 구걸해야 하는 패전국의 대표로 바뀌어 있었다.

리훙장은 배에서 회담장을 오갈 예정이었으나 일본은 인조지(引接寺)라는 절을 중국식으로 개조해 숙소로 제공했다. 33명의 공식 수행원을 비롯해 영어와 불어, 일본어 통역자와 의사 2명, 경비병과 요리사, 교자꾼 등 123명의 수행원이 그를 뒤따랐다.

첫 강화회담은 다음 날인 20일 오후 3시 인조지 인근의 슌판로(春帆樓)에서 열렸다. 복어 요리점인 슌판로는 강화회담에 맞춰 회담장으로 개조됐다. 당시 회담장이던 슌판로의 옛 건물은 사라지고 현재는 '춘범루·일청강화담판장'이라는 비석만 남아 있다.

리훙장과 이토 히로부미는 서로의 전권위임장을 확인하는 것으로 회담을 시작했다. 나이 차이가 스무 살인 이 둘은 10년 전 톈진에서 만난 적이 있는 구면이었다. 리훙장은 "유럽 국가들은 상당한 군비를 갖추고도 서로 전쟁을 피한다"며 "황인종이 백인들에게 잡아먹히는 것을 피할 수 있도록 청·일 간의 항구적인 평화가 필요하다"라고 말했다. 이토는 이에 "톈진에서 함께 중국이 도입할 개혁을 논의했었다"라고 운을 뗀 뒤 "중국이 당시 개혁에 박차를 가했다면 많은 도움이 됐을 것"이라고 응대했다. 첫날 회의는 리훙장이 해상과 육상에서의 일시 휴전을 일본에 제의하고 끝났다.

강화회담이 열린 시모노세키는 한국과도 역사적으로 인연이 깊다.

회담장인 슌판로에서는 간몬 해협이 바로 내려다보인다. 일본의 본섬인 혼슈와 마주한 규슈 사이를 흐르는 해협이다. 물색은 검푸르고 물살은 무척 빠르다. 임진왜란과 임오군란, 청일전쟁, 러일전쟁 등 조선을 침략하는 일본군의 대부분이 세토 내해에서 이 좁은 해협을 지난 뒤 대한해협을 거쳐 부산으로, 인천으로 향했다.

슌판로에서 3~4백여m 정도 떨어진 간몬 해협의 해안가에는 '조선통신사 상륙엄류지지(朝鮮通信使 上陸 淹留之地)'라는 기념비가 있다. 조선통신사가 머물던 곳이라는 뜻이다. 임진왜란 이후 조·일 국교가 재개되면서 일본을 11차례 찾은 조선의 통신사들이 맨 처음 일본 땅에 발을 디딘 곳도 바로 이곳 시모노세키였다.

일본의 한반도 침략이 노골화되던 1905년 9월 시모노세키에서 부산을 오가는 최초의 부관연락선(釜關連絡船) 이키마루가 처음 출항했다. 일본의 선진 문물을 배우려는 한국의 젊은 유학생들이나 강제 징용된 숱한 한국인들이 부관연락선을 타고 시모노세키에 내렸지만 영영 고국으로 돌아오지 못한 이들이 한둘이 아니다.

3월 21일 속개된 두 번째 회의에서 이토 히로부미는 조건부 휴전 수용안을 냈다. 베이징에 이르는 주요 요새인 다구(大沽), 톈진, 산하이관의 요새와 무기, 탄약 그리고 톈진~산하이관 철도 운영권을 일본에 넘기라고 요구했다. 아직 군사적으로 점령되지 않은 청 수도 베이징의 주변 요새들을 무장 해제하겠다는 의도였다.

리훙장이 "청과 일본은 형제"라며 이토에게 조건 완화를 요구했지만 패자는 승자의 룰을 따라야 한다. 리훙장의 보고를 받은 청 정부는 휴전 협상을 포기하고 열강들의 간섭을 끌어낼 수 있도록 강화회담에 나서 강화 조건을 빨리 파악하라고 지시했다.

3월 24일 오후 열린 3차 회담에서 리훙장이 휴전안을 철회하고 바로 강화 담판을 제안하자 이토 히로부미는 다음날 강화조약안을 제출하겠다고 약속했다.

이날 오후 4시20분 회담장을 나온 리훙장은 교자에 올라타 숙소로 향했다. 이때 도로변 인파 속에서 뛰쳐나온 26세의 한 극우 민족주의자가 권총으로 리훙장을 저격했다. 탄환은 리훙장의 왼쪽 눈 아래 광대뼈를 뚫고 들어갔지만 리훙장은 교자꾼에게 건네받은 손수건으로 지혈하며 숙소로 복귀했다. 경찰에 붙잡힌 범인 고야마는 "청은 프랑스와 영국 등 최근 극동의 분쟁은 물론 일본 내 사츠마 반란(서남전쟁)의 원천"이라며 "리훙장이 이러한 전쟁에 책임이 있다"라고 저격 이유를 주장했다.

리훙장의 불운은 청에는 불행 중 다행이었다. 청일전쟁을 문명 대 비문명의 전쟁으로 선전하던 일본의 자부심은 구겨졌고 열강의 개입을 우려한 일본 정부는 청의 휴전 제안을 조건 없이 수용하기로 하고 3월 28일 3주간 임시 휴전협정을 맺었다.

리훙장을 수행하던 전 주러 미국 공사 J. W. 포스터는 "피격에도 냉정함을 잃지 않던 리훙장은 '청 제국의 고위 관료가 졸지에 타국 거리에서 평민에게 살해 위협이나 당하는 꼴이 되어 체면을 잃게 됐다'며 한탄했다"라고 당시를 전했다.[61]

피격 사건 이후 리훙장은 대로를 피해 숙소인 인조지에서 슌판로까지 이어진 산기슭의 길을 이용해 회담장을 오갔다. 걸어서 10분 정도 거리의 샛길은 동시에 2~3명 정도가 겨우 걸을 수 있는데 일본은 이

길을 '리훙장의 길(李鴻章道)'로 명명했다. 슌판로 옆에는 이토 히로부미와 무쓰 무네미쓰의 흉상이 리훙장의 길을 지켜보고 있다.

리훙장의 부상 속에도 양쪽은 강화회담을 이어가 4월 17일 오전 10시 마침내 시모노세키 조약을 체결하고 청일전쟁의 종전에 합의했다. 승자인 이토와 무쓰는 회담 중 리훙장에게 "담판이 결렬되어 이 땅을 떠나면 과연 안심하고 북경 성문을 출입할 수 있겠냐"라고 했고 요구 조건을 완화하려던 리훙장은 일본의 위협에 맞설 카드가 없는 패자였을 뿐이었다.

『리훙장 평전』을 쓴 량치차오는 시모노세키 조약을 "리훙장의 총상으로 얻은 평화"라고 평가했다. 피격 뒤 조건 없는 휴전을 얻어내고 3억 냥의 군비 배상금을 2억 냥으로 줄이기는 했지만 랴오둥 반도는 물론 일본이 점령하지 않은 대만과 펑후 열도도 내주어야 했다. 조약 체결이 알려지자 일본 국내는 "광기 어린 승전의 열기"에 휩싸였지만 청 국내는 물론 대만에서도 리훙장의 '매국(賣國) 행위'에 분노하는 반발이 확산했다.

당시 회담장이던 슌판로의 옆에는 이날의 조약 체결을 기념하는 '일청강화기념관(日清講和記念館)'이 있다. 류궁다오의 갑오전쟁박물관이 전쟁의 패배를 전하는 '패자의 박물관'이라면 일청강화기념관은 '승자의 기념관'이다. 1937년 6월 2차 중일전쟁 발발 직전에 청일강화회의와 시모노세키 조약의 역사적 의의를 후세에 전한다며 세웠다.

지하층 위에 세워진 단층 높이의 기와 건물 내부는 당시 회의장을 원형 크기대로 복원해 전시하고 있다. 회담 테이블과 16개의 의자, 옛날식 대형 램프, 프랑스제 난로, 잉크병, 금칠 무늬 벼룻집 등이 당시 뜨거웠을 회담장의 열기를 전해준다.

일본인에게 근대 일본은 메이지 영광론이 대부분이다. 메이지 일본은 일본이 세계 대국의 일원이 된 훌륭한 시대이며 이 과정에서 청일전쟁과 러일전쟁에서의 과오는 없었고 성공한 전쟁이라는 시각이다.[62]

메이지 시대의 영광을 품은 일청강화기념관에는 메이지 시대가 낳은 역사적 과오는 빠져 있다. 류궁다오에 세워진 갑오전쟁박물관과 한국의 동학농민혁명기념관에서 보는 청일전쟁 중에 발생한 뤼순 주민 대학살과 동학농민 대학살의 기억이 그것들이다.

청일전쟁은 일본이 이후 아시아 침략전쟁을 벌이면서 자행한 아시아 민중 대학살의 사실상 시작점이었다. 삭제된 역사 인식은 21세기 한·중·일 간의 상호 불신과 역사 전쟁의 원인이다. 왕현종 연세대 교수는 "일제의 강제합병 전후 의병전쟁에서 희생된 사람은 무려 1만 7천여 명이고, 1919년 3.1운동 당시 7천여 명이 살해된 것으로 나타난다. 이에 견줘 동학 당시 피해자는 최소 2만 명에서 3만 명 이상인 것으로 추정되고 있으니 당시 희생의 규모가 얼마나 컸다는 것을 짐작할 수 있다"라고 밝혔다.

시모노세키 조약은 그 조인으로부터 57년이 지난 1952년 4월 28일 일본과 대만 사이의 타이베이 조약에 의해서 공식적으로 무효화되었다. 그러나 57년 전 청이 일본에 준 배상금도, 센카쿠 열도로 개칭된 조어도도 되돌려 받지 못했다.[63]

▲▲ 리홍장 길(李鴻章道): 청일강화회담 당시 회의장인 일본 시모노세키의 순판로와 숙소인 인조지 사이 산기슭을 따라 이어진 샛길이다. 회담 초기 피습을 당한 리홍장은 이후 위험을 피하기 위해 기존의 길을 바꿔 이 길을 이용해 회담장을 오갔다.

▲ 조선통신사 상륙 엄류지지: 일본과 국교를 맺고 있던 조선의 사절이 11차례 일본을 찾았을 당시 처음 상륙한 곳으로, 귀로에도 이곳을 거쳐 조선으로 돌아갔다. 시모노세키의 일청강화기념관 아래쪽으로 간몬 해협과 인접해 있다.

▲▶ 슌판로: 청일강화회의가 열렸던 당시 시모노세키의 슌판로의 모습(일청강화기념관/홍용덕 촬영)과 현재의 슌판로의 모습. 슌판로는 요정 겸 여관이었으며 현재는 복어 전문 요리점으로 사용되고 있다.

▲ 청일강화회의 회담장의 모습: 청·일 간에 강화회의가 열릴 당시 시모노세키 슌판로에 마련된 회담장의 모습이다. 회담은 3월 20일 시작돼 조약이 조인된 4월 17일까지 29일간 열렸다. 회담장에는 실제로 회의 때 사용된 16개의 의자와 옛날식 대형 램프, 프랑스제 난로, 잉크병 등이 전시되어 있다.

▲ 슌판로에서 바라다 본 간몬 해협: 슌판로에서 수백여m 떨어진 곳에 간몬 해협이 있고 해협 건너편이 규슈다.

▶ 인조지(引接寺): 리훙장이 회담 기간 중 머물렀던 숙소로 슌판로 인근에 있다. 리훙장은 애초 타고 온 상선에 머물려고 했지만 일본이 인조지라는 절을 개조해 숙소로 제공하자 이곳에 머물렀다.

▼ 일청강화기념관: 일본이 청일전쟁의 강화를 기념해 조성한 기념관으로 1937년 6월에 개관했다. 1층 기념관에는 당시 회의장의 모습을 재현해놓았으며 슌판로의 모습, 당시 강화회의 관여 인물의 사진 등이 전시되어 있다.

8장

조선을 갖고 거래하라

열강의 중국 분할

러청동맹을 체결한 러시아는 '북중국에서의 평화적 침투(peaceful pene-tration of north china)' 시대를 열었다. 일본이 동아시아의 패자(覇者)인 대청제국을 무너트리고 대륙 팽창에 나서는 것을 저지한 러시아가 중국에서의 제국주의적 팽창을 본격화하면서 한반도의 운명은 열강의 거래에 내맡겨졌다.

시베리아 횡단철도를 건설 중이던 러시아는 러청동맹에 따라 만주를 경유하는 동청철도(CER)의 건설에 나섰다. 동청철도는 러시아의 치타에서 북만주 지역인 만주리~하얼빈~쑤이펀허를 지나 블라디보스토크에 이르는 1,760Km의 노선이다. 러시아와 중국의 국경인 아무르 강을 따라 건설되는 북방선로에 비해 건설이 쉬운 데다 중국 동북의 헤이룽장 성과 지린 성을 지나는 노선 개발을 통해 650Km 가량의 노선 거리를 단축하고 동청철도의 이권을 통해 북만주 진출을 꾀할 수 있다.

청은 1896년 9월 8일 러청은행과 동청철도 부설권 및 경영권에 관한 협정을 맺었다. 이는 러청밀약(4조)에 따른 것으로, 청은 러시아의 군 이동을 위해 만주를 통과하는 철도 부설권을 러시아에 주고 철도 건설과 경영은 러청은행이 맡도록 했다.

청은 대신 36년 뒤에 철도의 모든 자본, 채무, 이자를 청산한 뒤에 철도를 되사거나 80년 뒤에 보상 없이 돌려받을 수 있었다. 동청철도 부설협정에 이어 1897년 3월 1일 동청철도의 부설과 운영을 맡을 동청철도회사가 설립됐는데 프랑스는 러청은행 투자액보다 많은 500만 루

블을 투자했다.[1]

남만주철도와 철도 부속지

러시아는 동청철도 부설협정으로 철도 건설에 따른 부속지 획득과 같은 다양한 특권을 부여받았다. 부속지는 철도 건설에 필요한 주변 지역의 땅을 말한다. 협정 6조는 철도 부속지에 대해 "이 회사는 철도 건설과 방어에 필요한 토지를 관리하며, 또한 철도 부근에서 흙·돌·석회 등 필요한 곳을 관리한다. 만약 그 토지가 정부의 토지이면 중국 정부가 값을 받지 않고, 민간의 것이면 시가에 따라서 그 회사가 지급"하도록 했다.[2]

철도 부속지 내에서는 삼림과 광산 개발권은 물론 공사 인력에 대한 치외법권도 허용됐다. 부속지에서 중국의 행정권 행사가 불가능하고 면세 특권이 허용돼 러시아 철도와 부속지에 대한 중국의 과세가 불가능했다. 러시아는 후에 이것을 확대해 철도 시설 경비대의 주둔까지 허용받았다. 철도 부속지 규정은 러시아를 시작으로 이후 열강에도 적용되면서 중국의 분할과 열강의 세력권화를 촉발하는 원인이 되었다.

1897년 8월 하얼빈을 분기점으로 동서 구간으로 나눠 착공된 동청철도의 건설은 혹한과 집중호우 속에서도 민간인을 위장한 러시아 군인들과 6만 명 이상의 청국인이 동원되어 유례없는 고속으로 진행되었다. 그리하여 비록 단선이었으나 1901년 11월에는 동부 구간이, 1903년 1월에는 서부 구간이 개통됐다. 동청철도에는 약 3억 3천만 루블의 공사비가 들었는데 시베리아 횡단철도 총공사비의 약 1/4에 해당한다.[3]

청이 러청동맹의 규정에 근거해 신속한 지원에 나서면서 동청철도를 따라 북만주 지역에는 철도 주변으로 광산들이 개발되고 사람들이 몰려들면서 하얼빈 등의 새롭고 근대적인 도시들이 들어섰으며 러시아는 빠르게 자신의 세력권을 확장해갔다.

동청철도는 만주에 대한 평화적 침투라는 비테 러시아 재무상의 정책을 실현할 핵심적인 수단이었다. '영토적 제국주의(territorial imperialism)'가 무력에 의한 군사적 침투나 정벌을 통해 영토를 팽창한다면 비테의 평화적 침투는 철도를 통한 무역과 통상의 확대라는 점에서 '경제적 제국주의(economic imperialism)'였지만 본질적으로 정치·경제·군사적으로 자국의 세력을 확대해간다는 점에서는 제국주의적 팽창이었다.

러청밀약에 따라 동청철도는 블라디보스토크에 군사시설을 확충, 강화하고 유사시 청의 영토 보장과 청국 원조를 위해 러시아 군대를 원활하게 극동으로 이동하기 위한 것이었다. 하지만 장기적으로는 동청철도를 청의 심장인 베이징은 물론 조선으로 연결해 러시아의 시장을 확대하고 세력권을 넓혀간다는 정책 구상의 결과였다. 이러한 구상은 동청철도에 이은 러시아의 남만주 지선의 부설권 확보 노력으로 이어졌다.

남만주 지선은 하얼빈에서 다롄과 뤼순을 잇는 노선이다. 남만주 지선이 개통되면 러시아는 동청철도를 서해의 해양 출구와 연결함으로써 태평양 연안에서 러시아의 숙원이던 부동항 확보라는 꿈에 다가설 수 있었다.

남만주 지선은 또 청의 톈진-산하이관(1891~1893)에서 진저우를 잇는 경봉철도 구간(1894~1899)과 연결이 가능하고 이를 통해 프랑스 자본으로 건설 중인 베이징~한커우 구간과 이을 수 있다. 아울러 한반도에서의 경의선을 통해 경부선과 이어진다면 러시아는 청과 조선의 핵심 지역을 러프동맹의 철도망으로 포위하는 세력권화가 가능하다.

비테 재무상은 청과 남만주 지선의 부설 협의에 나섰지만 청은 즉각 반발했다. 러청동맹의 대가로 청이 러시아에 동청철도 부설권을 제공했더니 이제는 남만주 지선 부설권까지 요구한다는 것이었다. 리훙장은 남만주 지선 부설권을 요구하는 러시아에 "청의 마당을 내주었더니 이제는 거실까지 들어오려는 것이냐"며 분통을 터트렸다.

청의 반발로 비테의 계획이 난관에 봉착하자 1897년 8월 말 강경파인 무라비요프 러시아 외상은 비테를 격렬하게 비판하고 나섰다. 무라비요프는 평화적인 획득이 어렵다면 군사적으로 뤼순(포트 아서)을 점령한 뒤 청에서 임대하자고 주장했다.

태평양에서 부동항으로서 해군기지의 확보는 러시아 내에서 군부를 중심으로 매우 시급한 과제였다. 러시아의 태평양 함대는 겨울이면 항구가 얼어붙는 블라디보스토크를 떠나 겨울을 보내거나 또는 선박 수리를 위해 일본의 나가사키 항을 정기적으로 이용해왔다. 하지만 청일전쟁 중 일본이 러시아 군함의 정박을 막으면서 러시아는 전시 상황에서도 동아시아에서 안정적으로 이용할 수 있는 해군기지로서 부동항이 절실히 필요한 상태였다. 청일전쟁이 끝난 뒤 러시아는 청을 설득해 산둥 반도의 자오저우 만(교주만)에 러시아 전함의 입항과 체류 승인을 얻었지만 정박 기간이 제한된 데다 자국령인 블라디보스토크와는 너무 떨어져 있어 러시아와의 단절 위험성이 컸다.

동청철도에 이어 서해에 이르는 철도 부설권을 확보하려던 비테의 시도가 실패하면서 포트 아서의 점령과 임대라는 강경파인 무라비요프 외상의 행동이 가능한 길이 열렸다. 러시아의 정책 변화는 1897년 11월 독일의 자오저우 만 점령에 의해 자극된 것이었다. 동아시아 문제의 전개는 1897년 해가 저물면서 눈에 띄는 전환을 맞이했다.[4]

중국 분할의 시작 - 독일의 자오저우 만 점령

1897년 11월 1일 산둥 성에서 독일 선교사가 살해되는 사건이 발생하자 독일 황제인 빌헬름 2세는 해군 제독 디더리흐에게 자오저우 만 점령을 명령했고 1897년 11월 14일 독일 해군은 자오저우 만 점령을 전격 선포했다.

자오저우 만은 산둥 반도의 남쪽에 있는 작은 만으로 연중 얼지 않는데다 베이징의 앞바다인 발해만으로 이어져 북경과 상해의 통상을 지배하는 위치에 설 수 있는 요지다. 싱가포르에서 일본의 하코다테까지 3천 마일에 이르는 동아시아 수역의 중간 지점에 함대의 저탄소 시설이 필요했던 독일로서는 최적의 요충지였다.[5]

영국과 러시아와 달리 후발 산업국가인 독일이 식민지 경쟁에 뛰어든 것은 빌헬름 2세와 대립하던 비스마르크가 사임한 1890년 3월 이후의 일이다. 독일은 비스마르크가 사임하자 세력 균형을 통한 유럽의 평화에 주력하던 유럽 중심 정책에서 '신 경로(Neur Kurs)' 정책을 수립하고 탈비스마르크 외교 노선을 표방했다. 이는 해군의 확대를 통해 독일도 다른 열강과 마찬가지로 식민지 쟁탈전에 본격적으로 합류하는 계기가 되었다.

영국, 프랑스와 달리 뒤늦게 중국 진출에 나선 독일은 청일전쟁 직후 러시아가 주도하는 삼국공조에 적극 참여했다. 유럽에서 독일을 겨냥한 러프동맹의 약화를 꾀한 동시에 삼국공조의 결과 열강에게 주어질 보상 행렬에 독일도 참여해 청에서 독일 해군을 위한 저탄소나 주둔지를 확보할 수 있을 것이라는 기대감 때문이었다.

그러나 청일전쟁의 종전 처리 과정에서 삼국공조의 달콤한 과실을 나눠 먹은 러시아와 프랑스와 달리 독일의 성과는 기대에 못 미쳤다. 삼국조정이 이뤄진 직후인 1895년 4월 26일 독일 황제 빌헬름 2세는 러시아 황제 니콜라이 2세에게 "나는 당신이 궁극적으로 러시아를 위한 (청의) 영토 일부들을 병합하는 문제를 해결할 수 있도록 기꺼이 도우려 하니 당신도 독일이 러시아가 꺼리지 않는 곳에서 항구를 얻는 것이 가능할 수 있도록 해달라"라고 요청했다. 니콜라이 2세는 이에 "동아시아에서 독일이 영토를 획득하는 것에 반대하지 않겠다"라고 답했다.[6] 이는 독일이 청에서 영토 획득 시도에 나설 경우 러시아가 묵인할 수도 있다는 것으로 여겨졌고 독일이 자국 선교사의 피살을 빌미로 대담하게 자오저우 만의 무력 점령으로 나아갈 수 있는 계기가 되었다.

독일의 자오저우 만 점령은 남만주 지선 부설권 문제로 골치를 앓던 러시아에도 영향을 주었다. 독일의 자오저우 만 점령 소식에 자극받은 무라비요프 러시아 외상은 독일과 마찬가지로 "러시아도 태평양에서 일정 규모의 함대를 유지하고 러시아 함대가 겨울철에 편리하게 언제나 이용이 가능하면서도 충분히 장비를 갖추고 물자 보급이 원활한 항구가 필요하다"라고 선언했다.[7]

독일이 자오저우 만을 점령하자 러시아 황제 니콜라이 2세는 "우리의 미래 부동항은 랴오둥 반도 아니면 조선의 어느 곳이든 있어야 한다"라며 각료 특별회의를 소집했다. 1897년 11월 26일 열린 회의에서 비테와 무라비요프 등 회의 참석자들은 시베리아 횡단철도뿐 아니라 태평양에 출구를 갖는 것이 바람직하며 이를 위해 부동항 획득이 필요하다는 점에 일치했지만 부동항을 어떻게 획득할지를 놓고는 의견이 갈렸다.

"비테 재무상: 외국의 침입에서 아시아 대륙을 보전하자며 러청협약을 맺은 게 최근이다. 청은 자발적으로 러시아 회사에 시베리아 횡단철도를 만주를 경유해 블라디보스토크로 연결하는 권리를 승인한 동시에 러시아와 청은 만약 러시아의 태평양 변경과 청 및 조선에 대한 일본의 침략이 있으면 상호 방어하기로 약조했다. 그런 동맹협약을 맺은 상태에서 청의 영토 탈취는 불가능하다.

무라비요프 외상: 러청조약은 러시아가 일본에 대항해 청을 방어한다는 것을 의무화한 것이지 유럽 열강이 대상은 아니다. '특별한 사정상' 러시아는 독일이 자오저우 만을 점령하는 것을 이 시점에서는 막을 수 없다. 러청조약은 독일이 자오저우 만을 점령하는 견지에서 러시아가 다롄과 포트 아서(뤼순)를 점령하는 것을 막는 것이 아니다.

비테 재무상: 만주 경유 철도 건설을 시작한 지 얼마 안 됐다. 뤼순의 점령은 엄청나고 새로운 희생을 요구할 것이다.

무라비요프 외상: 러시아가 뤼순을 점령하지 않는다면 영국이 독일을 뒤쫓아 그렇게 할 것이다."[8]

격론 속에 러시아 황제는 강경파인 무라비요프 외상 등이 주장한 뤼순의 무력 점령에 반대하며 비테의 손을 들어주었지만 이 결정은 그리 오래가지 못했다.

회의 이후 무라비요프 외상은 영국 전함이 뤼순과 다롄으로 항진한다는 정보와 함께 영국이 이들 항구를 점령할 가능성이 있다고 황제를 설득해 특별회의 결정을 번복하도록 했다. 니콜라이 2세 황제는 러시아의 동아시아 함대에 뤼순과 다롄의 점령을 명령했고 1897년 12월 14일 이들 항구를 점령한 러시아는 독일과 일본에 점령 사실을 통보했다.

1897년 말 러시아의 뤼순과 다롄 무력 점령은 러시아의 동아시아 정책이 본격적인 제국주의 침략으로 전환했음을 의미했다. 러시아의 중국 침투와 관련해 느리지만 경제적 정복을 선호한 비테의 평화적 침투

노선에 대해 뤼순과 다롄을 점령함으로써 청을 흡수하는 전략적 목적을 관철하려는 쿠로파트킨과 군부, 이를 승인한 무라비요프가 승리한 결과로 볼 수 있다.[9] 풀러는 러시아의 이러한 조치를 독일의 자오저우만 점령 이후 예상되는 청제국의 해체 우려에 대한 선제 대응 조치 또는 예방적 조치로 평가했다.[10]

뤼순의 무력 점령을 반대하다 이를 뒤집은 러시아 황제 니콜라이 2세의 결정에 실망한 비테는 "기억하십시오, 황제여. 당신은 이런 운명적인 발걸음이 러시아에 가져올 무서운 결과가 무엇인지를 보게 될 것입니다"라고 예견했다.[11]

비테의 이러한 예언적 발언은 이로부터 8년 뒤 러일전쟁으로 현실이 되었고 무력 점령을 통해 동아시아에서 제국의 정점에 올랐던 러시아는 이후 내리막길을 걷게 된다.

러시아의 뤼순과 다롄 무력 점령은 영국과 일본의 경각심을 높였다. 러시아의 뤼순 점령은 청제국의 수도에 대한 러시아의 위협인 동시에 중국과 태평양에서 영국의 지위에 대한 도전으로 비춰졌다. 러시아가 무력을 동원해 뤼순을 점령하며 남진 정책을 강행하자 양쯔 강 일대에서 세력권을 형성하며 만주로 향하던 영국의 동진정책과 충돌이 불가피해졌다.

1878년 러시아가 러시아·터키 전쟁에서 승리하고도 산스테파노 조약에서 모든 것을 잃었듯 1895년 청일전쟁에서의 최대 전리품이었던 랴오둥 반도를 삼국공조로 잃은 일본은 러시아의 동아시아 팽창이 '일본의 주권선'을 지키기 위해 반드시 지켜야 할 이익선인 조선과 만주를 위협하는 것을 보면서 '비참한 고립'을 겪었다.

일본은 만주에서의 러시아의 세력 증대를 지켜보면서 점차 러시아와 사활을 건 경쟁이 불가피하다는 것을 인식하게 되었다.

빛바랜 영국의 '화려한 고립'

중국 분할이 본격화되자 영국의 '화려한 고립(Splendid isolation)'은 위기를 맞았다.

1차 아편전쟁 이후 영국은 경제적으로 동아시아에서 이른바 '무형의 제국(informal empire)'을 추구했다. '무형의 제국'은 영토의 획득이 없는 제국주의적 팽창정책이다. 전 세계에서 식민지 경쟁을 벌여온 영국으로서는 가능한 한 식민지 통치의 무거운 부담이 따르는 영토 획득보다는 통상과 영향력만을 확대함으로써 타 열강의 정치적 경계심을 자극하지 않고 실질적인 식민지화를 추구했다. 다만 인도는 예외였다.[12]

영국은 아편전쟁을 통해 홍콩을 할양받았으나 홍콩에서 베이징에 이르기까지 청의 문호를 유럽의 통상무역에 개방하는 것을 주도하는 한편 '최혜국조항(MFN)' 아래 유럽 열강과 이를 공유했다. 영국은 이 과정에서 청의 내정에 대한 간섭을 최소화하되 특정 국가와 단일한 또는 독점적 동맹에 관여하지 않는다는 '화려한 고립' 정책을 지켰다.

영국의 이러한 '화려한 고립' 정책은 청제국 내에서 러시아와 독일이 본격적으로 영토를 소유한 제국주의적 팽창으로 나아가면서 큰 위기를 맞았다.

영국은 1897년 러시아와 독일이 각각 뤼순과 자오저우 만을 무력 점령하자 이를 청에서의 세력 균형을 깨는 행위로 받아들였다. 영국은 러시아에 뤼순을 군항이 아닌 조약항으로서 모든 국가에 동등하게 개방하라며 '문호 개방(Open door)'을 요구했다.

러시아가 뤼순을 점령한 직후인 1898년 1월 17일 영국의 힉스비치 경은 "청을 유럽의 어떤 강대국에 의해 정복 또는 점령될 장소로 간주하지 않는다. 우리는 청을 우리 조국의 상업을 위한, 크게는 전 세계의 상업을 위한 미래의 가장 희망적 장소로 보며… 전쟁의 대가를 치르고라도 문호는 우리에게 폐쇄되어서는 안 된다"라고 단언했다.[13]

영국 문호 개방 요구의 좌절과 세력권 정책

아편전쟁 이후 영국은 이익권이나 세력권을 주장하지 않는 대신 중국은 모든 나라의 통상에 평등하면서도 동일하게 열려 있다고 여겨왔다.

솔즈베리는 문호 개방 원칙에 따라 1898년 1월 17일 주러 영국 대사 오코너에게 비밀 전문을 보내 비테에게 "러시아가 영토적 야욕이 없다면 러시아가 바다로 나아가는 상업적 출구의 자격을 허용하겠다"라는 입장을 전했다.[14]

영국은 1898년 1월 25일 현존하는 조약의 침해나 양 제국의 현재 영토 보존을 훼손하지 않으면서 황허 유역과 황허 이북을 러시아의 세력 범위로 하고 양쯔 강 유역을 영국의 세력 범위로 나누는 방안을 러시아에 제안했다.[15] 하지만 러시아는 북중국 세력권화는 영국 동의와는 상관없는 일이란 입장이어서 영·러 간 협상은 실패로 돌아갔다.

영국의 문호 개방 요구 속에 독일은 1898년 3월 6일 자오저우 만을 99년간, 러시아는 1898년 3월 27일 포트 아서(뤼순)와 다롄을 25년간 임대하기로 각각 청과 합의했다.

러·청 임대협정에서 다롄 항은 통상 항구로 개방됐으나 포트 아서는 군사적 항구로 러시아와 청 해군에만 개방되고 상업 선박과 다른 나라들의 전함에는 폐쇄됐다. 1898년 5월 7일 추가 협정에서는 포트 아서

지역이 러시아에 양도되면서 러시아는 행정권은 물론 포트 아서를 요새화할 권리와 남만주 지선의 종착역으로 건설 권리도 양도받음으로써 러시아는 마침내 태평양 연안에 부동항을 획득할 수 있었다.

뤼순과 다롄의 조차 조약으로 동북 3성인 랴오닝 성과 지린 성, 헤이룽장 성 등 만주 전 지역이 러시아의 영향권 아래 놓이게 되었다. 뤼순과 다롄을 점거한 러시아는 보하이 만의 문호를 통제할 수 있게 되었다.

뤼순과 다롄이 러시아 수중에 넘어가는 것은 중국 내에서 러시아와 영국의 세력 균형을 무너트리는 위협이었다. 영국의 체임벌린은 1898년 5월 13일 버밍햄 연설에서 "러시아와의 협상에 도달하기 위해 노력했다. 우리는 우리가 야심도 없고 러시아의 상업적 목적 또는 러시아의 무역 발전이나 러시아의 합법적 권위의 확장에 대해 반대하지 않는다고 통보했으나 우리는 실패했다"라고 러시아와의 협상 실패를 자인했다.[16]

영국은 러시아가 중국의 운명과 관련되어 중국에서의 문호 개방 정책과 평등한 상업적 기회의 붕괴라는 새로운 상황을 창출했다고 여겼다. 중국에서 러시아와 독일의 연이은 성공을 볼 때마다 머리가 지끈거리는 두통을 느끼던 영국은 마침내 자신들의 전통적인 고립 정책에 의문을 제기하기 시작했다.

체임벌린은 1898년 5월 13일 버밍햄 연설에서 이러한 "문제의 핵심은 지난 15년 동안 영국의 정책이 엄격한 고립 정책이었다는 것이다. 우리는 동맹국이 전연 없다. 우리에게 친구가 없다는 것이 나는 두렵다. … 우리와 밀접한 이해관계가 있는 국가들과 동맹을 체결하는 구상을 폐기해서는 안 된다"라고 주장했다.[17]

동아시아의 급변하는 상황 속에서 영국은 '화려한 고립'에서 오는 자국의 '전략적 고립(strategic isolation)'을 실감하기 시작했고 이는 1898

년과 1899년에 걸쳐 '화려한 고립' 정책의 재검토로 이어졌다. 전통적으로 문호 개방 정책을 고수해온 영국이었지만 눈앞에서 펼쳐지는 러시아, 독일, 프랑스 등의 세력권의 현실화를 더는 외면하거나 쉽게 저지할 수 없다는 현실을 깨닫게 된 것이었다.

영국의 고립 정책 이탈은 우선은 문호 개방 정책에서 본격적인 세력권 정책으로의 전환을 의미했다. 이는 열강들의 '중국 잘라먹기'에 영국이 뛰어드는 것이었다. 다른 하나는 '동맹' 결성을 통해 중국에서의 영국 이익 보호와 열강 간의 세력 균형을 유지하는 것이었다. 러시아와의 협상이 깨지고 남은 길은 러시아와의 전쟁이었지만 동맹 없이 영국 단독으로 혼자서는 이길 수는 없었다. 영국은 친구가 없다는 것을 깨달았다. 러시아가 뤼순과 다롄을 임대하자 영국은 청에 산둥 성의 웨이하이 조차를 요구했다. 발해만을 사이에 두고 랴오둥 반도와 마주하고 있는 웨이하이는 뤼순과 더불어 베이징에 이르는 중국의 양대 관문이다. 영국의 웨이하이 소유는 러시아가 뤼순을 소유함으로써 획득하는 영향력과 힘의 증가를 상쇄해 세력 균형을 이루는 동시에 영국의 잃어버린 자존심을 되찾을 수 있을 것으로 여겨졌다.

하지만 당시 웨이하이는 청일전쟁 이후 청의 배상금 지급의 담보로 일본군이 점령하고 있었던 데다 독일이 자오저우 만를 임대하면서 산둥 성을 세력권으로 삼고 있어 일본과 독일과의 협의가 필요했고 이들의 요구를 들어주어야 했다.

독일은 영국의 웨이하이 임대 요구를 지지해주는 조건으로 산둥 지역에서 독일의 권리와 이익을 침해하지 않겠다는 약속과 함께 산둥 지방에서 그 어떤 철도의 건설 제안도 하지 않겠다는 조건을 요구했다. 일본도 영국의 임대 요구에 대한 지지 대가로 일본이 청에 요구한 푸젠 성의 제3국 비양도 선언을 지지할 것을 요구했다.[18] 푸젠 성은 대만과 마주한 곳으로, 대만을 할양받은 일본은 푸젠 성의 세력권화를 시도했고 영국은 독일과 일본의 요구를 수용했다.

청은 영국의 웨이하이 조차 요구에 영국을 통한 러시아 견제라는 '이이제이'의 원칙에 따라 러시아의 뤼순 임대 기간과 같은 기간을 조건으로 1898년 7월 1일 영국과 웨이하이 임대계약을 체결했다. 영국은 웨이하이 조차에 이어 양쯔 강 유역에서 세력권화을 시도하며 러시아, 독일, 프랑스 등 열강들의 세력권 정책에 대응했다.

영국, 동맹을 찾아라

영국은 만주지역에서 러시아의 팽창에 제동을 걸고 청제국의 해체를 저지할 수 있는 유일한 나라였지만 이는 힘으로 뒷받침되지 않는 한 효과를 낼 수 없었다. 영국이 화려한 고립 정책에서 벗어나 서서히 동맹 정책을 고려하기 시작했지만 동아시아에서 누가 영국의 동맹 파트너가 될 수 있는가는 여전히 미궁이었다.

영국은 근동지역에서 러시아가 발칸 지역으로 세력을 확대하자 오스트리아와 이탈리아의 지원을 통해 이를 견제함으로써 오스만 제국의 해체를 저지할 수 있었다. 그러나 극동에서는 영국을 도와줄 주변 세력이 없었다.

영국은 미국에 동맹 제의를 했지만 거절당했다. 유럽과 아메리카 대륙 간에 상호 불간섭 원칙을 고수해온 미국은 동아시아에서 제3국과의 전쟁에 '연루될 가능성이 있는 동맹'을 회피했다. 일본은 러시아의 팽창 저지에는 동의했지만 동맹에 이를 준비가 아직 되지 않았고 이토 히로부미 등의 원로 정치인들은 신중했다.

영국에게 남은 대상국은 독일이었다. 1897년 독일과 러시아가 자오저우 만과 뤼순 항을 점령한 이후, 청 시장의 상실에 대한 두려움에 내몰린 영국의 체임벌린은 1898년 3월 25일 독일 대사 하츠펠트에게 1차 영·독 협상을 공식 제의했다.[19]

독일은 영국의 동맹 제의에 영국을 최대한 유럽 대륙 동맹인 삼국동맹에 가담시켜 대륙연합으로 이끌려 했다. 반면 영국은 삼국동맹으로 인한 대륙 분규에서의 연루 위험성을 피하는 대신 러시아의 동아시아 팽창 저지라는 국지적 동맹에 초점을 맞추기를 원했다.

영·독 양국 간의 논의는 1899년 12월 11일 독일의 뷜로우가 독일 의회에서 영국의 동맹 제의를 '세계정책'을 내건 독일의 해군력 증강을 견제하기 위한 시도로 보고 공식적으로 거절하면서 영·독 간 1차 협상은 실패로 끝났다.[20]

중국에서의 독일과 러시아, 영국의 조차지 획득 경쟁은 조차지 내에서 철도 경쟁으로 이어지면서 중국의 분할 경쟁을 가속화했다. 철도는 연안 지대의 항구를 획득한 제국주의 열강들이 철도 투자라는 자본 수출을 통해 고액의 이윤을 얻어가는 것 외에도 이들 조차지에서 내지 지역으로 철도를 연결한 뒤 철도 부설지 내에서 자신들의 독점적인 정치 군사적 통제는 물론 경제적 권리를 확장해갈 수 있는 수단이었다.

영국은 1898년 4월 양쯔 강 유역 일대에서 기존에 건설된 철도를 지선으로 상호 연결하는 양쯔 강 유역 철도망 추진에 나섰다. 러시아와 독일이 각각 만주와 산둥에서 철도 부설을 통해 자국의 세력권을 확대하듯 영국 또한 양쯔 강 유역의 철도를 연결해 자국의 세력권으로 확정하려는 시도였다.

1898년 6월 15일 영국 계열의 홍콩상하이은행이 청의 산하이관～뉴창까지 북부 노선을 연장하는 철도의 건설 차관권을 획득했으며 1898년 6월 27일 프랑스와 러시아의 후원을 받는 벨기에 신디케이트에 의

한 베이징~한커우 간 철도 계약이 서명됐다.[21]

이들 철도의 노선은 각각 영국과 러시아의 세력권을 통과하는 것이어서 양쪽의 반발이 컸다. 베이징~한커우 간 철도는 양쯔 강 유역을 관통하는 것으로 사실상 양쯔 강 일대를 세력권화하려는 영국의 시도에 직접 타격을 줄 수 있었다.

러시아는 북만주로 향한 철도 건설에 영국의 참여가 본격화되자 동청철도 인근에 러시아를 제외하고는 그 어떤 철도도 다른 나라에 의해서 건설되어서는 안 된다는 동청철도 부설협정 위반을 들어 반발했다. 러시아는 영국이 북부 철도의 연장 건설을 통해 러시아의 세력권을 침해할 것이라고 우려했다.

러시아는 경봉철도가 중국 철도라고는 하지만 실제로는 중국의 통제라는 가면 아래 작동되는 영국 철도로 보았다. 러시아는 영국이 지원하는 북부 철도 연장 사업에 적극 대처하지 않을 경우 영국에 이어 일본과 미국의 사업가들이 철도 사업에 뛰어들어 만주지역에서 러시아 무역의 독점권을 깰 것이고 극동에서 러시아 철도를 건설하는 데 막대한 비용을 메우려는 비테의 계산을 뒤엎을 것으로 생각했다.[22]

철도 건설에 따른 세력권 침해를 놓고 영·러가 팽팽하게 맞서는 가운데 당시 런던의 대리공사로 후일 1901년부터 1905년까지 주중 러시아 공사로 큰 역할을 했던 레사르가 상호 협정을 제안했다. 러시아는 양쯔 강 일대 영국의 철도 이익에 간섭하지 않으며 영국은 만주에서 러시아의 철도 개발에 간섭하지 않도록 하자는 것이다.

이에 대해 영국 대사 스콧은 1898년 11월에 비테에게 제안을 했다.

"영국의 목적은 중국에서 우리의 무역과 사업을 위해 공정한 필드와 특혜가 없는 동등한 기회를 보유하는 것이고 제안된 협정의 목적은 양국의 상업과 사업이 철도 이권의 인정 또는 철도 건설을 위한 차관에 반대하는 북경에 있는 외국의 외교적 영향력의 행사나 차별적인 대우나 어떤 특정 국가이냐에 따라 차별적 철도세와 같은 인위적 장벽에 의해 차단되는 것을 막는 것이다."

영국과 러시아는 해당 철도의 통제권을 차관을 제공하는 영국은행 쪽이 아니라 청 쪽이 갖도록 상호 불신의 원인이 된 미세한 균열을 봉합하면서 1899년 4월 28일 스콧-무라비예프 협정을 맺고 상호 세력권 획정에 타협했다. 양국은 다음과 같이 합의했다.

"(1) 러시아는 어떤 형태로든 양쯔 강 지역에서 영국이 추구하는 철도 부설권을 침해하지 않는다. (2) 영국은 만리장성 북쪽에서 러시아가 추구하는 철도 부설권을 침해하지 않는다." 양국은 이러한 합의는 극동에서의 평화를 공고히 하고 중국의 이익을 보존하기 위한 것이라고 선포했다.[23]

영국과 러시아, 독일과 일본이 각자의 세력권을 획정해가는 사이 프랑스도 청 남부 지역에서 자국의 세력권을 획득했다. 프랑스는 영국의 양쯔 강 세력권화 선례에 따라 위난, 광시, 광둥 성은 다른 나라에 양도할 수 없으며 광저우 만의 조차를 청에 요구했다. 청은 1898년 4월 10일 베트남과 인접한 이들 서남 3성을 타국에 양도하지 않으며 광저우 만을 99년간 대여하기로 했다. 청과 프랑스의 광저우 만 조차 조약은 이에 반발하는 주민 폭동이 진압된 뒤인 1899년 11월 16일 체결됐다.[24]

한반도는 체스 판의 졸?

러시아가 독일의 뒤를 쫓아 뤼순과 다롄을 무력으로 점령한 뒤인 1898년 1월 27일 독일 황제 빌헬름 2세는 일본의 반발을 우려하는 무라비요프 러시아 외상과 밀접한 주러 독일 대사에게 한 가지 힌트를 주었다. "무엇보다 조선을 놓고 러·일 간에 협정을 체결해서 영·일 협정을 막는 것이 중요하다."[25] 한반도를 미끼로 사용해 일본이 영국과 결합하는 것을 차단하고 일본을 달래는 거래에 러시아가 나서야 한다는 것이었다.

뤼순과 다롄을 무력으로 점령한 러시아의 최대 고민은 영국과 일본의 반발이었다.

뤼순 등이 있는 랴오둥 반도는 청일전쟁에서 승리한 일본이 청에 할양을 요구했던 곳이다. 일본은 랴오둥 반도의 할양을 저지했던 러시아가 무력으로 뤼순과 다롄을 청으로부터 탈취하자 분노가 끓어오른 상태였다.

영국은 러시아의 뤼순과 다롄 점령이 수도 베이징을 위협해 중국에서 영국의 통상 활동에 장애가 되는 것은 물론 태평양에서 영국의 지위에 대한 러시아의 명백한 도전이면서 동아시아에서의 세력 균형을 무너트릴 수 있다는 위협으로 여겼다.

러시아는 자오저우 만과 뤼순 점령 과정에서 서로 협력한 독일이나 동맹국인 프랑스를 설득하는 건 어렵지 않았지만 영국과 일본이 영·일 협정을 맺어 도전할 경우 뤼순과 다롄의 점령을 기정사실로 하는 데 어려움이 있을 것을 우려했다.

당시 로젠 주일 러시아 공사는 러시아가 만주에서 원하는 목적을 이루기 위해서는 조선에서 일본에 양보해야 한다는 건의를 무라비요프 외상에게 했다. 이러한 제안들은 청과 임대 협상 중이던 러시아가 일본을 설득해 협상에 나서는 동기가 되었다.

러시아는 뤼순과 다롄을 무력 점령한 이후인 1898년 1월 15일 러시아 주일 공사 로젠을 통해 니시에게 러시아는 조선에서 일본의 상업과 산업적 이익을 지원할 준비가 되어 있다는 의사를 밝혔다.[26] 러시아는 또 3월 18일 향후 조선에 파견된 재정 및 군사고문을 철수시키며 일본에 유화적 태도를 보였다.

일본은 러시아의 이러한 변화가 조선에서 일본의 위치를 강화할 기회라 보고 야마가타-로바노프 협정을 대체할 방안의 모색에 나섰다.

러시아는 1896년 6월 야마가타-로바노프 협정 이후 조선에서 압도적 영향력을 유지해왔다. 야마가타-로바노프 협정을 통해 러시아와 일본은 조선의 자강과 개혁은 조선에 맡기되 러·일 양국의 조선에서의 군사적 충돌을 막기 위해 비상 상황이 발생하면 양국 간에 중립지대를 설정하는 등의 사실상 한반도를 분할 관리함으로써 한반도의 현상을 유지해왔다. 하지만 이 협정은 청일전쟁 이후 궁지에 몰린 일본이 한반도에서 퇴거라는 최악의 상황을 모면하기 위해 러시아에 제안해 성사된 것이었다.

이후 일본은 명성황후 시해사건과 고종이 러시아 공사관으로 거처를 옮기는 아관파천이라는 일련의 사건으로 조선에서 세력이 쇠퇴하고 국제적으로 고립되는 '비참한 고립(pathetic isolation)'에 직면한 상태였다.

일본 국내적으로 이토 내각이 1898년 3월 15일 총선거에서 승리했지만, 내각이 불안정해 뤼순 문제에 쏟을 여력도 없는 상황이었다.[27] 청일전쟁 이후 일본의 영향력이 급감하면서 한반도에 힘의 공백이 발

생하자 조선은 본격적으로 자주적인 근대 국민국가의 실현으로 나아
갔다.

대한제국 선포와 입헌군주제의 좌절

1896년 아관파천 이후 러시아 공사관에서 지내던 고종은 1897년 2월
20일 러시아 군의 호위 아래 러시아 공사관을 떠나 경운궁으로 복귀했
다. 러시아 군은 이후 고종의 요청에 따라 경운궁 안에 거처를 정하고
경운궁을 지켰다.

조선은 개항 이후 청의 '중체서용론(中體西用論)'과 유사한 '동도서기
론(東道西器論)'의 문명개화책을 추진해왔다. 기존의 조선의 전통적인
가치와 이념은 유지하되 서구의 앞선 선진 과학기술 문명을 수용하는
것이었다.

하지만 청일전쟁에서 청의 패배는 조선의 인식에 변화를 주었다. 일
본이 승리한 청일전쟁은 청의 양무운동 노선인 중체서용론보다 일본이
채택한 전면적인 서구화 노선이 현실적으로 우세하다는 증거였다. 조
선이 종주국으로 여긴 청의 무기력한 패배는 고종과 조선의 지식인들
에게 커다란 충격으로 다가왔고 1880년대 개화 정책의 이념이었던 동
도서기적 개화론에 대한 회의가 제기됐다.

이에 따라 조선 내에서는 기존의 제도는 그대로 둔 채 단지 서기만을
수용하는 개화 정책에는 한계가 있다는 사실에 대한 인식과 함께 이제
서교(西敎)의 수용이 아닌 제도적 측면에서도 개혁을 추진해야 한다는
이른바 변법적(變法的) 개화론으로의 변화가 이뤄졌다.[28] 변법적 개화
론은 서구의 선진과학 문명의 수용에서 더 나아가 정치개혁을 통한 근
대적 제도의 도입이 핵심이었다.

명성황후 시해사건 직후 등장했던 '황제 없이는 독립도 없다'는 제국 선포의 요구가 1897년 다시 등장했다. 근대적 국제질서인 공법질서에 따라 청과 일본에서 모두 황제라는 존호를 쓰고 있기 때문에 우리나라도 자주국으로서 황제라는 호칭을 사용해 청과 일본, 서구와도 대등한 관계를 구현함으로써 국가의 대외적 위상을 높일 수 있다는 것이다.

고종은 이러한 국내 여론을 반영해 1897년 10월 12일 환구단을 짓고 하늘에 제사를 지낸 뒤 황제로 즉위했다. 10월 14일에는 국호를 대한으로 한다는 최초의 제국 칙령을 공표하고 1897년을 원년으로 하는 '광무'라는 연호도 발표했다.

임오군란 직후 고종이 직접 근대 개혁을 천명한 이래 19세기 후반기 조선 사회에서 추진된 국가 개혁운동의 전환점으로는 1894~1895년의 갑오개혁이며 대한제국의 시기에 이르러 개혁의 절정기를 맞는다. 이러한 개혁의 핵심 과제는 고종의 정치적 위상과 대한제국의 국가 성격에 대한 문제였다.

하지만 국가 체제에 대한 근대적 정비나 국민적 논의 없이 황제라는 칭호를 사용해 군주권의 위상을 높이고 근대 국가로 나아가는 데는 한계가 있었다.

독립협회가 1898년 10월 28일과 29일 종로에서 개최한 관민공동회에서 채택한 의회 개설 등의 국정 개혁의 내용이 담긴 헌의 6조를 고종이 수용한 것은 이러한 근대적 정치개혁의 가능성을 제시했다.

고종은 헌의 6조를 수용해 1898년 11월 2일 중추원 개정 관제를 선포하고 황제를 정점으로 그 아래 의정부와 중추원을 양립시키면서 입헌군주제로 나아가고자 했다. 하지만 이러한 근대적인 정치개혁 운동은 황제권의 약화를 우려한 고종과 그의 측근들이 1898년 12월 독립협회와 만민공동회를 해산시키고 중추원 관제를 재개정해 자문기관으로 바꾸어버리면서 사실상 막을 내렸다. 고종 황제는 다음해인 1899년 8월 17일 "대한국은 세계 만국의 공인되어온바 자주독립해온 제국이니라"는 지금의 헌법과 유사한 대한국 국제를 반포했지만 그것은 국민의 위에 군림하는 황제 주권의 절대성을 강조한 전제군주 체제에 불과했다.[29] 대한제국을 통한 마지막 근대적 정치개혁이 실패하면서 대한제국은 강대국의 본격적인 거래 대상으로 전락하게 된다.

청일전쟁 이후 국내외적으로 비참한 고립에 내몰린 일본은 러시아의 제안을 수용해 일본의 조선 내 정치적 영향력 확보를 위한 기회로 활용키로 했다.

니시는 조선과 관련해 일본의 야망이 담긴 제안을 1898년 3월 19일 러시아에 제출했다. 니시는 러시아가 만주에서, 일본이 대한제국에서 구상 중인 정치적 계획에 개입하는 것을 자제한다는 기반 위에서 러시아와 협정을 맺을 용의가 있다고 제안했다. 일본 정부는 만약에 러시아 정부가 대한제국에 대해 일본의 이익권이라는 점을 인정하면 일본도 만주와 그 연해 지방은 일본의 이익권 밖으로 간주하고 관심을 접겠다고 밝혔다.[30]

러시아의 관심인 만주와 일본의 관심인 대한제국을 서로 교환하자는 이른바 '만한교환론'이다. 일본이 러시아에 대한제국과 만주의 상호 교환을 제의한 것은 이번이 처음이었다. 러시아가 대한제국에서 자신의 우월적 지위를 일본에 양보함으로써 만주에서 부동항에 이르는 포트 아서 점령을 기정사실화하려 했다면 일본은 만주에 눈독을 들이는 러시아의 절실함을 이용해 이번에 한반도에서 러시아를 내몰고 한반도를 자신들의 세력권화하겠다는 의도였다.

만한교환론에 대해 니시는 러시아 주재 일본 공사 하야시에게 "대한제국과 만주의 경계선을 따라 러·일 양국의 세력권 분할을 제안하는 것이다"라고 말했다. 니시는 "러시아가 활동 범위를 만주로 확대하려는 것에 무관심할 수 없으며 반대로 (대한제국에서) 일본의 이해관계는 상업적으로나 역사적으로 그리고 국민 정서상 어느 다른 열강의 그것보다 비교할 수 없을 정도로 크고 앞으로도 커질 전망이므로 이를 등한시할 수 없는 상황에서 러시아는 자신들이 새로 취득한 (만주) 지역을 발전시키고 자국의 이익을 보호하기 위해 노력하는 동안 한국은 전적으로 일본의 세력하에 두는 데 러시아가 동의해야 한다"라고 강조했다.[31]

일본의 만한교환론에 대해 러시아 군부는 반발했다. 무라비요프 외상이 뤼순 우선 정책을 고수한다고 할지라도 일본이 요구하는 대한제국에 대한 일본 지배의 허용은 러시아의 국경선을 위협하는 요소가 될 것이라며 대한제국에서의 양보에 반대했다. 특히 대한제국을 일본의 통제 속에 둘 경우 대한해협이 제2의 보스포루스화되어 러시아 함대의 태평양 진출이 쉽지 않을 수 있다는 우려가 컸다.

러시아는 이에 만주와 그 연해 지방이 일본의 이익권 밖이라는 점은 받아들이지만 러시아가 대한제국에 대해 같은 선언을 할 수 없다며 일본의 제안을 거절했다. 러·일 간에 협정 논의가 진행 중이던 1898년 3월 27일 러시아는 뤼순과 다롄을 청에서 임대하는 협정을 체결했다.

니시-로젠협정

청과의 임대협정 체결로 뤼순과 다롄의 점령을 기정사실로 하는 데 성공한 러시아는 이틀 뒤인 1898년 3월 29일 일본에 이전의 협정을 대체할 새로운 협정안을 제안했다.

러시아는 (1) 러·일 양국은 상호 내정 간섭을 삼감으로써 조선의 주권과 독립을 인정한다. (2) 대한제국이 러·일 양국에 도움을 청할 상황이 되었을 때 대한제국은 독립 국가로서 러시아와 일본 중에서 조언국을 선택할 수 있는 권리를 가진다. (3) 러·일 간의 오해를 줄이기 위해 대한제국이 그런 결정을 내릴 때, 러·일 양국은 군사적, 재정적, 무역적, 산업적인 분야에서 어떤 조치도 취하지 않을 것을 약속한다는 내용이었다.

러시아는 "일본이 만주에서 그 이해와 관심을 거둔다면 우리(러시아)는 대한제국에서 일본과의 우호적인 관계를 위해 노력할 것이다. 그러나 숙명적으로 국경 일대에 대한 관심을 접을 수 없기 때문에 러시아에 대한 영향력이 대한제국에서 완전히 배제되는 것은 인정할 수 없다"라고 천명했다.[32]

러시아의 제안에 대해 런던 주재 일본 공사 가토는 "미래 충돌을 불러오는 불필요한 것"이라며 불만을 토로했다. 러시아의 제안은 오직 러시아에 시간만 벌어줄 것이라고 본 가토는 "러시아는 만주에서 자신의 지위가 안정되는 대로 다시 대한제국에 대한 개입을 시도할 것이고 러시아가 대한제국에서의 야망을 포기하지 않는 한 러·일 간에 충돌이 불가피하다고 주장했다. 그는 또 만약 일본이 어떤 비용을 치르고서라도 평화를 유지하고 대한제국의 독립을 보존하는 수동적인 정책을 추구하려면 러시아와의 화해보다는 영국과의 조약 체결이 더 유익하다는 입장"을 전했다.[33]

러시아의 강력한 제안에 일본 내각은 회의를 열어 현 상황에서 최대한 러시아로부터 얻을 수 있는 이득을 얻는 것 외에는 선택의 여지가 없다는 결론을 내렸다.[34] 양쪽의 수정 제안에 대한 협의를 거쳐 러시아와 일본은 1898년 4월 25일 도쿄에서 이른바 '니시-로젠 협정'을 체결했다. 협정 내용은 다음과 같다.

(1) 러·일 양국은 대한제국이 주권과 독립을 명백하게 보장하고 대한제국에 대한 내정 간섭을 자제하기 위해 상호 약속한다. (2) 미래의 오해 소지를 없애기 위해 러·일 양국은 대한제국이 원조를 요청해올 경우 양국의 상호 합의 없이 군사교관과 재정고문을 임명하는 어떤 조치도 취하지 않도록 상호 협력한다. (3) 일본이 대한제국과 상업적·산업적 회사가 많고 대한제국 내 일본 거주민이 많다는 점을 감안하여 러시아는 일본과 대한제국의 상업적·산업적 관계 발전을 방해하지 않는다.[35]

새로운 협정은 대한제국에서 러시아와 일본 사이의 세력 균형을 재확인할 목적으로 이뤄졌으며 만주에 대한 언급은 없었다. W. L. 랑거는 니시-로젠 협정은 한국에서 일본이 경제적으로 행동의 자유를 얻은 것 이외는 러·일 양국이 동일한 입장에서 행동을 자제할 것을 규정한 것이라고 평가했다. 러시아는 이로써 1895년 그들 자신이 일본에 포기하게 만든 바로 그 영토를 합법적으로 침해할 수 있게 됐다. 러시아는 이제 전략적으로 대한제국뿐 아니라 중국의 북쪽을 지배할 수 있는 위치에 놓였다.[36]

러시아가 이처럼 '만주 문제' 해결을 위해 한반도를 매개로 일본에 러·일 협상을 제기한 데 대해 이안 니시는 "만주의 분할과 러·일 조정을 주도한 러시아 외상 무라비요프가 조선을 단지 국제정치의 체스 판 위에서 담보 잡힌 저당물로 취급했다"라고 평했다.[37]

이는 무라비요프 러시아 외상이 1901년 10월 2일 각서에서 조선과 관련해 맺은 3개 협정의 목적을 다음과 같이 설명하는 데서도 잘 드러난다.

"1896년 5월 14일의 서울각서와 6월 9일 모스크바에서 조인된 의정서는 러·일 양국에 알맞도록 규정해야 했던 한국의 내정에 관한 제 문제와 관련된 러·일 양국의 상호 입장을 정의하였다. 그러나 그 후의 사건들은 이와 같은 결정의 변경을 필요로 하여 1898년 4월 13일 동경에서 로젠 남작과 니시 남작 간에 협정이 체결되었다. 이 협정은 재차 한국의 주권과 완전한 독립을 최종적으로 확약했으며 한국의 내정에 어떠한 직접 간섭도 회피한다는 상호 약속을 담고 있다. 동시에 한국에서 일본의 상공업상의 기업의 중요성을 고려하여 러시아가 그 발전을 방해하지 않을 것을 약속하였다. 러시아 정부는 한국을 병합하거나 또는 자신이 한반도에서 독점적 지위를 구축하려는 어떠한 의도도 갖지 않고 있기 때문에 한국에 있어서의 일본의 상공업 팽창을 자연스러운 것으로 인정하면서도 한편으로는 한국이 러시아의 이익에 유해한 일본의 전략적 거점이 되는 것을 용인할 수는 없다."[38]

일본은 청일전쟁 뒤 청에서 받은 배상금으로 러시아를 상대로 군비경쟁에 착수했지만 1904년이 되어서야 해군 증강을 완성할 수 있었다. 국내외적으로 '비참한 고립'에 내몰린 채 러시아와의 장래 전쟁을 대비하던 일본에 니시-로젠 협정은 대륙을 향한 자신의 야망을 실현하기 위해 한반도에 디딤돌을 놓은, 당시로서는 최선의 협정이었다.

협정이 체결되자 러시아 황제 니콜라이 2세는 "이처럼 까다로운 일이 마무리되어 매우 기쁘다"라고 말했다. 러시아 쪽에 한반도의 거래를 처음 제기했던 독일 황제 빌헬름 2세는 짜르에게 협정의 성공을 축하하며 다음과 같이 칭찬했다. "나는 폐하께서 장인과도 같은 방식으로 한국 문제에 조바심을 보인 일본을 진정시키는, 놀라울 정도로 외교적으로 정교하고 선견지명을 보여준 사례로 생각한다"라고 말했다.[39]

러·일 협상 과정에서 일본이 제기한 '만한 문제'는 이후 중국에서 의화단 운동이 절정에 이른 1900년부터 러일전쟁 사이에 이뤄진 3차례 러·일 협상에서 핵심 쟁점으로 되풀이된다. 한국의 독립을 명분으로 내세운 1898년의 니시-로젠 협정은 1896년 '야마가타-로마노프 협정'의 확대판으로 한반도에 대한 러·일의 공동 관리 체제 유지가 핵심이었다. 대한제국이 근대 국가로서 정치개혁 운동에 실패하는 사이 러시아와 일본은 대한제국의 의사와는 상관없이 한반도의 공동 관리에 합의했다.

타이완과 동아시아 영토 분쟁의 기원

"우리는 동중국해의 진주, 어머니의 품으로 다시 돌아갈래요."

타이완 문제를 놓고 미국과 중국이 대립각을 세우는 가운데 중국인들이 부르는 노래 중 '칠자지가(Song of seven sons)'라는 것이 있다. 일곱 아들은 홍콩, 마카오, 자오저우 만, 웨이하이, 광저우 만, 뤼다(뤼순과 다롄) 그리고 타이완을 말한다.

이들의 공통점은 중국이 '치욕의 100년(Century of Humiliation)'이라고 부르는 난징 조약 체결(1842)에서 중화인민공화국 수립(1949) 사이에 서구 열강과 일본에 강탈당한 곳이라는 점이다. 일곱 아들이 자신을 낳아준 모국인 중국의 품을 그리워한다는 애절한 곡조에 모국으로 돌아가고 싶다는 가사를 담고 있다. 중국 문인인 원이둬가 열강에 의한 분할 고통을 중국이 겪던 1920년대 지은 시에 곡을 붙인 것이라 한다.

이 중 웨이하이는 1930년 영국이 반환했고 태평양전쟁이 끝난 1945년 일본은 타이완에서 철수했으며 프랑스는 광저우를 반환했다. 러시아를 거쳐 일본이 점령했던 뤼다는 2차 세계대전 뒤 소련의 점령기를 거쳐 1950년 최종 반환됐다. 영국은 1997년 홍콩을, 포르투갈은 1999년 마카오를 반환했지만 타이완 문제는 현재 진행형이다.

타이완은 펑후 제도와 함께 1895년 4월 17일 청일전쟁에서 패한 청이 시모노세키 조약에 따라 일본에 할양해 반세기 동안 일본의 식민지가 되었다. 2차 세계대전 중이던 1943년 미국과 영국, 중국이 참여한 카이로 선언에서 당시 중화민국으로의 반환이 결정됐으나 1949년 중국의 국공내전에서 패한 장개석이 이끄는 국민당 잔류세력이 중국 본토에서 대만으로 넘어오면서 타이완 해협을 두고 분리돼 현재에 이르고 있다.

시진핑 중국 국가주석은 2021년 7월 1일 중국 공산당 창당 100주년 경축대회에서 하나의 중국 원칙과 함께 타이완 독립 도모를 단호히 분쇄하겠다고 강조했다. 여기에는 근대 이후 '100년의 굴욕'의 기억이 자리 잡고 있다. 시진핑은 "중화민족이 지배당하고 괴롭힘을 당하는 시대는 다시 돌아오지 않을 것이며 우리를 괴롭히거나 압박하며 노예화하는 것을 중국 인민은 절대 용납하지 않을 것"이라고 강조했다.

타이완은 북핵 문제와 영토 분쟁과 함께 동아시아를 위기에 내몰 수 있는 '열점(hot spot)'이다.

1차 타이완 해협 위기(1954~1955), 2차 타이완 해협 위기(1958), 중국의 일국양제 통일 방식 선언(1992)에 이은 3차 타이완 해협 위기(1995~1996)와 최근까지 긴장이 고조된 타이완 문제는 미·중 패권 경쟁의 최전선에 놓이면서 더욱 미궁에 빠져들고 있다.

커트 캠벨은 타이완의 '핀란드화'(냉전 당시 핀란드가 독립 국가였음에도 외교 정책에서 소련의 영향을 크게 받는 등 주변 대국의 영향권 아래 들어가 있는 상태)에 따라 미국이 이제 대만에서 후퇴하라는 일부 학자들의 주장을 강하게 반박한다.

커트 캠벨은 자신의 저서 『피벗』에서 이런 일부 학자들의 주장은 "미국의 국익에 반한다. 미국의 안보 공약 신뢰성에 문제를 일으키고 대만 해협뿐만 아니라 다른 지역에서도 미국의 지위를 약화할 것이며 나아가 미국의 (그런) 정책은 이 지역에서 중국의 자기주장 강화를 부추길 것"이라고 지적한다.[40]

미국은 타이완 문제를 중국의 권위주의와 미국 등 서방의 민주주의와의 대결장으로 여기고 있다. 타이완의 번영하는 민주주의를 미국이 지원해 민주주의가 서구만의 전유물이 아님을 중국에 보여주는 한편 양안 도발을 억제하는 안정 유지 세력으로서 미국이 타이완에 깊이 관여해야 한다며 물러설 뜻이 없음을 확고하게 밝혔다.

21세기 동아시아를 위기로 몰아가는 영토 분쟁의 다수는 19~20세기 초 청일전쟁과 러일전쟁에 그 기원을 두고 있다.

동중국해상의 섬들인 센카쿠 열도(중국명 댜오위다오 군도)는 중·일 간의 대표적인 영토 분쟁지다. 오키나와에서 300Km, 타이완에서 200Km 떨어져 있는 센카쿠 열도는 일본이 실효적으로 지배하는 곳으로 중국과 영토 소유권을 놓고 대치중이다.

센카쿠 열도가 양국 간의 이슈로 등장한 것은 청일전쟁 때였다. 청일전쟁에서 패한 중국은 일본과 체결한 시모노세키 조약(2조 3항)에서 타이완 및 그 부속 도서를 일본에 할양하기로 했다. 중국은 타이완 부속 도서에 센카쿠 열도가 포함되며, 시모노세키 조약에서 강제로 강탈당한 만큼 청의 영토라고 주장한다. 중국은 센카쿠 열도를 명조 초기에 댜오위다오로 이름을 붙인 뒤 관할권을 행사해왔고 1863년 작성된 세계지도에서 센카쿠 열도가 중국 푸젠 성에 부속된 섬으로 표시됐다고 주장한다.

일본은 반면에 1885년 8월 센카쿠 제도를 측량 조사하고 주인 없는 땅인 '무주지'로 확인한 뒤 청일전쟁 중이던 1895년 1월 14일 오키나와 현에 정식 편입한 것이라고 주장한다. 2차 세계대전 이후 오키나와 센카쿠 제도 등이 미국의 신탁통치령이 되었다가 1972년 전부가 일본으로 반환되었다고 주장한다.

현재 일본이 실효적으로 지배하고 있는 센카쿠 열도는 중국이 동중국해에서 서태평양으로 나아가는 지정학적 요충지에 위치해 있다. 미국과 일본 입장에서는 중국의 태평양 진출을 막을 수 있는 군사적 요충

그래픽: 〈한겨레〉 박향미 기자, 2015년 8월 9일, '난사군도 센카쿠 '아시아 열점'… 미·중·일 일촉즉발 대치' 중에서.

지인 셈이다.

중국은 1992년 2월 난사 군도, 시사 군도 및 센카쿠(댜오위다오)를 포함하는 영해법을 제정해 센카쿠를 자국 영토로 포함하면서 중·일 간 군사적 긴장이 높아지고 있다.

러시아와 일본 간의 쿠릴 열도 영토 분쟁은 러일전쟁에서 비롯한다.

일본은 1855년 러일화친조약에서 쿠릴 열도의 에토로후(러시아명 이투루프) 섬을 경계선으로 북쿠릴은 러시아, 남쿠릴은 일본 영토로 합의했다. 이후 1875년 러·일은 상트페테르부르크 조약(가라후토 치시마 교환 조약)에서 러시아는 사할린을, 일본은 쿠릴 열도 전역을 영토로 하는 것에 합의했다.

러일전쟁에서 패한 러시아는 1905년 포츠머스 조약에서 패배의 대가로 북위 50도 이하의 사할린 남부 지역을 일본에 양도했다. 하지만

1945년 2차 세계대전에서 일본이 패하자, 당시 소련은 남부 사할린을 점령한 데 이어 쿠릴 열도 전역을 다시 손에 넣고 현재까지 실효적 지배 상태를 유지해왔다.

전쟁에서 패배한 일본은 1951년 샌프란시스코 강화조약으로 일본 남사할린과 쿠릴 열도 전역의 영유권을 포기했으나 소련의 영토라는 것을 인정하지 않으면서 소련은 평화조약 서명을 거부했다. 일본은 러일전쟁 당시 러시아가 점령한 이들 남쿠릴 열도의 북방 4개 섬(이투루프, 쿠나시르, 시코탄, 하보마이)은 일본의 영토라며 영유권을 주장하고 있다.

1952년 1월 당시 한국 정부가 '인접 해양주권에 대한 대통령 선언'을 통해 독도가 한국 영토임을 선언하자 일본 정부가 '독도는 한일합병 전 시마네 현 관할 구역이었다'고 주장하면서 지금까지 영유권 분쟁을 이어오고 있다.

동아시아 국가들의 전통적 인식에서 영토는 자신들의 세력이 미치는 '면(面)' 또는 '판도(版圖)'로 여겨졌다. 하지만 배타적 영토 개념을 지닌 서구 질서가 보편화되면서 동아시아 국가들의 영토 개념도 바뀌어 면과 판도를 자신들의 지배력이 배타적으로 적용되는 '선(線)'으로 바꾸는 이른바 국경의 근대화 작업이 시작됐다.

이러한 근대화 과정은 국가별 경계를 분명히 만들었지만 '무주지'로 간주하던 곳을 놓고는 서로 각자의 역사적 배경을 근거로 자신의 영토임을 서로 주장하면서 영유권 분쟁으로 이어지는 원인이 되었다. 특히 최근 이들 지역에서 막대한 양의 광물자원이 발견되고 해양주권이 강조되면서 한 치도 물러설 수 없는 형국으로 바뀌고 있다.

9장

문호 개방 세력의 반격

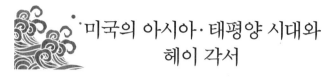

미국의 아시아·태평양 시대와 헤이 각서

열강의 중국 분할 경쟁이 본격화되면서 중국에서는 민중 봉기라는 새로운 위기 국면이 조성되었다. 열강의 중국 나눠 먹기에 격분한 민중들이 서양 세력을 물리쳐 중국을 보위한다는 '부청멸양(扶淸滅洋)'을 내걸고 봉기하면서 중국은 의화단 운동의 격류에 휩쓸렸고 미국은 문호 개방을 요구하며 아시아·태평양 시대를 열었다.

청일전쟁에서 청이 일본에 패하고 막대한 배상과 함께 영토 할양의 치욕을 당하자 지난 30여 년간 서양의 기술 문명을 수용해 부국강병을 이루자는 양무운동의 한계가 드러났다. 중국의 각성은 양무운동을 대신해 1895년 입헌군주제의 도입과 같은 정치사회 제도의 전면 개혁이 필요하다는 '변법(變法)' 움직임으로 이어졌다.

청의 광서제가 이들 변법 움직임을 수용해 1898년 6월 캉유웨이, 량치차오와 함께 무술변법을 감행했지만 서태후를 비롯한 청조의 보수 세력들에 의해 100일 만에 저지된 뒤 광서제가 유폐되고 변법파가 몰락하면서 청의 개혁은 무산됐다.

청은 대신 전통적인 '이이제이 전략'으로 자국의 영토 주권과 행정의 통일성을 유지하는 데 전력을 쏟았다. 열강의 분할 압력 속에서 청은 열강이 서로 맞서게 함으로써 세력권 내에서의 특정 국가의 독점을 막고자 했다. 독일이 칭다오를, 러시아가 뤼순을 차지할 때 영국에 웨이하이를 내준 것은 이러한 이이제이 전략의 전형적인 사례였다. 하지만 청의 기대와 달리 이이제이 전략으로 중국의 분할만 더 확산했다.

의화단과 미국의 문호 개방 요구

1898년 말 산둥 반도에서 시작된 의화단 운동은 이후 지린, 선양 등 중국의 동북 지역으로 점차 확산되었다. 의화권(정의와 평화라는 이름의 주먹)으로도 불렸던 비밀결사체인 의화단(정의와 평화의 의용군)이 폭동을 주도하자 열강들은 이들을 '의화단 비적'으로 칭하며 대대적인 진압에 나섰다.

의화단의 봉기는 수재와 가뭄 등의 잇따른 재해로 민중의 생활이 어려워진 데다 열강의 중국 분할로 민중의 피해가 늘었기 때문인데 '철도 부속지'가 대표적이었다.

영국과 러시아, 프랑스, 독일 등 서구의 열강은 청에서 받은 조차지(租借地)를 중심으로 내륙 지역으로 철도를 부설하면서 세력권을 넓혀 갔다. 이 과정에서 열강은 철도 부속지 내에서의 치외법권과 함께 토지 수용권을 이용해 철도 주변의 전답과 땅, 가옥의 수용은 물론 조상의 분묘까지 파헤쳐도 일반 민중은 달리 손을 쓸 방법이 없었다. 청일전쟁 이후 양쯔 강을 거슬러 외국 선박이 항해하고 외국인의 중국 내 제조 공장 설립도 가능해지면서 민간 선박 운수업은 물론 수공업자들의 타격도 컸다.

이러한 피해가 극심했던 산둥 반도 지역에서 시작한 의화단은 초기에는 청조를 타도하고 명을 복원하자는 '반청복명(反淸復明)'을 내걸었지만 점차 열강의 약탈로부터 중국을 보위하자는 반제국주의 운동으로 바뀌었다.

의화단의 투쟁 목적은 "중원을 보호하고 서양 오랑캐들을 몰아내는 것"이었고, 이들이 교회에 반대한 것은 "서양인들과 결탁해 중화에서 난을 일으켰기 때문"이었다.[1]

열강의 중국 나눠 먹기와 세력권 경쟁이 의화단 운동이라는 민중의 봉기를 초래했다면 외부적으로는 이 경쟁에서 뒤처져 있던 미국의 문호 개방 요구를 불러왔다.

1896년 대통령에 당선된 매킨리 미국 대통령은 1898년 12월 5일 의회에 보내는 연례 메시지에서 "미국은 청제국에서 발생하는 비상한 사건들에 무관심한 방관자가 아니다. 제국의 연안 지역이 다양한 유럽 열강의 통제 아래로 넘어가고 있다. ⋯ 나의 목표는 지속적으로 우리 정부의 정책에 부합하는 모든 수단을 동원해 이 지역에서 우리의 막대한 이해를 촉진하는 것이다. 독일과 영국, 러시아에 각각 임대된 자오저우 만과 웨이하이 그리고 포트 아서와 다롄 지역은 외국이 점령하는 중에도 국제 무역에 개방되어야 할 것이다"라고 밝혔다.[2]

열강의 중국 분할에 대해 자신의 확고한 메시지를 던진 미국은 당시 스페인과의 전쟁에서 승리하면서 '아시아-태평양 국가(Asia-Pacific Power)'로 부상하던 때였다.

스페인의 식민지 지배에 저항해 쿠바인들이 독립 투쟁을 벌이던 1898년 2월 18일 쿠바 아바나에 정박 중이던 전함 메인호가 폭발해 미 해군 260여 명이 사망하자 미국은 스페인과의 전쟁에 돌입했다. 미국은 쿠바 앞바다에 이어 5월에는 필리핀 마닐라 만에서 스페인 전함을 격파하고 쿠바와 마닐라를 점령했다.

미국은 이어 1898년 12월 10일 파리에서 스페인과 평화조약을 체결하고 스페인 식민지였던 필리핀 군도와 괌, 푸에르토리코를 점령했으며 쿠바와의 조약을 통해서는 관타나모를 미군기지로 영구 임대했다.

스페인과의 전쟁에서 승리하며 필리핀과 괌을 점령한 미국은 아시아·태평양 지역에 본격적으로 발을 딛게 되었다. 1898년 9월 국무장관에 임명된 존 헤이(John M. Hey)는 미국이 점령한 필리핀에 대해 "중국과 조선, 프랑스령 인도차이나, 말레이 반도, 인도네시아 도서(島嶼)들

과 무역의 관문을 지키는 태평양의 전초기지"라고 평가했다.[3]

미국이 아시아-태평양의 중요성을 인식한 것은 오래전이었으나 진출은 더뎠다.

1861년 국무장관에 취임한 시워드는 미국 상원의원으로 재직하던 1852년 "제국은 해양 국가를 지배하지 않으면 안 된다. 이 제국이야말로 오직 유일한 제국이다"라며 "미국의 대서양 이해관계가 비교적 중요시되지 않을 때 다른 방향으로 태평양 제 해안, 제도 그리고 그 위에 광대한 대륙은 금후 세계의 가장 큰 사건의 중요한 무대가 될 것이다"라고 예견했다.[4]

유럽인의 신대륙 이주로 대서양 연안에서 시작된 미국은 영토 팽창은 신의 뜻이라는 '명백한 운명(Manifest Destiny)'에 따라 태평양이 있는 서쪽으로 전진해왔다. 19세기 초 프랑스로부터 루이지애나를 사들인 뒤 미시시피 강을 건넌 미국이 태평양에 도달한 것은 거의 반세기가 지난 19세기 중반 무렵이었다.

미국은 그 사이 아편전쟁의 결과 청과 망샤 조약을 체결하고 일본 및 조선과 수호통상조약을 체결하면서 동아시아로의 진출을 시도했지만 성과는 미미했다. 당시 중국 교역량의 80%는 영국이 차지하고 열강들이 청에서의 세력권 획정 경쟁을 벌이는 동안 미국의 중국 무역은 미국 전체 무역량의 약 2%로 보잘것없었다.

이러한 미국의 상황은 1880년대 들어서면서 바뀌기 시작했다. 1860년대에 영국, 프랑스에 이어 세계 3위이던 미국의 공업생산량은 1880년대부터 영국과 독일 프랑스를 차례로 누르고 세계 1위로 올라섰다.[5]

1890년대 이전만 해도 서구 열강에 비해 보잘것없던 해군력도 1890년대 들어 급속하게 성장했다. 미국은 남북전쟁(1861~1865) 이후 30년 동안 산업과 철도가 현저하게 성장했고, 국민 총생산은 4배, 제조업은

5배로 성장했다. 소비에 대한 생산의 잉여는 의식적인 해외시장의 추구로 이어졌다.[6] 1893년 공황에서 비롯된 1890년대의 위기에 직면해 미국인들이 대륙의 프런티어(internal frontier)가 소멸했다고 생각했을 때, 그들은 해외에서 경제적 제국의 형태로 계속된 팽창이 유일한 방법은 아니더라도 최선의 방법이라는 주장을 받아들이게 되었다.[7]

스페인과 전쟁은 미국에는 이러한 경제 팽창이라는 새로운 프런티어의 시발점이었다. 집 마당에 태평양이라는 연못을 둔 미국이 서서히 아시아-태평양 국가로 등장했지만 열강이 분할한 중국에 후발 주자인 미국이 낄 틈이 없었다.

열강의 중국 분할이 한창이던 1898년 3월 8일 주미 영국 대사 폰스포트(Pauncefote)가 당시 셔먼(Sherman) 미국 국무장관에게 영국의 문호 개방안을 미국에 제안했다. 그는 "열강이 중국의 문호를 폐쇄하는 데는 항구를 조차(租借)하든가 영토를 실제로 할양받든가 하는 두 방법이 있다. 그리고 현재 몇몇 열강은 중국에서 다른 모든 나라의 교역의 자유도 제한하려 하고 있다. 그 같은 행위를 저지하는 데 있어 미국의 협력을 기대할 수 있겠는가"라는 것이었다. 그러나 그것은 전 중국의 문호 개방을 추구하는 미국과 달리 영국의 문호 개방은 양쯔 강 유역의 기득권익을 제외한 그 밖의 지역에서의 문호 개방을 주장하는 것이어서 실패로 끝나고 말았다.[8]

영국은 러시아가 1898년 3월 청과 '뤼순·다렌 조차조약'을 체결하자 전쟁을 하더라도 전 세계의 자유로운 통상교류를 위해 세력권 폐쇄는 막겠다며 문호 개방 원칙의 유지를 러시아에 요구했다. 하지만 러시아가 영국의 요구와 상관없이 팽창정책을 지속하자 1898년 4월 웨이하이와 홍콩의 주룽을 청에서 임대받는 등 자신의 문호 개방 원칙에서 벗어나 서서히 열강의 세력권 분할 경쟁에 가담했다.

헤이 1, 2차 각서

영국이 중국에서 실패한 문호 개방 정책에 생명을 다시 불어넣은 것은 미국이었다.

미국의 문호 개방 각서의 아이디어는 중국 해관 세무사로 오랫동안 근무해온 영국의 히피슬리(A. E. Hippisley)와 미국 국무성의 록힐(W. W. Rockhill)에게서 나왔다.

히피슬리는 1898년 4월 3일 "내가 늘 우려하는 것은 서서히 그러나 확실히 중국에 대한 러시아의 보호국화가 다가오는 것"이라고 말했다. 그는 "청에서 세력권은 기정사실이 됐지만 각 세력권에서 각각의 열강이 제기하는 특권들은 그 지역 내에서 철도를 건설하거나 광산을 채굴할 배타적인 또는 차별적인 권리들로 이뤄졌을 뿐 중국으로 들어오는 상품에 대한 차별적 관세를 부과하기까지는 아직 확대되지는 않았으나 앞으로 얼마나 빨리 그러한 주장이 진전될 수 있는지는 장담하기 어렵다"라고 예상했다. 또 "베이징과 북중국의 러시아화는 만주만큼 급속히 진행될 것이다. 이들 지역은 엄밀하게 미국의 면방직의 가장 많은 소비자가 있는 곳으로 만약 만주가 폐쇄된다면 미국은 무역의 일부를 잃을 것"이라고 경고했다.[9]

록힐은 외교관 초년병 시절이던 1880년대 베이징 미국 공사관 근무 때 알게 된 히피슬리로부터 1899년 여름 문호 개방의 제안 내용을 받은 뒤 이를 당시 국무장관인 존 헤이에게 비망록으로 제출했으며 후에 이것이 공식적으로 채택되었다.

미국의 제1차 '문호 개방 선언(Declaration for an Open Door Policy with Respect to Trade with China)'이었다. 유럽의 강권 정치(power politics)에서의 세력권 정책을 문호 개방이라는 새로운 규칙으로 대체하는 질서

의 등장이었다.

존 헤이 미국 국무부 장관은 1899년 9월 6일 영국, 독일, 러시아 정부에 문호 개방에 관한 각서를 전달하는 것을 시작으로 11월 21일까지 프랑스, 일본, 이탈리아 등의 국가에 전달한 각서에서 다음의 세 가지 원칙에 대한 열강의 승인을 요구했다.

첫째, 중국 내에 열강이 조약을 체결하여 각기 보유하게 된 '세력권'이나 정식으로 임대하고 있는 지역 안의 개방한 항만 시설이나 기득권에 열강은 서로 간섭하지 않고 존중한다. 둘째, 관세의 징수에서 각국의 '세력권' 안에 있는 항구를 통하여(자유항은 제외) 수출입되는 상품은 그 상품이 어느 나라에 속하든 이를 불문하고 관세 부과에 해당할 경우 일률적으로 중국 당국에 세금을 납부한다. 셋째, 항만세를 부과함에 있어서 외국의 선박이 그러한 '영향권' 내의 항구에 입항할 경우, 자기 나라 선박보다 비싼 항만세를 부과하지 않으며 자체에서 부설하여 운영하는 '영향권' 내의 철도를 타국의 상인들이 상품 수송에 이용할 경우에도 자기 나라 상품의 수송 비용보다 더욱 비싼 운임을 징수하지 아니하고 같은 운임을 차별 없이 동등하게 적용한다.[10]

헤이 선언은 열강의 세력권과 조차지를 기득권으로 인정하면서도 어느 국가든 평등한 상업적 기회를 제공받는 원칙을 지지하는 일에 다양한 국가를 초대하는 부드러운 형태를 띠었다. 하지만 미국의 요구는 경제적으로 각국이 그들 각자의 '세력 범위' 내에서 독점권을 행사할 수 없으며 미국을 배척하지 말라는 것이었다.

미국은 건국 이후 유럽 열강의 제국주의 정책인 강권 정치에 관여하지 않는 대신 고립주의 정책인 '먼로독트린'을 유지해왔다. 하지만 헤이 각서는 먼로독트린에서 미국이 벗어나 유럽이라는 강대국 정치에서 파생된 세력권 정책을 '문호 개방 정책'으로 대체하라는 것이었다. 이 정책은 1, 2차 세계대전을 거치면서 전후 패권국가로 성장한 미국이 주도하는 세계질서의 핵심 원칙으로 자리 잡게 된다.

미국의 요구에 유럽 열강은 대체로 냉담한 반응을 보였다.

러시아 외상 무라비요프는 1899년 12월 30일 헤이에게 "러시아는 이미 다롄을 자유항으로 함으로써 문호 개방 정책을 따르려는 자신의 확고한 의도를 입증했다"라고 밝혔다.[11] 세력권 유지를 바라던 영국과 독일, 프랑스는 타 열강의 동의를 전제로 한 소극적인 자세를 보였지만 러시아의 만주 진출을 견제하던 일본은 이를 지지했다.

미국 국무성은 다음 해인 1900년 4월 20일 각국에 열강의 답변서를 알리며 "모든 강대국으로부터 만족스러운 약속을 받아낸 성공적 협상 결과에 대해 대통령은 감사한다"라고 발표했다. 1차 헤이 선언은 무역 통상 일변도의 매우 소극적 내용으로 중국의 영토 보전도 거론하지 않고 광산 개발권, 철도 부설권에 관해서도 침묵을 지키고 있었다.[12]

1차 문호 개방 선언이 있은 뒤 10개월쯤 지나 1900년 7월 3일 헤이 미국 국무부 장관은 2차 문호 개방 선언을 각국에 발송했다. 이때는 의화단 운동이 절정에 이른 상태였다.

영국과 러시아 등 10개국에 보낸 공한에서 미국은 처음으로 "미국 정부의 정책은 중국의 안전과 평화를 가져오고, 중국의 영토와 행정의 실체를 보전하며, 조약과 국제법이 보장한 모든 우방 국가의 권리를 보호하고, 나아가 중국 전역에 걸쳐서 평등하고 공정한 통상의 원칙을 세계에 보장할 수 있는 해결책을 모색하는 데 있다"라고 밝혔다.

1차 헤이 선언 때와 달리 중국 영토와 행정의 보전을 언급한 것은 단순히 통상에서의 기회 균등을 요구한 문호 개방에서 벗어나 중국의 영토를 잠식하는 외국 세력을 허용하지 않겠다는 미국 정부의 의지로 비쳤다. 아시아-태평양에 후발 주자로 나선 미국으로서는 이미 중국을 각자의 영향권으로 분할, 획정하는 강대국 세력 정치의 질서에서는 발을 내디딜 공간이 부족했다. 2차 헤이 선언은 개별 국가의 주권이 유지되고 문호 개방을 통한 자유무역주의의 질서가 이후 유럽 열강의 세력권 정치를 대체해야 한다는 미국의 '공언(公言)'이기도 했다.

미국의 문호 개방 선언은 열강, 특히 만주에서 세력을 확산하는 러시아의 행동을 겨냥했다. 러시아에 이러한 미국은 만주에서 러시아의 활동에 범위를 정하는 등 제한을 가하려는 국가로 인식되기 시작했다.

헤이 각서를 통해 미국은 서서히 동아시아의 중요한 행위 국가로 부상하기 시작했다. 미국은 2차례에 걸친 문호 개방 정책을 통해 자신의 대중(對中)정책을 구체화했고, 이를 서구 열강들에 일방적으로 관철하면서 태평양제국으로의 기반을 구축하는 데 성공했다.

딜레마에 빠진
러시아의 과도 팽창

산둥 반도에서 시작된 의화단 운동은 1900년 6월 베이징의 외국 공사관을 55일간 포위, 구금하면서 절정에 달했다. 무술변법을 놓고 광서제와의 권력투쟁에서 승리한 서태후의 청 정부는 의화단을 이용해 열강을 중국에서 몰아내기 위해 열강에 선전포고를 했다. 영국과 미국, 일본, 프랑스, 러시아, 이탈리아, 독일, 오스트리아-헝가리 제국 등 8개국은 이에 맞서 연합군 12만여 명을 파견해 본격적인 의화단 진압에 나섰다.

의화단 운동의 발생 초기에 러시아의 대응은 소극적이었다. 1899년 6월 17일 짜르는 무라비요프 외상에게 건넨 비망록에서 "어떤 무력 사용이 발생해도 러시아는 청에 책임 있는 세력으로 비쳐서는 안 되므로 국제연합군을 러시아가 주도해서는 안 되고, 러시아 파견 부대는 공사관 및 북중국에서 러시아인의 안전과 그들의 재산을 보장하는 정도로 열강의 공동행동에 참여한다"라고 선언했다.[13]

러시아의 이러한 소극적 태도는 불과 1년 뒤 의화단이 만주로 확산하고 동청철도에 대한 공격이 본격화되자 바뀌었다. 러시아는 1900년 6월 정규군 15만여 명을 투입해 의화단 저지에 나섰는데 러시아의 적극적인 개입은 두 가지 이유에서였다.

첫째로, 의화단의 확산은 만주에서 대부분의 경제적 이해관계를 장악한 러시아로서는 큰 타격이었다. 청일전쟁 이후 수년간 러시아가 만주에서 심혈을 기울여 쌓아온 러시아의 만주 권익이 한순간 폭도들에 의해 사라질 위기에 놓였다.[14]

둘째로, 의화단의 한반도 유입에 대한 우려였다. 의화단이 두만강을 넘어 한반도로 침입할 가능성이 커지면서 러·일 간에 합의된 한반도 현상 유지 체제가 붕괴될 가능성이 커졌다. 니시-로젠 협정은 유사시 한국에 대한 러시아와 일본의 공동 보호와 파병 등 동등한 군사적 권리를 규정했는데 러시아는 의화단 사건이 일본에 조선 침입의 빌미가 되는 것을 우려했다.[15]

러시아가 대규모 병력을 만주에 파병할 수 있던 것은 동청철도 부설권 획득 당시부터 예정된 것이었다. 1896년 동청철도 부설협정은 철도 보호를 위한 러시아의 병력 유지권을 허용했고 1897년 동청철도 회사의 정관은 '철도와 그 부속 영토의 안전조치 의무는 회사가 지정한 경찰 병력에 맡긴다(6조)'고 명시하고 있었다. 의화단 운동은 이러한 러시아의 파병 가능성을 현실화했다.

8개국 연합군은 톈진의 다구(大沽)에서 출발해 1900년 8월 14일 의화단의 포위를 뚫고 베이징에 입성했으며 서태후는 광서제와 함께 산시 성 타이위안으로 도주했다.

제국주의 열강에 반발한 중국 민중의 봉기에 대한 열강의 탄압은 무자비했다. 연합군은 베이징을 점령한 뒤 군인들에게 3일간의 공개적 약탈을 허용했고 이 과정에서 온갖 파괴와 살상은 물론 수많은 부녀자가 강간을 당하는 등의 잔혹한 행위가 벌어졌다. 만주의 동청철도를 파괴하던 의화단을 진압하는 과정에서 러시아는 아무르 강을 따라 이곳에 살던 중국인과 조선인 등 20만여 명을 학살하는 등 잔혹하게 탄압했다.

러시아의 만주 점령과 최대 계획

1900년 10월 6일 모든 동청철도를 따라 의화단 운동을 진압한 러시아는 20세기 초 사실상 만주를 군사적으로 정복하면서 '제국의 정점(apogee of empire)'에 올랐다.

러시아의 만주 정복은 18~19세기 동안 발트 해와 흑해, 태평양에 진출하기 위해 수많은 전쟁을 치른 러시아가 1860년 베이징 조약으로 우수리 강 동쪽 연해주를 획득해 태평양 연안에 도착한 이래 40년 만의 일이다.

지난 200여 년간 치른 전쟁에서 러시아의 희생자는 150만여 명에 가까웠다. 흑해 정복을 위한 터키 전쟁에서 75만 명을 잃었고, 발트 해로 나아가기 위해 스웨덴과의 전쟁에서 70만 명이 희생되었다.[16] 이에 반해 러시아의 태평양 진출 과정은 사실상 피 한 방울 흘리지 않은 무혈 입성과도 가까웠다.

러시아는 만주 문제를 관철하는 과정에서 '제국의 정점'에 오른 동시에 '제국의 과도 팽창(imperial overstretch)'을 경험했고 '정복의 최적도(optimum)'를 지나치게 넘어버렸다. 이로 인해 만주 문제의 파국적 해결 과정―그 종착지인 러일전쟁―에서 러시아는 제국의 하강 길로 접어들게 되었다.[17]

러시아의 동아시아 정책의 진전 및 성공과 연결된 외교적 갈등은 청의 현상을 유지하면서 '평화적 침투'에 의한 청제국 내 러시아 세력권을 수립하는 것이었는데 이 결과 나타난 것이 러시아의 '최대 계획(maximum plan)'과 '최소 계획(minimum plan)'이었다. 최대 계획이 몽골에서 만주 전역에 걸쳐 세력 범위를 형성하고 나아가 모호하기는 하나 조선에서 러시아의 세력 범위를 형성하는 것이라면, 최소 계획은 한반도를 제

외하고 북만주를 포함한 몽골 등을 러시아 세력권으로 설정하는 것이었다.[18]

만주를 점령한 러시아는 이제 태평양에서의 자연적 경계선인 조선으로 세력 확장을 꾀함으로써 러시아의 최대 계획을 완성할 수 있을 것으로 보였다.

의화단을 진압하고 만주를 점령하자 러시아 황제 니콜라이 2세는 "이제 남은 일이라고는 철도 방어를 정비하고 그곳을 평정하여 도적 무리를 소탕하는 것"이라고 밝혔다. 그러나 짜르의 열렬한 환호는 시기상조였다. 러시아의 동아시아 외교의 필수 불가결하면서도 극복할 수 없는 문제는 바로 이 철도의 방어 문제였다.[19]

의화단 운동을 진압한 영국 등 11개 연합국은 1900년 10월 청의 강화 요청을 받아들여 강화회담에 나섰다. 1년여 간의 협의를 벌인 결과 1901년 9월 7일 경친왕 혁광과 리훙장이 참석한 가운데 신축조약을 체결했다.

중국은 연리 4%의 이자로 6,750만 파운드(4억 5천만 냥)의 배상금을 1940년까지 39년 내에 지불해야 했다. 하지만 원금과 이자에다 지방정부가 배상할 교회 보상금을 포함하면 배상금은 총 10억 냥에 이르렀다. 아편전쟁의 결과 1,512만 냥, 청일전쟁에서 2억 냥이던 배상금에 견줘 5배 이상 높은 것이었다. 당시 중국의 연간 세입이 8,800만 냥이던 현실에 비추어 사실상의 재정 자주권을 박탈하는 것이었다.

베이징에는 중국의 사법권이 적용되지 않는 국중지국(國中之國)인 공사관 구역을 두는 한편 베이징과 산하이관 사이 철도 연변에 열강 군대의 주둔을 허용함으로써 사실상 영토 주권도 박탈됐다. 중국의 통상과 대외 문제를 다뤄온 총리아문(총리각국사무아문)이 폐지되고 외무부가 신설되는 등 신축조약을 통해 중국은 사실상 열강의 반(半)식민지화의 길

로 들어섰다.[20]

의화단 운동의 진압 이후 러시아는 만주 문제는 의화단 진압에 나섰던 연합국이 당시 진행 중인 강화회담과는 별개의 문제라며 청과의 단독 교섭을 주장했다. 이에 따라 청은 러시아가 군사적으로 점령한 동북 3성인 랴오닝과 지린, 헤이룽장 성의 반환을 위해 러시아 수도인 상트페테르부르크에서 비밀 협상을 벌였다.

양국의 비밀 협상이 알려진 것은 영국의 언론을 통해서였다. 〈런던타임즈〉는 1901년 1월 3일자 기사에서 1900년 11월 26일 알렉세프가 펑톈(봉천) 총독 증기에게 강요해 체결된 알렉세프-증기 협정을 보도했다.[21] 러시아와 청은 철도 보호를 위해 만주에 대한 러시아의 일시적 군사 점령을 허용하고 청국 군대의 해체와 뉴촹의 항구인 잉커우를 러시아가 임시로 관리하며 치안 병력의 러시아 통제 등 8개 항에 합의했다는 것이었다.

러시아와 청 사이에 비밀 협정이 알려지자 러시아의 만주 보호국화에 대한 열강들의 우려가 쏟아졌다. 열강들은 러시아가 동청철도의 보호를 넘어 청의 영토를 점령함으로써 청의 독립과 주권을 명백히 침해하는 것으로 간주했다. 특히 뉴촹은 유럽은 물론 일본의 입장에서 만주로 들어가는 상품의 진입로로 개방되어어야 했다.

러시아와 청의 단독 비밀 교섭은 동아시아에서 오랜 기반을 다져온 프랑스 및 독일과의 우호 관계도 시험대에 올려놓았다.

러시아 외상 람즈도르프는 열강의 반발에 대해 "만주 문제는 러시아와 청의 문제이며, 만주 점령은 의화단의 침입에 대한 자기방어의 결과"라고 항변했다. 러시아는 만주의 뉴촹 점령도 가능하지만 러시아는 그럴 의도가 없고 철수할 것이나 청 당국과 철도, 국경 문제 등의 문제를 해결하기 위한 협정에 착수할 것이라고 밝혔다.[22]

청은 증기가 체결한 잠정안이 중국의 국권을 많이 훼손했다는 이유로 비준을 거절하고 1901년 초 주러시아 청국 공사 양루(양유楊儒)를 전권대표로 하여 러시아와 재협의에 나섰다.

알렉세프-증기 협정안이 언론에 보도된 다음 날인 1901년 1월 4일 비테는 청의 양루에게 "러시아는 만주에 대한 영토적 야욕이 없으므로 조만간 철수하나 만주 동북 3성에서의 소요 재발에 대한 보장 없이는 철수할 수 없으며 만주 철도가 심각하게 파괴된 상황에서 오늘 군대를 급파하고 내일 철수하고 또다시 이를 반복하는 행동을 할 수 없다"라며 이른바 '람스도르프-양루 협정안'을 제시했다.[23]

비테의 13개조 초안을 기초로 작성된 협정안은 만주 동북 3성에서 러시아의 잠정적 군 주둔과 철도의 완성 전까지 청국군의 만주 내 파병 금지, 러시아의 사실상의 만주 행정권 감독, 진저우(金州)의 자치행정권 폐지, 만주와 몽골, 신장 지역의 주요 지역에서 도로와 광산 등을 러시아의 허가 없이 다른 나라에 양도하는 것을 불허하는 한편 동청철도의 손해배상 등을 담았다. 특히 청은 동청철도의 간선 혹은 지선으로부터 곧바로 베이징에 도달할 수 있는 만리장성까지의 철도 부설권을 보장해야 했다.[24]

러시아의 협정안은 만주의 동북 3성은 물론 몽골과 신장웨이우얼을 자신들의 독점적인 세력권으로 기정사실화하려는 것이었다. 러시아는 열강의 반발을 우려해 비밀 협정을 추구했지만 이러한 사실은 청 쪽의 의도적 누설로 열강에 알려졌다.

1900년 7월 미국이 2차 문호 개방 선언을 통해 열강에 청의 영토와 행정의 보전과 문호 개방을 요구하는 원칙을 강조한 데 이어 같은 해 10월 영국과 독일도 영·독 협정(일명 양쯔 강 협정)을 맺고 같은 원칙을 재확인한 상태였다. 청은 러시아의 만주 지배에 대한 열강의 견제를 이용해서 이러한 러시아와의 협정을 거절하고자 했다.

러시아의 최소 계획으로의 전환

실제로 만주에서 이익이 가장 큰 일본을 비롯해 영국 등의 열강들은 러시아의 만주 폐쇄와 독점이 이뤄지면 동일한 요구를 청에 할 것이라며 청을 압박했다. 청 내부에서는 러시아와의 협정 체결을 주장하는 쪽과 열강의 견제를 들어 이를 거절하자는 견해가 맞섰으나 1901년 3월 청이 협정 조인을 거부하면서 러·청 단독 교섭은 좌절됐다.

러시아의 만주 진출 저지에 나선 일본은 청과 러시아의 비밀 협정이 알려지자 러시아 주재 일본 공사를 통해 람스도르프 외상에 대한 항의 각서(3월 24일과 25일자)를 보낸 데 이어 육군성의 비밀회의(3월 말), 원수회의와 각의 개최(4월 5일) 등으로 발 빠르게 대응하면서 1901년 3~4월 러·일 간에 전쟁 위기가 조성됐다.

열강의 견제가 이어지자 러시아는 1901년 4월 5일 만주에 관한 기존 청과의 협정을 철회했다. 동청철도의 개통을 앞둔 상황에서 일본과의 전쟁을 피하는 것이 필요하다고 여긴 비테는 만주 철병 문제와 청국에 요구한 특권들의 재검토에 나섰다.

비테는 1901년 6월 6일과 10일 람스도르프 외상에게 (1) 러시아의 유일한 목적은 일본과의 전쟁을 피하는 것이며 (2) 만주 문제 해결의 최고 방법은 만주에서 정치적 의도를 포기하고 (3) 만주에서 러시아의 이해는 사기업으로서 동청철도의 이해를 보호하는 것으로 제한하며 (4) 일본이 조선을 점령하면 국제적 차원에서 문제를 제기하고 설사 일본이 강탈해도 러시아는 그것을 전쟁의 사유로 여겨서는 안 된다고 강조했다. 비테의 안은 그해 특별각료회의에서 통과돼 7월 5일 짜르의 재가

를 받았다.[25]

비테의 계획은 그동안 러시아가 다롄과 뤼순 점령 이후 추진해온 이른바 만주 점령이라는 '최대 계획'에서 만주 철군을 전제로 한 '최소 계획'으로의 전환을 의미했다. 특히 일본이 조선을 점령하더라도 개전 사유로 삼아서는 안 된다는 것은 만주와 한반도는 물론 몽골과 동투르키스탄을 포함해 이들 지역을 러시아의 세력권으로 설정한다는 '최대 계획'의 포기를 의미했다. 대신 한반도―또는 한반도 남부―를 제외하고 만주 북부를 포함한 몽골 등을 러시아의 세력권으로 설정하는 최소 계획으로의 전환이었다.

러시아의 만주 철군 결정은 시베리아 횡단철도 공사에 드는 비용 부담과 대규모 정규군의 만주 주둔에 따른 재정 부담이 가중되었기 때문이었다. 또 일본이 러시아의 만주 점령을 강력하게 반대하는 등 국제적 압력을 피하기 위해서라도 러시아는 만주에서 철병해야 하며 이 경우 철도 수비대가 철도의 안전을 보장할 것으로 기대했다.[26] 러시아의 철병 방침에도 여전히 뉴촹은 러시아가 실제로 점령한 상태였다. 러시아가 만주에서 도시에 대한 행정권은 청에 주면서 정작 조약항은 러시아 민간 행정부가 계속 유지하고 관세도 징수하고 있었다.

러시아의 이런 태도는 일본과 영국, 미국에게는 (1) 조약권을 인정하지 않는 행위이며 (2) 철군에 대한 낌새가 전혀 보이지 않는 것이고 (3) 베이징 조약을 러시아가 따를 의사가 없음을 보여주는 것으로 간주됐다. 일본과 미국, 영국은 러시아가 타국의 조약권을 인정하도록 무력행사가 필요하다고 여기고 이를 위해 이들 3개국의 배들이 뉴촹에 정박하도록 하는 등 문호 개방 요구 국가들은 러시아의 뉴촹 소유 저지에 나섰다.[27]

러·청 간에 만주 철병 회담이 재개된 것은 1901년 8월 2일 리훙장이

"청국은 만주에 관해서 러시아와 절충할 준비가 되어 있다"라고 통지하면서다. 비테는 이에 따라 8월 14일 리훙장에게 6개월 간격으로 3단계에 걸쳐 러시아 군대가 만주에서 철수할 뜻을 밝히는 한편 철군을 대가로 청으로부터 이권 획득을 기대했다.

러시아는 이를 위해 레사르를 베이징에 파견하고 만주 철군 조건으로 러청은행에 만주, 몽골의 광범위한 광산 개발권 및 철도 부설권을 허용해줄 것을 요구했다. 러시아는 이를 러시아의 만주 철군에 따라 주고받는 '대상물(quid pro quo)'로 여겼다. 하지만 러시아의 입장은 만주에서의 상업상의 기회 균등과 러청은행 독점에 반발하는 미국과 영국의 반대와 열강의 지원을 확신한 청과 일본의 반발에 직면했다.[28]

러·청 간의 철군 교섭은 리훙장이 1901년 11월 7일 사망하고 러시아에 비우호적인 경친왕이 철군 협상의 청 쪽 후임자로 나서면서 교착상태에 빠졌다.

의화단 운동을 피해 베이징을 빠져나간 청 황실의 베이징 복귀가 가시화되고 북중국에서의 정상화 필요성이 높아지자 경친왕은 12월 러시아와의 협상 재개에 동의했지만 사태는 러시아에 불리했다.

만주라는 광대한 지역에 흩어진 러시아의 군부대는 골칫거리인 데다 비용 부담도 컸다. 러시아는 만주를 군사적으로 점령함으로써 제국의 최정점에 도달했지만 비테가 경고했던 '만주 문제'가 오히려 러시아의 발목을 잡는 딜레마로 바뀌었다.

동아시아의 해양동맹
- 영일동맹

"러시아 외상은 그 소식에 매우 경악했다."

람스도르프 러시아 외상에게 영일동맹의 체결 사실을 통보했던 쿠리노 주러 일본 공사는 "러시아가 이토의 (러시아) 파견에 눈길이 쏠린 사이 영국에서 진행된 비밀 외교를 인식하는 데 실패했으며 이것은 러시아 외교의 주목할 만한 실패라고 자인했다"라고 본국 정부에 보고했다.[29]

영일동맹이 체결되고 2주 뒤 모습을 드러내자 단번에 전 세계의 시선을 끌었다. 당시 세계 최강국인 영국이 전통적인 '화려한 고립' 정책에서 벗어나 맺은 첫 공식 동맹이 영일동맹이며 동맹의 당사국이 동아시아 지역의 작은 섬나라인 일본이고 그 내용도 러시아 견제를 넘은 군사 동맹이라는 점에 대한 놀라움이었다.

영일동맹은 1902년 1월 30일 런던에서 랜즈다운과 하야시 사이에 정식 조인됐다.

영일동맹은 조약 전문과 6개조로 이뤄져 있다. 1조는 영국과 일본이 서로 청국과 한국의 독립을 승인한다는 것과 영국은 청국에서, 일본은 한국에서 특별한 이익을 가지고 있으며, 제3국의 침략으로 그러한 이익을 침해받을 경우 또는 청국과 한국에서 소요가 발생할 경우 영국과 일본은 필요한 조처를 할 수 있다고 규정했다.

2조는 영국과 일본 중 어느 한 국가가 1조에서 말한 자국의 이익을 보호하기 위해 제3국과 전쟁을 하게 될 경우 다른 한쪽 동맹국은 엄정중립을 지켜야 하며, 3조는 만일 일본 또는 영국이 치르고 있는 전쟁에 다른 국가들이 가담할 경우 영국과 일본은 동맹국을 원조하여 협동하여 전투에 가담해야 한다고 규정했다.[30]

영일동맹은 영국이 19세기 내내 고수해온 전통적인 고립 정책으로부터의 이탈이었다. 19세기 초반 이후 시작된 영국의 '화려한 고립 정책'은 동맹 체결을 회피하는 대영제국의 대외정책으로 자리 잡아왔다. 19세기 후반과 20세기 초 대부분의 영국 국민들 사이에 화려한 고립 정책에 대한 몇 가지 합의점이 있어왔다.

첫째, 대영제국은 특별히 규정된 비상사태가 발생하면, 체약 상대국을 지지하여 전쟁을 한다고 약속하는 공식적인 서면 협정이라는 의미의 동맹 체결에서 벗어난다는 점이다. 사실상 이러한 자유는 대영제국이 동맹에 의해 구속받지 않는다는 것은 물론 개전의 이유(casus belli)를 수반하는 어떠한 조약상의 의무를 지지 않는 포괄적 의미로 종종 설명되었다. 둘째, 이러한 자유는 신중한 하나의 정책 문제였다는 것이다. 셋째, 그것은 상당히 명성을 얻은 전통이었다는 것이다.[31]

영국은 고립 정책을 기반으로 전 세계에서 '대영제국에 의한 평화'(Pax Britannica)를 구축할 수 있었다. 문호 개방과 자유무역주의의 깃발을 내건 영국은 자국의 무역과 식민지를 확대하며 19세기에 '해가 지지 않는 제국'으로 나아갔다. 이를 뒷받침한 것은 영국 다음으로 가장 강력한 두 나라의 해군을 합친 만큼의 함대를 보유한다는 '두 국가 기준(two power standard)' 아래 만들어진 영국의 강력한 해군력이었다.

영국은 왜 영일동맹에 나섰나

대영제국의 화려한 고립 정책에 금이 가기 시작한 것은 19세기 후반 들어서다.

유럽에서 독일의 삼국동맹에 대한 세력 균형 차원에서 체결된 러프동맹은 전 세계에서 영국에 대항하는 세력으로 부상했다. 중앙아시아에서는 페르시아 만 진출을 노리고 남하하는 러시아에 의해 영국의 최대 식민지인 인도가 위협을 받았고 아프리카에서는 프랑스와 모로코 문제로 대립했으며, 동아시아에서는 러시아의 남진 정책으로 영국의 중국 내 입지가 흔들렸다.

영국은 독일과 미국 등 새롭게 부상하는 제국주의 열강에 의해 세계 곳곳에서 도전을 받았고 동아시아에서는 자국의 고립 정책에 대한 위기를 감지하기 시작했다.

독일 주도의 삼국동맹에 포위된 러시아와 프랑스가 고립에서 벗어나기 위해 체결한 러프동맹은 유럽의 세력 재균형을 이뤘을 뿐 아니라 동아시아에서 영국에 맞서 러시아와 프랑스 주도의 세력 재균형을 가져왔다. 1891년 러시아는 프랑스 자본의 도움으로 시베리아 횡단철도 건설을 착수하고 러프동맹 이후 양국은 동아시아에서 청제국으로의 팽창에 협력했고 해군력이 이를 뒷받침했다.[32]

영국은 또 1890년 비스마르크의 퇴진 이후 빌헬름 2세가 세계정치(Weltpolitik)를 내세우며 해군력 강화와 함께 본격적인 제국주의 경쟁에 뛰어든 독일은 물론 스페인 전쟁 직후 필리핀을 병합하며 태평양 국가로 부상하는 미국의 도전에도 직면했다.

1890년 이후 주요 세력의 상대적인 경제력 규모를 조사한 폴 케네디는 "영국의 해군 지출은 폭등하고 해양에서의 우월성을 상실했으며 영국의 경제 성장률은 경쟁 열강보다 지속적으로 하락했고 외국과의 경쟁에 대응할 산업 능력에 대한 우려가 다시 제기되었다. 전 세계 모든 지역에서 영국제국은 공식적이든 비공식적이든 외국의 잠식에 의해 위험

에 처한 것으로 나타났다"라고 지적했다.[33]

러프동맹에 독일이 가세한 삼국공조 이후로 중국의 분할 경쟁이 가속화되고 러시아의 남진 정책이 뚜렷해지자 중국에서 확고했던 영국의 지위도 위기를 맞았다.

영국은 러시아가 랴오둥 반도에서, 독일이 산둥 반도에서 조차지를 확보한 것에 맞서 1898년 산둥 반도의 웨이하이를 청으로부터 조차해 중국에서 세력 균형을 유지하고자 했다. 영국은 또 1899년 러시아와는 스콧-무라비예프 협정을 통해 러시아와 자국의 세력권을 상호 인정하고 1900년 독일과는 중국에서의 문호 개방과 영토 보전을 약속한 양쯔 강 협정을 체결해 문호 개방 원칙의 합의를 끌어냈다.

하지만 동아시아 위기가 본격화되면서 영국은 자국의 고립 정책의 한계를 절감하기 시작했다. 1898년 5월 체임벌린은 공개적으로 다음과 같이 선포했다. "지금까지 우리가 추구해온 고립 정책이 앞으로도 계속 유지된다면 중국제국의 운명은 아마도 이후 우리의 희망과 상관없이 그리고 우리의 이해와 무관하게 결정될 것이다."[34]

영국이 동맹의 도움 없이 자체의 힘만으로는 더 이상 제국을 유지 운영하는 것이 어려워졌다는 것을 보여주는 단적인 사례는 보어 전쟁이었다. 1899년 당시 보어 전쟁을 통해 극동에서 자국의 해군력을 철수함으로써 극동에서 세력 감소가 예상되던 영국으로서는 청과 남아프리카의 위기가 겹치자 새로운 동맹국이 절실히 필요하게 되었다.[35]

전략적으로 적대적 관계이던 러프동맹에 맞서 영국은 미국과 일본, 독일과 우호적 관계 수립에 나서면서 독일과 2차 동맹 협상을 재개했다.

1899년 12월 영국과 독일의 1차 동맹 협상이 양국 간의 상호 견제로 실패한 뒤 다시 동맹 협상이 재개된 것은 의화단을 진압하는 과정에서 러시아가 대규모 군 병력을 동원해 만주를 점령하면서였다. 영국은 아시아의 양 끝단에 있던 오스만 제국과 청제국은 비슷한 쇠퇴상을 보이기 때문에 과연 이들 국가가 생존할 수 있느냐라는 의문을 갖고 있었다. 이들 두 나라 모두의 경우에서 영국은 그들의 현상을 보존하려 했다. 그러나 극동에서 일본과 독일의 이해와 러시아와 영국의 이해가 복잡하게 얽힌 상황에서 화려한 고립이라는 고전적 접근 방법은 다른 열강과 결속하는 것에 비해 적절한 것이 못 되었다.[36]

독일은 영국이 주장한 영국과 프랑스, 러시아와의 동맹 성사 가능성을 낮게 본 데다, 동아시아에서 러시아와의 분규에 휘말리는 것을 원치 않았던 상황에서 중립적 태도를 유지하고자 했다. 독일의 소극적 태도는 뷜로우 외상이 1900년 9월 영국과 맺은 '양쯔 강 협정'에 대해 1901년 3월 15일 제국의회에서 러시아가 세력을 넓히는 '만주에는 적용되지 않는다'고 밝히면서 영·독 간 동맹 논의는 사실상 종결됐다.[37]

만주에서 문호를 개방하고 시장을 유지하는 한편 중국의 해체를 막으려던 영국으로서는 뼈아픈 실패였지만 이는 영국이 새로운 동맹을 찾아 나설 공간을 열어주었다.

일본의 동맹으로의 전환

1898년 러시아와 일본은 '니시-로젠 협정'를 통해 조선의 독립 보장 외에 일본이 러시아의 다롄 항과 뤼순 항 점거를 양보하는 대신 러시아는 한국에서 일본의 경제적 우위를 보장하는 등의 한반도의 현상 유지에 합의했다.

러시아의 만주 점령은 그런 러·일 양국 간 기존 합의 체제에도 변화를 주기 시작했다. 일본 내에서는 이토 등의 러·일 협상파를 중심으로 만주를 러시아의 세력권으로 인정하는 대신 협상을 통해 러시아가 대한제국을 일본의 세력권으로 인정하게 하는 이른바 '만한교환론'이 등장하기 시작했다.

이와 달리 1901년 1월 러시아 주재 일본 공사인 고무라 주타로, 외상인 아오키 슈조 등은 만한교환론을 회의적으로 보았다. 만주를 러시아의 영향권으로 인정하면 언젠가는 조선에 대해 같은 요구를 해올 것으로 여겼기 때문이다. 일본 내에서 점차 만주와 조선이 별개의 문제가 아니라 하나라는 이른바 '만한일체론'를 깨닫기 시작했다.

1900~1901년 초 알렉세예프-증기 협정과 양루-람즈도르프 협정을 놓고 러시아와의 전쟁 위기(1901년 3~4월)가 고조될 당시 이토 내각은 일본이 단독으로 전쟁할 준비가 되어 있지 않은 연유로 자제를 요청하다 논란 끝에 사퇴에 이르렀다. 이토 내각에 이어 1901년 6월 출범한 가쓰라 다로 내각 내에서는 러시아가 만주를 점령하고 1892년 착공돼 건설 중인 시베리아 횡단철도가 완성되면 러시아의 팽창을 막기에는 너무 늦을 것이라는 위기감이 커졌다.

러시아가 만주에 이어 조선으로 팽창을 확대하면 대륙 진출을 노리는 일본에 위협으로 작용할 것이라는 가쓰라 내각의 '러시아 위협론'은 일본의 적극적인 대조선 전략과 동맹 포섭 등의 적극적인 대외 정책으로의 변화로 이어졌다.

1901년 봄 러일전쟁 위기를 넘긴 일본은 1차 가쓰라 내각의 외상으로 고무라가 취임한 뒤 '내정 외교에 관한 10년 계획 의견'을 통해 대외 정책의 주요 목적은 청·조 양국에서의 철도 확보로 규정하고 그 대상이 경의철도와 남만주철도라고 밝혔다. 이에 따라 일차적으로는 1901년 10월 17일 경의철도 차관 제공 의사를 조선에 밝히고 한반도 종단철도 부설권 확보에 나섰다.[38]

이미 조선의 경부선과 경인선 부설권을 획득한 일본은 아직 부설권이 확정되지 않은 경의선을 확보함으로써 한반도 이북 지역을 세력권으로 만들겠다는 의도였다. 더욱이 경의철도를 남만주철도와 연결함으로써 자신들의 만주 진출을 위한 교두보로 활용하겠다는 전략이었다.

하지만 일본은 러시아의 적극적인 남진 정책을 저지할 충분한 군사적 힘을 갖추지 못했다. 일본은 따라서 러시아의 남진 정책의 견제를 위해 러시아와 협정을 맺을 것인지 혹은 러시아에 힘으로 대처하기 위해 다른 유럽의 강대국 중 1국과 동맹을 추진할 것인지 선택해야 했다.

일본은 더 나아가 한반도와 만주를 향한 제국주의적 야심의 실현을 위해서라도 동맹이 필요했다. 일본의 '최대 계획'은 한반도와 만주를 세력권에 두는 것이었고 절충안은 한반도와 만주를 각각의 세력권으로 분리 보장하는 것이었으며, '최소 계획'은 한반도를 분할—또는 공동 관할—하는 것이었다. 제국적 야심을 궁극적으로 만주에서 충족하려는 일본은 청국이 러시아와 단독 협정을 맺음으로써 일본의 만주 진출이 영원히 불가능해질 것으로 판단하여 영국과의 동맹을 통해 만주 문제를 돌파하려 했다.[39] 2차례에 걸친 독일과의 동맹 시도가 무산된 영국과 1895년 삼국공조로 랴오둥 반도를 러시아에 탈취당한 뒤 제국주의적 공복감에 시달린 일본의 상태[40]는 이처럼 양국 간 동맹에 대한 공동 이해를 활성화했다.

1901년 4월부터 협정 필요성을 논의해온 영·일 양국은 7월 31일 일본의 하야시 주영 공사와 영국의 랜즈다운 외상과의 회담에서 동맹의 기본 성격에 합의했다.

"랜즈다운: 만주에서의 국제적 이해관계에 대한 일본 견해는 무엇이며 일본은 어떤 종류의 협정을 체결하기를 바라는가.
하야시: 만주에서의 일본의 이해관계는 단지 간접적인 것이다. 그러나

만일 어느 날인가 러시아가 만주의 일부를 점령하고 그 지역에 영향력을 뻗친다면 그때는 러시아가 조선을 흡수할 수 있게 될 것이니 이에 대하여 일본은 항의하지 않을 수 없을 것이다. 일본이 원하는 바는 러시아가 만주에 들어오는 것을 막는 것이며 또 그렇게 하기 위해 만일 일본이 러시아와의 전쟁에 말려들지 않을 수 없는 경우에도 일본은 제3국이 러시아를 돕기 위해 들어오는 것을 막고 싶다. 청국에 대한 우리의 일반적인 정책은 문호 개방의 유지와 청국의 영토 보전이다.
랜즈다운: 영국은 조선에 관하여 아주 미미한 관심밖에 없다. 그러나 청국에 관한 우리의 정책은 일본의 정책과 일치한다."[41]

영일동맹은 전통적인 의미의 불개입 협약이다. 양쪽은 상대가 타국에 의해 공격을 받으면 중립을 유지하고, 1개국 이상의 나라에 의해 공격당하면 지원하는 것에 합의했다. 일본으로서는 이미 계획 중인 러·일 전쟁에서 프랑스의 간섭에 대비한 일종의 보장인 셈이었다. 영국으로서는 러시아에 대한 방위 업무를 공유하는, 따라서 극동의 해군력 일부를 풀어줌으로써 전체적인 방위 부담을 줄여가는 것을 의미했다. 영일동맹은 또한 협상 기간 중에 일본이 주인티를 내면서 선전해온 가능성, 즉 러·일이 만주와 조선, 북중국을 분할하는 거래를 가능한 한 차단하는 것이었다.[42]

영일동맹은 영국이 일본을 이용해 러시아의 남하를 저지하는 목적을 달성하면서 한국에 대한 일본의 '특별한 이익'을 인정해주었다. 이러한 영·일 간의 '한국 문제'에 대한 타협은 종국적으로는 일본에 의한 한국 병합의 길을 터주었고 러일전쟁에 이은 일본의 대륙 침략 정책을 수행하는 중요한 발판이 되었다.

말로제모프는 "영국은 자국의 '영광스러운 고립(splendid isolation)' 정

책에서 진일보했으며 일본으로서는 '애처로운 고립(pathetic isolation)'이
라 불릴 수 있는 한 시대의 종막을 고했다"라고 영일동맹을 평가했다.[43]

한반도 중립화의 기원

영일동맹의 체결은 동아시아에는 물론 곧바로 한국에도 영향을 미쳤다.

대한제국 주재 러시아 공사 파블로프와 일본 주재 러시아 공사 이즈볼스키, 주미 러시아 대사 카시니는 1902년 8월 미국에 러시아와 일본, 미국 등 '삼국 보장에 의한 한국의 중립화(neutralization)'를 제안했다. 러시아가 1898년 니시-로젠 협정을 맺고 일본과 공동 관리한 대한제국을 미국이 참여하는 3국의 공동 관리 체제로 바꾸는 것이다.

3대 열강이 대한제국을 중립화하고 독립을 보장하자는 제안이지만 실제는 영일동맹에 미국이 가세해 영·미·일 동맹으로 확산하는 것을 조기 차단하려는 속셈이었다.

러시아의 대한제국 중립화 방안은 미국이 불간섭 원칙을 내세워 부정적이었던 데다 대한제국의 보호국화를 염두에 둔 일본의 반발로 무산됐다. 하지만 대한제국의 중립화 문제는 러일전쟁 발발 전까지 진행된 러·일 협상의 핵심 쟁점이었으며 이 문제에 대한 양국 이익의 비타협성은 러일전쟁을 초래한 원인 중 하나이기도 했다.

조선의 문호가 개방된 이후 한반도가 주변 열강의 각축장으로 바뀌면서 한반도의 불안정한 상황이 지속되자 '한국 문제(Korean Question)'의 관리는 열강의 최대 관심사로 떠올랐다. 열강의 관심은 한반도에서 위기를 최소화하고 자국의 이익을 최대화하는 것이었다. 이 과정에서 나온 한국 문제의 해결책은 역사적으로 살펴보면 한반도의 ① 분할(partition)과 ② 보호국(protectorate), ③ 공동 관리(joint-control), ④ 중립국화(neutralization)라는 4가지의 방안으로 유형화할 수 있다.

이러한 한국 문제의 해결안은 동아시아와 한반도의 정치적 상황과 열강 간의 세력 구도의 변화에 따라 시기별로 다르게 다양한 형태로 등장했는데 이는 독립 국가이지만 상대적으로 국력의 열세를 보였던 대한제국의 주권을 제약하는 결과로 이어졌다.

조선이 문호를 개방한 1876년부터 1894년 청일전쟁까지 동아시아 패권국이던 청은 조선을 속방 보호국으로 간주했고 신흥 강국으로 부상한 일본과 격돌한 1894~1895년 청일전쟁에서 일본은 조선의 보호국화안을 한국 문제의 해결 정략으로 삼았다.

삼국공조 이후 러시아가 만주로 진출을 본격화하고 일본의 세력이 만주와 한반도에서 쇠퇴하던 1895~1901년 사이에 야마가타-로바노프 의정서에서 러·일 양국은 사실상의 한반도 분할안에 동의했고, 1898년 니시-로젠 협정에서는 한반도의 현상 유지를 위한 공동 관리안에 타협했다. 1902년 영일동맹의 체결로 러·일 경쟁이 격화되면서 러일전쟁 직전까지 한반도 중립화안은 러·일 간의 최대 쟁점으로 떠올랐다.

근대들어 한반도의 중립화 논의는 임오군란(1882) 이후부터 러일전쟁 직전 시기(1904)까지 20년간 모두 22차례 제기되었다고 한다.[44]

제3국인으로 조선에 중립화를 처음 제안한 이는 주조선 독일 공사관의 부영사인 부들러(Christian Heinrich Theodor Hermann Budler)다. 그는 1885년 3월 조선 정부의 외아문 독판 김윤식에게 제안한 한국의 중립 권고문에서 임오군란에 이어 갑신정변으로 청·일 간의 관계가 악화하고 청일전쟁이 발발할 경우 대비책으로 스위스와 벨기에의 모델을 따라 조선을 중립화하자고 제안했으나 조선 정부의 거절로 무산됐다.

부들러가 조선 중립화를 권고하고 9개월 뒤에 유길준이 한국인으로는 처음으로 벨기에와 불가리아 사례를 들어 2,000자 정도의 독자적인 중립론을 저술했다. 유길준의 중립화론은 양절체제(兩截體制)에 기초한 것으로 중국이 주도하는 열강의 보호를 통해 조선의 안보적 불안 해소와 특정 국가에 예속되지 않으려는 외교적 방안의 제시였다.[45] 개항기 이후 제기된 중립화론의 시기를 현대로 넓히면 한반도 중립화 제안은 모두 33차례 공식 또는 비공식적으로 제기되었다고도 한다.[46]

한반도의 중립화를 이야기할 때 보통 일반적으로 중립화(neutralization)는 영구 중립(permanent neutrality)을 뜻한다. 중립화된 국가란 자위를 위한 경우를 제외하고는 타국에 대하여 무력을 행사하지 않으며 또한 그 중립화된 지위를 훼손할 가능성이 있는 조약상의 의무를 지지 않는다는 조건에 그 국가의 정치적 독립과 영토적 보전을 강대국의 집단적 합의에 따라 영구적으로 보장받는 국가를 말한다.

반면에 중립(neutrality)이나 중립 정책(neutral policy) 또는 중립주의(neutralism), 비동맹(non-alignment)은 대체로 상대적 약소국이 강대국들의 전쟁에 휘말려 들지 않고 자국의 독립을 유지하려는 목적으로 채택한다. 중립은 타국의 전쟁과 동시에 시작되어 전쟁이 종료하면 동시에 소멸하는 전시의 일시적인 법적 지위를 뜻한다.[47] 대한제국이 러일전쟁을 앞둔 1904년 1월 21일 전시 중립 선언을 한 것이 대표적이다.

한반도의 중립화 문제는 한국 문제의 해결책으로서 열강에 의해 제기된 분할이나 공동 관리안, 보호국화안과 달리 두 측면에서 제기됐다.

첫째는 한반도 주변 관계국 중 세력 약화에 몰린 특정 열강이 한반도에서 자국의 지위 유지를 염두에 두고 한국 문제의 해결책으로 꺼낸 카드로 활용됐다. 열강들에 의한 한반도 중립화 시도는 주로 일본과 러시아가 주도했다.

1882년 9월 임오군란 직후 한반도에서 청의 세력이 증대되자 이노우에 고와시가 청과 미국, 영국, 독일 등이 조선을 벨기에 및 스위스와 같이 영세중립국화하는 방안을 내각에 회람한 바 있다.[48] 청일전쟁 중에 일본은 대한정략의 하나로 조선의 중립화안을 검토했으나 최종적으로는 보호국화로 결정했다. 당시 무쓰 무네미쓰 외상은 중립화 방안을 제외한 이유로 "재주는 곰이 부리고 돈은 되놈이 가져가는" 안이라고 말했다. 전쟁에서의 전리품을 열강에 공짜로 나눠줄 수 없다는 취지다.

영일동맹 체결 직후 러시아가 삼국 보장에 의한 한반도 중립화를 제안하기에 앞서 만주로 의화단이 확산하자 '열강에 의한 한반도 중립국화' 안을 내놓았다. 의화단의 한반도 파급과 이를 빌미로 일본이 한반도에 진출할 수 있다는 우려에서였지만 일본과 미국 등의 열강은 러시아가 만주 점령을 영구화할 수 있다는 이유로 거부해 무산됐다. 러시아와 일본이 주도한 중립화안은 한반도의 불안정한 정세 속에서 어느 한 열강에 견줘 자국의 세력이 약할 때 타국을 견제하고 한반도의 현상 유지를 위한 정치적 해결의 한 방안으로 제시됐다.

둘째는 대한제국이 근대 국가의 형성에 나서면서 국권 수호를 위해 한반도 주변 관계국을 상대로 꾸준히 추진해온 외교 노선으로서 중립화안이다. 약소국인 대한제국은 열강의 경쟁 틈바구니에서 국가 생존의 길을 중립화 방안에서 찾았으며 해방 이후에도 분단 문제의 해결 방안으로 제시된 경우다.

1900년 이래로 대한제국이 가장 우려했던 것은 러시아와 일본 양국이 한반도 분할 점령 같은 협상안에 몰래 합의할 가능성이었다.[49] 실제로 고종 황제는 러시아와 일본, 미국을 상대로 대한제국의 영구중립화 방안을 여러 차례 타진했지만 그때마다 열강의 이해관계에 얽혀 거절되면서 좌절됐다.

중립화안이 대한제국 정부 차원에서 공식적으로 제기된 것은 1904년 1월이었다.

러일전쟁의 가능성이 높아지자 고종 황제는 중국 즈푸의 프랑스 영사 주선으로 세계 주요 국가에 전시 중립 선언을 송부했다. "한국 정부는 현재 두 강국이 현실적으로 행하고 있는 담판의 결과가 어떠한 것이든 가장 엄정한 중립을 지키기로 굳게 결의했다는 것을 선언한다." 하지만 대한제국의 전시 중립 선언은 불과 한 달 뒤인 1904년 2월 23일 사실상 일본의 보호국화를 의미하는 한일의정서의 체결로 무력화됐다.

러일전쟁이 발발한 1904년 2월 10일 〈도쿄 아사히신문〉은 '한국 중립의 무효'라는 기사를 실었다. "도대체 중립을 지킬 만한 실력도 없으면서 중립을 선언해봐야 아무런 효력도 없는 것"이 당연하다면서 "만일 전쟁 중인 국가 중 어느 한쪽의 군대가 그 영토 안으로 들어와도 이것을 막을 수 없다면 그와 동시에 이미 그 나라의 중립은 무효가 된 것"이며 "한국은 현재 이러한 사정하에 있는 것"이라고 비꼬았다.[50] 자위력을 갖추지 못한 국가의 중립화는 무용지물이라는 조롱이었다.

중립화는 내부적으로는 최소한의 자위 능력과 정치적 통일 및 중립화에 대한 여론의 일치라는 조건을 충족한 국가가 관계 열강의 승인 또는 보장을 거쳐 중립국의 법적 지위를 얻는 과정을 의미한다.[51]

개항 이후 대한제국이 국권 수호의 방편으로 추진한 중립화의 실패는 이러한 내부적 조건은 물론 외부적 승인을 얻어내지 못한 데서 비롯됐다. 대한제국의 마지막 중립화 시도가 실패하며 대한제국은 보호국의 길로 들어섰다.

10장

러일전쟁으로 가는 길

평화는 힘으로만 보장된다

영일동맹은 태평양 연안으로 세력을 팽창하는 러시아를 겨냥한 것이었다. 영국과 일본의 해양 세력이 대륙 세력인 러시아의 남하 저지에 나서면서 동아시아에서 해양 세력과 대륙 세력 간에 '봉쇄와 팽창'이라는 대립의 원형이 형성되기 시작했다. 해양-대륙 세력의 충돌은 동아시아에 새로운 위기를 조성했으며 양대 세력의 지각판이 충돌하는 경계선상에 놓인 한반도는 언제 터질지 모를 '위기의 뇌관(雷管)'이었다.

영일동맹이 체결되자 러시아는 러프동맹의 강화에 나섰다. 영·일 양국이 영일동맹에 따라 공동의 군사작전에 나설 것에 대비해 러·프 양국의 군사적 협력을 강화하는 것이 초점이었다. 러시아와 프랑스는 유럽에 국한된 러프동맹의 적용 범위를 중국으로 확대하고 중국에서 양국의 이익 침해에 따른 대응 규정을 두고자 했다.

영일동맹이 체결되고 한 달여가 지난 1902년 3월 16일 러시아와 프랑스는 중국에 대한 다음의 선언을 하게 되었다. "제3국의 침략적인 행동이나 중국에서의 새로운 사태로 중국의 영토 보전과 자유스러운 발전이 위태롭게 되어 양국 이익이 위협을 받는 경우 양국은 이 이익을 보호하기 위한 수단에 관하여 상의한다."[1]

1894년 체결된 러프동맹이 유럽에서 삼국동맹에 가담한 독일과 오스트리아, 이탈리아가 러시아나 프랑스의 이익을 침해할 경우 양국의 군사적 대응을 규정한 것이라면 러시아와 프랑스의 새로운 선언은 영일동맹을 체결한 영국과 일본을 겨냥했다.

러·프 양국의 선언으로 청과 대한제국의 권익을 놓고 동아시아에서 영·일과 러·프라는 두 개의 동맹이 대립하는 긴장 관계에 들어간다.[2]

그러나 영일동맹이 동맹국 중 하나가 복수의 국가들과 전쟁에 나설 경우 동맹 체결 상대국의 전시 참여를 의무화했던 것과 달리 러·프 선언은 비상시 양국의 이익 보호를 위한 수단을 상의하는 수준의 합의에 그쳤다. 러시아의 기대와 달리 힘이 빠진 선언이 된 것은 유럽과 동아시아에서 러시아와 프랑스의 이익이 서로 달랐기 때문이다.

러시아는 동아시아에서 자국에 도전하는 영일동맹에 맞서 동맹 강화가 절실했지만, 프랑스는 유럽에서의 세력 균형이 일차적으로 더 중요했다. 동아시아에서 발생할지 모를 전쟁에 프랑스가 연루되는 것은 유럽에서의 동맹 약화로 이어지고 이는 삼국동맹에 맞서 유럽에서의 세력 균형을 최우선에 둔 프랑스가 원하는 바가 아니었다.

동아시아에서 러시아와의 동맹 확대에 따른 부담에서 벗어나기 위해 델카세 프랑스 외상이 1902년 8월 랜즈다운 영국 외상과 협상에 나섰다. 당시 프랑스가 제국주의적 팽창과 모로코 문제에 관심이 많았던 반면 해군 증설을 통해 세력을 키워가던 독일의 견제와 프랑스의 중립화에 관심이 있던 영국은 2년 가까이 협상을 벌인 끝에 제국주의적 이견들을 조정하고 1904년 4월 8일 '영프협상(Entente Cordial)'을 체결했다.[3] 동아시아에서 영일동맹으로 촉발된 영프협상은 1907년 영러협상이 체결되면서 1차 세계대전까지 유럽의 세력 질서를 독일·오스트리아-헝가리·이탈리아의 삼국동맹과 영국·프랑스·러시아의 삼국협상이라는 양대 체제로 재편하는 계기가 됐다.

영일동맹의 체결로 교착 상태에 놓였던 만주 철병 협상에도 영향을 주었다. 청과 러시아의 만주 철병 협상은 1901년 11월 리훙장의 갑작스러운 죽음으로 중단된 뒤 러시아에 비우호적이던 경친왕(奕劻)이 협상 대표로 나서며 진전이 없었다.

러시아와 청, 만주 환부 협약 맺다

리훙장의 후임으로 만주 철병 문제를 다뤄온 청 외무부 총리대신 경친
왕은 영일동맹이 공표되자 러시아의 만주 철병이 가능할 것으로 보고
러시아에 철군 협상을 제안했다. 열강의 간섭을 피해 조기에 담판을 끝
내고자 했던 러시아가 이에 응하면서 양국은 1902년 4월 8일 '만주 환
부(還付)에 관한 러청조약'을 체결했다.

　　제1조는 "만주는 러시아 군에 의해 점령되기 이전의 상태로" 복귀하
고 만주의 통치권을 청에 반환하도록 했다. 제2조는 (1) 조약 조인 후
6개월 사이에 묵덴 서남부 랴오허에 이르는 지방의 러시아 군을 철퇴하
고 철도를 청에 환부한다. (2) 다음의 6개월 동안 묵덴 나머지 지역과
지린 성의 군대를 철퇴한다. (3) 그 다음의 6개월 사이에 다른 열강의
행동이 거기에 방해되지 않는다는 조건에서 헤이룽장 성의 러시아 군
을 철퇴한다. 이밖에 러시아가 점령한 산하이관, 잉커우, 신민둔 철도
의 환부와 철도의 복구 및 경영으로 발생한 러시아 쪽 경비 보상 규정을
두었다.[4]

　　러·청의 만주 철군 협정은 만주에서 소요가 발생하지 않는 한이라는
조건을 둠으로써 만주에 러시아 군대를 주둔시킬 빌미를 남겨두었지만,
협정 타결 소식이 전해지자 영국과 일본 등은 문호 개방 세력의 승리라
며 환호했다.[5]

　　러시아는 철군 협정에 따라 1902년 10월 8일 1차 철군을 시작으로
1903년 10월까지 6개월씩 3단계에 걸쳐 자국의 군대를 만주에서 철병
해야 했다. 러시아의 1차 철병은 1902년 10월에 랴오허 강 서쪽에서 뉴

쟁을 빼고는 순조롭게 이뤄졌다.

만주 철군은 러시아 세력의 약화를 상징했다. 영일동맹을 통해 러시아와 전쟁시 단독으로 러시아·프랑스와 전투해야 하는 위험 부담을 덜어낸 일본은 한반도를 독점적으로 지배하는 대담한 시도로 나아갔다. 이는 대한제국에서 일본의 상업적 이익을 인정한 1898년의 니시-로젠 협정의 변경을 의미했다. 러시아도 영일동맹 체결에 따라 만주와 조선에서 러·일의 권리와 이익의 균형을 유지하는 협상이 필요했다.

람스도르프 외상이 1902년 2월 24일 쿠리노 주러 일본 공사에게 만약 일본 정부가 평화로운 관계 및 양국의 상호이익을 지지할 목적으로 러시아와 진심으로 우호적 관계를 원한다면 러·일 간에 별도의 조약을 맺는 것이 가능하다고 밝혔다. 일본 외상이 3월 12일 이에 동의하면서 러·일 간의 협상이 시작됐다.[6] 양국의 새로운 협상은 1902년 2월 24일부터 9월 14일까지 5차례 걸쳐 이뤄졌다.

쿠리노가 제안한 협정은 1901년 11월에 이토 히로부미가 상트페테르부르크를 방문해 러·일 협상을 벌일 당시에 전달한 제안과 크게 다르지 않으며 일본의 이해관계를 좀 더 확대한 것이었다. 특히 8월 4일의 제안에는 만주에서 러시아의 철도 권익을 보장하는 대신 한국에서 일본의 자유 행동권이 포함되었는데 이는 만주에서 러시아의 권익을 철도로 제한하고, 한국을 일본의 세력권으로 하는 것으로 1년 뒤인 1903년 8월 일본이 러시아에 제의한 공식 대러 교섭안과 거의 차이가 없었다.[7]

러·일 협상은 그러나 양국의 내부 사정으로 진전되지 못했다. 러시아에서는 황제의 휴가에 람스도르프 외상이 동행하면서 일본 쪽과 협상이 원활하지 못했던 반면 일본에서는 고무라 일본 외상이 쿠리노 안에 제동을 걸었다.

강경파인 가쓰라 내각의 고무라는 러·일 협상파인 이토의 추종자인 쿠리노가 지나치게 만한교환론으로 치우쳤다고 보았다. 이토 내각에 이어 1901년 6월 출범한 가쓰라 내각은 러일협정을 추구한 이토 등의 원로들과 달리 영일동맹을 성사시켜 러시아에 강력히 대응했다. 가쓰라 내각은 만주와 한반도에서 러·일 간의 상호 이익을 인정하는 '만한교환론'에서 벗어나 러시아의 만주에서 이익을 철도에 관한 특수권익으로 제한하는 한편 한반도에서 세력을 확대한 일본의 독점적 이익을 보장받고 만주의 문호 개방을 요구하는 '만한불가분론'을 고수했다.

일본은 1898년 니시-로젠 협정에 따라 한반도에서 퇴출이라는 최악의 상황을 모면한 이후 한반도에서 자신의 정치경제적 지위를 공고히 하고 있었다. 한반도 남부에 정착한 일본인은 1903년 3만 명에 이르렀고 조선 조정에는 일본인 고문이 배치됐다. 또한 일본은 광산과 우체국 전신의 통제권을 인수했다. 일본의 다이이치 은행은 조선에 차관을 제공하고 화폐를 발행하는 한편 경부선 철도 건설을 위한 차관 투자와 함께 경의선 부설권 획득에도 나섰다.[8]

러시아는 일본과의 협상 외에 만주의 문호 개방에 보조를 맞춰온 미국이 영일동맹에 가담하는 이른바 영·미·일 동맹의 가능성을 우려했다. 이에 주한 러시아 공사 파블로프와 주일 러시아 공사 이즈볼스키는 1902년 8월 미국에 러시아와 일본, 미국의 '삼국 보장에 의한 한국 중립화' 안을 제안했다. 니시-로젠 협정으로 러시아와 일본이 공동으로 관리해온 한반도를 강대국 공동 관리 체제로 바꾸려는 것이었으나 실제로는 또 다른 문호 개방 세력인 미국을 중립 보장국으로 끌어들여 영일동맹에 미국의 가세를 막으려는 의도였다.

당시의 대한제국 중립화안은 영일동맹이 체결된 상황에서 '한국 문제'를 해결하는 가장 이상적인 방법으로 평가됐다. 러시아와 미국이 주도해 기존에 일본과의 협정을 대체하면서도 러시아의 이익을 보장하고, 극동에서 전 세계의 지지를 받는 것이 가능한 데다 일본의 위협에서 조선을 보호하고 이에 따라 '한국 문제'가 해결되면 동아시아 지역에서의 장기적 평화가 가능하기 때문이었다.[9]

일본이 러시아의 제안에 대한 의견을 묻는 미국에 러시아가 만주에서 더 많은 행동의 자유를 얻는 것뿐이며 3대 강대국에 의한 조선의 중립화론이 실행되면 미국과 영국, 일본의 만주 정책과도 위배될 것이라며 반대하자 중립화안은 무산됐다.[10]

만주 철군 협정이 체결된 직후 1902년 8월 러시아 황제의 지시에 따라 만주에서 2개월간 만주 상황을 시찰한 비테는 만주 철병이 필수적이라는 보고서를 제출했다. 비테는 "시베리아를 식민화하는 데 많은 문제를 안고 있는 러시아를 위해서는 물론 국제적 반대와 러시아의 행위에 대한 청의 적개심을 극복할 유일한 길은 만주 철병"이라며 "철도 수비대 2만 5천 명을 강화하면 철도 안전은 지킬 수 있다"라고 보고했다.[11]

러시아 신노선으로 전환하다

순조로울 것 같던 러시아의 철군 계획은 1903년에 들어서면서 급변하기 시작했다.

만주 철군 협정으로 러시아의 1차 철군이 이뤄지고 만주로의 경제적 침투 계획이 사실상 실패한 것으로 드러나면서 비테의 정책에 대한 국내 비판이 높아졌다. 또한 1903년 3월 완공 예정인 동청철도의 상업적 가치가 충분히 드러나지 않은 상황에서 만주의 러시아 사업가들은 러시아의 1차 철군이 만주에서의 러시아 사업의 불확실성을 키울 수 있다며 보호를 요청했다. 이러한 변화는 러시아의 2차 철군 보류를 불러왔고 러시아의 중앙 정부는 물론 청과 대한제국 및 만주에서의 변화로 이어졌다.

러시아는 1903년 1월 14일과 2월 7일 각료회의를 열어 동아시아 정책을 전반적으로 재검토했다. 이 회의에서 러시아는 청이 철군 조건을 수용해야 철군하겠다며 '7개안'을 청에 요구하기로 했다. 7개 요구안은 1902년 4월 8일까지 철군 지역을 펑톈(봉천)으로 한정하고 지린 성과 헤이룽장 성에는 청의 동의하에 일정 수의 러시아 군을 주둔하며 다음의 추가 철군 조건을 제시했다. (1) 러시아 군이 철수한 지역을 타국에게 양도와 조차하지 않을 것 (2) 대외무역을 위해 만주에서 새로이 도시와 항구를 개방하지 않고 러시아의 동의 없이 외국 영사의 주재를 허용하지 않을 것 (3) 만주의 행정을 위해 외국인을 초빙하지 않는다는 것이었다.[12] 러시아의 요구안은 1903년 4월 18일 베이징 주재 러시아 대리공사 플란슨을 통해 청에 전달됐다.

1903년 러시아의 이러한 극적인 변화는 군 장교 출신으로 러시아 궁정의 총애를 받던 베조브라조프의 등장과 관계가 있다.

러시아 황제 니콜라이 2세는 1902년 11월 베조브라조프를 만주로 파송했다. 베조브라조프는 이후 짜르에게 제출한 동아시아 정책에 대한 비망록에서 "비테의 우유부단한 정책을 무시하고 러시아는 자신의 힘과 결정을 입증해야 한다. 러시아 군대의 만주 철수는 불가능하다"라고 주장했다. 그는 "러시아의 철군은 러·청 간 문제로 국제적 협상 대상이 아니며 극동에서 러시아에 대한 반대를 제압하기 위해 군대를 증강하며 만주에 대한 일본의 공격을 예방하고 러시아가 일본을 위협할 수 있다는 것이 가능하도록 압록강에 방어기지를 건설해야 한다"라고 보고했다.[13] 그는 러시아의 이런 목적을 위해 대한제국에서 받은 브리너 이권에 따라 동아시아무역회사를 지원하는 방안을 제시했다.

영국과 미국, 일본은 그러나 러시아가 추가로 내놓은 철군 조건은 만주 문호를 폐쇄하겠다는 방침이라며 청에 러시아의 요구 조건을 수락할 필요가 없다고 설득했다. 열강의 지지가 이어지자, 청은 러시아의 만주 철군을 위한 7개 요구안에 대해 '선 철군, 후 협상'을 내세워 거절했다. 러시아의 철군 조건이 거부되자 러시아의 동아시아 정책도 급변하기 시작했다.

만주에서 러시아 군의 2차 철군이 예정됐던 1903년 4월 8일 펑톈 등에서 철군했던 러시아 군이 이들 지역을 재점령했다.[14]

러시아가 4월 26일 소집한 특별각료회의에서 람스도르프와 비테는 기존의 자신들의 의사를 철회하여 러시아 군의 '북만주 점령을 지속'한다는 쿠로파트킨의 제안에 동의했다. 러시아판 '신노선(new course)' 정책이 시작된 것이다.[15]

니콜라이 2세는 1903년 5월 20일 소집한 각료회의에서 극동 정책의 새로운 방침에 대해 각부 대신들에게 다음과 같이 통지했다.

"1902년 4월 8일의 조약은 그 자체만으로도 만주의 개방을 의미하는 것인바 이 개방하에서 외국인들은 만주에서 자라기 시작한 러시아의 무역과 공업의 싹을 순식간에 제거해버릴 것이다. 따라서 동청철도와 러청은행은 외국인 이익을 위해 봉사하게 될 것은 물론 그 역할 또한 이미 영국인의 수중에 있는 산하이관 철도 및 다롄과 뉴좡에 개점될 것으로 보이는 외국계 은행 지점과의 경쟁에 의해 한정될 것이다"라고 말했다. 또 "만약 외국의 영향력이 만주에 미치는 것을 인정할 수 없다거나 4월 8일의 조약을 정확히 이행하려 한다면 만주에 대한 러시아의 배타적 영향권을 고수하겠다는 확고한 결단성을 보여준 후 필요한 투자에 주저함이 없이 단기간 내에 극동에서의 정치경제적 과제에 상응하는 전쟁 준비를 갖추어야만 한다"라고 강조했다.[16]

새로 드러난 러시아의 신노선은 "양보는 단지 전쟁을 유도할 뿐이며 평화는 오직 힘으로 보장될 수 있다"라는 대일 강경 노선의 천명이었다. 만주에서 러시아의 이해를 방어하기 위해 만주와 조선에서의 적극책을 펴고 세부 계획으로 압록강 지역 방어 정책을 시행하고 만주 방어를 위해 문호를 폐쇄한다는 것이었다.

'신노선'은 비테의 평화적 침투라는 기존 노선에서 벗어나 한반도에서 만주로의 세력 확장을 도모하던 일본을 저지하고 나아가 만주에 대한 독점 지배체제를 구축하기 위해 군사 전략적 측면을 중시한 노선으로 러시아가 선회했음을 의미했다.[17]

이날 회의에서 베조브라조프는 만주에서 러시아의 지위를 강화하려면 압록강 지역을 점령해야 한다고 짜르에게 주장했다. 대한제국에서 양도받은 압록강 유역의 삼림 채벌권을 근거로 한 이러한 주장은 한반도에 새로운 위기를 예고했다.

동아시아의 '뇌관(雷管)'
- 압록강 위기

러시아는 1903년 3월 주한 러시아 공사를 통해 압록강과 두만강 유역의 삼림 벌채 의사를 대한제국에 밝혔다. 러시아의 압록강 유역 삼림 채벌권은 블라디보스토크의 상인 브리너가 1896년 8월에 대한제국 정부로부터 20년 기한으로 획득했다.

채벌권은 두만강과 압록강의 연안으로 확대되었으며 채벌권의 소유자는 도로 건설권, 전신선 가설권, 건물의 건설권, 기선 운영권과 기타의 특권을 보유함에 따라 이권이 허여된 기간 동안 조선 북부의 실질적인 주인으로 군림할 수 있었다. 당시 브리너는 사업 추진에 드는 필수 재원을 확보할 수 없었는데 베조브라조프는 이러한 브리너에게 채벌권을 사들였다.[18]

서시베리아 총독 이그나쩨프 백작의 특별보좌관으로 일한 경력이 있는 베조브라조프는 1900년 3월 압록강 이권 개발을 위한 동아시아개발회사 계획서를 짜르에게 제출했다. 짜르는 같은 해 6월 이 회사의 주식 200주를 사들였으나 철도 확장을 통한 경제적 침투에 주력하던 비테의 적극적인 제지로 이 계획은 유보되었다. 하지만 1900년 중국에 대한 평화적 침투라는 비테의 계획이 서유럽의 금융 불황과 함께 러시아의 재정과 산업이 위기를 겪으며 흔들리자 베조브라조프의 계획은 다시 급부상했다.

러시아의 삼림 채벌 요구에 대해 대한제국은 브리너와 체결한 삼림 조약에 따른 합법적 행동으로 보고 별다른 이의를 제기하지 않은 채 러시아의 요구를 수용했다.

러시아는 1903년 4월 21일 삼림 채벌을 빌미로 한국과 만주 접경의 요충지인 용암포를 점령했다. 러시아는 용암포에 포대를 설치하고 중국 안동현에서 용암포에 이르는 지역에 1개 여단 병력을 배치했다.[19]

압록강 입구의 포구인 용암포는 의주(義州)에서 서남쪽으로 90리 거리에 있다. 압록강을 사이에 두고 청의 대동구와 마주한다. 항구의 가운데에는 용암산이 있는데, 산 위는 탁 트이고 너른 평지다. 용암포의 수심은 밀물 때는 17척(尺, 1척은 30.30303cm) 또는 20척이며, 썰물 때는 겨우 5척이다. 만조(滿潮) 때에는 1천 톤 이상 되는 선박도 드나들 수 있다.[20]

러시아 황제 니콜라이 2세는 러시아의 용암포 점령 직후인 1903년 5월 15일 베조브라조프를 국무 고문으로 임명하고 해군 제독 알렉세예프를 극동 책임자로 임명했다. 짜르는 알렉세예프에게 급송 공문을 보내 신노선에 대한 두 가지 원칙을 제시했다.

첫째는 만주에서 러시아 사업가들의 활동을 지원하고 외국 기업들은 배제할 것이며, 둘째는 비용에 상관없이 만주에서 러시아의 배타적 세력권 유지를 위한 러시아의 단호함을 보여줄 정도의 군사적 준비 태세를 갖추라는 것이었다.[21]

만주에서 2차 철군을 보류한 러시아가 한반도 북부의 접경 지역에서 용암포 점령 등의 적극 행동에 나서자 미국과 영국, 일본은 조선 정부에 문호 개방 원칙에 따라 교통로로 압록강을 개방하라고 압박하고 나섰다. 압록강 하구의 한 작은 포구였던 용암포는 점차 열강의 이해가 충돌하는 동아시아의 '핫 스팟(hot spot)'으로 부상했다.

핫 스팟으로 떠오른 용암포

용암포는 러시아로서는 대한해협과 함께 한반도 군사 전략상 2개의 중요한 지정학적 요충지다. 대한해협은 러시아의 태평양함대가 주둔한 블라디보스토크에서 중국의 뤼순을 잇는 주요 해상 연결 통로다. 러시아 해군은 이에 따라 대한해협이 일본에 의해 통제돼 러시아 전함의 통행이 불가능해지는 이른바 '제2의 보스포로스화'를 우려해 대한해협에서의 자유항행권 확보에 주력해왔다.

이와 달리 용암포는 의주와 함께 한반도와 만주를 육로로 잇는 만한 접속 지역이다. 만주 진출을 노리는 일본에 맞서 러시아가 자신의 배타적 세력권으로 간주한 만주를 지배하는 데 중심지인 뤼순과 다롄을 측면에서 보호할 수 있고 한반도로 나가기 위한 최적의 요충지였다.

만주와 접경 지역인 한반도 북부 지역은 열강의 철도 이권에 따라 세력권이 획정된 중국이나 경부철도 부설권을 획득한 일본이 한반도 남부에서 자국 세력을 확대해온 것과 달리 아직은 열강의 귀속 여부가 결정되지 않은 세력권 공백 지대였다. 러시아의 용암포 점령은 세력권 공백 지대의 선점을 통해 만주와 한반도를 세력권화하겠다는 러시아의 확고한 의지로 비쳤다.

만주 진출을 노리고 있던 가쓰라 내각은 1901년 6월 출범한 이래 적극적인 대외 발전 정책의 주요 목적을 청한 양국에서의 철도 확보, 즉 경의철도와 남만주철도에 두고 일차적으로 경의철도 부설권 확보에 주력해왔다. 경의철도는 만주 진출을 위해 필요한 한반도 북부 지역의 선점이라는 측면에서 일본의 대외정책을 실현해줄 수단이었다.

일본이 대한제국을 상대로 경의철도 부설권 확보에 나서자 러시아도 1903년 2월 대한제국에 경의철도 부설권 확보를 타진하는 등 철도 부설권 확보 경쟁에 뛰어들었다.

러·일 간 경의철도 부설 경쟁은 세력권 귀속이 결정되지 않은 한반도 북부 지역을 누가 먼저 자국의 세력권으로 만들 것이냐의 경쟁이었다. 양국의 철도 경쟁에서의 승자가 세력권이 결정되지 않은 한반도 북부 지역의 주인이 되는 셈이다.

양국의 이러한 철도 경쟁 속에 러시아가 삼림 채벌을 내세워 용암포를 점령하자 일본은 러시아의 행위가 경제적 이유와 달리 실제로는 정치적 의도가 있다고 의심했다.

용암포가 러시아에 점령된 4월 21일, 일본 정부는 무리안(무린암)에서 각료 회의를 열었다. 일본 정부는 러시아가 조선에 대해 일본과 직접적 충돌을 원하는 것으로 보이지 않으며 조선 문제가 양국 간 전쟁에 이르지 않도록 협상을 벌여야 한다는 결론과 함께 다음의 결정을 내렸다. (1) 러시아가 만주 철병 협정을 이행하지 않고 만주에서 군대를 철수하지 않을 때 일본은 러시아에 항의한다. (2) 만주 문제를 기회로 삼아 우리는 러시아와 협상을 해서 '한국 문제'를 해결해야 한다. (3) 조선에 대해 일본은 일본의 압도적 권리의 승인을 획득해야 하며 러시아에 어떤 종류의 양보도 할 필요가 없다. (4) 만주에 대해 우리는 러시아의 압도적 권리를 인정하며 이번 기회를 이용해 조선을 최종적으로 해결한다.[22]

일본 정부의 대러 협상론과 달리 러시아의 용암포 점령 이후 일본 내에서는 군부와 우익을 중심으로 대러 강경론이 분출되면서 러시아와의 전쟁 불가피론이 확산했다.

1903년 6월 8일 일본 총참모부는 회의를 열어 러시아와 협상을 진행하되 깨지면 전쟁으로 나서야 한다고 주장했다. 이날 회의에서는 (1) 러시아의 만주 철병 불이행은 미래 일본에 상당한 경각심을 불러일으키는 만큼 그냥 지나쳐서는 안 된다. (2) 미래 재앙을 피하고자 일본은 영국, 미국과 함께 행동에 나서 러시아에 공식적으로 군 철수를 요구하고 극동에서 영구적 평화에 대한 확실한 보장을 확보해야 한다. 만약 영국과 미국이 이에 가담하지 않으면 일본은 단독으로 러시아와 공식 협의를 한다. (3) 만약 우연히 이런 협의가 깨지고 러시아가 평화를 보장하는 수단인 우리의 요구에 응하지 않으면 일본은 무력으로 자국의 목적을 이뤄야 한다. 현재 러시아에 대한 일본군 병력의 우월성과 시베리아 횡단철도가 완성되지 않은 상태에서 영일동맹이 존재하고 청의 러시아에 대한 적대감 등을 고려할 때 오늘의 좋은 기회를 놓치면 기회는 결코 다시 오지 않을 것이라고 했다.[23]

삼국공조로 청일전쟁의 전리품을 송두리째 러시아에게 내준 채 10년에 이르는 동안 '와신상담'을 외쳐온 일본에 러시아의 용암포 점령은 좋은 전쟁 빌미가 됐다.

1903년 6월 10일 도쿄 제국대학 등 7명의 교수가 러시아의 만주와 조선을 잃으면 일본이 위험해진다며 정부에 강경론을 촉구하고 나섰고 육·해군 참모부와 외무성 소장층 그룹은 일본 내 원로그룹과 아직 결정을 내리지 못한 정부를 상대로 러시아와의 전쟁 불가피성을 로비하고 나섰다.

악화하는 러·일 관계의 회복을 위해 1902년 대러 협상파인 이토 히로부미의 지원을 받아 러일협회가 결성됐으나 일본 내 강경론을 덮지는 못했다. 일본 우익 모임으로 1901년 결성된 흑룡회는 러시아를 아무르 강까지 몰아내기 위해 전쟁 준비를 할 것을 정부에 촉구하고 나섰고 한반도에 주둔 중인 일본 무관들은 러시아가 압록강 양안을 점령한 뒤 일본을 상대로 전쟁을 준비 중이라는 과장된 보고서를 냈으며, 이는 오야마 참모장을 거쳐 5월 22일 천황에게도 전달됐다.[24]

일본 내 이들 강경파들은 '폭로응징(暴露膺懲)'을 강력히 주장했다. 포학무도한 러시아를 정벌하여 응징하는 것이야말로 정의이며 그것이 일본의 천직이라는 것이다. 이 응징론은 이미 청일전쟁 개전 전에는 '폭청응징'으로 제창되었고 또한 1930년대에는 '폭지응징(暴支膺懲)'으로 중일전쟁을 대비하게 된다. 거기에는 포학무도로 여겨진 상대가 왜 포학하며 무도하게 보이는가에 대한 물음은 이미 없다. 그저 전쟁에 승리해야만 정의가 실현되고 상대를 각성시킬 수 있다는 주전론만이 정론으로 인식된다.[25]

일본 내 전쟁 여론이 확산하던 1903년 7월 20일 러시아는 대한제국과 용암포를 러시아 목재회사에 조차하는 가조약에 합의했다. 이 가조약은 삼림 채벌권을 빌미로 러시아가 군사적으로 용암포[26]를 점령한 것을 인정하는 것은 물론 정착촌까지 허용하는 것을 의미했다. 하지만 한반도의 완전 확보와 만주 진출이라는 대륙 팽창론을 지향하던 일본과 만주의 문호 개방을 요구한 영국과 미국은 수용할 수 없는 문제였다.

주한 영국 총영사 조던은 "한반도 북부에서 러시아의 활동은 만주에서 그랬던 것처럼 일시적인 점령에서 영구적인 점령으로 바뀔 수 있으며 대한제국 국경에서의 산업개발은 자연스럽게 내륙에까지 영향력을 행사하게 될 것이며 라이벌(일본)을 쫓아내고 한반도를 흡수할 것"이라고 경고했다.[27]

신노선으로 경로를 바꾼 러시아의 동아시아 정책은 점점 강경해졌다. 니콜라이 2세는 1903년 8월 12일 바이칼 동부 지역의 러시아 속령을 관장하기 위해 칙령으로 극동특별총독부를 설치했다. 베조브라조프의 동아시아 강화 건의에 따른 것으로 극동 문제에서 독자적인 계획과 명령 수행이 가능해졌다. 이는 만주에 대한 평화적 침투를 주장해온 비테 재무상과 람스도르프 외상, 쿠로파트킨 육군상으로 대변되는 러시아의 '삼두체제(三頭體制)'에서 극동 문제를 떼어내는 탈중앙화 조치였다. 극동총독부와 중앙 부처의 이견 조율을 위해 수도에 극동문제특별위원회가 설립되었으며 뤼순에는 전쟁 준비를 주업무로 하는 특별위원회도 조직됐다. 러시아의 신노선 전환은 1903년 8월 비테의 사임으로 절정을 이루었다. 러시아의 신노선의 목표는 분명했다. 힘에 의한 만주의 러시아 세력권화와 이를 위한 한반도의 현상 유지다.

주영 러시아 대사는 랜즈다운에게 "만주 점령지 내에서 러시아의 이익 보호가 1차적으로 가장 중요하다. 그러나 러시아 정부가 가장 우려하는 것은 만주로 일본인들이 유입되는 것이며 하얼빈은 러시아 철도체계의 중심으로 배타적인 러시아 통제하에 남아야 한다"라고 말했다. 또 "일본이 조선 해안가에 일본의 거점을 세우는 것이 허용된다면 포트아서는 북쪽의 러시아 영토로부터 완전히 단절될 것이다. 그 문제는 심각하다"라고 말했다.[28]

일본은 그러나 만주에서 러시아의 임시 점령이 영구적 점령으로 바뀌고 조선 변경에서 삼림 채벌을 빌미로 용암포가 사용된다면 러시아는 한반도의 내지 쪽을 향한 세력권의 근거지를 마련하는 것이고 이는 한반도에서 러시아의 경쟁자들을 밀어내고 러시아 팽창의 정점을 찍는 디딤돌로 작용할 것을 우려했다.

일본, 러시아와 마지막 교섭 나서다

러시아에 대한 전쟁 여론이 높아지던 1903년 6월 23일 러시아와의 교섭 방침을 결정하기 위한 어전회의가 열렸다. 참석자는 이토, 야마가타, 오오야마, 마츠가타, 이노우에 등 5명의 군 원로와 정부 쪽의 가쓰라 수상, 고무라 외상, 데라우치 육상, 야마모토 해상 등 4명이었다. 고무라 외상은 이날 회의에서 "조선은 일본의 심장을 향한 단도와 같다. 그래서 타 열강이 조선을 소유하는 것을 감내할 수가 없다. 만주와 조선에서 러시아의 활동은 궁극적으로 조선에 대한 러시아의 지배로 이어질 것이다. … 조선의 안보를 보장받으려면 일본은 러시아의 활동을 현존하는 조약에서 허용된 만주로 제한해야 한다"라고 강조했다.[29] 당시 강력한 러시아의 정략에 대해서 한국 문제를 양보하지 않는다는 것은 러시아와의 충돌을 의미하는 것이었다. 따라서 이 결정은 실질적으로 러시아와 전쟁을 불사한다는 각오를 다짐하는 것이었다.[30]

러시아에 대해 일본이 이처럼 강경한 태도를 보일 수 있었던 것은 청일전쟁 이후 군비 증강에 따른 자신감이 반영된 결과이기도 했다.

1895년 말 일본 의회는 민족경제 발전으로 명명된 전후 계획을 채택했다. 러시아와의 일전에 대비하여 수립된 10개년(1896~1905) 전쟁 준비 계획에 따르면 1895년 6만 톤이었던 전함의 배수량을 1903년까지 27만 8,900톤으로 4배 이상 증강하고 새로운 해군기지 및 정박 시설의 건설, 기존 해군기지의 증설도 예정했다. 이 중 함대 건설과 관련된 계획 가운데 일부는 예상보다 4년이 단축된 1901년에 완수되어 1894년 전함 55척에 총 배수량이 6만 1천 톤에 불과했던 일본 해군력이 1901년에는 76척, 25만 8천 톤에 이르렀다. 청일전쟁 이후 군사비 지출도 그 이전에 비해 약 2배 정도 급증하여 국가 전체 예산의 약 50%를 차지했다. 이 전쟁 준비 계획은 대체로 1900~1901년 사이에 완수됐으며 여기에 투자된 총액은 5억 1,600만 엔이었다.[31]

일본이 군사적 태세를 완비하던 1903년 7월 러시아와의 전쟁 불가피론을 내세운 군부 중심의 주전파와 러시아와의 협상파인 이토가 주도하는 온건파 원로 그룹의 대립이 커지자, 일본 천황은 이토를 실권 없는 추밀원 의장에 임명해 사실상 권력에서 퇴진시켰다. 일본 내에서 러시아와의 협상파의 목소리도 자연스럽게 힘을 잃었다.

만주에서는 7~8월 사이 본토에서 온 러시아 군이 뤼순과 다롄 등에 대거 증강 배치되었다. 당시 만주를 방문한 영국의 군 정보 당국은 러시아를 다음과 같이 평가했다.

"러시아는 일반적으로 생각하는 것 이상으로 청에 대한 강력한 세력을 확보했다. 그들은 힘으로 만주 지방이 러시아의 지방이 되기까지 그 나라에 대한 지배권을 점차 얻어가려는 의도를 지니고 있다. 무력을 제외하고는 그들을 철수시킬 수 있는 것은 아무것도 없을 것이다. 그들은 충돌을 피하기를 열망하고 있으나 그들은 포기하기보다는 도전을 받아들일 것이다."[32]

용암포 문제는 점차 만주와 한반도에 대한 러·일 간의 이익이 타협할 수 없는, '비화해성(irreconcilability)'을 드러냈다.

영국과 러시아, 프랑스, 독일이 각각 중국에서 세력권 확정이라는 중국 침략의 과실을 나눠가졌지만 일본은 자신들이 배제됐다고 여겼다. 특히 조선의 완전 확보와 만주 침략을 목표로 한 일본의 이익은 이 지역을 세력권으로 확정한 러시아의 이익과 화해하는 것이 근본적으로 불가능했다.[33]

마지막 러일협상
– 한국을 중립화하라

용암포 점령으로 긴장이 고조되던 1903년 8월 12일 일본 정부가 러시아에 교섭안을 제출했다. 러일전쟁 이전에 열린 마지막 러·일 교섭은 6월 23일 일본의 어전회의에서 결정된 러·일 교섭 방침에 따른 것이었다. 러시아 주재 일본 공사 쿠리노가 가쓰라 수상의 지시에 따라 람스도르프 러시아 외상에게 제시한 협상안은 6개조로 다음과 같다.

> 1조. 청제국과 대한제국의 독립과 영토적 불가침성을 존중하며, 이들 국가 내의 상공업 분야에서 양 체약국은 동등한 권리의 원칙을 보지(保持)한다.
>
> 2조. 한국에서 일본 이익의 우선권과 만주에서 러시아가 갖는 철도부설의 특별한 이익을 상호 인식하고, 본 협약의 제1조의 규정하에 일본은 한국에서, 러시아는 만주에서 각자의 이익을 보호하기 위하여 필요한 조처를 할 권리를 인정한다.
>
> 3조. 러·일 양국은 제1조의 규정과 배치되지 않는 한 한국에서의 일본, 만주에서의 러시아의 상공업적 활동의 발달을 방해하지 않을 것을 서로 약속한다. 금후 한국의 경의철도를 만주의 남부에 연장하여 동청철도 및 산하이관 선에 연결하려고 할 경우 러시아는 방해하지 않는다.
>
> 4조. 제2조와 관련한 이익 보호의 목적 또는 국제 분쟁을 야기할 반란이나 소요를 진압할 목적에서 일본으로부터 한국에, 러시아로부

터 만주에 군대를 파견할 필요가 있으면 그 파견군은 어떠한 경우에도 실제 필요한 병원(兵員)을 초과하지 않는다. 위의 군대는 임무가 끝나는 즉시 소환될 것을 서로 약속한다.

5조. 한국에서 개혁을 시행하고 양호한 통치 체제를 확립하기 위해 조언과 불가피한 군사상의 원조를 포함하는 원조를 제공하는 것이 일본의 전권에 속한다는 사실을 러시아가 인정한다.

6조. 본 협약은 현재까지 한국과 관련하여 일·러 양국 사이에 체결된 모든 협정을 대체한다.

일본은 대한제국에서 일본 이익의 우선권과 정치·군사적 지원의 전권을 요구했다. 이는 대한제국의 주권과 독립을 위해 내정 간섭을 자제하고 일본의 상업적·산업적 발전을 방해하지 않는다는 1898년 니시-로젠 협정을 폐기한다는 의미였다. 일본이 대한제국의 보호국화와 독점적 지배를 실현하겠다는 야망을 드러낸 것이다.

일본은 경의철도를 동청철도에 연결함으로써 한반도에 이어 만주로 진출하겠다는 의도도 분명히 했다. 일본은 대신 만주에서 러시아의 권익을 보호하고 러시아의 만주로의 군 파병을 보장하지만 이는 러시아가 부설한 동청철도 권익으로만 국한했다.

일본의 노골적인 팽창정책은 이번에 조선을 완전히 확보해야 한다는 일본 내 강경론과 영일동맹의 성립이라는 자신감에서 나왔다. 일본은 러시아의 내정 불안에 비추어 전쟁으로 인한 재앙을 피하고자 러시아가 협상에 나설 것으로 예상했다.[34]

일본의 협상안은 만주와 한반도를 향해 자국 세력을 확대해온 러시아의 이익과는 정면으로 충돌하는 것이었다. 일본의 제안을 받아 든 러시아의 견해는 강경했다.

알렉세예프 극동총독부 총독은 니콜라이 2세에게 보내는 전신에서 "일본과의 협약 체결에서 우리의 일관된 원칙은 일본이 '만주는 전적으로 자신의 이익 범위 밖'이라는 것을 인정하도록 만드는 것뿐입니다. … 현재 진행 중인 일본과의 교섭은 일본 정부에 우리가 만주에서 갖는 이익과 권리를 무력으로 보호하겠다는 의지를 명확히 보여줄 때만 오직 그 성공을 기대할 수 있을 것입니다"라고 의견을 피력했다.[35]

러·일 협상이 재개되자 러시아는 청과 만주 철군 협상을 조기에 타결하기 위해 1903년 9월 6일 만주 철군을 위한 '5개 보장안'을 제시했다. 만주 폐쇄를 완화해 러시아는 '청국이 만주에서 새로운 조약 항을 개방하는 것에 반대하지 않는다'고 했다.

청 정부는 그러나 러시아의 제안을 다시 거부했다. 러시아는 더 이상 청의 친구도, 청일전쟁에서 청을 패배의 구렁텅이에서 건져낸 청의 구원자도 아니었다. 러시아의 만주 점령은 러시아 역시 다른 야만적 열강과 경쟁하는 또 다른 하나의 야만적 열강에 불과했다. 청의 선의를 재획득하려던 러시아의 인식은 잘못이었다.[36]

러시아는 극동특별총독부 알렉세예프 총독의 건의에 따라 청국과의 교섭을 중단하고 일본과 교섭을 통해 교착 상황을 타개하기로 방향을 선회했다.[37]

러시아, '한반도 39도선 이북을 중립화하라'

이에 따라 러시아의 일본과 교섭은 알렉세예프 총독의 지휘 아래 도쿄에서 주일 러시아 공사인 로젠 남작이 수행했다. 러시아는 10월 3일 로젠 공사를 통해 러시아의 수정안을 고무라 외상에게 제출했다. 수정안은 다음과 같다.

(1) 쌍방은 한국의 독립과 영토 보전을 존중해야만 한다.

(2) 러시아는 한국에서 일본의 우월적 이권을 인정하고, 상기 조항의 어떠한 위반도 없이 시민에 대한 통치를 보다 잘 조절하게 할 목적의 조언으로 한국에 도움 주는 권리를 인정한다.

(3) 러시아는 한국에서 일본의 공업과 상업 활동의 발전과 1조항을 위반하지 않는 선에서 이러한 이권의 보호를 위해 취하는 조치를 저해하지 말아야 한다.

(4) 러시아의 동의하에 그와 같은 목적으로 일본이 한국에 군대를 파견할 권리를 인정한다. 그러나 실제 필요한 수를 초과해서는 안 되고 그들에게 부여된 임무가 완수되는 즉시 그들을 소환해야 한다.

(5) 쌍방은 전략적 목적을 위해 한국 영토의 어떠한 부분도 이용하지 말아야 하고 대한해협에서 자유로운 항해를 위협할 수 있는 어떠한 군사적 조치도 한국 해안에 취해서는 안 된다.

(6) 쌍방은 위도 39도선에서 북쪽에 놓인 한국 영토를 중립지대로 간주하며, 협상 양측 중 어느 쪽도 이 영토에 군대를 들여보낼 수 없다.

(7) 일본은 만주에서 러시아의 완전한 활동의 자유를 인정하고, 러시아는 이 나라에서 일본의 상업과 공업 분야에서의 정당한 이권을 존중해야만 한다.

(8) 본 협약은 한국에 관해 러·일 양국 사이에 체결된 기존의 모든 협정을 대체한다.[38]

러시아의 수정안은 독립과 영토 보전의 대상을 대한제국으로 한정(1조)함으로써 만주를 협상에서 제외했다. 대신 만주에서 일본의 상공업상 권리를 인정하지만 만주에서 러시아 행동의 자유를 인정하도록 요구함으로써 '만한일체(滿韓一體)'의 일본 입장과 달리 만주와 한반도는 별개라는 '만한분리(滿韓分離)'의 주장을 명확히 했다.

러시아는 또 대한제국 내에서 일본의 우월적 이권을 인정하지만 군 파견권을 제한해 일본의 독점적 지배를 거부하는 한편 한반도와 그 연안의 군사적 목적 이용 금지와 대한해협에서 항행의 자유(5조)를 허용하도록 일본에 요구했다.

러시아 수정안의 핵심은 39도선 이북 지역의 중립화다. 한반도 북부를 '완충지대(buffer zone)'로 만들어 일본의 한반도 북부와 만주로의 진출을 막겠다는 의도다.

영국 정보 당국은 이에 "조선의 절반을 차지하는 북부 지역은 일본이 만주로 가는 선상에 있는데, 이곳의 중립화는 한반도에서 일본의 축출을 의미한다. 일본이 추진 중인 경의선을 저지해 일본의 만주 진출을 막고 니시-로젠 협정에 따라 일본이 원산 200명, 서울 400명, 부산 200명 그리고 일본 전신선을 따라 200명 등 배치 병력 1,000명 중 원산 병력의 철수가 불가피한, 일본에게 불리한 조건"이라고 분석했다.[39]

러시아의 만주 독점권과 한반도의 군사 전략적 이용 금지와 함께 한반도 북부의 중립지대화 안은 러·일 양쪽이 협상 내내 한 치도 물러서지 않았던 사안으로 여기에는 근본적으로 화해가 불가능한 러시아와 일본의 협상 전략이 있었다.

일본이 '세력권은 분할(만주와 한반도)하되 만주 문제와 한국 문제는 연계'한다는 전략이었던 데 비해 러시아는 '완충지대(한반도)를 설치하되 만주 문제와 한국 문제는 분리'하는 전략으로 대응했다.[40]

러시아의 수정안을 접수한 일본은 각의를 열어 만주가 일본의 이익권 밖이라는 러시아 안을 거부키로 하고 중립지대 문제 등에 대해 더 강경한 협상안을 10월 30일 로젠에게 제시했다.

일본은 중립지대안을 수용하는 대신 러시아에 위도 39도가 아닌 청과 조선 사이 국경지대 양쪽 50Km 범위를 중립지대로 하며 만주에서의 러시아의 독점권을 삭제하고 만주 지역에서 청의 주권과 영토 보전이라는 문호 개방을 요구했다.[41] 일본은 더 나아가 한반도에 대한 파견병의 수와 체제 기간의 제한을 없애고 러시아가 요구한 한반도의 군사적 목적 이용 금지조항을 삭제할 정도로 강경했다.

일본의 중립지대안은 1896년 야마가타가 대동강 이북 혹은 경성 이북을 러시아에 넘길 것을 제안한 것에 비해 일관성은 없었지만 이는 달라진 동아시아 국제환경과 일본의 지위를 반영하는 것이었다.[42]

러·일 협상과 관련해 영국은 만주의 문호 개방 원칙을 유지했고 프랑스는 러시아의 대한해협 자유항행권을 보장하되 청의 주권과 영토 보전을 러시아가 선언하고 이에 기초해 청이 조약 체결국의 권리를 존중하는 쪽으로 가야 할 것으로 생각했다.[43]

러시아의 1차 수정안이 나온 직후인 1903년 10월 12일 일본 정부는 내무대신 겸 대만총독인 육군 중장 고다마 겐타로를 참모차장으로 임명했다. 고다마는 종래의 수세적인 작전계획을 폐기하고 1차로 1903년 말까지는 압록강 이남의 한국을 완전히 점령하는 작전계획, 2차로 랴오양(遼陽)을 목표로 하는 남만주에 대한 공세작전 계획을 수립했다.[44]

일본 정부의 2차 협상안을 받은 러시아는 12월 12일 고무라 일본 외상에게 러시아의 2차 수정안을 제출했다. 만주 조항을 삭제하고 중립지대화안을 그대로 두는 대신, 일본이 요구한 동청철도와 조선철도와의 연결권 보장, 일본의 조선 내 상업적 이익 인정, 일본의 파병권 인정 등을 받아들였다. 일본은 그러나 만주에서 청과의 조약상 권리에 대한 보장이 안 된 데다 조선 경계로부터 320Km 떨어진 곳에 일본군을 배치하라는 한반도 중립지대화안에 여전히 불만을 터트렸다.[45]

러시아의 수정안은 러시아가 일본을 위해 극동에서 군사적 지위를 포기할 수 없고 영국과 미국을 위해 자국의 경제정책을 포기할 수 없다는 의지를 보여주었다. 일본은 애초 만주에서 러시아의 정책을 제한하기 위해 러시아에 협상을 제안했다는 점에서 만주를 제외하는 러시아의 수정안을 받아들일 수 없었고 조선의 39도선 이북의 중립지대화도 일본 권익 침해로 간주했다.[46]

일본 정부는 러시아의 2차 수정안을 받은 직후 수상과 외상, 전쟁상 그리고 해군상 외에 원로 정치인인 야마가타, 오이마, 이토 히로부미 등이 참석한 회의를 열고 '만주 문제'가 러시아에 의해 철저히 무시당했다며 한반도 이북 지역의 중립지대화 삭제 등 러시아 쪽에 협상 조건의 재검토 등을 강력히 요구하는 수정안을 12월 21일 러시아에 제출했다. 일본은 이와 함께 전시에 영국의 일본 지원이 가능한지 문의해 전쟁에 따른 사전 대비를 하고자 했다. 구체적으로는 (1) 일본 함대에 영국이 저탄소를 제공할 수 있는지와 (2) 영국이 일본 정부에 후방 전달 목적을 위해 영국의 식민지 사용을 허용할지와 (3) 차관 제공이 가능한지를 타진했다.[47]

일본 쪽의 3차 제안을 접수한 러시아의 짜르는 일본과의 전쟁이 바람직하지 않다고 여기고 12월 28일 특별회의를 소집했다. 러시아는 1904년 1월 6일 3차 제안에서 러시아는 조계 지역을 설정하는 것을 제외하고 만주에서 일본과 열강이 청국과의 기존 조약에 따라 획득한 권리와 특권을 향유하는 것을 방해하지 않는다는 내용을 명시했으며, 이에 대한 확인 차원에서 만주에서 조약상의 권리 행사를 보장하는 회람을 열강에 송부했다.[48]

러시아는 하지만 39도선 이북 지역의 중립지대 설정과 함께 만주와 그 연해 지역이 일본의 세력 범위 밖이라는 점을 고수했다.

일본, 최후통첩과 고종 황제의 중립 선언

일본 정부는 러시아의 3차 제안을 받은 직후인 1904년 1월 12일 화전(和戰) 결정을 위한 어전회의를 열었다. 그러나 이날은 화전을 결정하지 못했으며 일본 정부는 여전히 러시아에 재고를 요청했다.[49] 어전회의에서 러시아의 39도선 이북 조선의 중립지대화 조항과 조선 영토의 군사적 사용 금지 조문을 삭제하는 등의 최종안을 작성해 13일 구상서(verbal note)로 로젠에게 제출한 데 이어 14일 상트페테르부르크의 람스도르프에게도 전했다.[50] 일본 쪽의 마지막 회답이었다.

일본은 최종안에서 한반도 39도 이북 지역에서의 중립지대 설치 조항을 삭제하고 만주에서 청의 영토적 불가침성을 존중한다는 의무 규정을 두는 한편 한국과 그 연안은 러시아의 이익 범위에 속하지 않음을 인정할 것을 요구했다. 이는 러시아가 요구한 최소한의 합의 조건을 전면 부정하는 것이었다. 대한해협의 자유항행에 위협을 줄 어떤 군사적 시설물도 한반도 연안에 설치하지 않겠다는 것은 무의미해졌고 일본은 만주를 확실히 점령하겠다는 의사를 드러냈다.

양국 간의 이익의 불화해성은 더 명료해졌다. 일본의 마지막 제안은 러시아가 수용하기 어려운 안을 제시해 러시아의 거부를 끌어냄으로써 러시아에 대한 공격을 정당화할 수 있는 근거를 마련하는 최후통첩의 성격을 지닌 것이었다.

러시아가 3차 수정안을 마련하는 사이 일본에 대한 영국과 미국의 암묵적 지지와 러시아 견제를 배경으로 삼아 무력을 통한 해결과 한국에 대한 독자적인 식민지화 방침을 굳힌 일본은 1903년 12월 30일 각의를 열어 무력 사용이라는 대러 방침을 결의했다.[51]

하루 전인 12월 29일 일본 정부는 참모총장과 해군 군령부장에게 '언제라도 출병할 수 있도록 만반의 준비를 할 것'을 지시했다.[52] 일본의 군사 준비 태세를 잘 알고 있던 러시아 극동사령관 알렉세예프 제독은 1월 6일 동아시아에 군대 동원령을 내리고 분견대가 압록강으로 이동하는 것을 허락해달라고 짜르에게 요청했다.[53]

러·일 간의 교섭은 1901년 이토의 러시아 방문과 1902년 쿠리노 러시아 주재 일본 공사의 제안에 이어 1903년 8월 러일전쟁 직전 일본의 제안까지 모두 3차례에 걸쳐 이뤄졌고 논의 주제는 만주와 한반도에 대한 세력권을 누가 차지할 것이냐였다. 하지만 만주의 주권자인 청이나 영토를 군사적으로 사용하게 될 한국의 의향 등은 전혀 문제가 되지 않았다. 국제법상 어떤 개입도 할 권한이 없는 러시아와 일본이 만주나 한국의 운명을 결정하고자 한 것이 러일전쟁에 이르는 외교 교섭의 본질이었다.

러·일 간의 교섭이 난항을 겪으면서 전쟁 위기 가능성이 커지자 대한제국의 고종 황제는 1904년 1월 21일 즈푸에 있는 주청 프랑스 영사의 도움을 받아 미국·영국·이탈리아·러시아·프랑스·오스트리아 등의 열강에 전시 국외중립 선언문을 송부했다.

"러시아와 일본 사이에 발생한 분쟁을 고려해 그리고 평화적인 귀결을 달성하는 데 교섭 당사자가 직면하고 있는 곤란함을 고려해 한국 정부는 황제 폐하의 명령에 따라 현재 상기 두 강국이 현실적으로 행하고 있는 담판의 결과가 어떠한 것이든 가장 엄정한 중립을 지키기로 굳게 결의했다는 것을 여기에 선언한다."[54] 국력이 약한 약소국의 처지에서는 국권을 수호하기 위한 마지막 시도였다.

러시아는 1월 28일 회의에서 만주에서의 청국 영토의 보존 조항에 대한 논의는 허용하지 않지만 39도선을 포함한 모든 형태의 중립지역 요구를 삭제하고 한국의 철도와 동청철도의 연결을 허용하는 한편, 만주에서 중국이 여타 열강들과 동등하게 획득한 권리와 우월권을 인정하겠다고 밝혔다. 다만 전략적인 목적을 위해 조선을 이용하지 않겠다는 일본의 의무 조항은 존속하기로 했다.[55]

핵심 쟁점이던 한반도 중립지대화의 문제는 해결됐지만 일본은 러시아가 요구한 한반도의 군사 전략적 사용 금지를, 러시아는 청의 영토 보존 조항에 대한 논의를 끝내 거부함으로써 6개월에 걸친 양쪽의 견해차를 해소하는 데 실패했다.

한반도 분할론의 역사

한반도를 분할하는 안이 역사적으로 처음 언급된 것은 삼국시대였다. 당나라를 방문한 신라의 김춘추에게 당나라 태종은 다음과 같이 말했다. "내가 두 나라를 평정하면 평양 이남과 백제 땅은 모두 너희 신라에 주어 길이 편안하게 하겠다."[56]

당나라가 당시 고구려 원정에 실패하고 신라는 고구려와 백제의 협공으로 어려움을 겪던 때였다. 신라 김춘추가 당나라를 방문한 648년 당나라 태종은 신라와 동맹을 체결했다. 동맹의 핵심은 영토에 관한 부분으로 당 태종은 김춘추에게 고구려와 백제 양국을 평정한 뒤 고구려 도성인 평양을 포함한 이북 지역은 당이, 평양 이남과 백제 토지는 신라에 주겠다고 약조했다는 내용이다.

한반도 분할안이 다시 나온 것은 임진왜란 때였다.

1592년 5월 23일 조선을 침략한 일본군이 개전 한 달도 안 돼 한양을 점령하고 평양으로 진입하자 일본은 명이 파견한 심유경에게 평양을 기점으로 남동은 일본의 진영으로, 서북은 중국(조선)의 진영으로 하자는 한반도 분할안을 제의했다. 일본의 대동강선 제안은 전황이 바뀌면서 조선 8도 중 남부 4개도 할지(割地) 안이란 형태로 남쪽으로 후퇴해 수정 제의됐다.[57] 그러나 조선과 명 조정의 반대로 실현되지 못했다.

근대에 들어서면서 분할안은 한반도를 놓고 각축을 벌이던 주변 열강들 사이에서 '한국 문제(Korean Question)'의 해결책 중 하나로 본격화됐다. 이후 일본 제국주의에 의해 대한제국이 일본의 피보호국이 되고 2차 세계대전의 종전과 함께 미국과 소련 양대 강대국에 의해 한반도가 분할되어 현재에 이른 데에는 19~20세기 초에 열강들의 한반도 분할 이라는 한국 문제 해결책에서 그 역사적 기원을 찾을 수 있다.

청일전쟁의 발발 가능성이 높아지던 1894년 7월 16일 영국의 킴벌리 외상은 아오키 슈조 주영 일본 공사에게 서울을 중심으로 청은 북쪽을, 일본은 남쪽을 분할 점령하는 '일-청 군의 한반도 공동점령안(the joint occupation of Corea by Japanese and Chinese troops)'을 긴급 제안했다.

러시아의 남진을 막고 청에서 통상 확대를 위해 청의 해체보다는 현상 유지(status quo)가 필요했던 영국이 전쟁 회피책의 일환으로 내놓은 제안이었다. 하지만 청과의 전쟁을 통해 한반도에 대한 독점적 지배를 자신하고 있던 일본의 거절로 무산됐다.

청일전쟁 이후에는 일본이 한반도 분할을 제기했다. 청일전쟁에서 승리했지만 승리의 전리품은 고사하고 열강의 삼국공조와 아관파천으로 만주는 물론 한반도에서 세력이 쪼그라들자, 이를 벗어나기 위한 책략의 일환이었다.

1896년 5월 24일 러시아 황제 니콜라이 2세의 대관식에 일본 쪽 전권대사로 참석했던 야마가타 아리토모는 로바노프 러시아 외상에게 한반도 분할안을 제안했다.

"조선의 혼란 상태로 러시아와 일본이 조선에 군대를 파병할 때 양국의 충돌을 막기 위해 각자의 군대를 보낼 수 있는 선을 확정하고 그러한 선을 통해 한 나라는 조선의 남쪽 부분에, 다른 한 나라는 조선의 북쪽 부분에 군대를 파견할 수 있을 것이다. 또한 두 나라 군대 사이의 충돌 예방을 위한 완충선을 마련하여 거리를 확보하자."

로바노프는 이에 "조선을 분할하자는(to partition Korea) 것이냐"라고 물었고 야마가타는 빙그레 웃었다고 전해진다.[58] 러시아는 이미 러

·청 비밀 협약에서 청과 조선 영토의 보존에 합의한 데다 한반도 남부를 일본에 내줄 경우 태평양함대의 대한해협의 자유통행권 확보가 어려운 상황에서 군사 전략적으로도 적합하지 않았기에 거절했다.

러·일 양국은 1896년 6월 9일 체결된 야마가타-로바노프 비밀 협정에서 "조선국이 안녕질서에 위기가 있어 군대를 파견할 경우 양국은 그 군대의 상호 충돌 방지를 위해 양국 군대 간에 비점령인 공지(완충지)를 유지하도록 각 군대의 용병 지역을 획정"하는 것에 합의했다. 분할은 아니지만 이 협정은 한반도 분할의 기원으로 간주된다.

이완범 교수는 야마가타-로바노프 협정에 대해 "분할선도 용병 지역 획정에 대한 추가 논의도 없었지만 일본은 현재 점유 중인 (부산~경성 간) 전신선을 계속 관리하고 러시아는 경성에서 그 국경에 이르는 전신선의 가설권을 보유케 함으로써 경성을 경계로 남북을 각각 분할 점거하는 방식에 동의한, '비상시 열강에 의한 한반도 분할이 합의된 최초의 문서'"라고 밝혔다.[59]

박종효 교수 역시 해당 협정을 한반도 분할안의 기원으로 볼 수 있다고 분석했다. 그는 "1896년에 체결한 모스크바 의정서는 조선 영토의 상호 점령이 가능한 지역 사이를 설정하였던 것"이라며 "러시아에 한 일본의 이런 분할 제안이 후에 한반도 분할안의 기원이 될 수 있다는 것은 아무도 예상할 수 없었다"라고 말했다.[60]

한반도 분할안은 러일전쟁을 앞둔 1903~1904년 이뤄진 러일협상에서 중립지대라는 명칭으로 등장해 핵심 쟁점이 되었다.

러시아는 한반도를 보호국화하고 만주로 진출하려는 내용을 담은 일본의 제안에 대해 위도 39도선을 중심으로 하는 중립지대화를 일본에 역제안했다. 중립지대는 대한제국 영토에서 양국 군대가 직접적으로 진주하는 지역 사이가 아니라 필요한 경우에 대한제국의 일부를 점령할 수 있는 일본 군대와 러시아의 영역 혹은 만주와 같이 대한제국 영토 밖에 위치할 수도 있는 러시아 군대 사이에 설정되어야만 한다고 주장했다. 다시 말하면 압록강에서 39도선까지 중립지대로 하자는 안이다.

박종효는 이 안에 대해 "앞서 말한 1896년 로바노프-야마가타 회담에서 야마가타가 제안한 한반도를 북위 39도선으로 분할하자는 분할 논의 기원에 근거해 일본에 39도선 이남은 점령을 허용하고 그 북쪽은 만주를 보호하기 위한 완충지대로서 중립지대로 두자는 안"으로 "일본이 제안하였던 분할안이 이제 반대로 러시아가 중립지대라는 명칭으로 일본에 분할을 제안한 것"이라고 밝혔다.[61]

하지만 러시아의 제안에 대해 일본이 한국과 만주의 국경에 걸쳐 남북으로 50Km를 하자고 제안하면서 결렬됐다. 한반도에서 러시아를 축출하겠다는 일본의 안과 한반도를 완충지대화하려는 러시아와 의도가 정면으로 충돌한 것이었다.

한반도의 분할안은 열강들의 한반도와 만주의 세력 분할 과정에서 나온 것으로 정착 주체인 대한제국은 이런 사실을 몰랐고 알았더라도 그것을 막아낼 힘이 부족했다.

19~20세기 초에 제기된 한반도 분할안은 1945년 일본이 패망으로 현실화했다.

일본의 패망이 확정적이던 1945년 8월 10~11일 미국 3부 조정위원회(State-War-Navy Coordinating Committee, SWNCC)에서는 국무부의 던(Dunn), 전쟁부의 맥클로이(MaCloy), 해군부의 랄프 바드(R. Bard)가 펜타곤의 맥클로이 사무실에서 일본군의 급작스러운 항복 접수에 대한 협의를 밤새 벌였다. 맥클로이는 당시 육군성 소속의 찰스 본스틸(Charles H. Bonesteel) 대령과 딘 러스크(Dean Rusk) 대령에게 옆방으로 가서 미군의 군사적 역량을 고려해 미군이 최대한 북상해 일본군의 항복을 접수할 군사분계선을 고안하라 지시했고 이때 추천된 것이 38도선 분할 점령안이었다. 그리고 8월 13일 해리 트루먼(Harry S. Truman) 대통령이 이 안을 채택하여 즉시 영국과 소련, 장제스에게 전달되었다.[62]

이 회의에 참여한 에드워드 로우니(E. Rowny)는 당시 상황을 이렇게 전했다.[63]

> "딘 러스크 대령: 북한의 수도인 평양 바로 남쪽 북위 39도선에 그어야
> 합니다.
> 에이브 링컨 장군: 아니야! (지도의 38선에 색연필로 선을 그었다) 선은 바
> 로 이곳에 그어야 해."

이에 모두 어리둥절해 하는 가운데 "39도선이 가장 적당한 해결책인데, 왜 1도 아래로 내려가야 합니까?"라는 앤디 굿패스터 대령의 질문에 링컨 장군은 "모든 사람들이 38도선에 대해 알고 있지만 39도선에 대해서는 전혀 모를꺼야"라고 말했다.

미국의 38선 분할 점령안은 소련·영국·중국이 수용했고 9월 2일 맥아더 태평양 지역 연합국 최고사령관이 '일반 명령 제1호'로 포고했다. 한반도에서 38선 이북의 일본군 항복은 소련이, 38선 이남의 일본군 항복은 미군이 접수한다는 것으로, 이후 소련군과 미군의 한반도 진주와 점령이 이뤄지면서 한반도는 분단체제로 들어갔다.

최근에 한반도 분할안이 다시 언급된 것은 2013년 미국의 보수적 성향의 군사 안보 싱크탱크인 랜드(RAND) 연구소가 북한의 급변 사태 발생시 중국군 개입에 따른 한반도 분할안 3가지를 상정하면서다. 중국이 완충지대 마련을 위해 군사 작전에 나설 경우를 고려해 상정된 분할

중국과 가능한 분리선들

50km

평양 이북

평양

출처: Bruce W. Bennett, 한국안보문제연구소(2015),
『북한의 붕괴와 우리의 대비(*Preparing for the Possibility
of a North Korean Collapse*)』, p.332.

선이다.

첫 번째 분리선은 북중 국경으로부터 50km 이남에 위치하며, 북한
의 협조를 어느 정도 획득한 중국군의 역량을 반영한 선이고, 두 번째
분리선은 평양 이북에 위치하며, 이는 한국이 확보하기를 희망하는 최
소한의 영토다. 세 번째 분리선은 평양과 원산의 중심을 관통하면서 이
도시들을 분할하는 선이다.[64]

열강의 세력 분할이라는 체스 판 위에서 '졸(卒)'이 되어버린 한반도
의 운명은 19~20세기만의 일이 아니라 지금 현재도 진행 중이다.

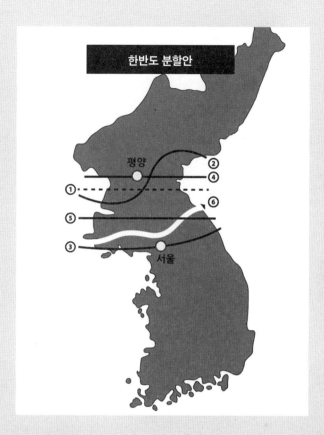

한반도 분할안

① 648년 당이 신라에 제안한 분할선
② 1592년 일본이 명에게 제안한 분할선
③ 1894년 청일전쟁 직전 영국이 청·일에 제안한 분할선
④ 1903년 러시아가 일본에 제안한 39도 이북지역 중립지대화(분할선)
⑤ 1945년 미국과 소련의 합의에 의한 38도 분할선
⑥ 1953년 한국전쟁 정전협정에 따른 현재의 분할선

11장

러일전쟁

"총동원 루신"

1904년 2월 6일 뤼순의 러시아 극동총독부 알렉세예프 총독에게 긴급 전보가 도착했다. "총동원 루신." 3개의 러시아 단어는 일본의 전쟁 개시를 급박하게 알렸다. 주일 러시아 공사 무관인 루신이 보낸 마지막 전보였다.

일본이 러시아와 사실상 개전에 나설 당시 러시아는 일본에 최종 수정안을 전달하는 중이었다. 1월 28일 특별회의를 연 러시아는 최종안을 2월 5일 알렉세예프 총독에게 암호 전문으로 보냈다. 알렉세예프 총독은 다음날인 2월 6일 이를 주일 러시아 공사인 로젠에 보냈다.

로젠은 그러나 2월 7일 알렉세예프 총독에게 "2월 6일 정부 전문을 받았지만 명령을 수행할 수 없게 되었다"고 밝혔다. 일본 정부는 러시아쪽에 통고한 최종 회답 시한인 2월 2일이 지나자 2월 4일 어전회의를 열어 즉시 전쟁에 돌입한다는 결정을 내렸고 양국 간 외교 관계의 단절통보 임무가 외상에게 부여되었다.[1] 국교 단절 통고문은 로젠이 정부 전문을 받기 하루 전인 2월 5일 러시아에 전달했다.

일본은 통고문에서 "한국의 독립 및 영토 보전이 자국의 강녕과 안전을 위해 긴요 불가결한 것"이며 "현재 헛수고에 속하는 담판은 이를 단절하는 것 이외에 선택의 여지가 없다. … 침박을 받는 그것(한국)의 지위를 공고히 하고 또한 이를 방위하기 위해서 그리고 제국의 기득권 및 정당한 이익을 옹호하기 위해서 최선이라고 생각하는 독립적 행동을 채택할 권리를 보유한다"라고 주장했다.[2]

일본의 '행동의 자유' 선언은 전쟁 선포를 의미했다. 청일전쟁 당시 개전 선언문에서처럼 일본은 "대한제국의 독립과 영토 보전 및 일본의 안전과 강녕"을 이유로 들었다. 하지만 일본의 '행동의 자유'는 대한제국의 독립과 영토 침해로 시작됐다.

국교 단절을 결정한 2월 4일 밤 일본 육군은 이날 보병 4개 대대 주력의 한국 임시파견대를 출동시켰다. 임시파견대는 8일에 인천으로 상륙하여 경성에 돌입했고 해군은 뤼순의 러시아 함대를 목표로 어뢰 공격을 가했으며 9일에는 인천 앞바다에서 러시아 군함 2척을 격침했다.[3] 이어 6일 대한제국의 진해만 점령을 지시받은 일본 제3함대 7전대는 마산포에 상륙해 곧바로 전신국을 점령했다.

일본의 기습적 선제공격을 당한 러시아는 속수무책이었다.

러시아를 상대로 한 일본의 전쟁 전략은 유럽에서 시베리아 철도를 이용해 러시아 증원군이 배치되기 이전에 전쟁을 결정짓는 조기 결전이었다. 일본 참모본부는 1903년 12월, 1차로 압록강 이남의 한국을 완전히 점령하고 2차로 만주로 군을 진입시켜 요양(遼陽)을 목표로 하는 남만주에 대한 공세작전 계획을 수립한 상태였다.

일본은 러시아의 최종 회답이 1월 말까지도 도착하지 않자 서둘러 전쟁 준비에 나섰다. 1904년 2월 1일 오오야마 참모총장은 러시아 군의 상황으로 보아 신속한 개전으로 선제점을 확보하는 것이 급선무라는 내용의 취지를 천황에게 상신했다. 5대 5의 비율로 보이는 극동에서의 러·일 육군 세력 관계를 6대 4 정도의 일본군 우세로 전환하기 위해서는 적이 전쟁 준비를 완료하기 전에 기회를 포착하여 서전을 유리하게 전개할 필요가 있다고 판단했다.[4]

일본군의 목표는 경성과 마산포 그리고 뤼순이었다. 경성 점령은 대한제국을 통제해 러시아와의 정치·군사적 제휴를 차단하는 동시에 주전장인 만주에서의 전쟁에 대비해 한국의 인적·물적 자원을 동원할 병참기지로 쓰려는 군사적인 의도에서였다.

쓰시마에서 115Km 떨어진 마산포는 천혜의 항만을 갖춘 곳이다. 마산포는 러시아가 점령한 뤼순 항과 태평양함대의 모항인 블라디보스토크를 잇는 중간에 자리 잡고 있다. 마산포의 이러한 지정학적 중요성 때문에 1903년 후반기 내내 진행된 러·일 교섭에서 러시아는 일본에 한반도의 군사 전략적 이용 금지와 대한해협의 자유통행권을 보장하라고 요구해왔다. 일본의 마산포 점령은 대한해협의 차단으로 이어지고 이는 곧 블라디보스토크로부터 뤼순의 고립을 초래할 수 있었다.

뤼순은 러시아의 극동 총독이 주재하며 러시아의 태평양함대 사령부가 주둔 중인 만주군의 전초 기지였다. 뤼순의 러시아 해군은 한반도와 만주로의 신속한 군사 전개를 위해 서해상의 안전한 해상로 확보가 필요한 일본에 위협을 가할 수 있었다.

일본군의 기습 공격으로 서막이 오른 러일전쟁은 대한제국 독립과 영토 보전이라는 일본의 전쟁 명분과 달리 대한제국의 영토에 대한 불법 점령이라는 대한제국의 주권 침해 행위에서 시작한 '모순된 전쟁'이었다.

러일전쟁 선언

마산포와 경성을 점령하자 일본 메이지 천황은 2월 10일 '선전의 조서'를 발표했다.

"제국이 한국의 보전에 중점을 두어온 것은 하루 이틀의 이야기가 아니다. 이것은 양국의 여러 세대에 걸친 관계에서 비롯된 것일 뿐만 아니라 한국의 존망은 실로 제국의 안위와 관련된 것이기도 하다. 그런데도 러시아는 청국과의 명백한 조약 및 여러 나라가 누차 선언했는데도 여전히 만주를 점거하고 있으며 점점 그 지보를 공고히 해 마침내 이를 병탄하려고 한다. 만일 만주가 러시아의 영유가 되어버린다면 한국을 보전할 수 없으며 극동의 평화 역시 애초부터 바랄 수가 없다. … 장래의 보장은 이제 싸움터에서 이를 구할 수밖에 없게 되었다."[5]

일본의 기습을 당한 러시아의 니콜라이 2세도 같은 날 대일 선전 포고를 했다.

"일본 정부가 제안한 한국 문제에 관해서 양 제국 사이에 존재하는 협정을 재검토하는 데 동의를 부여했다. 그러나 이 문제에 관해서 열린 교섭이 끝나지도 않았는데 일본 정부는 짐의 정부의 마지막 회답 제안이 도착하는 것조차 기다리지 않고 교섭의 단절과 러시아와의 외교관계의 단절을 통고해왔다. 그와 같은 교섭의 중단이 군사 행동의 개시를 의미한다고 예고하지도 않고 일본 정부는 자국의 수뢰정에 대해서 뤼순 요새의 외부 정박지에 정박 중인 짐의 함대에 기습 공격을 단행하라는 명령을 내렸다. 짐은 이에 관한 짐의 극동 태수의 보고를 접하고 즉각 일본의 도전에 대해서 군사력으로 답하라고 명령했다."[6]

러일전쟁은 일본에는 '메이지 영광'을 실현할 전쟁이었다. 멀리는 메이지 유신 전후로 싹튼 해외 웅비론을, 가깝게는 10년 전 청일전쟁에서 좌절된 조선의 보호국화와 대륙 진출의 야망을 실현함으로써 아류 제국주의에서 벗어나 명실상부하게 제국주의 열강과 어깨를 나란히 견주는 제국으로서 일본의 국제적 지위를 높이는 전쟁이었다.

러·일 간 협상이 파국에 이르면서 전쟁 가능성이 높아지자 대한제국은 국권 수호를 위해 열강에 '전시 중립'을 선언했다. 그러나 러시아가 환영의 입장을 보인 것과 달리 미국과 영국은 자국 공사를 통해 "알겠다(acknowledge)"고 통고했다. 사실상의 무시 수준이었다. 대한제국은 명목상 독립국이었지만 자위력을 갖추지 못한 상태에서 주변 열강의 외면은 전시 중립 선언을 휴지 조각으로 만들어버렸다.

와다 하루키는 일본의 선전 조칙에 대해 "일본이 전쟁 목적을 위장하는 문서"라고 말했다. 그는 "(선전) 조칙은 일본의 진의를 은폐하고 있었다. 시작된 전쟁은, 중립을 선언하고 러시아에 도움을 요청하는 황제를 가진 한국을 일본의 보호국으로 하겠다는 것을 러시아가 인정하게끔 하기 위한 전쟁, '제국의 국익'을 위해서 '한국의 보전', '한국의 존망'을 위협하고 마침내는 한국을 일본의 보호국으로 삼기 위한 전쟁이었다"라고 분석했다.[7] 러시아를 향해 선포한 '대한제국의 독립과 동양 평화의 보전'은 전쟁을 정당화는 그럴듯한 화려한 수사에 불과했다.

서울을 점령한 일본은 대한제국 정부의 친일 관리들을 회유해 1904년 2월 23일 한일의정서를 체결해 전시 중립 선언을 무력화하고 한반도의 병참 기지화를 서둘렀다.

6개 항으로 이뤄진 한일의정서는 1조에서 "한일 간의 친교 유지, 동양의 평화 확립을 위해 한국 정부는 일본 정부를 신뢰하고 그 충고를 수용"하며, 2, 3조에서는 "일본 정부는 한국 황실을 안전 강령하게 하고 한국의 독립과 영토 보전을 확실히 보증"하도록 했다. 또 4조에서는 "한국 황실의 안녕, 영토 보전을 위해 한국은 일본에 편의를 제공하고 일본은 이 목적 달성을 위해 군사상 필요한 지점을 적절히 수용"할 수 있도록 했다.[8]

대한제국이 자주권의 일부를 포기한 채 중요한 국무에 관한 간섭권을 일본에 승인한 것은 대한제국의 보호국화로 가는 시발점이었다. 전시에 일본에 편의 제공 및 토지 수용을 허용하면서 청일전쟁에 이어 한반도는 또다시 전혀 상관없는 전쟁에서 일본의 동원체제로 재편되었다.

러일전쟁 초기, 대한제국 내에는 러일전쟁이 백인들의 서구 침략에 대한 동양인의 대응 전쟁이며 한국 독립의 길이라는 여론이 일었다. 러시아가 한반도 분할과 만주와 한반도 교환을 제기한 데 따른 반감이 작용했기 때문이었다.

〈황성신문〉은 러·일 양국이 공식적으로 개전을 선언한 직후인 2월 12일 '우리 한(韓)의 입장에서 일러 관계를 논함'이라는 논설을 냈다. 〈독립신문〉에 뿌리를 둔 〈황성신문〉은 당시 대한제국의 관리와 지식인층이 주 독자였다.

"일·러가 서로 대치하며 교전에 이른 이유는 우리나라와 관계되어 있다. 힘이 있으면 일본보다 먼저 우리나라가 러시아와 개전했어야 했다. 만한 교환의 설을 제창한 것은 러시아다. 한국 분할론을 감히 꺼낸 것은 러시아다. 우리 대한은 당당한 독립 제국이다. 교환이라든지 분할이라든지 하는 설들은 얼마나 무례한 모욕인가? 한국은 일·청 양국과 연합 동맹하고 힘을 모아 어깨를 나란히 하고 용기를 북돋아 전진하여 시베리아 철도를 부수고 우랄 저 너머까지 쫓아내야만 우리가 동양의 대국(大局)을 보전할 수 있는 것이다."[9]

러일전쟁에 대한 호의적 여론은 한일의정서가 체결되고 일본의 대한제국 보호국화 의도가 명백해지자 비판으로 바뀌기 시작했다. 〈황성신문〉은 1904년 3월 1일 '한일 협상조약을 논함'이라는 논설에서 일본의 보호국화 의도를 신랄하게 비판했다.

〈황성신문〉은 제1조의 "시정의 개선에 관해서 그 충고를 용인할 것"에 관해서는 "겉으로는 충고인 것처럼 말하지만 내실은 무언가 간섭적 태도를 포함하고 있다"라고 비판했다. 제4조의 "내란 때문에… 황실의 안녕 또는 영토의 보존에 위험이 있으면… 시기에 맞춰 적절하고도 필요한 조처를 할 것"이라는 부분에 관해서 "우리 강토 안에서 비도(匪徒)의 변이 일어난다고 해도 우리 병졸이 내란을 충분히 진압할 수 있다.

어째서 외병의 조치를 기다린다는 말인가"라고 비판했다. 토지를 "뜻대로 수용하는 것"에 관해서는 "이것은 이름은 독립이라고 해도 사실은 보호국이라는 것이다. 저 독립 보전의 본뜻은 어디에 있는가?"라며 강력 반발했다. 그리고 이 협정이 "무기한"의 것임을 들어 "우리 독립의 주권을 외국인의 손아귀에 양여하고 결국 반환의 기일은 없는 것인가?"라고 비판했다.[10]

한반도에서 러시아 축출과 뤼순 함락

1904년 2월 8일 일본군의 한국 임시파견대대가 경성을 점령한 데 이어 12사단이 경성으로 진입하고 3월 11일 일본 연합함대가 뤼순 항을 봉쇄하는 사이 1군의 주력부대인 근위사단과 2사단은 해로를 통해 황해도 진남포로 상륙해 압록강으로 진출했다.

개전을 전후한 일본의 선제적인 공세에 러시아 극동군 총사령부가 내린 대일전쟁의 지침은 '선방어 후공세'였다. 뤼순과 만주 전장에 대한 방어를 우선으로 하며 한반도 쪽에서 만주로 진입하는 일본군을 저지하고 만주 진입 일본군 병력을 분산시켜 방어한 뒤 유럽에서 증원군이 배치된 이후 일본군에 대한 공세로 전환하는 전략이었다.

1904년 2월 20일 러시아 극동군 총사령관 알렉셰예프는 만주군 사령관 권한대행을 맡고 있던 리네비치에게 수세적인 대일 군사정책을 지시했다.

"만주군(의 임무)은 일본군이 총력을 기울여 뤼순 항을 파괴하지 못하도록 우리 쪽으로 끌어들이는 데 있다. 그리고 일본군이 압록강을 건너 동청철도 방향으로 공격하는 것을 지연시켜서 서시베리아와 유럽 러시아에서 다가오는 우리(러시아의) 예비 전력이 집결하는 시간을 버는 데 있다. 그와 더불어 만주군은 랴오허와 압록강 하구 그리고 그 인근 강변에 일본군이 상륙하는 것을 막을 모든 조치를 하는 데 있다."[11]

한반도에서 러시아를 축출한 일본은 4월 말과 5월 초 본격적으로 압록강을 건너 만주 공략에 나서는 한편 뤼순 항에서의 해상 봉쇄 작전을 이어갔다. 이 과정에서 제1 태평양함대 사령관 마카로프가 일본이 뤼순 항 외해에 설치한 수뢰에 폭사하자 러시아는 대책 회의를 열고 러시아 해군의 주력인 발트 함대에서 제2 태평양함대를 구성해 극동으로 보내 일본 함대를 괴멸시키기로 했다.

한반도에서 러시아 군을 축출한 일본군 1군단 산하의 3개 사단은 평양을 거쳐 4월 29일 압록강 건너 만주로 진입하기 시작했다. 일본군 1군단의 압록강 돌파에 이어 5월 13일 랴오둥 반도에 2군단이 상륙하면서 러·일 간의 만주 공방전이 시작됐다.

일본은 5월 말 노기 마레스키 중장을 사령관으로 제3군단을 편성하고 뤼순 공략을 전담하는 한편 6월 13일 참모총장 오오야마 이와오 원수를 총사령관으로, 참모차장 고다마 겐타로 중장을 총참모장으로 하는 만주군 총사령부를 편성했다.

일본군과 러시아 군은 동청철도를 따라 랴오양과 사허에서 전투를 벌였는데 러시아 군의 만주군 전초 기지인 뤼순에서 그중 가장 치열한 전투가 치러졌다.

뤼순 공략을 책임진 노기 사령관은 일본 함대와 뤼순 총공격에 앞서 1904년 8월 16일 오전 뤼순 항을 방어 중인 러시아 군에 뤼순 요새를 무혈인도하고 모든 주민을 뤼순에서 철수시키라는 서한을 전달했다. 러시아 군은 이에 대해 "요새를 포기하라는 제안은 러시아 군의 명예 및 품위와 양립할 수 없는 것으로 요새의 현 상황을 고려할 때 합당한 것이 아닌 만큼 논의의 대상이 될 수 없다"라는 답변을 발송했다.[12]

러시아 군이 항복을 거부하자 일본군은 1904년 8월 19일 본격적인 뤼순 공략에 나섰다. 8월 19일부터 10월 30일까지 일본군은 3차례 대규모 뤼순 점령을 위한 돌격전을 감행했지만 러시아 군의 치밀한 대비와 저항으로 대규모 병력 손실만 입은 채 끝났다.

뤼순 전투에 러시아의 군 기술부대 장교로 참전 중이던 라셰프스키 중령은 일기에서 "전쟁의 가장 큰 목적은 뤼순이다. 뤼순을 장악한다면 일본은 전쟁의 절반은 이긴 셈이다. 우리는 함대와 항구, 포대 그리고 가장 중요하게는 제2 분함대의 활동 기지를 상실하는 것이다. 게다가 유럽 국가들인 미국이나 영국 등은 일본을 자기 친구로 여기기 시작할 것이다"라며 뤼순 전투가 지닌 역사적 의미를 정확하게 인식했다.[13]

뤼순 항의 운명은 일본군의 4차 총공세에서 결정됐다. 러시아가 뤼순 항을 봉쇄한 일본 연합함대를 공격하기 위해 본국에서 파견한 제2 태평양함대가 11월 초 인도양에 도착했다는 소식이 전해지자 일본군이 병력을 보충해 총공세에 나섰다.

제2 태평양함대가 도착하기 전 뤼순 항의 함락에 나선 일본군은 1904년 12월 5일 총공세를 펼쳐 뤼순 항 후방의 203고지를 점령하는 데 성공했다. 203고지를 확보한 일본군이 뤼순 항 전후방에서 러시아 군의 뤼순 수비대와 제1 태평양함대의 전함을 향해 집중 포사격을 벌였고 파상공세를 견디지 못한 러시아 군이 1905년 1월 1일 투항하면서 뤼순 전투는 멈췄다. 일본군의 뤼순 항 기습 이후 329일 만에 뤼순 공방전은 막을 내렸다. 뤼순 공방전에 투입한 일본군은 13만 명이었다. 4차례 공세에서 절반에 가까운 5만 9천여 명이 살상됐을 만큼 무모한 일본군의 돌격적으로 치러진 전투였다.

뤼순 항을 수비하던 러시아 군은 전원 포로가 되었다. 당시 뤼순 수비대는 병력 32,400명(이 중 5,809명이 부상자 또는 환자), 말 약 3,000필, 정상적인 상태의 대포 610문, 기관총 9정 및 상이한 구경의 포탄 207,855발을 보유하고 있었다.

1904~1905년의 러일전쟁에서 뤼순 방어전이 차지하는 전략적 의미는 매우 크다. 러시아 요새 수비대는 장기간 일본군의 주력 부대(약 20만 명)와 일본의 주력 함대를 한곳에 묶어둘 수 있었다.[14]

미국과 영국,
한국을 버리다

뤼순 항이 함락되자 시어도어 루스벨트 대통령과 헤이 국무장관은 평화
계획에 착수하는 것이 좋겠다고 합의했다. 1월 13일 헤이 국무장관은
중립국들에 중국의 문호 개방과 영토 보전에 관한 미국의 정책을 상기
시키고 서구 열강의 의견을 요청한 결과 소극적인 독일을 제외하고 대
부분의 열강이 미국의 정책에 동의한다고 보고했다. 루스벨트는 이에
1월 중순 다카히라 주미 일본 공사를 불러 평화의 조건들을 협의했다.[15]

루스벨트가 일본에 제시한 평화 조건은 조선의 보호령화와 뤼순 항
과 그 주변에서 러시아 권리의 계승 및 만주의 문호 개방이었으며 일본
은 이를 수용했다.

미국은 러일전쟁이 발발하자 대외적으로 중립 입장을 보이는 듯했
지만 실제로는 일본의 승리를 기대했다. 극동아시아에서 러·일 간의 세
력 균형을 원했기 때문이었다.

미국의 당시 대아시아 정책은 러시아 견제론과 일본의 강대화(strong
Japan)에 따른 친일·반러 정책이었다. 일본이 미국을 대신하는 대리전
으로 러시아의 남진 정책을 저지하는 한편 미국이 요구한 만주에서의
문호 개방을 수용했기 때문이었다.

따라서 일본이 러일전쟁의 대가로 조선 보호령화와 뤼순 항의 양도
및 주변에서 러시아의 권리를 승계하는 것을 미국은 전쟁의 당연한 귀
결로 여겼다.

그렇다고 영향권과 세력권의 확실한 신봉자인 시어도어 루스벨트는

일본이 러시아와의 세력 균형을 넘어서 북만주까지 진출해 러시아를 대체할 정도로 세력 균형의 변화를 가져오는 것은 동아시아의 세력 균형과 평화에 바람직하지 않다고 여겼다. 이는 미국이 반러·친일의 입장이면서도 서둘러 전쟁 종결에 나선 이유이기도 하다.

하지만 러시아나 일본 어느 쪽도 강화회의를 제안하는 것은 사실상 전쟁에서의 패배를 인정하는 일이어서 누구도 강화회의를 제안하려 하지 않았다.

묵덴 전투와 쓰시마 해전 그리고 강화회의로

러시아는 만주의 전초기지인 뤼순을 빼앗겼지만 1월 말 유럽 방면에서 새로 도착한 증원군으로 전력을 증강하면서 일본군에 대한 공세를 준비했다. 동청철도를 따라 랴오양과 사허에서 러시아를 패퇴시킨 일본의 만주군은 묵덴으로 후퇴한 러시아 군과의 전투를 위해 새로이 군을 편성했다. 1, 2, 3군단과 신설된 압록강 군단을 묵덴 공략을 위한 포위 작전에 투입했다.

묵덴 전투는 1905년 3월 1일 일본군의 묵덴 포위 공격으로 시작됐다. 열흘간 이어진 전투에 투입된 병력이 러시아는 32만 명, 일본은 약 25만 명이었다. 3월 10일 일본군의 공세에 밀린 러시아 군이 묵덴을 포기하고 쓰핑(四平)과 하얼빈으로 퇴각하면서 전투가 종결됐다. 전투 결과 러시아 군은 포로 2만 2천 명, 실종 3만 명, 사상자 6만 명이었으며 일본군의 사상자는 약 7만 명이었다.[16]

묵덴 전투는 러일전쟁에서 최후의 지상전으로 양국에도 큰 영향을 주었다. 묵덴 전투 이후 일본은 시베리아 횡단철도를 통해 지속해 병력이 보충되는 러시아와 달리 1개 사단 정도를 증원할 여력밖에 남지 않을 만큼 병력과 재정의 한계에 이른 상태였다. 러시아는 전제정치에 맞선 자국 내 혁명운동을 누르기 위해 만주에서의 승리를 기대했지만 전쟁에서 연이어 패배하면서 오히려 혁명운동을 부추기는 결과를 낳았다.

묵덴 전투 이후 만주에서 지상전이 소강상태에 접어든 가운데 1905년 5월 27일 러시아의 발트 함대로 편성된 제2 태평양함대가 대한해협에 도착했다. 1904년 10월 15일 리바바 항을 출항한 지 7개월 보름여 만이었다. 2만 9천Km를 항해한 제2 태평양함대의 목적은 뤼순 항에 도착해 제1 태평양함대와 결합한 뒤 공동으로 서해와 동해, 대한해협에서 일본 해군을 격파하고 해상제해권을 장악하는 일이었다.

러시아 제2 태평양함대가 희망봉을 돌아 마다가스카르에 도착하면서 뤼순 항이 함락되고 제1 태평양함대가 궤멸했다는 소식이 전달됐다. 인도양을 거쳐 동중국해로 들어선 제2 태평양함대는 목표를 바꿔 대한해협을 거쳐 블라디보스토크로 향했다.

러시아 함대의 출현에 대비해 대한제국의 진해항에 집결한 일본의 연합함대는 5월 28일과 29일 대한해협에 나타난 제2 태평양함대와 3차례 해전을 벌여 승리를 거뒀다. 쓰시마 해전에서 러시아 함대 38척 중 순양함 1척과 수뢰함 2척이 블라디보스토크로 빠져나왔고 드미트리 돈스코이함이 울릉도 근해에서 전투 중 스스로 침몰한 것을 빼면 34척 이상이 일본 해군에 의해 침몰하거나 포획당했다. 12척의 주력함을 포함해 96척의 일본 함대는 3척의 수뢰함을 잃었다. 러시아는 1만 6,170명의 장병 중에서 5,044명이 사망하고 800여 명 이상이 부상을 당했지만 일본 쪽 사망자는 116명이었고 590여 명이 부상을 입었다.[17] 쓰시마 해전은 러시아 함대 300여 년의 역사 중 가장 치욕적인 사건이었다.

쓰시마 해전에서 승리하자 고무라 일본 외상은 이 여세를 몰아 5월 31일 다카히라 주미 공사를 통해 루스벨트 대통령에게 러시아와 일본을 공개적인 직접 협상에 초대할 것을 요청했다. 쓰시마 해전에서 패배한 이후 러시아에 남은 길은 일본과 강화조약을 체결하는 일이었다.

루스벨트는 이에 따라 1905년 6월 5일 페테르부르크 주재 미국 공사 메이어에게 니콜라이 2세를 알현하고 평화 협상에 대한 의견을 문의하라는 훈령을 보냈다. 양 교전국이 미국의 제안을 수용하면서 6월 17일 양국 전권대표들이 미국의 포츠머스에서 강화협상을 하기로 합의했다.[18]

러·일 평화 회담이 열릴 것이라는 소식이 전해지자, 고종 황제는 1905년 6월 25일 전 재무대신 이용익을 상트페테르부르크에 급파하여 니콜라이 2세를 만나 대한제국의 독립 보존에 관한 친서를 전하게 했다. 이용익은 우선 중국에서 파블로프를 통해 고종 황제의 친서를 외무성에 전문으로 보냈다.

"러시아가 대한제국의 독립을 언제나 지지하였음은 전 세계에 잘 알려져 있다. 지금 러·일이 평화 회담을 앞두고 짐은 오직 폐하의 배려가 대한제국을 일본으로부터 구할 수 있으리라고 믿고 있다. 어려운 결단의 시기를 맞아 짐은 폐하의 자비로운 호의로 대한제국의 독립을 보존시켜주실 것을 간곡히 바란다."[19]

하지만 돌아온 것은 "국내 문제로 더 이상 대한제국을 도와줄 수 없다"는 전문을 고종 황제에게 보내라는 황제의 칙령이었다. 러시아는 1884년 처음 한반도에 진출한 이래 청과 일본의 간섭을 견제하려는 고종의 큰 기대를 받았다. 또한 삼국공조와 아관파천을 통해 결정적으로 일본의 보호국화를 저지하기도 했다. 하지만 1898년 만주 집중책을 채택한 이후 러시아에게 대한제국은 만주를 지키기 위한 하나의 협상카드에 불과했다.[20]

러일전쟁의 강화 움직임이 본격화되는 가운데 일본 대본영은 강화회담을 유리하게 전개하기 위해 사할린 공략을 결정했다. 일본은 신설된 13사단을 투입해 1905년 7월 7일부터 8월 1일까지 5천 명의 러시아군을 격파하고 사할린 전체를 점령했다. 러일전쟁을 종결하려는 시점에서 정치군사 전략상의 이점을 달성함으로써 일본은 대단히 큰 성과를 획득하게 되었다.[21]

러일전쟁 초기에 한반도를 장악한 일본은 만주 공세에 나서면서 이번 전쟁의 목적이 만주임을 명확히 했다. 1904년 7월 고무라 외상은 가쓰라 수상에게 의견서를 냈다.

고무라는 "전쟁 이전에 제국은 한국을 우리 세력 범위로 하고 만주에서는 단순히 기득의 권리를 유지하는 데 만족했지만… 마침내 전단을 열기에 이르렀으므로 그 결과에 기초해 제국의 대 만주, 대 한국 정책은 전날에 비해서 그보다 한 걸음 더 나아가지 않을 수 없다. 한 번 전쟁이 시작된 이상, 목적이 조선에서 멈추지 않는 것은 당연했다. 이것은 예정된 코스였다"라고 썼다. 즉 "한국은 사실상 우리의 주권 범위로 하고 이미 정해진 방침과 계획에 기초해 보호의 실권을 확립하여 더욱더 우리 권리의 발달을 도모해야 한다. 만주는 어느 정도까지는 우리의 이익 범위로 하고 우리 권리의 옹호와 신장을 기해야 할 것"이라는 의견이다.[22]

한반도를 일본의 안보를 위해 영향권 아래 두는 이익선으로 보던 기존 개념에서 더 나아가 한반도를 본토와 같은 주권선에 포함하고 주권선 보호를 위한 이익선을 한반도에서 만주로 확대한 것이었다. 하지만 이는 대한제국의 보호국화를 전제로 했다.

가쓰라-태프트 밀약과 2차 영일동맹

일본은 러일전쟁에서 전황이 유리해지자 1905년 4월 8일, 각의에서 '한국 보호권 확립의 건'을 정식으로 의결했다. 이를 위해서는 열강의 합의가 필요했던 일본은 1905년 5월 영국과의 영일동맹 개정을 통한 일본의 한반도 이익 보호에 착수했다.

일본이 영국과의 동맹 개정 교섭을 진행 중이던 1905년 7월 25일 전임 필리핀 총독인 윌리엄 태프트 미국 국방성 장관이 시오도어 루스벨트 대통령의 딸 앨리스 등 80여 명의 수행단을 인솔해 일본의 요코하마에 도착했다. 이들의 필리핀 순방은 미국이 필리핀 통치에서 직면할 여러 문제를 상·하 양원 의원들에게 이해시키기 위해서였다.

가쓰라 다로 일본 총리는 7월 27일 오전 태프트 장관을 만나 필리핀과 한국, 극동에서의 전반적인 평화 유지 문제와 관련해 의견을 나눴다. 당시 이들 간에 합의된 각서에 토대해 대화 내용을 재구성하면 다음과 같다.

"태프트: 일본의 승리가 필리핀 방면에 대한 일본의 침공을 알리는 서곡이라는 미국 내 친러 인사들의 말이 있다. 필리핀에서 일본의 유일한 이익은 이 섬이 미국처럼 강력하고 우호적인 나라에 의해 통치되는 것이다.

가쓰라: 극동에서 전반적인 평화 유지가 일본 대외 정책의 기본 원칙이다. 이를 위해 공통의 이익을 가지고 있는 일·미·영의 합의를 이뤄내는 것이 목표다. 한국이 러일전쟁의 직접적인 원인이기 때문에 전쟁의 논리적 귀결로서 반도 문제가 완전히 해결되어야 한다.

태프트: 개인적 의견으로는 한국이 일본의 동의 없이 외국과 조약을 체

결하지 않도록 요구할 정도까지 일본이 한국에 종주권을 확립하는 것은 이 전쟁의 논리적 귀결이고 동양의 항구적 평화에 직접 기여하는 것이다."[23]

태프트는 가쓰라와 나눈 대화를 루스벨트에게 보냈고 루스벨트는 태프트에게 7월 31일 "귀하와 가쓰라 백작의 회담은 모든 점에서 전적으로 올바른 것입니다. 내가 귀하의 모든 말을 확인한다는 것을 가쓰라에게 전해주기를 바란다"라고 답신했다.[24]

미국과 일본이 한국 문제와 필리핀, 극동에서의 평화 유지의 문제를 놓고 협의한 내용을 기록한 이 전문 내용은 '가쓰라-태프트 밀약'으로 알려져 있다. 한국 문제와 관련해 일본이 필리핀을 침략할 의도가 없다는 것을 확인하는 대신 미국은 일본의 대한제국에 대한 보호국화를 승인한 것이었다.

이 밀약은 19년이 지난 1924년 8월 미국 매사추세츠 주 윌리엄스타운에서 개최된 정치학회에서 당시 존스홉킨스 대학에 근무하던 역사학자 타일러 데네트(Tyler Dennett)가 미·일 간의 밀약이 있었음을 시사하면서 세상에 알려졌다. 테일러는 이후 자기 논문이나 저서에 태프트가 1905년 7월 29일 루스벨트에 보낸 전문을 실어 그 비밀을 공개했다.[25]

최덕수 교수는 "가쓰라-태프트 밀약은 일본이 한국을 보호국화하는 것을 미국이 승인하는 공식 협약이나 협정의 형태는 아니었다고 할 수 있다. 하지만 밀약의 내용과 그에 대한 루스벨트의 긍정적인 답변은 당시 미국의 한국에 대한 기본적인 입장이 어떠했는지를 보여주는 것이었다"라고 분석했다.[26]

실제로 가쓰라-태프트 밀약이 맺어진 같은 달 고종 황제는 포츠머스 강화회담을 앞두고 밀사를 모건 주한 미국 공사에게 파견해 러·일

강화회담에 한국 대표를 파견하도록 주선하되 만약 참여할 수 없으면 미국이 한국 구제를 위해 거중조정 역을 행사해달라고 요구했다. 대한 제국 정부는 1904년 8월부터 1905년 12월까지 1년여간 루스벨트에게 무려 여섯 차례 구제 호소를 했다.[27] 하지만 이러한 요구는 외면됐다.

러일전쟁이 한창이던 1905년, 대한제국이 독립 유지를 위해 미국이 자국에 관심을 두도록 노력했다. 하지만 루스벨트는 한미관계라는 양국 간 관계에서 일방의 주체로서가 아니라 극동 전체 속의 한 객체로서 한국을 보았다. 그 때문에 미국에서 한국에 대한 관심이 한국이 바라던 독립 유지와는 정반대의 방향으로 미국이 움직이는 데 기여하고 말았다.[28] 당시 미국에게 동아시아에서 세력 균형의 주체는 일본이나 러시아였고 대한제국은 이러한 세력 균형 주체의 변동에 따라 움직이는 객체에 불과했다.

가쓰라-태프트 밀약을 체결한 일본은 1905년 8월 12일 런던에서 제2차 영일동맹을 체결했다. 1902년 1월 30일 런던에서 조인된 영일동맹은 그 효력이 5년 동안 지속되는 것이었지만 기간이 채 끝나기도 전, 양국은 포츠머스 강화회의가 진행 중이던 와중에 동맹 개정에 전격적으로 합의한 것이었다.

새로운 영일동맹은 러일전쟁에서 수세에 몰려 강화조약을 체결했던 러시아가 이후에라도 다시 일본을 공격할 것을 염두에 두고 러시아를 공동의 적으로 삼아 조약의 성격을 공수동맹으로 강화한 것이었다.[29] 8개조로 이뤄진 2차 영일동맹은 전문에서 동아시아와 영국의 식민지인 인도의 평화를 유지하고 이들 지역에서 양국의 특별 이익의 방어와 청 제국에서의 문호 개방을 명시했다.

한국 문제와 관련해선 3조에서 "일본은 한국에서 정치·군사상 및 경제상의 탁월한 이익을 가지므로 영국은 일본이 이 이익을 보호하고 증진하기 위해 정당하며 필요하다고 인정하는 지도, 감리 및 보호의 조치를 한국에서 취할 권리를 승인한다"라고 규정했다.[30] 이는 1차 영일동맹에서 '한국의 독립과 영토 보전을 완전히 보장한다'는 기존 입장을 영국이 철회하고 일본의 한국 보호국화를 공식적으로 승인해주는 대신 일본은 영일동맹의 적용 범위를 인도까지 확장하는 것으로 타협한 결과였다.

2차 영일동맹은 미국과의 가쓰라-태프트 밀약에 이은 일본의 외교적 승리였다. 남은 것은 포츠머스 회담에서 한반도의 보호국화와 관련해 러시아의 승인을 얻어내는 일이었다.

좌절된 근대 국민국가 수립

러일전쟁의 종전을 위한 포츠머스 회담이 마침내 1905년 8월 10일 시작되었다. 회담장의 공식 언어는 영어였으며 하루에 2번씩 열린 회의에서 합의된 사항은 언론에 공개하기로 했다. 러시아 쪽의 전권대표로는 각료회의 의장인 비테와 주미대사 로젠, 법률고문으로 마르텐스 외무성 고문이, 일본 쪽 전권대표로는 고무라 전 외상, 다카히라 주미대사, 데니슨 법률고문이 참여했다.

첫 회담에서 일본은 12개 항의 평화 조건을 러시아에 제시했다. 1항에서 대한제국의 문제를, 2항에서 8항에서는 만주와 사할린 문제를 그리고 9항에서는 러일전쟁과 관련한 보상금 문제를, 10항에서 12항에서는 오호츠크 해 어업권 등의 문제를 다뤘다. 요구안 제출에 이어 오후에는 3시간 반에 걸쳐 한국 문제를 토론했다.

일본은 1항에서 일본이 대한제국에서 정치·군사 및 경제적 우월권을 갖는 것을 인정하며 일본 정부가 대한제국에서 취하는 일본의 지도·보호 감독의 조치를 간섭하거나 방해하지 않을 것을 러시아가 약속할 것을 요구했다.[31] 사실상 미국과 영국으로부터 승인받은 대한제국의 보호국화를 러시아도 승인하라는 요구였다.

대한제국 문제는 만주 문제와 더불어 일본에는 러일전쟁의 목적이었다. 일본은 6월 30일의 각의에서 결정한 훈령을 전권대표에게 지참하도록 했다. 절대적 필요조건은 다음의 세 항목이었다. (1) 한국을 전적으로 우리의 자유 처분에 맡길 것을 러시아에 약속, 승낙시키도록 할 것, (2) 일정 기한 내에 러시아 군대를 만주에서 철퇴시킬 것, (3) 랴오둥 반도 조차권 및 하얼빈-뤼순 간 철도를 일본에게 양여할 것이었다.[32]

러시아는 러일전쟁에서 사실상 패배한 만큼 대한제국에 대한 일본의 요구를 거부할 수는 없었고 러시아의 협상 지침에서도 제외됐다. 니콜라이 2세는 7월 11일 여러 대신이 내린 결론과 외상 람즈도르프가 작성한 훈령을 토대로 러시아 대표에게 일본에 양보해서는 안 될 '4불가(四不可)' 원칙을 하달했다. 즉 (1) 러시아 영토의 양보 불가, (2) 전쟁 배상금 지급 불가, (3) 블라디보스토크 요새의 무장 해제와 태평양에서의 전함 유지권 양보 불가, (4) 일본에 블라디보스토크와 러시아의 기타 지방을 연결하는 철도선의 양보 불가 등이다.[33]

포츠머스 강화회의, 일본의 대한제국 지배권 승인

러시아는 그러나 러시아와 접경한 한반도 북부 지역에서의 안전과 대한해협에서의 항행의 자유를 보장받고자 했다. 이는 대한제국 황제의 주권 보장과 대한제국의 독립 및 불가침성을 전제로 하는 것이었다. 러·일 협상에서 일본 쪽이 거부한 주장을 러시아가 되풀이하자 일본은 강하게 반발했다.

고무라는 "일본이 한국에서 충분히 자유 행동을 취할 수 있다는 것을 승인하는 것이 긴요하다"며 "한국의 주권을 전적으로 그대로 계속 보유하게 한다는 주지에는 단연코 동의할 수가 없다. … 도대체 한국의 주권이란 것은 이미 그리고 오늘날에도 완전한 것이 아니다. 일본은 이미 동국가와 협약을 체결해 동 국가 주권의 일부는 일본에 위임되었고 한국은 외교상 일본의 승낙이 없이는 타국과 조약을 체결할 수 없는 지위에 있다"라며 극히 노골적으로 반대했다.[34]

러·일 양쪽은 3일간의 토론 끝에 전문에 대한제국의 독립 문제는 거론하지 않는 대신에 일본은 회의록과 언론에 배포될 의정서에서 앞으로 일본이 대한제국에서 필요하다고 생각하고 또 조선의 주권을 침해할 우려가 있는 조치들은 조선의 대한제국 정부와 조화 속에서 취할 것으로 이해한다는 내용으로 타협했다.[35]

한국 문제에 대한 러·일 양국 조약 타결의 핵심은 일본의 대한제국에 대한 지배권을 승인한다는 것이다. 가쓰라-태프트 밀약과 2차 영일동맹에 이어 포츠머스 회담에서 대한제국에 대한 일본의 보호권이 국제적으로 승인된 셈이다.

강화조약에 대한제국의 주권이 상실되었다거나 그렇다고 독립으로 인정되었다는 말도 없지만 이 말은 대한제국에는 별다른 의미가 없었다. 대한제국은 이미 일본의 군사적 지배하에 있었기 때문에 일본은 무슨 일이라도 할 수 있었다.

러·일 양국은 만주 문제와 관련해 러시아의 만주에서 군사적 철수와 뤼순 지역의 러시아 조차권을 일본에 넘기는 것에 합의했다. 또 뤼순-하얼빈 철도를 일본으로 이전하지만 러시아 군이 장악한 하얼빈 남쪽 부분은 러시아가 유지하기로 조정했다. 동청철도는 철도의 이용을 상업적 목적에 제한하는 조건으로 러시아가 유지하기로 결정됐다.[36]

하지만 전쟁 보상금과 사할린 할양을 놓고는 양쪽의 견해차가 컸다.

일본은 전쟁 비용을 충당하기 위해 외국에서 들여온 대외 채무액 24억 엔에 상응하는 15억 엔에서 20억 엔의 배상금과 함께 1875년 러시아의 강요에 의해 할양한 사할린을 내놓을 것을 요구했다.

패전국의 지위를 부정하는 러시아에는 일본 요구는 수용할 수 없는 문제였다. 러시아는 4불가 원칙에 따라 '1루블의 배상금과 한 치의 영토 할양도 할 수 없다'며 배상금을 지불하느니 전쟁을 재개하겠다는 강경한 태도를 고수했다. 양쪽의 대치에 루스벨트 미국 대통령은 러시아 쪽에 애초 러시아 소유가 아닌 사할린 할양이 필요하다며 설득했고 일본에는 많은 액수의 배상금보다는 땅을 얻는 것이 더 나을 수 있다며 설득했다. 러·일 양국은 8월 29일 마지막 공식 회의에서 배상금 없이 북위 50도선에서 사할린을 분할하기로 합의하면서 포츠머스 회담은 끝을 맺었다.

비테의 비서였던 코로스토베츠는 당시 마지막 순간을 다음과 같이 기록했다.

"절대적인 침묵이 지배했다. 비테는 자기 옆에 놓여 있던 종이를 계속 찢고 있었다. 로젠은 담배를 피우고 있었다. 고무라 전권대표는 마침내 아주 가라앉은 목소리로 자신의 정부가 평화와 협상의 성공적 결말을 염두에 두고 배상금 없이 사할린을 분할하는 러시아 쪽의 제안을 수용하겠다고 말했다. 러시아는 일본의 제안을 수락하고 북위 50도선이 분계선이 될 것이라고 비테는 조용히 답변했다."[37]

일본은 평화 협상에서 절대적으로 불가결한 조건으로 내세운 대한제국에서 일본의 제한 없는 자유, 만주에서 양국 군의 철수 그리고 뤼순의 북쪽 남만주철도와 뤼순 및 랴오둥 반도의 할양이라는 3가지 목적을 모두 확보했다.

협상은 끝났지만 양국의 협상 대표들은 자국에서 환영받지 못했다.

포츠머스 평화조약 체결 소식이 알려지자 일본은 폭발했다. 막대한 희생에도 불구하고 단 한 푼의 배상금도 없이 동토인 사할린 반쪽을 받자 일본에서는 유혈의 긴 소요가 이어졌다. 사실상의 패전국으로 전락해버린 러시아는 내부 혁명 분위기를 진정시키기 위해 1905년 8월 오직 심의 권한만을 갖는 러시아 제국의회(Imperial Duma)의 창설을 선언했다. 하지만 다음 해인 1906년 7월 군주권의 위협을 느낀 짜르가 의회 해산 명령을 내리면서 러시아는 정치개혁에 실패한 채 쇠락의 길로 들어섰다.

을사늑약과 러시아·일본의 거래

대한제국의 보호국화에 대해 미국과 영국의 승인은 물론 포츠머스 강화조약에서 러시아의 보장을 확보한 일본 정부는 본격적으로 대한제국 보호권 확립에 나섰다.

이를 위해 이토를 서울로 보낸 일본은 1905년 11월 17일 하야시 주한 공사와 외부대신 박제순 사이에 2차 한일협약을 체결했다. 일본이 대한제국 대신들을 겁박해 8명의 대신 중 학부대신 이완용, 내부대신 이지용, 외부대신 박제순, 군부대신 이근택, 농상공부대신 권중현이 찬성했다. 찬성 대신이 참석자의 절반은 넘자 일본은 외부대신 직인을 탈취해 날인했다.

2차 한일협약은 일본 정부가 한국의 외국에 대한 관계와 사무를 감리·지휘하고 일본의 외교 대표자와 영사는 외국에 있는 한국의 신민과 이익을 보호하도록 했다(1조). 또 한국 정부는 금후에 일본 정부의 중개를 거치지 않고는 하등의 조약 체결이나 약속을 하지 않으며(2조) 한국 황제의 궐하(闕下)에 1인의 통감(Resident General)을 두어 외교에 관한 사항을 감리하도록 했다.[38] 이로써 대한제국의 외교권이 박탈됐다. 일본이 조일수호조규 이래 주장하고 러일전쟁의 명분이었던 대한제국의 독립 보장은 허울뿐 실제로는 조선의 보호국화를 겨냥한 것이었음을 드러낸 것이다.

고종 황제는 이러한 사태에 직면해 11월 12일 루스벨트에게 보내는 서한을 전달해주도록 주한 미국 공사인 모건에게 의뢰했지만 모건은

그런 일에 관여하기를 거절했다.[39]

오히려 대한제국의 외교권이 박탈되자 미국은 12월 6일 제일 먼저 대한제국 내 미국의 대표권을 도쿄 미국 공사관으로 옮기고 철수했다.

친미파의 거두이며 이승만을 미국으로 파견한 시종 무관장 민영환은 2차 한일협약의 부당성을 지적하고 1905년 11월 30일 스스로 목숨을 끊으면서 미국 정부 및 미국의 지인에게 다음과 같은 유서를 썼다. "당신은 오늘날 일본인의 목적 및 행동을 알지 않으면 안 됩니다. … 당신 나라와 우리나라 사이에 체결된 우리나라 최초의 조약을 당신이 잊지는 않으리라 생각합니다. 당신 나라 정부 및 국민으로부터의 동정심을 실제로 증명할 수 있기를 바랍니다." 그러나 미국은 민영환의 기대에 부응하는 일을 하지 않았다.[40]

민영환이 목숨을 걸고 언급한 조약은 1882년 미국과 체결한 한미우호통상조약이었다. 조약의 1조 중에는 "만약 다른 나라가 어떤 불공평하고 멸시하는 사건을 일으켰을 때 일단 통지하면 반드시 서로 도와주며 중간에서 잘 조정(거중조정)해줌으로써 두터운 우의를 보여준다"라고 거중조정(good offices)을 명문화했다.

거중조정은 분쟁 당사국에 제3국이 개입해서 거중조정함으로써 분쟁을 해결하고 화해케 한다는 것으로 해석할 수 있다. 19세기 후반기 내내 열강의 각축 속에서 국권 수호를 하고자 했던 대한제국은 한미조약상의 거중조정 조항에 근거해 국난을 극복할 수 있다고 믿고 미국에 적극 개입을 호소했지만 무산됐다. 허약한 아시아를 방치하거나 허약화를 조장함으로써 자국의 상업적 이권 추구와 정복 정책을 펴는 유럽 열강의 '허약한 아시아(Weak Asia) 정책'과 달리 미국의 경우 가능한 한 '아시아의 강대화(Strengthening Asia)'를 추구해왔다. 이는 아시아 대륙에 강력한 자조, 자활, 자치의 주권 국가를 수립하도록 뒷받침해주는 정책

이다.[41]

청의 종주권을 부정하고 조선 독립을 승인하며 조미수호통상조약을 체결했던 미국이 대한제국의 주권 보호보다 일본의 대한제국 보호국화를 지지하는 것으로 돌아섰던 이유는 무엇일까. 우선은 대한제국보다 동아시아의 세력 균형이 우선이었기 때문이다. 한반도에서 미국이 경제적 이권에 손실을 본다 하더라도 아시아–중국에서 미국의 이익이 더 컸고, 중요했기 때문이다.

또 다른 이유로는 거중조정에 대한 한·미 양국의 현격한 시각차를 들 수 있다.

미국은 처음부터 이를 얼빠진 조치라며 그 의미를 축소하고 있다. 거중조정 규정은 "미국에 특별한 책무를 의미한 것이 아니고 미묘한 외교적 용어로 표현한 우의의 표징에 불과하다"라는 이른바 국소화(局所化) 해석이다. 거중조정 규정은 미국이 한국의 독립과 영토 보전에 대한 정신적·외교적 지지를 표현한 것일 뿐이지 결코 한국의 주권과 독립을 '물리적으로 보호(physical protection)'해준다는 공약이 아니라고 해석하고 있다. 한국 쪽의 시각은 이와는 정반대다. 한국은 거중조정 공약의 확대화 해석을 고수하고 있다. 지정학적으로 외세 침략을 받기 쉬운 한반도의 특성상 한국의 안보를 보장하는 동맹자가 필요하며 이 때문에 한국은 거중조정 규정을 군사적 상호방위조약 또는 동맹관계로 확대 해석했다.[42]

민영환을 비롯해 고종 등 대한제국의 정치지도자들은 이런 인식에 근거해 일본의 침략 위협에서 벗어나기 위해 미국의 개입과 구제를 기대했지만 헛수고였다.

외교권을 박탈당한 고종 황제에게 남은 것은 헤이그 만국평화회의에 참석해 국제 사회에 대한제국의 국권 회복을 호소하는 일이었다. 2차 한일협약을 거부한 고종은 1907년 6월 15일 네덜란드의 헤이그에서 열린 제2회 만국평화회의에서 2차 한일협약의 부당성을 호소하기 위해 전 의정부 참찬 이상설 등을 파견했지만 외교권이 없다는 이유로 그들의 호소는 배척되었다.[43]

대한제국의 헤이그 사절단 파견은 애초 러시아의 초대에 의한 것이었다. 1905년 10월 29일에 고종 황제의 위임을 받아 서울 관립 프랑스어 교사 에밀 마르텔이 베이징 주재 러시아 공사 빠카틸로프를 방문해 헤이그 국제평화회의 참석을 문의했다. 이에 러시아 외무성은 비밀 전문을 통해 "제정러시아 정부는 대한제국의 불가침성을 인정하여… 페테르부르크에 체류하는 대한제국 공사에게 각서로 초청 의사를 전달했다"라고 밝혔다.[44]

하지만 신임 러시아 외상으로 실용주의 외교를 표방한 이즈볼스키는 대한제국의 독립을 유지함으로써 연해주의 안전을 담보하고자 한 기존 정책을 철회했다. 대신 일본과 직접 교섭을 통해 극동 러시아의 안전을 보장받는 교섭에 나서 2차 헤이그 평화회의가 열리던 기간에 일본과 1차 러일협약(1907. 7. 31.)을 체결했다.

1917년 러시아 혁명 이후에 공개된 러·일 간의 비밀협약서는 만주에서의 모든 영토적 야심과 배타적 권리를 포기해야 했던 포츠머스 조약 제3조와 달리 러시아는 북만주와 외몽고를 세력권으로 인정받는(1, 3조) 대신 한국과 남만주에서의 일본의 특수 이익을 인정하고 더 이상 한일관계의 진전을 방해하거나 간섭하지 않을 것을 약속했다(2조).[45]

이로써 한반도를 놓고 미국, 영국에 이어 러시아와 일본의 거래가 완성되면서 한반도의 운명은 19세기 강대국의 한반도 해결책 중 하나인 보호국화(Protectorate)로 낙착되었다.

헤이그 밀사 사건이 실패로 끝나자 일본은 열강의 외면 속에 고립된 고종 황제를 협박해 퇴진을 요구했고 고종은 1907년 7월 19일 순종에게 양위했다. 이어 7월 24일 3차 한일협약에서는 한국의 내정권을 일본에 넘기는 한편 한국군은 해산됐다.

고종 황제의 국제질서 인식은 약육강식의 제국주의 시대적이라기보다는 여전히 신의와 공론을 중시하는 유교적 사고방식의 틀에 입각했다. 물론 제국주의 열강의 밀실 흥정을 잘 알고 있었다고 해도 국제 사회의 선의에 호소하거나 국제법 규정의 준수를 요구하는 것 외에 약소국인 대한제국이 취할 수 있는 선택지는 별로 없었다.[46]

대한제국의 외정에 이어 내정도 장악한 일본은 사실상 '보호국화의 완성'을 이뤘다. 이로부터 3년 뒤인 1910년 8월 22일 대한제국은 일본에 강제 병합됐다.

한일합병조약에서 대한제국은 한국에 대한 모든 통치권을 완전 또는 영구히 일본 천황에게 양도했으며 8월 29일 조인 사실의 발표와 함께 조선총독부가 설치되고 데라우치가 초대 총독으로 부임했다. 조선왕조 건국 27대 519년, 대한제국 성립 18년 만에 대한제국은 일제 식민지화의 길에 들어섰다.

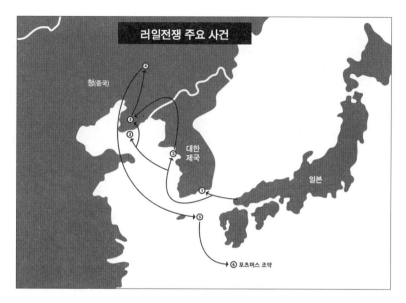

1904년

 1. 21. 대한제국 전시 중립선언

❶ 2. 6. 일본군 마산포 점령

❷ 2. 8   일본 해군 뤼순 봉쇄 및 제물포 해전에서 러시아 전함 2척 침몰

 2. 10. 일본 및 러시아 선전포고

 2. 23. 한일의정서 체결

 8. 16. 러·일 뤼순 공방전 시작

 8. 22. 1차 한일협약

1905년

❸ 1. 1. 뤼순 러시아 수비대 및 제1 태평양함대 항복

❹ 3. 10. 묵덴 전투에서 러시아 군 패배

❺ 5. 28. 쓰시마 해전에서 러시아 제2 태평양함대 궤멸

 7. 31. 가쓰라-태프트 밀약

 8. 1. 일본군 사할린 점령

 8. 10. 포츠머스 회담

 8. 12. 2차 영일동맹 체결

❻ 8. 29. 포츠머스 조약 체결

 11. 17. 2차 한일협약(을사늑약)

1907년

 7. 19. 고종, 순종에 양위

 7. 24. 3차 한일협약

 7. 31. 1차 러일협약

뤼순(Port Aruther), '중국 근대사의 절반'

인천국제공항에서 비행기로 1시간 거리인 다롄(大連) 시는 인접한 뤼순(旅順) 구와 합쳐 뤼다(旅大)라 불렸다. 일본이 2차 세계대전에서 패망한 1945년 하나의 행정구역으로 통합되었다가 1981년 이후 지금의 다롄 시와 뤼순 구로 나뉘었다.

뤼순과 다롄이 있는 랴오둥 반도는 산둥 반도와 한반도로 이뤄진 동아시아 반도권 중 핵심 지역이다. 왼쪽으로 톈진과 베이징에 이르고, 오른쪽으로는 한반도로 이어지며 남쪽으로는 보하이 만(발해만) 너머 120여Km 거리의 산둥 반도와 마주하고 있다.

랴오둥 반도는 러시아 등의 대륙 세력이 한반도와 태평양으로 나아갈 수 있는 출구이자 일본 등의 해양 세력이 만주와 베이징 등 중국에 진출할 수 있는 입구다. 대륙 세력과 해양 세력의 이익이 정면으로 충돌하는 지역이다 보니 랴오둥 반도를 누가 소유하느냐에 따라 19~20세기 동아시아의 국제 정세와 세력 판도는 출렁였다. 랴오둥 반도의 뤼순과 다롄이 청일, 러일전쟁에서 최대 격전지가 된 이유다.

다롄은 러시아가 1899년 뤼순 항 배후 도시와 항구로 개발했다. 뤼순과 함께 다롄을 25년간 조차지로 청에서 임대받은 직후였다. 인구 1천 명 정도의 작은 어촌인 다롄을 러시아는 '러시아에서 먼 곳'이라는 뜻의 '따리니(達理尼)'로 불렀으나 러일전쟁 이후 일본이 점령하면서 지금의 다롄으로 이름이 바뀌었다.

개발 당시 조성된 러시아 거리가 옛 모습 그대로 남아 있는 다롄은 일본의 식민지 지배가 끝나던 1945년, 인구 2백만 명의 도시로 폭풍 성장했다. 지금은 인구 6백만 명의 거대도시가 된 다롄은 단둥과 잉커우를 잇는 연해 지역 경제삼각지에서 중심 역할을 하며 '동북의 홍콩'으로 부상했다. 패션산업의 발전으로 '낭만의 도시'라는 애칭을 지닌 다롄이지만 일찌감치 항구 조성과 함께 조선업이 발전하면서 중국의 1, 2호 항공모함인 랴오둥함과 산둥함이 이곳 다롄 조선소에서 건조되기도 했다.

다롄에서 자동차로 1시간 정도 거리의 남쪽에 있는 뤼순은 랴오둥 반도의 최남단에 위치한 군항 도시다. 이곳의 앞바다를 지나면 곧바로 베이징에 다다를 수 있는 군사적 요충지여서 산둥 반도의 웨이하이와 더불어 '중국의 관문(關門)'으로도 불린다.

뤼순 항의 입구는 좁지만 안으로는 널찍한 내항이, 뒤로는 크고 작은 산이 병풍처럼 항구를 감싸주는 천혜의 항구다. 베이징 방위를 위해 뤼순의 중요성을 간파한 리훙장의 건의에 따라 청은 1881년부터 1890년 9월까지 백은 135.35만 냥을 지출해 뤼순에 큰 둑과 군항을 준공하고 군항 시설의 방어를 위해 해안 및 육상 포대를 지어 각종 대포 1백여 문을 설치했다. 당시 뤼순 군항은 중국에 가장 시설이 좋고 또한 국외에도 얼마 없는 금석 철벽같은 해군기지로서 '아시아 제1요새'로 불렸다.[47]

뤼순 항은 이러한 지리적 중요성 때문에 청일, 러일전쟁에서 최대 격전장이 되었다.

1894년 11월 청일전쟁 중 랴오둥 반도에 상륙한 일본군은 뤼순을 공략하는 과정에서 뤼순 주민 수와 거의 맞먹는 2만여 명의 중국인을 학살했다. 중국에서는 이를 '뤼순 대도살'이라 한다. 청일전쟁이 끝나고 1896년 청은 '만충묘(万忠墓)'를 만들어 피해자들을 추모했고 청일전쟁 100년이 되던 1994년에 중국의 뤼순 구 당국이 당시 학살된 주민들의 뼛가루가 묻힌 지역에 '뤼순 만충묘 기념관'을 세웠다.

뤼순은 러일전쟁에서 또다시 피의 싸움터가 됐다. 청일전쟁에서 승리한 뒤 뤼순과 다롄의 할양을 요구하는 일본을 저지한 러시아는 청에서 뤼순을 임대받아 극동총독부를 설치하고 러시아 태평양함대를 주둔시켰다. 10년간의 와신상담을 끝내고 러일전쟁을 작정한 일본은 전쟁 개전에 앞서 러시아 만주 방어의 전초기지인 뤼순 항에 대한 기습 봉쇄에 들어간 뒤 11개월에 걸쳐 뤼순 항 공략에 나섰다. 하지만 러시아는 이미 뤼순 항 배후지를 따라 29Km에 걸쳐 포대와 보루 등의 방어라인을 설치한 상태였다.

뤼순 항 봉쇄에 이어 일본 육군은 1904년 8월 19일부터 3차례 뤼순 항 돌격전에 나섰지만 막대한 인명 피해만 낸 채 러시아의 방어선을 뚫는 데는 실패했다. 뤼순 항 배후에 위치한 203고지(이령산)에 오르면 당시 러시아 군이 구축한 보루는 물론 각종 포대와 야포들, 격렬했던 총탄과 포격 흔적이 지금도 고스란히 남아 있다.

뤼순 항의 운명이 결정된 것은 1904년 11월 말 시작된 4차 돌격전에서다. 러시아의 제2 태평양함대가 인도양에 도착했다는 소식에 초조함을 느낀 일본군은 러시아 군의 지상 보루 밑으로 땅굴을 파고 들어간 뒤 폭탄을 설치해 폭파하는 '갱도 전쟁'과 함께 5만 명의 병력을 투입하는 돌격전에 나서 마침내 12월에 203고지 점령에 성공했다.

당시 일본군 지휘부는 "모든 장교는 이유 없이 멈추어 서는 자, 자신의 위치를 방치한 자 또는 뒤로 물러서는 자를 지체 없이 사살하라"라는 명령을 하달했다. 해발 203m의 산 정상에 포대를 설치한 일본군은 뤼순 항의 러시아 군 수비대와 러시아 제1 태평양함대의 전함을 향해 밤낮 없이 포격을 쏟아 부었고 러시아 군은 1905년 1월 2일 투항했다. 항복 협상이 이뤄진 수사영회견소는 뤼순 항 외곽 지역에 있는데 항복 협상의 당시 자료와 상황을 한눈에 볼 수 있도록 잘 보전되어 있다.

청일, 러일전쟁 중 격전장이었던 뤼순은 19세기와 20세기 초 메이지 일본의 흥망성쇠와 아시아의 또 다른 병자로 불렸던 청의 쇠락은 물론 대한제국의 식민지화 등 한반도에 지대한 영향을 주는 시발점이면서 귀결점이기도 했다.

1백여 년이 훨씬 더 지난 21세기, 당시 동아시아 정세를 결정했던 뤼순을 바라보는 한·중·일 사이에는 서로 다른 3개의 시선이 교차한다.

일본은 329일의 전투 끝에 뤼순 항을 점령하고 러일전쟁의 승기를 잡았지만 13만여 명의 일본군 중 5만 9천여 명이 살상되는 피해를 겪었다. 203고지 전투 등 러일전쟁을 소재로 한 시바 료타로의 장편소설 『언덕 위의 구름』이 일본 엔에이치케이(NHK) 방송 드라마로 제작돼 전파를 탔다. 203고지에서 만난 중국인 관광해설원은 "일본 관광객들이 제일 많이 찾는데 산 정상에서 눈물을 흘리는 이가 많다"라고도 했다.

러일전쟁에서의 승리로 마침내 '메이지 영광'을 실현한 일본은 다롄에 관동총독부와 남만주철도주식회사를 세워 만주에 대한 군사적·경제적 침략의 디딤돌로 활용했다. 일본은 2차 중일전쟁을 일으켜 중국과 아시아 침략을 본격화하다 1945년 패망하면서 뤼순과 다롄에서 철수했다.

'지붕 없는 박물관'이라고 할 만큼 뤼순의 산과 바다, 시내, 구릉지대 곳곳에는 청일, 러일전쟁이 남긴 상처와 흔적이 생생하다. 중국인들은 이러한 뤼순 구를 일러 '중국 근대사의 절반(One Lushunkou, Half of Modern History)이었다'고 한다.

중국이 말하는 근대사 '굴욕의 100년'은 난징 조약이 체결된 1842년에서 미국과 영국이 중국에서 불평등한 치외법권을 포기한 1943년까지의 시기를 말한다. 뤼순은 이 시기에 제정 러시아에 조차지로 7년, 러일전쟁 이후 일본의 식민지로 40년, 2차 세계대전 이후 옛 소련에 의해 10년간 더 군항으로 약탈, 유린당하다 중국에 반환됐는데 그 기간이 57

년이었다.

뤼순은 중국, 일본과 달리 한국에는 한국의 보호국화를 가져온 을사늑약의 원흉인 일본의 이토 히로부미를 하얼빈에서 암살한 안중근 열사가 갇혀 있다 순국한 곳으로 더 잘 알려져 있고 많은 한국인이 이곳을 찾는다. 이곳은 단재 신채호 선생, 우당 이회영 선생 외에도 많은 한국의 독립운동가가 투옥돼 숨져간 곳이기도 하다.

뤼순은 아직도 진행형이다. 한·중·일의 뤼순에 대한 서로 다른 시선은 21세기 동아시아의 긴장과 대립, 위기의 원인으로 이어지고 있기 때문이다.

중국에는 치욕스러운 역사를 기억하면서 잃어버린 제국의 영광을 꿈꾸는 '중국몽'의 시발점이라면 일본에는 '정상국가화'를 통해 1905년 국제 사회에서 일본의 국가적 지위를 드높였던 '메이지 영광'의 재현을 꿈꾸게 하는 출발지다. 반면 청일, 러일전쟁을 거치면서 잉태되어 현실화한 분단 체제에서 반세기 넘도록 고통을 받아온 한국에는 온전한 주권 회복을 토대로 한 근대적 국민국가의 완성을 향해가는 출발점이다.

▲ 뤼순 항: 중국 뤼순의 백옥산 정상에서 내려다본 뤼순 항의 모습. 항구 입구에 호랑이 꼬리처럼 이어진 곳을 노호미(老虎尾)라 하는데 뤼순 항 내항은 현재 중국 해군의 군항으로 사용 중이다.

◀ 백옥산 충성의 탑: 청일전쟁 당시 청군이 사용한 갑오고포의 모습 뒤로 백옥산 정상의 '충성탑(loyalty tower)'이 보인다. 러일전쟁이 끝나고 일본 연합함대 사령관 도고와 일본 육군 3군단 사령관 노기 마레스키는 높이 66.8m에 273개의 계단이 있는 '충성탑'을 세우고 그곳에 뤼순 요새 점령 과정을 정리한 글을 새겼다. 탑 공사에 2년이 걸렸으며 연인원 20만 명의 중국인이 동원됐다.

▼ 203고지와 뤼순 항: 뤼순 항의 배후지인 203고지의 모습. 러일전쟁 중 치열한 전투 끝에 203고지를 점령한 일본군은 이곳에 포대를 설치하고 뤼순 항의 러시아 군 수비대와 러시아 태평양함대에 포 사격을 했다.

▲▲ 뤼순 시내에 있는 만충묘: 중국은 청일전쟁 100돌이 되는 1994년에 청일전쟁 중 뤼순에서 일본군에 의해 학살당한 주민들의 뼛가루가 묻힌 지역에 뤼순 만충묘 기념관을 세웠다. 뤼순 시내에 있다.

▲ 수사영회견소: 뤼순 항이 내려다보이는 203고지를 점령한 일본군이 뤼순 항으로 밤낮없이 포사격을 하자 러시아 수비대는 투항 의사를 밝히고 1905년 1월 2일 일본군과 이곳 수사영회견소에서 항복 협상을 벌였다. 뤼순 시 교외에 있는데 당시 모습 그대로 보존되어 있다.

◀ 러시아 거리: 러시아가 1899년 조차지 다롄을 본격적으로 개발하면서 당시 조성된 러시아인들의 거주지다. 지금도 옛 모습 그대로 남아 있다.

▲ 뤼순 감옥: 뤼순 감옥은 안중근 의사를 비롯해 단채 신채호, 이회영 선생 등 많은 한국의 독립운동가들이 투옥되어 수감되어 있다 숨진 비운의 장소다. 사진 맨 아래 건물이 안중근 의사가 수감되었던 곳이다. 붉은 벽돌은 러일전쟁 이후 뤼순을 점령한 일본이 증축공사를 한 것이다.

▼▶ 203고지 정상의 러시아 군 보루 내부와 외부의 모습: 러일전쟁 당시 뤼순의 203고지 산 정상부에 설치된 러시아 군의 보루. 일본군은 이 보루를 뚫지 못해 수만여 명의 사상자를 내자 땅굴을 파서 보루 밑에 폭탄을 설치해 폭파하는 갱도 전쟁에 나서기도 했다.

주석

들어가며

1 정찬, 〈한겨레〉 2021년 3월 31일, '광주와 음악가 정재일의 시편 그리고 미얀마'.

2 백준기, 『유라시아 제국의 탄생』(서울: 홍문관, 2014), p.20.

3 Walter Russell Mead, "The Return of Geopolitics", *FOREIGN AFFAIRS*, May/June 2014.

1장. 충돌하는 두 세계의 질서

1 왕소방, 한인희 옮김, 『중국외교사: 1840~1911』(서울: 지영사, 1996), pp.20-23.

2 나미키 요리히사 등, 김명수 옮김, 『아편전쟁과 중화제국의 위기』(서울: 논형, 2017), pp. 38-39.

3 Angus Maddison, *Contours of the World Economy 1-2030 AD: Essays in Macro-Economic History*(Oxford: Oxford University Press, 2007), p.381.

4 박지향, 『제국의 품격』(서울: 21세기북스, 2018), p.112.

5 *Ibid.*, p.145.

6 문정인, 『문정인의 미래 시나리오』(서울: 청림출판, 2021), pp.98-99.

7 전해종, 『한중관계사연구』(서울: 일조각, 1986), p.15.

8 미타니 히로시 등, 강진아 옮김, 『다시 보는 동아시아 근대사』(서울: 까치, 2011), p.26.

9 정용화(2006), "조선의 조공체제 인식과 활용", 『한국정치외교사논총』, 제27집 2호, 한국 정치외교사학회, pp.5-6.

10 문정인(2021), *op. cit.*, p.104.

11 Angus Maddison(2007), *op. cit.*, p.112.

12 왕소방(1996), *op. cit.*, pp.16-18.

13 박훈, 『메이지 유신은 어떻게 가능했는가』(서울: 민음사, 2021), pp.43-45.

14 나미키 요리히사 등(2017), *op. cit.*, pp.40-41.

15 왕소방(1996), *op. cit.*, pp.16-19.

16 왕소방(1996), *op. cit.*, pp.16-18.

17 헨리 키신저, 『헨리 키신저의 중국 이야기』(파주: 민음사, 2012), p.74.

18 나미키 요리히사 등(2017), *op. cit.*, pp.43.

19 Philip Joseph, *Foreign Diplomacy in China 1894-1900, A Study in Political and Economic Relations with China*(London: George Allen & Unwin Ltd., 1928), p.26.

20 J. K. Fairbank, *China: A New History*(Cambridge: Belknap Press, 1994), pp.201-

205.

21 동덕모(1984), "외교 개념에 관한 연구: 동양에 있어서의 전통 외교 개념 – 한국의 전통 외교를 중심으로", 『국제문제연구』, 제8권 1호, 서울대국제문제연구소, pp.43-48.

22 헨리 키신저(2021), *op. cit.*, p.31.

23 왕소방(1996), *op. cit.*, p.90.

24 미타니 히로시 등(2011), *op. cit.*, pp.220-221.

25 나미키 요리히사 등(2017), *op. cit.*, p.171.

26 헨리 키신저(2021), *op. cit.*, p.83.

27 『헌종실록』 7권, 헌종 6년 3월 25일 을묘 2번째 기사.

28 『철종실록』 12권, 철종 11년 12월 9일 무진 3번째 기사.

29 김명호(1999), "1861년 열하문안사행과 박규수", 『한국문화』, Vol. 23, 서울대학교 규장 각한국학연구원, pp.24-25.

30 W. G. 비즐리, 장인성 옮김, 『일본 근현대 정치사』(서울: 을유문화사, 1999), p.41.

31 왕효추, 『근대 중국과 일본』(서울: 고려대학교출판부, 2011), p.30.

32 박훈(2021), *op. cit.*, pp. 62-68.

33 비즐리(1999), *op. cit.*, p.59.

34 현명철, 『메이지 유신 초기의 조선침략론』(서울: 동북아역사재단, 2019), p.41.

35 『고종실록』 3권, 고종 3년 9월 12일 무진 8번째 기사.

36 Kim, Key-Hiuk(1980), *Ibid.*, p.64; Kim, Key-Hiuk, T*he Last Phase of the East Asian World Order(Korea, Japan, and the Chinese Empire 1860-1882)*(Berkeley, Los Angels, London: University of California Press, 1980), p.64.

37 『고종실록』 8권, 고종 8년 4월 25일 갑신 1번째 기사.

38 김성근, 『조·청 외교관계 변화연구』(파주: 한국학술정보, 2010), p.50.

39 최동희(2002), "조선과 청의 조공관계 연구", 『한국정치외교사논총』, 제24집 1호, 한국 정치외교사학회, p.3.

40 박훈(2021), *op. cit.*, p.97

41 박훈, 『메이지 유신을 설계한 사무라이들』(서울: 21세기북스, 2020), p.81.

2장. 일본, 화이질서에 도전하다

1 T. F. Tsiang(1933), "*Sino-Japanese Diplomatic Relations, 1870-1894*", The Chinese Social and Political Science Review, Vol.XVII, No.1, pp.19-20.

2 Kim, Key-Hiuk(1980), *op. cit.*, p.15.

3 나카오 히로시, 손승철 옮김, 『조선통신사』(서울: 소화, 2012), p.34.

4 한일관계사연구논집 편찬위원회, 『통신사·왜관과 한일관계』(파주: 경인문화사, 2005), pp.34-37.

5 김태훈(2018), "17세기 초 조·일 국교재개와 통교체제 재편과정에 대한 검토", 『한국학연

구』, No.50, 인하대학교 한국학연구소, p.24-25.

6 한일관계사연구논집 편찬위원회(2005), *Ibid.*, pp.209-210.

7 W. G. 비즐리(1999), *op. cit.*, p.77.

8 현명철(2019), *op. cit.*, p.31, p.37.

9 김기혁, 『근대 한·중·일 관계사』(서울: 연세대학교출판부, 2007), pp.77-78.

10 김종학, 『심행일기』(서울: 푸른역사, 2010), p.22.

11 미타니 히로시 등(2011), *op. cit.*, p.199.

12 김종학(2010), *Ibid.*, p.24.

13 현명철(2019), *Ibid.*, pp.30-31.

14 다보하시 기요시, 김종학 옮김, 『근대 일선관계의 연구(상)』(서울: 일조각, 2013), pp.
248-249.

15 현명철(2019), *Ibid.*, p.96.

16 Kim, Key-Hiuk, *op. cit.*, pp.130-131.

17 F. C. Jones, *Foreign Diplomacy in Korea, 1866-1894* (Ph.D. dissertation, Harvard
University, 1935), p.87.

18 T. F. Tsiang(1933), "*Sino-Japanese Diplomatic Relations, 1870-1894*", The Chinese
Social and Political Science Review, Vol.XVII, No.1, pp.19-20.

19 Kim, Key-Hiuk(1980), *op. cit.*, p.142.

20 Kim, Key-Hiuk(1980), *op. cit.*, p.147.

21 T. F. Tsiang(1933), *op. cit.*, pp.28-29.

22 오카모토 다카시(2011), "일본의 류큐 병합과 동아시아 질서의 전환 - 청일수호조규를
중심으로", 『동북아역사논총』, No.32, 한국동북아학회, p.67-68.

23 *Ibid.*, p.70.

24 F. C. Jones(1935), *op. cit.*, p.88.

25 김기혁(2007), *op. cit.*, p.86.

26 비즐리(1999), *op. cit.*, pp.89-90.

27 김기혁(2007), *op. cit.*, pp.86-87.

28 T. F. Tsiang(1933), *op. cit.*, pp.29-30.

29 Kim, Key-Hiuk(1980), *op. cit.*, p.157.

30 나미키 요리히사 등(2011), *op. cit.*, p.189.

31 김기혁(2007), *op. cit.*, p.90.

32 다보하시 기요시(2013), *op. cit.*, pp.206-224.

33 Angus Maddison(2007), *op. cit.*, p.112, p.149.

34 W. L. Langer, *The Diplomacy of Imperialism 1890-1902*(New York: Alfred A.
Knopf, 1951), p.168.

35 다보하시 기요시(2013), *op. cit.*, pp.325-326.

36 오카모토 다카시(2011), *op. cit.*, pp.72-73.

37 다보하시 기요시(2013), *op. cit.*, pp.325-326.

38 오카모토 다카시(2011), *op. cit.*, p.73.

39 김종학(2019), "근대 초기 조일 간 국교단절과 재개과정의 역사적 함의" 중 1873년 5월 28일자 동래부사 명의의 고시문, 국립외교원 외교사연구센터, p.7.

40 미타니 히로시 등(2011), *op. cit.*, p.239.

41 김기혁(2007), *op. cit.*, pp. 89-90.

42 오카모토 다카시(2011), *op. cit.*, p.76.

43 『광해군일기』(중초본) 23권, 광해 1년 12월 21일.

3장. 자주독립국인가 속방인가 — 조일수호조규

1 국립중앙도서관, 김종학 옮김, 『국역 을병일기』(http://www.nl.go.kr/kolisnet), 1월 28일치, p.15.

2 김종학(2017), "1876년 조일수호조규 체결과정의 재구성", 『한국정치학회보』, Vol.51 No.5, 한국정치학회, p.190.

3 신헌, 김종학 옮김, 『심행일기』(서울: 푸른역사, 2010), pp.54-55.

4 신헌(2010), *Ibid.*, p.79.

5 T. F. Tsiang, *op. cit.*, p.57.

6 T. F. Tsiang, *op. cit.*, pp.57-58.

7 『고종실록』, 고종 11년 6월 24일.

8 『고종실록』, 고종 11년 6월 25일.

9 〈동북아역사넷〉, 근대한국외교문서 중 조일수호조규, '일본 및 프랑스, 미국 공사에 대한 효유 요청 및 재자관 통보', 1874년 8월 9일.

10 오카모토 다카시, 강진아 옮김, 『미완의 기획, 조선의 독립』(서울: 소와당, 2009), p.44

11 이태진(2005), "1876년 강화도조약의 명암", 『한국사시민강좌』, 제36집, 일조각, pp. 127-128.

12 김종학(2017), *op. cit.*, p. p.194.

13 한일관계연구소, 『조일수호조규 근대의 의미를 묻다』(파주: 청아, 2017), p.25.

14 동북아역사재단 한국외교사 편찬위, 『한국의 대외관계와 외교사 근대편』(서울: 동북아역사재단, 2019), p.112, p.116.

15 김기혁(2007), *op. cit.*, p.101.

16 T. F. Tsiang, *op. cit.*, pp.59-60.

17 다보하시 기요시(2013), *op. cit.*, pp.508-509.

18 Kim, Key-Hiuk(1980), *op. cit.*, p.241.

19 신헌(2010), *op. cit.*, p.82, p.96.

20 신헌(2010), *op. cit.*, pp.100-101.

21 신헌(2010), *op. cit.*, p.109.

22 신헌(2010), *op. cit.*, pp.110-115.

23 신헌(2010), *op. cit.*, pp.114-115..

24 신헌(2010), *op. cit.*, pp.121-124.

25 신헌(2010), *op. cit.*, pp.127-131.

26 신헌(2010), *op. cit.*, p.133.

27 김종학(2017), *op. cit.*, p.207.

28 신헌(2010), *op. cit.*, p.236.

29 『승정원일기』, 고종 13년 1월 20일.

30 신헌(2010), *op. cit.*, p.138.

31 신헌(2010), *op. cit.*, p.159.

32 신헌(2010), *op. cit.*, pp.224-226.

33 한일관계연구소(2019), *op. cit.*, p.119.

34 최덕수 외, 『조약으로 본 한국근대사』(파주: 열린책들, 2010), pp.48-51.

35 한일관계연구소(2017), *op. cit.*, pp.216-218.

36 신헌(2010), *op. cit.*, pp.299-300.

37 『고종실록』 13권, 고종 13년 1월 23일 을묘 1번째 기사.

38 신헌(2010), *op. cit.*, p.320.

39 신헌(2010), *op. cit.*, p.199.

40 한일관계연구소(2019), *op. cit.*, p.120.

41 최덕수 외, 『조약으로 본 한국 근대사』(파주: 열린책들, 2010), pp.44-45.

42 박배근(2004), "동아시아 국제법 수용기의 조선의 국제법적 지위에 관한 一考", 『서울국제법연구』, 제11권 제1호, 서울국제법연구원, p.16.

43 신승복 외(2015), "제국주의 침략에 따른 베트남·중국 관계와 조선·중국 관계의 변화, 그리고 두 관계의 상호작용", 『영토해양연구』, 제9권, 동북아역사재단, pp.130-131.

44 한일관계연구소(2017), *op. cit.*, pp.245-246.

45 Kim, Key-Hiuk(1980), *op. cit.*, pp.273-274.

46 한일관계연구소(2017), *op. cit.*, p.267.

47 한일관계연구소(2017), *op. cit.*, p.269.

48 T. F. Tsiang(1933), *op. cit.*, p.6.

49 Kim, Key-Hiuk(1980), *op. cit.*, pp.275-276.

50 박훈(2021), *op. cit.*, p.66.

4장. 조선 근대 조약 체제에 들어서다

1 김형종, 국역『淸季中日韓關係史料』(서울: 동북아역사재단, 2016), pp.31-32.

2 Kim, Key-Hiuk(1980), *op. cit.*, p.280.

3 박훈(2021), *op. cit.*, p.68.

4 이호철(2022), "오키나와의 국제정치: 지정학과 세력정치의 역사", 『세계지역연구논총』,

제40집 1호, 한국세계지역학회, pp.9-10.

5 미타니 히로시 외(2011), *op. cit.*, pp.180-181.

6 Tsiang, T. F.(1933), *op. cit.*, p.56.

7 김형종(2016), *op. cit.*, p.99.

8 T. F. Tsiang(1933), *op. cit.*, p.62.

9 T. C. Lin(1935), *"Li Hung-Chang: His Korean Policies"*, The Chinese Social and Political Science Review, Vol.XIX, No.2, p.76.

10 김형종(2016), *op. cit.*, pp.22-23.

11 T. F. Tsiang(1933), *op. cit.*, p.63.

12 김형종(2016), *op. cit.*, pp.35-36.

13 김형종(2016), *op. cit.*, pp.37-40.

14 T. F. Tsiang, *op. cit.*, p.63.

15 김형종(2016), *op. cit.*, p.60.

16 김형종(2016), *op. cit.*, p.62.

17 김형종(2016), *op. cit.*, pp.55-58.

18 Kim, Key-Hiuk, *op. cit.*, p.289.

19 박일근, 『근대한미외교사』(서울: 박우사, 1968), p.193.

20 *Ibid.*, pp.193-194.

21 근대한국외교문서 편찬위, 『근대한국외교문서』(서울: 동북아재단), 조미수호통상조약 중 'Shufeldt의 아시아, 아프리카 연안 항행 훈령에 관한 회신'(http://contents.nahf. or.kr/item/level.do?levelId=gk.d_0006_0350).

22 『고종실록』 17권, 고종 17년 4월 10일 정미 1번째 기사.

23 근대한국외교문서 편찬위, 『근대한국외교문서』 조미수호통상조약 중 'Shufeldt 서한 재전달 협조 요청'(http://contents.nahf.or.kr/item/level.do?levelId=gk.d_0006_480 39-40).

24 박일근(1968), *op. cit.*, pp.170-171.

25 박일근(1968), *op. cit.*, p.171.

26 비즐리(1999), *op. cit.*, p.45.

27 한국정신문화연구원, 『한미수교 1세기의 회고와 전망』, 보고논총(성남: 한국정신문화연구원, 1983), p.66.

28 박일근(1968), *op. cit.*, pp.101-102.

29 한국정신문화연구원(1983), *op. cit.*, pp.65-66.

30 박일근(1968), *op. cit.*, pp.195-196.

31 황준헌, 김승일 편역, 『조선책략』(파주: 범우사, 2007), pp.19-34.

32 황준헌(2007), *Ibid.*, pp.67-69.

33 『고종실록』 18권, 고종 18년 2월 26일 무오 4번째 기사.

34 김형종(2016), *op. cit.*, p.100.

35 Kim, Key-Hiuk(1980), *op. cit.*, pp.285-286.

36 박일근(1968), *op. cit.*, p.224, p.231.

37 〈동북아역사넷〉, 근대한국외교문서 중 조미수호통상조약, '조선교섭지침', 1881년 11월 14일.

38 Charles Oscar Paullin(1910), "The Opening of Korea by Commodore Shufeldt", Political Science Quarterly, Vol.25, No.3, p.490.

39 박일근(1968), *op. cit.*, p.216.

40 박일근(1968), *op. cit.*, pp.245-246.

41 Charles Oscar Paullin(1910), *op. cit.*, p.492.

42 박일근(1968), *op. cit.*, p.248.

43 최덕수 외(2010), *op. cit.*, pp.91-95.

44 근대한국외교문서 편찬위, 조영수호통상조약 중 'Hertslet Memorandum'(http://contents. nahf.or.kr/item/level.do?levelId=gk.d_0007_2230).

45 박일근(1968), *op. cit.*, p.498.

46 근대한국외교문서 편찬위, 조미수호통상조약 중 '고종 알현시 Foote의 답사'(http://contents.nahf.or.kr/item/level.do?levelId=gk.d_0006_1960).

47 Charles Oscar Paullin(1910), *op. cit.*, p.470.

48 근대한국외교문서 편찬위, 조영수호통상조약 중 'Hertslet Memorandum'(http://contents. nahf.or.kr/item/level.do?levelId=gk.d_0007_2230).

49 『고종실록』 19권, 고종 19년 8월 5일 무오 5번째 기사.

50 최문형, "열강의 대한정책에 대한 一연구", 『역사학보』, 역사학회, 92집, p.104.

51 김원모, 『한·미 외교관계 100년사』(서울: 철학과현실사, 2002), p.146.

52 *Ibid.*, p.151.

53 서영희, 『일제 침략과 대한제국의 종말』(고양: 역사비평사, 2019), p.109.

5장. 펜제(Panjdeh)와 거문도

1 김준석(2007), 『근대국가』(서울: 책세상, 2011), p.25.

2 이광린(1988), "통리기무아문의 조직과 기능", 『이화사학연구』, Vol.17-18, 이화여자대학교 사학연구소, p.507.

3 G. A. Lensen, *Balance of Intrigue (International Rivalry in Korea & Manchuria, 1884-1899)*, Vol. I·II(Tallahassee: University Presses of Florida, 1982), p.19.

4 최덕수 외(2010), *op. cit.*, p.267.

5 다보하시 기요시(2013), *op. cit.*, p.707.

6 G. A. Lensen(1982), *op. cit.*, p.20.

7 Kim, Key-Hiuk(1980), *op. cit.*, pp.318-320; 다보하시 기요시, *op. cit.*, p.751.

8 A. 말로제모프, 석화정 옮김, 『러시아의 동아시아 정책』(서울: 지식산업사, 2002), p.46.

9 최덕수 외(2010), *op. cit.*, p.273. 1개 대대 병력의 주둔을 약간의 군대로 변경한 것은

조선의 주장이 관철된 결과였다. 그런데 하나부사가 일본으로 돌아간 이후 일본은 나고야 주둔 3사단 소속 보병 1개 대대 병력을 서울에 파견했다. 이 병력은 1883년 8월에 중대병력으로 감축됐다. 이 중대는 1884년 갑신정변에 참여하게 된다.

10 김기혁(2007), *op. cit.*, pp.155-156.

11 한국정치외교사학회 편, 『갑신정변연구』(서울: 평민사, 1985), p.242.

12 G. A. Lensen(1982), *op. cit.*, p.23.

13 정용화(1998), "유길준의 양절체제론: 이중적 국제질서에서의「방국의 권리", 『국제정치논총』, 제37집 3호, 한국국제정치학회, pp.311-312.

14 다보하시 기요시, *op. cit.*, p.804.

15 김기혁, 『근대 한·중·일 관계사』(서울: 연세대학교출판부, 2010), pp.178-179.

16 한국정치외교사학회, *op. cit.*, p.244.

17 다보하시 기요시, *op. cit.*, p.945.

18 G. A. Lensen, *op. cit.*, p.29.

19 G. A. Lensen, *op. cit.*, p.30.

20 량치차오, 박희성 외 옮김, 『리훙장 평전』(서울: 프리마스, 2013), p.163, p.202.

21 The Secretary to the Admiralty to Currie, Admiralty, Apr. 16, 1885, EA, FO 405-35, p.3, Inclosure in No.6. Jones, F.C., *op. cit.*, p.348.

22 Granville to Tseng, London, Apr. 16, 1885, "Confidential," EA, FO 405-35, p.3.

23 피터 홉커크, 정영목 옮김, 『그레이트 게임』(파주: 사계절, 2008), p.528.

24 백준기(2014), *op. cit.*, p.155.

25 피터 홉커크(2008), *op. cit.*, pp.221-222.

26 백준기(2014), *op. cit.*, p.189.

27 G. A. Lensen(1982), *op. cit.*, p.54.

28 김종헌 (2006), "왜 영국은 거문도를 점령했나", 『내일을 여는 역사』, Vol.26, 내일을여는역사, p.157.

29 Granville to O'Conor, London, Apr. 9, 1885, "Confidential," EA, FO 405-35, p.2; O'Conor to Granville, No.180. Peking, Apr. 21, 1885, "Confidential," EA, FO 405-35, p.19.

30 Granville to Tseng, London, Apr. 28, 1885, EA, FO 405-35, p.6. Inclosure in No.15; Draft Agreement between the British and Chinese governments respecting the British2 Occupation of 8(Aug. 9), 1894, p.118-119.

31 김용구, 『거문도와 블라디보스토크』(서울: 서강대학교출판부, 2008), pp.76-77.

32 백준기(2014), *op. cit.*, p.587.

33 Thornton to Salisbury, no.277, Petersburgh, Aug. 21, 1895, EA, FO 405-62, p.112, Inclosure in No.161.

34 G. A. Lensen(1982), *op. cit.*, p.59.

35 F. C. Jones(1935), *op. cit.*, pp.453-454; Granville to O'Conor, No.84. London, Apr. 23, 1885, "Confidential," EA, FO 405-35, p.4.

36 『고종실록』 22권, 고종 22년 4월 6일 갑술; Secretary to the Admiralty to Currie, Admiralty, Jul. 8, 1885, EA, FO 405-35, p.50; Inclosure 3 in No.87; Om Si-Yong and Mollendorff to Dowell, Nagasaki, May 19, 1885, EA, FO 405-35, p.50-51.

37 『고종실록』 22권, 고종 22년 3월 30일.

38 김용구(2008), *op. cit.*, p.129.

39 피터 홉커크(2008), *op. cit.*, p.547.

40 김용구(2008), *op. cit.*, pp.68-69.

41 O'Conor to Salisbury, No. 429. Peking, Oct. 14, 1885, "Confidential," EA, FO 405-35, p.145.

42 Macgregor to Currie, Admiralty, Nov. 10, 1886, "Confidential," EA, FO 405-36, p.60; Inclosure in No.106. Hamilton to Macgregor, "Audacious," at Busan, Corea, Aug. 6, 1886, Captains Dunlop, Dacres, and Marrack to Vice-Admiral Hamilton, "Leander," at Port Hamilton, Jul. 30, 1886, EA, FO 405-36, p.61.

43 F. C. Jones(1935), *op. cit.*, p.465.

44 Currie to Macartney, London, Apr. 14, 1886, EA, FO 405-36, p.15-16; Inclosure in No.23.

45 Walsham to Iddesleigh, No.285. Peking, Oct. 6, 1886, "Very Confidential," EA, FO 405-36, p.65-68; Inclosure 1 in No.111. Brenan to Walsham, Tien-tsin, Sep. 29, 1886.

46 Walsham to Iddesleigh, No.285. Peking, Oct. 6. 1886, "Very Confidential," EA, FO 405-36, p.65-68; Inclosure 1 in No.111. Brenan to Walsham, Tien-tsin, Sep. 29, 1886.

47 G. A. Lensen(1982), *op. cit.*, p.67.

48 박보리스 드미트리예비치, 민경현 옮김, 『러시아와 한국』(서울: 동북아역사재단, 2010), pp.321-322.

49 G. A. Lensen(1982), *op. cit.*, p.68.

50 G. A. Lensen(1982), *op. cit.*, p.77.

51 백준기(2014), *op. cit.*, p.581.

52 A. 말로제모프(2002), *op. cit.*, p.48.

53 A. 말로제모프(2002), *op. cit.*, pp.53-54.

54 이노우에 유이치, 석화정 옮김, 『동아시아 철도 국제관계사: 영일동맹의 성립과 변질 과 정』(서울: 지식산업사, 2005), pp.23-24. 아메리카 대륙횡단철도는 1869년에 개통됐 다.

55 A. 말로제모프(2002), *op. cit.*, p.39.

56 이창훈(2001), "경의선 철도의 정치 외교사적 의미", 『한국정치외교사논총』, 제22집 2 호, 한국정치외교사학회, p.251.

57 A. 말로제모프(2002), *op. cit.*, p.88.

58 G. A. Lensen(1982), *op. cit.*, p.78.

59 피터 홉커크(2008), *op. cit.*, p.633.

60 A. 웬트, 박건영 외 옮김, 『국제정치의 사회적 이론: 구성주의』(서울: 사회평론, 2009), p.39.

61 왕현종 외, 『청일전쟁기 한·중·일 삼국의 상호 전략』(서울: 동북아역사재단, 2009), pp. 152-153.

62 왕현종 외, *Ibid.*, p.152.

6장. 청일전쟁

1 A. 말로제모프(2002), *op. cit.*, p.71.

2 피터 홉커크(2008), *op. cit.*, p.633.

3 I. Nish, *The origins of the Russo-Japanese War*(London and New York: Longman, 1985), p.18.

4 이노우에 유이치(2005), *op. cit.*, p.22.

5 W .L. Langer(1951), *The Diplomacy of Imperialism 1890-1902*(New York: Alfred A. Knopf, 1951), p.171.

6 I. Nish(1985), *op. cit.*, p.18.

7 이노우에 유이치(2005), *op. cit.*, pp.98-99.

8 장은주(2001) "동북아철도와 러-일 관계(1891-1904) - 일본의 종단철도 계획에 미친 베조브라조프의 영향력", 『역사와 담론』, 30호, 호서사학회, p.149.

9 문정인·김명섭 외, 『동아시아의 전쟁과 평화』(서울: 연세대학교출판부, 2006), p.125.

10 *Ibid.*, p.126.

11 이쿠타 마코토, 군사연구실 옮김, 『일본 육군사』(대전: 육군본부, 1994), p.57.

12 진위방, 권혁수 옮김, 『청일 갑오전쟁과 조선』(서울: 백산자료원, 1996), pp.163-164.

13 G. A. Lensen(1982), *op. cit.*, p.124.

14 이쿠타 마코토(1994), *op. cit.*, p.63.

15 무쓰 무네미쓰, 김승일 옮김, 『건건록』(서울: 범우사, 1994), p.47.

16 후지무라 미치오, 허남린 옮김, 『청일전쟁』(서울: 소화, 1977), pp.85-86.

17 무쓰 무네미쓰(1994), *op. cit.*, p.47.

18 무쓰 무네미쓰(1994), *op. cit.*, p.34.

19 G. A. Lensen(1982), *op. cit.*, p.125.

20 왕현종 외(2009), *op. cit.*, p.23.

21 무쓰 무네미쓰(1994), *op. cit.*, pp.6-7.

22 W. L. Langer(1951), *op. cit.*, pp.172-173.

23 문정인·김명섭 외(2006), *op. cit.*, pp.123-124 참조.

24 무쓰 무네미쓰(1994), *op. cit.*, pp.59-60.

25 당시 상황은 다음을 참조할 것: Kimberley to Paget, No.12, Foreign Office, June

8, 1894, F.O.405-60, p.2; Mr. Paget to Kimberley, No.15, Tokio, June 10, 1894, F.O.405-60, p.2; Hitrovo to Giers, June 8, 1894, p.485; Hitrovo to Giers, June 8. 1894, pp.490-491; Hitrovo to Giers, June 9, 1894, pp.490-491; Seoul, No.3, June 1, 1894, Russian Documents Relating to Sino-Japanese war, 1894-1895, From Krasny Archive p.484; Cassini to Giers, June 5, 1894, p.484; Kapnist to Waber, June 8, 1894, p.485.

26 왕현종 외(2009), *op. cit.*, p.276.

27 F. C. Jones(1935), *op. cit.*, pp.540-541.

28 강성학 편저,『용과 사무라이의 결투 - 중일전쟁의 국제정치와 군사전략』(서울: 리북, 2006), p.223.

29 *Ibid.*, p.228; 후지무라 미치오(1977), *op. cit.*, p.100.

30 F. C. Jones(1935) *op. cit.*, pp.538-539; Hitrovo to Giers, July 7, 1894, p.510; Paget to Kimberley, No.28, Tokio, July 14, 1894, F.O.405-60, p.33.

31 Kimberley to O'Conor, No.59. July 16, 1894, F.O.405-60, p.42.

32 홍순호(1990), "제10장 한반도 분단문제 및 중립화론의 역사적 변천과정: 조선왕조시대부터 한국전쟁 휴전까지(1392-1953)",『한국정치외교사논총』, 제7집, 한국정치외교사학회, p.236.

33 O'Conor to Kimberley, No.50. Peiking, July 18, 1894, F.O.405-60, p.49-50. Paget to Kimberley, No.36. Tokio, July 19, 1894, F.O.405-60, p.50.

34 G. A. Lensen(1982), *op. cit.*, p.137.

35 Mutsu to Aoki, Inclosure in No.76. July 14, 1894, F.O.405-60, p.33.

36 G. A. Lensen(1982), *op. cit.*, p.168.

37 F. C. Jones(1935), *op. cit.*, p.549.

38 이쿠타 마코토(1994), *op. cit.*, p.64.

39 후지무라 미치오(1977), *op. cit.*, pp.136-137.

40 문정인 외(2006), *op. cit.*, pp.133-134.

41 왕현종 외(2009), *op. cit.*, pp.428-429.

42 하라다 게이이치, 최석완 옮김,『청일·러일전쟁』(서울: 어문학사, 2012), p.99.

43 차경애(2007), "淸日戰爭 당시의 戰爭見聞錄을 통해서 본 전쟁지역 민중의 삶",『명청사연구』, 명청사학회, No.28, p.95.

44 이쿠타 마코토(1994), *op. cit.*, pp.65-66.

45 무쓰 무네미쓰(1994), *op. cit.*, pp.167-172.

46 김용구(1995), *op. cit.*, pp.367-368.

47 무쓰 무네미쓰(1994), *op. cit.*, p.93.

48 후지무라 미치오(1977), *op. cit.*, p.137.

49 무쓰 무네미쓰(1994), *op. cit.*, p.97.

50 왕현종(2009), *op. cit.*, pp.433-435.

51 후지무라 미치오(1977), *op. cit.*, pp.177-180.

52 하라다 게이이치(2012), p.103.

53 왕현종 외(2009), *op. cit.*, pp.444.

54 〈한겨레〉 2013년 7월 13일. '동학농민전쟁과 일본: 또 하나의 청일전쟁'(https://www. hani.co.kr/arti/culture/book/596767.html).

55 백준기(2014), *op. cit.*, pp.625-626.

56 무쓰 무네미쓰(1994), *op. cit.*, p.126, p.131.

57 김정현(2015), "중국의 대일 역사 공세와 '항일 애국' 기억의 강화", 『중국사연구』, Vol.94, 한국중국사학회, p.316.

58 이종호(2015), "청·일 전쟁의 개전 원인과 청과 일본의 군사전략 비교", 『한국동북아논총』, 제77호, 한국동북아학회, p.42.

59 G. A. Lensen(1982), *op. cit.*, p.191.

60 량치차오(2013), *op. cit.*, p.188.

61 이종호(2015), *op. cit.*, pp.45-46.

62 Trench to Kimberley, No.92. Tokio, Nov. 22, 1894, F.O.405-61, p.271.

63 강성학 편저(2006), *op. cit.*, p.337.

64 후지무라 미치오(1977), *op. cit.*, pp.189-190 .

65 백준기(2014), *op. cit.*, p.624.

66 A. L. Popov & S. R. Diamont ed.(1935), "First Steps of Russian Imperialism in Far East, 1888-1903", from Kransy Archiv(I), Vol.LII, The Chinese Social and Political Science Review, Vol.XVIII, p.256.

67 *Ibid.*, p.259.

68 김상수(1992), "영국의 고립청산 외교: 영일동맹의 성립과정을 중심으로", 한양대학교 박사학위 논문, p.7.

69 G. A. Lensen(1982), *op. cit.*, p.221.

70 정근식·신혜선, 『산둥에서 떠오르는 동아시아를 보다』(서울: 진인진, 2014), p.62.

71 김정현(2015), "중국의 대일 역사 공세와 '항일애국' 기억의 강화", 『중국사연구』, 한국중국사학회, Vol.94, p.288, pp.304-305.

7장. 동북아 동맹의 시대를 열다

1 이쿠타 마코토(1977), *op. cit.*, p.68.

2 G. A. Lensen(1982), *op. cit.*, pp.247-248.

3 Lascelles to Kimberley, No.34. St. Petersburgh, Apr. 4, 1895, F.O.405-63, p.24.

4 W. L. Langer(1951), *op. cit.*, p.179.

5 Gosselin to Kimberley, No.86. Berlin, Apr. 9, 1895, F.O.405-63, pp.38-39.

6 왕소방(1996), *op. cit.*, p.295.

7 Trench to Kimberley, No.133. Tokio, Apr. 24, 1895, F.O.405-63, p.174.

8 Memorandum communicated to Foreign Office by Kato, Apr. 27, 1895, F.O. 405-63, p.87.

9 O'Conor to Kimberley, No.111. Peking, Apr. 20, 1895, F.O.405-63, p.73; Kimberley to Lascelles, Apr. 20, 1895, F.O.405-63, p.73.

10) A. L. Popov(1935), ed., *op. cit.*, p.272.

11) A. L. Popov(1935), ed., *op. cit.*, p.268.

12) Lascelles to Kimberley, No.89. St. Petersburg, Apr. 10, 1895, F.O.405-63, pp. 61-62.

13 G. A. Lensen(1982), *op. cit.*, pp.287-288.

14 W. L. Langer(1951), *op. cit.*, p.185.

15 G. A. Lensen(1982), *op. cit.*, p.277.

16 G. A. Lensen(1982), *op. cit.*, p.310.

17 Memorandum communicated to Foreign Office by Kato, May 2, 1895, F.O.405-63, pp.121-122; Trench to Kimberley Tokio, May 2, 1895, F.O.405-63, pp.122.

18 무쓰 무네미쓰(1994), *op. cit.*, p.217.

19 무쓰 무네미쓰(1994), *op. cit.*, p.217.

20 무쓰 무네미쓰(1994), *op. cit.*, p.218; O'Conor to Kimberley, No.52. Peking, May 4, 1895, F.O.405-63, p.137; Malet to Kimberley, No.8. Berlin, May 5, 1895, F.O. 405-63, p.137.

21 왕소방(1996), *op. cit.*, pp.314-315.

22 왕소방(1996), *op. cit.*, p.319.

23 왕소방(1996), *op. cit.*, p.320.

24 P. Joseph(1926), *op. cit.*, p.190.

25 A. 말로제모프(2002), *op. cit.*, p.71.

26 Dufferin to Salisbury, no.6. Paris, Jan. 7, 1896, EA, FO 405-70, p.22; 석화정 (1996), "위떼의 동청철도 부설권 획득 경위",『중소연구』, 20권 3호, 한양대학교 아태지역연구센터, pp.181-182.

27 A. 말로제모프(2002), *op. cit.*, pp.71-72.

28 왕소방(1996), *op. cit.*, p.321.

29 W. L. Langer(1951), *op. cit.*, pp.394-395.

30 W. L. Langer(1951), *op. cit.*, pp.395-396.

31 Lowther to Kimberley, no.62, tel., Tokio, Jun. 1, 1895, EA, FO 405-63, p.201; Lowther to Kimberley, no.181, Tokio, Jun. 1, 1895, "Confidential," EA, FO 405-64, pp.31-32.

32 Lowther to Salisbury, no.75. tel., Tokio, Jul. 19, 1895, "Very Confidential," EA, FO 405-64, p. 49. ; Lowther to Salisbury, no.232. Tokio, Jul. 19, 1895, "Very Confidential," EA, FO 405-64, p. 120-121. Inclosure in No.124.

33 G. A. Lensen(1982), *op. cit.*, p.351.

34 G. A. Lensen(1982), *op. cit.*, pp.353-354.

35 박 보리스(2010), *op. cit.*, p.41.

36 Hillier to Salisbury, no.28. Seoul, Aug. 29, 1895, EA, FO 405-64, pp.24-25.

37 Malet to Salisbury, no.202. Berlin, Sep. 11, 1895, "Confidential," EA, FO 405-64, p.163. Inclosure in No.173. Memorandum by Mr. Gosselin.

38 G. A. Lensen(1982), *op. cit.*, pp.531-532.

39 G. A. Lensen(1982), *op. cit.*, p.532; O'Conor to Salisbury, no.124. tel., Peking, Oct. 10, 1895, EA, FO 405-65, p.4; O'Conor to Salisbury, no.125. tel., Peking, Oct. 10, 1895, EA, FO 405-65, p.4.

40 남시욱(1980), "청일전쟁 이후 니시 로젠협정 체결까지의 러시아의 한반도 정책 연구", 서울대대학원 석사논문, p.43.

41 Hillier to Salisbury, no.40. Seoul, Nov. 14, 1895, EA, FO 405-70, p.4. Inclosure 2 in No.4.

42 Satow to Salisbury, no.306. Tokio, Nov. 12, 1895, EA, FO 405-65, p.102.

43 Hillier to Salisbury, no.6. Seoul, Feb. 12, 1896, EA, FO 405-71, pp.1-2. Inclosure in No.1.

44 G. A. Lensen(1982), *op. cit.*, p.580.

45 Philip Joseph(1928), *op. cit.*, p.155.

46 Philip Joseph(1928), *op. cit.*, p.155-156.

47 Goschen to Salisbury, no.254. St. Petersburgh, Nov. 4, 1895, "Confidential," EA, FO 405-65, p.36.

48 Philip Joseph(1928), *op. cit.*, p.159.

49 Philip Joseph(1928), *op. cit.*, p.159.

50 A. 말로제모프(2002), *op. cit.*, pp.79-80.

51 남시욱(1980), *op. cit.*, pp.45-46.

52 『駐韓日本公使館記錄』10권, 朝鮮問題에 관한 러시아 政府와의 協議 件, 기밀送第17號, 1896년 3월 16일, 외상 대리 西園寺公望가 在朝鮮 辨理公使 小村壽太郎에게.

53 『駐韓日本公使館記錄』10권(1896), 朝鮮問題에 관한 러시아 政府와의 協議 件, 2월 24일; G. A. Lensen(1982), *op. cit.*, 20장 참조.

54 A. 말로제모프(2002), *op. cit.*, p.86.

55 G. A. Lensen(1982), *op. cit.*, pp.494-495.

56 Philip Joseph(1928), *op. cit.*, p.161.

57 A. 말로제모프(2002), *op. cit.*, pp.79-80.

58 박보리스(2010), *op. cit.*, pp.464-465.

59 이완범, 『한반도 분할의 역사』(성남: 한국학중앙연구원출판부, 2013), p.119.

60 W. L. Langer(1951), *op. cit.*, p.407.

61 G. A. Lensen(1982), *op. cit.*, p.245.

62 나카츠카 아키라 지음, 박맹수 옮김, 『'일본의 양심'이 보는 현대 일본의 역사인식』(서울:

도서출판 모시는사람들, 2014), pp.15-23.

63 정근식·신혜선(2014), *op. cit.*, p.73.

8장. 조선을 갖고 거래하라

1 석화정(1996), "비테의 동청철도 부설권 획득 경위", 『중소연구』, 20권 3호, 한양대학교 아태지역연구센터CER, p.190.

2 왕소방(1996), *op. cit.*, p.326.

3 Philip Joseph(1928), *op. cit.*, p.168.

4 W. L. Langer(1951), *op. cit.*, p.411.

5 G. A. Lensen(1982), *op. cit.*, p.708; Philip Joseph(1928), *op. cit.*, pp.192-193.

6 G. A. Lensen(1982), *op. cit.*, pp.707-708.

7 G. A. Lensen(1982), *op. cit.*, pp.750-751.

8 G. A. Lensen(1982), *op. cit.*, pp.753-754.

9 Philip Joseph(1928), *op. cit.*, p.267.

10 백준기(2014), *op. cit.*, p.666; Philip Joseph(1928), *op. cit.*, p.224.

11 G. A. Lensen(1982), *op. cit.*, p.756.

12 Kenneth Bourne, *The Foreign Policy of Victorian England 1830-1902*(Oxford : Clarendon Press, 1970), p.5; 한국사연구협의회, 『한영수교 100년사』(서울: 한국사연구협의회, 1984), p.11.

13 Philip Joseph(1928), *op. cit.*, p.239.

14 Philip Joseph(1928), *op. cit.*, p.240.

15 왕소방(1996), *op. cit.*, p.342.

16 Philip Joseph(1928), *op. cit.*, p.259.

17 C. A. 하워드, 김상수 외 옮김, 『대영제국의 '영광스러운 고립'』(서울: 한양대학교출판부, 1995), pp.176-177.

18 Philip Joseph(1928), *op. cit.*, pp.298-301.

19 W. L. Langer(1951), *op. cit.*, 15장 참조.

20 R. A. 까리에, 김영식 외 옮김, 『유럽외교사』(서울: 까치, 한림대 일본학연구소, 1982), p.237.

21 Philip Joseph(1928), *op. cit.*, p.338.

22 I. Nish(1985), *op. cit.*, p.53.

23 G. A. Lensen(1982), *op. cit.*, p.833.

24 왕소방(1996), *op. cit.*, pp.350-351.

25 Philip Joseph(1928), *op. cit.*, p.268.

26 G. A. Lensen(1982), *op. cit.*, p.802.

27 I. Nish(1985), *op. cit.*, pp.44-45.

28 서영희(2005), *op. cit.*, pp.109-110.

29 왕현종(1992), "대한제국기 입헌논의와 근대국가론", 『한국문화』, Vol.29, No.-[2001], 2001, 서울대학교 한국문화연구소, p.291.

30 G. A. Lensen(1982), *op. cit.*, p.806.

31 『駐韓日本公使館記錄』, 1898년 3월 16일. '러일 양국의 세력권 분할에 관한 건'.

32 G. A. Lensen(1982), *op. cit.*, pp.807-808.

33 G. A. Lensen(1982), *op. cit.*, p.809.

34 I. Nish(1985), *op. cit.*, p.46.

35 I. Nish(1985), *op. cit.*, p.47.

36 Philip Joseph(1928), *op. cit.*, p.278.

37 I. Nish(1985), *op. cit.*, p.45.

38 남시욱(1980), *op. cit.*, pp.142-143.

39 Philip Joseph(1928), *op. cit.*, p.279.

40 커트 캠벨, 『피벗 - 미국 아시아 전략의 미래』(서울: 아산정책연구원, 2020), p.263.

9장. 문호 개방 세력의 반격

1 왕소방(1996), *op. cit.*, pp.368-369.

2 United States Department of State Papers relating to the Foreign Relations of the United States(1900), "The annual message of the president transmitted to Congress"(1898. 12. 5.).

3 이삼성, 『동아시아의 전쟁과 평화 2』(서울: 한길사, 2009), p.401.

4 박일근(1968), *op. cit.*, p.173.

5 왕소방(1996), *op. cit.*, p.312.

6 J. E. 도거티, 이수형 옮김, 『미국외교정책사』(서울: 한울아카데미, 1997), p.25.

7 W. A. 윌리엄스, 박인숙 옮김, 『미국외교의 비극』(서울: 늘함께, 1995), p.32.

8 한국사연구협의회, 『한영수교 100년사』(서울: 한국사연구협의회, 1984), p.120.

9 I. Nish(1985), *op. cit.*, p.56.

10 미국사연구회, 『미국 역사의 기본 사료』(서울: 소나무, 1992), pp.196-197.

11 I. Nish(1985), *op. cit.*, p.58.

12 김용구, 『세계외교사 상』(서울: 서울대학교출판부, 1991), p.406.

13 A. 말로제모프(2002), *op. cit.*, pp.127-128.

14 A. 말로제모프(2002), *op. cit.*, pp.136-137.

15 석화정(1999), "러시아의 한반도 중립화 정책 - 위떼의 대만주정책과 관련하여", 『중소연구』, 23권 3호, 한양대학교 아태지역연구센터, p.165.

16 로스뚜노프(2009), *op. cit.*, p.29.

17 백준기(2014), *op. cit.*, pp.645-646.

18 A. 말로제모프(2002), *op. cit.*, p.112.

19 A. 말로제모프(2002), *op. cit.*, p.144.

20 로스뚜노프(2009), *op. cit.*, pp.18-19.

21 G. A. Lensen, *Korea and Manchuria Between Russia and Japan 1895-1904* (Tallahassee: The Diplomatic Press, 1966), pp.129-130.

22 Papers communicated to the Marquess of Lansdowne by the Japanese Minster, Jan. 29, 1901. F.O.405-114, p.6: 석화정(1997), "위떼의 대만주정책 - 점령기 청과의 비밀교섭을 중심으로", 『서양사론』, 제55권, 한국서양사학회, pp.213-216.

23 G. A. Lensen(1966), *op. cit.*, pp.227-228.

24 석화정(1997), *op. cit.*, pp.220-221.

25 B. A. Romanov, *Russia in Manchuria(1892-1906)*(New York: Octagon Books, 1874), p.222.

26 A. 말로제모프(2002), *op. cit.*, p.170.

27 I. Nish(1985), *op. cit.*, p.114.

28 A. 말로제모프(2002), *op. cit.*, pp.169-170.

29 I. Nish(1985), *op. cit.*, p.125, p.129

30 A. M. 폴리 엮음, 신복룡·나홍주 옮김, 『하야시 다다스 비밀회고록』(서울: 건국대학교출판부, 2007), pp.210-211.

31 C. 하워드, 김상수 외 옮김, 『大英帝國의 榮光스러운 孤立』(서울: 한양대출판사, 1995), p.59

32 I. Nish, *The Anglo-Japanese Alliance: The Diplomacy of Two Island Empires, 1894-1907*(University of London: The Athlone Press, 1966), p.8.

33 Paul Kennedy, *The Rise of the Anglo-German Antagonism, 1860-1914*(London: Ashfield, 1987), p.229

34 G. Monger, *The End of isolation : British foreign policy, 1900-1907*(London: Nelson and sons, 1963), p.14.

35 강성학, 『시베리아 횡단열차와 사무라이: 러일전쟁의 외교와 군사전략』(서울: 고려대학교출판부, 2011), pp.167-168.

36 R. A. 까리에(1982), *op. cit.*, p.233.

37 W. L. Langer(1951), *op. cit.*, p.722.

38 김원수(2010), "압록강위기와 러일전쟁", 『세계 역사와 문화 연구』, No.21, 한국세계문화사학회, p.119.

39 백준기(2014), *op. cit.*, p.679.

40 Glenn H. Snyder, *Alliance Politics*(Ithaca and London: Cornell University Press, 1997), 8장.

41 폴리 A. M.(2007), *op. cit.*, p.145.

42 Glenn H. Snyder(1997), *op. cit.*, 8장.

43 A. 말로제모프(2002), *op. cit.*, p.173.

44 권영배(1992), "한말 조선에 대한 중립화 논의와 그 성격", 『역사교육론집』, 제17집, 역사교육학회, p.38.

45 김종학(2020) "한반도 공동보장 구상의 역사적 기원", 『(KINU)정책시리즈』, Vol.2020 No.6, 국립외교원 외교안보연구소, p.20.

46 정영우(1989), "한반도 중립화론에 관한 연구", 『부산여자전문대학 논문집』, 제11집.

47 윤태룡(2013), "국내외 한반도 중립화 논쟁의 비교분석: 찬반논쟁을 넘어서", 『평화학연구』, 14권 3호, pp.75-76.

48 오카모토 다카시, 『미완의 기획, 조선의 독립』(서울: 소와당, 2009), pp.172-175.

49 서영희, 『일제침략과 대한제국의 종말』(서울: 역사비평사, 2019), p.24.

50 와다 하루키(2019), *op. cit.*, pp.1136-1137.

51 김종학(2021), "근대 이행기 한반도 중립화론의 전개 (1882-1905)", 『(KINU) 정책시리즈』, Vol.2020, No.6, 국립외교원 외교안보연구소, p.20.

10장. 러일전쟁으로 가는 길

1 김용구, 『세계외교사(상)』(서울: 서울대학교출판부, 1991), p.343.

2 야마무로 신이치, 정재정 옮김, 『러일전쟁의 세기』(서울: 소화, 한림대 일본학연구소, 2010), p.132.

3 R. A. 까리에(1982), *op. cit.*, pp.249-251.

4 로스뚜노프 외(2009), *op. cit.*, pp.31-32.

5 I. Nish(1985), *op. cit.*, p.141.

6 I. Nish(1985), *op. cit.*, p.132.

7 이항준(2008), "영일동맹과 제정러시아의 극동정책 - 1902년 일본의 대러협상안과 한국 중립화방안을 중심으로", 『사림』 31권, 수선사학회, pp.352-353.

8 I. Nish(1985), *op. cit.*, pp.134-135.

9 이항준(2008), *op. cit.*, p.363.

10 Jorden to Lansdown, no. 25, Petersburgh, Dec. 25, 1902, "Confidential," EA, F.O.405-137, p.5.

11 I. Nish(1985), *op. cit.*, p.145.

12 로스뚜노프 외(2009), *op. cit.*, p.33.

13 I. Nish(1985), *op. cit.*, p.166.

14 I. Nish(1985), *op. cit.*, p.148.

15 백준기(2014), *op. cit.*, p.685.

16 I. Nish(1985), *op. cit.*, pp.34-35,

17 최덕규, "대한제국과 러시아와의 관계", 『한국과 러시아 관계 평가와 전망』(경남대학교 극동문제연구소, 2001), p.443.

18 로스뚜노프 외(2009), *op. cit.*, p.35.

19 진단학회, 『한국사 - 현대편』(서울: 을유문화사, 1971), pp.900-901.

20 『대한계년사 6』(서울: 소명출판, 2004), p.97.

21 I. Nish(1985), *op. cit.*, p.171.

22 I. Nish(1985), *op. cit.*, p.153.

23 I. Nish(1985), *op. cit.*, p.157.

24 I. Nish(1985), *op. cit.*, pp.153-156.

25 야마무로 신이치로(2010), *op. cit.*, p.138.

26 의주 용암포 개방을 허락하지 않았던 대한제국은 다음해인 1904년 초 러일전쟁이 발발하고 전황이 일본에게 유리하게 전개되면서 일본의 강요에 의해 1904년 2월 23일 한일의정서를 체결했고 이틀 뒤인 2월 25일 의주 개방을 선언했고 3월 23일에는 용암포를 개항했다.

27 Jorden to Lansdowne, 1903. 5. 29. No.63, FO 405/8161.

28 Lansdowne to Scott, no.184, London, Jul. 11, 1903, EA, F.O. 405-138, pp.16-17.

29 I. Nish(1985), *op. cit.*, p.159.

30 이쿠타 마코토(1994), *op. cit.*, p.86.

31 로스뚜노프 외(2009), *op. cit.*, pp.38-39.

32 Intelligence Division to Foreign Office, London, Jul. 27, 1903, EA, F.O.405-138, p.31-32.

33 Scott to Lansdowne, No.222, Petersburgh, Jul. 30, 1903, EA, F.O.405-138, p.48.

34 Macdonald to Lansdowne, No.117. Tel., Tokio, Aug. 13, 1903, "Secret" EA, F.O. 405-138, p.105.

35 로스뚜노프 외(2009), *op. cit.*, p. 49.

36 I. Nish(1985), *op. cit.*, pp.139-140.

37 백준기(2014), *op. cit.*, p.686.

38 로스뚜노프 외(2009), *op. cit.*, p.50.

39 Intelligence Division to Foreign Office Oct. 13, 1903 EA, F.O. 405-139, p.19; Inclosure in No.29. Memorandum respecting the Russo-Japanese Negotiation.

40 백준기(2014), *op. cit.*, p.687.

41 Macdonald to Lansdowne, No.107. tel., Tokio, Oct. 22, 1903, "Secret," EA, F.O. 405-139, p.29.

42 김경창, 『동양외교사』(서울: 집문당, 1982), p.135.

43 Spring-Rice to Lansdowne, No. 421, Petersburgh, Dec. 7, 1903, "Confidential," EA, F.O. 405-139, p.109.

44 이쿠타 마코토(1977), *op. cit.*, pp.86-87.

45 MacDonald to Lansdowne, No. 128. tel., Tokio, Dec. 14, 1903, "Secret" EA, F.O. 405-139, p.111.

46 로스뚜노프 외(2009), *op. cit.*, pp.136-137.

47 Lansdowne to MacDonald, No.164. London, Dec. 29, 1903, "Secret" EA, F.O.

405-139, p.137-139.

48 백준기(2014), *op. cit.*, p.689.

49 이쿠타 마코토(1977), *op. cit.*, p.88.

50 Nish. I.(1985), *op. cit.*, pp.206-207.

51 이완범(2013), *op. cit.*, p.138.

52 이쿠타 마코토(1977), *op. cit.*, p.87.

53 이완범(2013), *op. cit.*, p.140.

54 와다 하루키(2019), 『러일전쟁 기원과 개전2』(서울: 한길사, 2019), p.1038.

55 I. Nish(1985), *op. cit.*, pp.210-211.

56 『삼국사기』 권7, 신라본기 7, 문무왕 11년.

57 이완범(2013), *op. cit.*, pp.52-53.

58 *Ibid.*, pp.109-110.

59 *Ibid.*, p. 119.

60 박종효, 『한반도 분단론의 기원과 러·일전쟁: 1904~1905』(서울: 선인, 2014), pp. 176-177.

61 *Ibid.*, p.191.

62 국사편찬위원회 한국사데이터베이스(https://db.history.go.kr/), FRUS, 1945. The British Commonwealth, the Far East Volume VI, 'Draft Memorandum to the Joint Chiefs of Staff', p.1039.

63 에드워드 로우니, 정수영 옮김, 『운명의 1도』(서울: 후아이엠, 2014). pp.52-53.

64 Bruce W. Bennett, 한국안보문제연구소 옮김, 『북한의 붕괴와 우리의 대비(*Preparing for the Possibility of a North Korean Collapse*)』(서울: 도서출판 전광, 2015), pp.332-333.

11장. 러일전쟁

1 I. Nish(1985), *op. cit.*, pp.212-214.

2 와다 하루키(2019), *op. cit.*, p.1069.

3 이쿠타 마코토(1977), *op. cit.*, pp.88-90.

4 이쿠타 마코토(1977), *op. cit.*, p.88.

5 와다 하루키(2019), *op. cit.*, p.1142, 일본 관보 호외.

6 와다 하루키(2019), *op. cit.*, pp.1138-1139. 페테르부르크 관보.

7 와다 하루키(2019), *op. cit.*, p.1143.

8 최덕수 외, 『조약으로 본 한국 근대사』(파주: 열린책들, 2010), p.572

9 와다 하루키(2019), *op. cit.*, p.1146. 〈황성신문〉 2월 12일.

10 와다 하루키(2019), *op. cit.*, pp.1175-1176.

11 심헌용, 『한반도에서 전개된 러일전쟁 연구』(서울: 국방부군사편찬연구소, 2011), p.60.

12 로스뚜노프(2004), *op. cit.*, p.263.

13 *Ibid.*, pp.78-79.

14 로스뚜노프 외(2009), *op. cit.*, pp.320-321.

15 강성학,『시베리아 횡단열차와 사무라이: 러일전쟁의 외교와 군사전략』(서울: 고려대학 교출판부, 2011), pp.393-394.

16 이쿠타 마코토(1977), *op. cit.*, p.95.

17 심헌용(2011), *op. cit.*, pp.157-159.

18 심헌용(2011), *op. cit.*, pp.364-365.

19 박종효(2014), *op. cit.*, p.386.

20 서영희(2019), *op. cit.*, pp.64-66.

21 이쿠타 마코토(1977), *op. cit.*, p.96.

22 와다 하루키(2019), *op. cit.*, p.1206.

23 나가타 아키후미,『미국, 한국을 버리다』(서울: 기파랑, 2007), pp.112-115.

24 *Ibid.*, p.117.

25 *Ibid.*, p.131.

26 최덕수 외(2010), *op. cit.*, p.513.

27 김원모,『개화기 한미 교섭관계사』(서울: 단국대학교출판부, 2003), p.363.

28 나가타 아키후미(2007), *op. cit.*, pp.95-97.

29 최덕수 외(2010), *op. cit.*, p.483.

30 최덕수 외(2010), *op. cit.*, pp.483-489.

31 강성학 (2011), *op. cit.*, p.405.

32 와다 하루키(2019), *op. cit.*, p.1207.

33 박종효(2014), *op. cit.*, pp.366-367.

34 와다 하루키(2019), *op. cit.*, p.1209.

35 강성학(2011), *op. cit.*, p.407.

36 강성학 (2011), *op. cit.*, pp.405-406.

37 강성학(2011), *op. cit.*, p.425.

38 최덕수 외(2010), *op. cit.*, pp.637-639.

39 나가타 아키후미(2007), *op. cit.*, p.187.

40 나가타 아키후미(2007), *op. cit.*, pp.193-194.

41 김원모(2003), *op. cit.*, p.122.

42 김원모,『한 · 미 외교관계 100년사』(서울: 철학과현실사, 2002), pp.365-366.

43 서영희(2019), *op. cit.*, pp.155-160.

44 박종효(2014), *op. cit.*, p.398.

45 최문형,『국제관계로 본 러일전쟁과 일본의 한국병합』(서울: 지식산업사, 2006), pp.362-363.

46 서영희(2019), *op. cit.*, p.269.

47 정근식 · 신혜선(2016), *op. cit.*, p.175.

참고 문헌

1차 자료

『삼국사기』.

『헌종실록』.

『철종실록』.

『광해군일기(중초본)』.

『고종실록』.

『국역 을병일기』. http://www.nl.go.kr/kolisnet.

신헌/김종학 옮김.『심행일기』. 서울: 푸른역사, 2010.

근대한국외교문서 편찬위.『근대한국외교문서』. 서울: 동북아재단.
    http://ontents.nahf.or.kr/item/level.do?levelId=gk.d_0006_0350.

김형종. 국역『淸季中日韓關係史料』. 서울: 동북아역사재단, 2016.

『駐韓日本公使館記錄』1-11. 국사편찬위원회 번역.

『대한계년사(大韓季年史)』.

F.O. 405/35~139.

Popov, A. L. & Diamont, S. R. ed. "First Steps of Russian Imperialism in
    Far East, 1888-1903." from Kransy Archiv(I), Vol. LII, 54-124.
    The Chinese Social and Political Science Review, Vol. XVIII. Jan., 1935,
    No.4.

Waber, B. G. & Diamont, S. R. ed. "On the Eve of the Russo-Japanese
    War." from Kransy Archiv, Vol. II, *The Chinese Social and Political
    Science Review*, Vol.XIII No.4, Vol.XIX, No.2, Jan., 1935, Apr., 1935,
    1936-1936.

Waber, B.G. & Diamont, S.R. ed. "Russian Documents Relating to Sino-
    Japanese War 1894-1895." from Kransy Archiv Vol.L-LI, pp.3-63,
    The Chinese Social and Political Science Review, Vol.XVII No.4, Oct.,
    1933, Jan., 1934.

연구서

강성학.『시베리아 횡단열차와 사무라이: 러일전쟁의 외교와 군사전략』. 서울: 고려
    대학교출판부, 2011.

_____ 편저.『용과 사무라이의 결투 — 중일전쟁의 국제정치와 군사전략』. 서울:
    리북, 2006.

김경창.『동양외교사』. 서울: 집문당, 1982.

김기혁.『근대 한·중·일 관계사』. 서울: 연세대학교출판부, 2007.

김성근.『조·청 외교관계 변화연구』. 파주: 한국학술정보, 2010.

김용구.『거문도와 블라디보스토크』. 서울: 서강대학교출판부, 2008.

_____.『세계외교사 상』. 서울: 서울대학교출판부, 1991.

김원모.『개화기 한미 교섭관계사』. 서울: 단국대학교출판부, 2003.

_____.『한·미 외교관계 100년사』. 서울: 철학과현실사, 2002.

김준석.『근대국가』. 서울: 책세상, 2011.

까리에, R. A./김영식 외 옮김.『유럽외교사』. 서울: 까치, 1982.

나가타 아키후미.『미국, 한국을 버리다』. 서울: 기파랑, 2007.

나미키 요리히사 등/김명수 옮김.『아편전쟁과 중화제국의 위기』. 서울: 논형, 2017.

나카오 히로시/손승철 옮김.『조선통신사』. 서울: 소화, 20129.

나카츠카 아키라/박맹수 옮김.『'일본의 양심'이 보는 현대 일본의 역사인식』. 서울:
    도서출판 모시는사람들, 2014.

다보하시 기요시/김종학 옮김.『근대 일선관계의 연구(상)』. 서울: 일조각, 2013.

도거티, J. E./이수형 옮김.『미국외교정책사』. 서울: 한울아카데미, 1997.

동북아역사재단 한국외교사 편찬위.『한국의 대외관계와 외교사 근대편』. 서울: 동
    북아역사재단, 2019.

량치차오/박희성 외 옮김.『리훙장 평전』. 서울: 프리마스, 2013.

로스뚜노프 외/김종헌 옮김.『러일전쟁사』. 서울: 건국대학교출판부, 2004.

말로제모프/석화정 옮김.『러시아의 동아시아 정책』. 서울: 지식산업사, 2002.

무쓰 무네미쓰/김승일 옮김.『건건록』. 서울: 범우사, 1994.

문정인.『문정인의 미래 시나리오』. 서울: 청림출판, 2021.

_____ · 김명섭 외,『동아시아의 전쟁과 평화』. 서울: 연세대학교출판부, 2006.

미국사 연구회.『미국 역사의 기본 사료』. 서울: 소나무, 1992.

미타니 히로시 등/강진아 옮김.『다시 보는 동아시아 근대사』. 서울: 까치, 2011.

박보리스 드미트리예비치/민경현 옮김.『러시아와 한국』. 서울: 동북아역사재단,

2010.

박일근.『근대한미외교사』. 서울: 박우사, 1968.

박종효.『한반도 분단론의 기원과 러·일전쟁: 1904~1905』. 서울: 선인, 2014.

박지향.『제국의 품격』. 서울: 21세기북스, 2018.

박훈.『메이지 유신은 어떻게 가능했는가』. 서울: 민음사, 2021.

＿＿＿.『메이지 유신을 설계한 사무라이들』. 서울: 21세기북스, 2020.

백준기.『유라시아 제국의 탄생』. 서울: 홍문관, 2014.

비슬리, W. G./장인성 옮김.『일본 근현대 정치사』. 서울: 을유문화사, 1999.

서영희.『일제침략과 대한제국의 종말』. 고양: 역사비평사, 2019.

심헌용.『한반도에서 전개된 러일전쟁 연구』. 서울: 국방부군사편찬연구소, 2011.

야마무로 신이치/정재정 옮김.『러일전쟁의 세기』. 서울: 소화, 한림대학교 일본학연구소, 2010.

에드워드 로우니/정수영 옮김.『운명의 1도』. 서울: 후아이엠, 2014.

에릭 홉스봄/김동택 옮김『제국의 시대』. 서울: 도서출판 한길사, 2010.

오카모토 다카시/강진아 옮김.『미완의 기획, 조선의 독립』. 서울: 소와당, 2009.

와다 하루키.『러일전쟁 기원과 개전 2』. 서울: 한길사, 2019.

왕소방/한인희 옮김.『중국외교사: 1840-1911』. 서울: 지영사, 1996.

왕현종 외.『청일전쟁기 한·중·일 삼국의 상호 전략』. 서울: 동북아역사재단, 2009.

왕효추.『근대 중국과 일본』. 서울: 고려대학교출판부, 2011.

웬트, A./박건영 외 옮김.『국제정치의 사회적 이론: 구성주의』. 서울: 사회평론, 2009.

윌리엄스, W. A./박인숙 옮김.『미국외교의 비극』. 서울: 늘함께, 1995.

이노우에 유이치/석화정 옮김.『동아시아 철도 국제관계사: 영일동맹의 성립과 변질 과정』. 서울: 지식산업사, 2005.

이삼성.『동아시아의 전쟁과 평화 1』. 서울: 한길사, 2009.

이완범.『한반도 분할의 역사』. 성남: 한국학중앙연구원 출판부, 2013.

＿＿＿.『한반도 분할의 역사』. 성남: 한국학중앙연구원 출판부, 2013.

이쿠타 마코토/군사연구실 옮김.『일본 육군사』. 대전: 육군본부, 1994.

전해종.『한중관계사연구』. 서울: 일조각, 1986.

정근식·신혜선.『다롄연구』. 서울: 진인진, 2016.

＿＿＿.『산둥에서 떠오르는 동아시아를 보다』. 서울: 진인진, 2014.

진단학회.『한국사 — 현대편』. 서울: 을유문화사, 1971.

진위방/권혁수 옮김.『청일 갑오전쟁과 조선』. 서울: 백산자료원, 1996.

최덕수 외. 『조약으로 본 한국 근대사』. 파주: 열린책들, 2010.

최문형. 『국제관계로 본 러일전쟁과 일본의 한국병합』. 서울: 지식산업사, 2006.

커트 캠벨. 『피벗 - 미국 아시아 전략의 미래』. 서울: 아산정책연구원, 2020.

폴리, A. M. 엮음/신복룡·나홍주 옮김. 『하야시 다다스 비밀회고록』. 서울: 건국대학교출판부, 2007.

피터 홉커크/정영목 옮김. 『그레이트 게임』. 파주: 사계절, 2008.

하라다 게이이치/최석완 옮김. 『청일 러일전쟁』. 서울: 어문학사, 2012.

하워드, C. A./김상수 외 옮김. 『대영제국의 '영광스러운 고립'』. 서울: 한양대학교출판부, 1995.

한국사연구협의회. 『한영수교 100년사』. 서울: 한국사연구협의회, 1984.

한국정신문화연구원. 『한미수교 1세기의 회고와 전망』 보고논총. 성남: 한국정신문화연구원, 1983.

한국정치외교사학회 편. 『갑신정변연구』. 서울: 평민사, 1985.

한일관계사연구논집 편찬위원회. 『통신사 - 왜관과 한일관계』. 파주: 경인문화사, 2005.

한일관계연구소. 『조일수호조규 근대의 의미를 묻다』. 파주: 청아, 2017.

헨리 키신저. 『헨리 키신저의 중국 이야기』. 서울: 민음사, 2012.

현명철. 『메이지 유신 초기의 조선침략론』. 서울: 동북아역사재단, 2019.

황준헌, 김승일 편역. 『조선책략』. 파주: 범우사, 2007.

후지무라 미치오/허남린 옮김. 『청일전쟁』. 서울: 소화, 1977.

Bennett, Bruce W./한국안보문제연구소 옮김. 『북한의 붕괴와 우리의 대비 (*Preparing for the Possibility of a North Korean Collapse*)』. 서울: 도서출판 전광, 2015.

Angus Maddison. *Contours of the World Economy 1-2030 AD: Essays in Macro-Economic History*. Oxford: Oxford University Press. 2007.

Bourne, Kenneth. *The Foreign Policy of Victorian England 1830-1902*. Oxford: Clarendon Press, 1970.

Dennett, T. *Americans in Eastern Asia(A Critical Study of the Policy of the United States with reference to China, Japan, and Korea in the 19th Century*. New york: The Macmillan Company, 1992.

Fairbank, J. K. *China: A New History*. Belknap Press, 1994.

Jelavich, B. *Russia's Balkan entanglements 1806-1914*. Cambridge:

Cambridge University Press, 1991.

John Mcneill. *Progress and Present Position of Russia in the East*. London: Murray, 1874.

Jones, F. C. *Foreign Diplomacy in Korea, 1866-1894*. Ph. D. dissertation, Harvard University, 1935.

Joseph, Philp. *Foreign Diplomacy in China 1894-1900, A Study in Political and Economic Relations with China*. London: George Allen & Unwin Ltd. 1928.

Kim, Key-Hiuk. *The Last Phase of the East Asian World Order (Korea, Japan, and the Chinese Empire 1860-1882)*. Berkeley, Los Angels, London: University of California Press, 1980.

Langer, W. L. *The Diplomacy of Imperialism 1890-1902*. New York: Alfred A. Knopf, 1951.

Ledonne, J. *The Russian Empire and the World, 1700-1917: the geopolitics of expansion and containment*. London: Oxford University Press, 1997.

Lensen, G. A. *Balance of Intrigue (International Rivalry in Korea & Manchuria, 1884-1899* Vol I · II. Tallahassee: University Presses of Florida, 1982.

_____. *Korea and Manchuria Between Russia and Japan 1895-1904*. Tallahassee: The Diplomatic Press, 1966.

Mearsheimer, John J., *The Tragedy of Great Power Politics*. New York and London: University of Chicago, 2001.

Monger, G., *The End of isolation: British foreign policy; 1900-1907*. London: Nelson and sons, 1963.

Nish, I., *The Anglo-Japanese Alliance : The Diplomacy of Two Island Empires, 1894-1907*(University of London: The Athlone Press, 1966.

_____. *The origins of the Russo-Japanese War*(London and New York: Longman, 1985.

Okazaki Hisahiko, *A Century of Japanese Diplomacy 1853-1952*(Tokyo: Japan Echo Inc., 2007.

Paul Kennedy, *The Rise of the Anglo-German Antagonism, 1860-1914* (London: Ashfield, 1987).

Romanov, B. A., *Russia in Manchuria(1892-1906)*(New York: Octagon Books, 1874).

Snyder, Glenn H., *Alliance Politics*(Ithaca and London: Cornell University Press, 1997).

U. S. Department of State, *Foreign Relations of the United States*, 1945 (Washington D.C.: USGPO, 1969), VI.

United States Department of State Papers relating to the Foreign Relations of the United States(1900), "The annual message of the president transmitted to Congress"(1898. 12. 5).

연구 논문

권영배(1992), "한말 조선에 대한 중립화 논의와 그 성격", 『역사교육론집』, 제17집, 역사교육학회.

김명호(1999), "1861년 열하문안사행과 박규수", 『한국문화』, Vol.23, 서울대학교 규장각한국학연구원.

김상수(1992), "영국의 고립청산 외교: 영일동맹의 성립과정을 중심으로", 한양대학교 박사학위논문.

김원수(2010), "압록강위기와 러일전쟁" 『세계 역사와 문화 연구』, No.21, 한국세계문화사학회.

김정현(2015), "중국의 대일 역사공세와 '항일 애국' 기억의 강화", 『중국사연구』, Vol.94, 한국중국사학회.

김종학(2019), "근대 초기 조일 간 국교단절과 재개과정의 역사적 함의" 중 1873년 5월 28일자 동래부사 명의의 고시문, 국립외교원 외교사연구센터.

김종학(2020) "한반도 공동보장 구상의 역사적 기원", 『(KINU) 정책시리즈』, Vol.2020 No.6, 국립외교원 외교안보연구소.

김종학(2021), "근대 이행기 한반도 중립화론의 전개(1882-1905)", 『(KINU) 정책시리즈』, Vol.2020 No.6, 국립외교원 외교안보연구소.

김종헌(2006), "왜 영국은 거문도를 점령했나", 『내일을 여는 역사』, Vol.26.

김태훈(2018), "17세기초 조·일 국교재개와 통교체제 재편과정에 대한 검토", 『한국학연구』, No.50, 인하대 한국학연구소.

남시욱(1980), "청일전쟁 이후 니시 로젠협정체결까지의 러시아의 한반도 정책 연구", 서울대학교 대학원 석사논문.

동덕모(1984), "외교 개념에 관한 연구: 동양에 있어서의 전통 외교 개념 - 한국의 전통외교를 중심으로-",『국제문제연구』, 제8권 1호, 서울대학교 국제문제연구소.

석화정(1996), "위떼의 동청철도 부설권 획득 경위",『중소연구』, 20권 3호, 한양대학교 아태지역연구센터.

석화정(1997), "위떼의 대만주정책 - 점령기 청과의 비밀교섭을 중심으로-",『서양사론』, 제55권, 한국서양사학회.

석화정(1999), "러시아의 한반도 중립화 정책 - 위떼의 대만주정책과 관련하여-",『중소연구』, 23권 3호, 한양대 아태지역연구센터,

신승복 외(2015), "제국주의 침략에 따른 베트남 · 중국 관계와 조선 · 중국 관계의 변화, 그리고 두 관계의 상호작용",『영토해양연구』, 제9권, 동북아역사재단.

오카모토 다카시(2011), "일본의 류큐 병합과 동아시아 질서의 전환 - 청일수호조규를 중심으로-",『동북아역사논총』, No.32, 한국동북아학회.

윤태룡(2013), "국내외 한반도 중립화 논쟁의 비교분석: 찬반논쟁을 넘어서",『평화학연구』, 14권 3호.

이광린(1988), "통리기무아문의 조직과 기능",『이화사학연구』, Vol.17-18, 이화여자대학교 사학연구소.

이종호(2015), "청 · 일 전쟁의 개전 원인과 청과 일본의 군사전략 비교",『한국동북아논총』, 제77호, 한국동북아학회.

이창훈 (2001), "경의선 철도의 정치 외교사적 의미",『한국정치외교사논총』, 제22집 2호, 한국정치외교사학회.

이태진, "1876년 강화도조약의 명암", 일조각, 한국사시민강좌 제36집.

이항준(2008), "영일동맹과 제정러시아의 극동정책 -1902년 일본의 대러협상안과 한국중립화방안을 중심으로-",『사림』, 31권, 수선사학회.

이호철(2022), "오키나와의 국제정치: 지정학과 세력정치의 역사",『세계지역연구논총』, 제40집 1호, 한국세계지역학회.

장은주(2001) "동북아철도와 러-일 관계(1891-1904) -일본의 종단철도 계획에 미친 베조브라조프의 영향력",『역사와 담론』, 30, 호서사학회.

정영우(1989), "한반도 중립화론에 관한 연구",『부산여자전문대학 논문집』, 제11집.

정용화(1998), "유길준의 양절체제론: 이중적 국제질서에서의「방국의 권리」",『국제정치논총』, 제37집 3호, 한국국제정치학회.

정용화(2006), "조선의 조공체제 인식과 활용", 『한국정치외교사논총』, 제27집 2호, 한국정치외교사학회.

차경애(2007), "淸日戰爭 당시의 戰爭見聞錄을 통해서 본 전쟁지역 민중의 삶", 『명청사연구』, No.28, 명청사학회.

최덕규(2001), "대한제국과 러시아와의 관계", 『한국과 러시아 관계 평가와 전망』, 경남대학교 극동문제연구소.

최동희(2002), "조선과 청의 조공관계 연구", 『한국정치외교사논총』, 제 24집 1호, 한국정치외교사학회.

홍순호(1990), "제10장 한반도 분단문제 및 중립화론의 역사적 변천과정 : 조선왕조 시대부터 한국전쟁 휴전까지(1392-1953)", 『한국정치외교사논총』, 제7집, 한국정치외교사학회.

〈한겨레〉 2013년 7월 13일, '동학농민전쟁과 일본: 또 하나의 청일전쟁', https://www.hani.co.kr/arti/culture/book/596767.html.

Charles Oscar Paullin(1910), "The Opening of Korea by Commodore Shufeldt" Political Science Quarterly, Vol.25, No.3.

Lin, T. C., "*Li Hung-Chang : His Korean Policies*", The Chinese Social and Political Science Review, Vol.XIX, No.2(1935).

Tsiang, T. F.(1933), "*Sino-Japanese Diplomatic Relations, 1870-1894*", The Chinese Social and Political Science Review, Vol.XVII, No.1.

Tyler Dennett, American "Good Offices", in Asia, American Journal of International Law, Vol.16, Issue 1, Jan., 1922.

Walter Russell Mead, "The Return of Geopolitics: The Revenge of the Revisionist Powers", Foreign Affairs, Vol.93, No.3(MAY/JUNE 2014).

찾아보기(인명, 지명)